专家论检察丛书

Lun Jian Cha

论检察

韩大元 / 著

中国检察出版社

◇作者简介

◇韩大元，1960 年 10 月出生，吉林人

◇现任中国人民大学法学院院长，兼任中国法学会常务理事，中国宪法学研究会会长，国务院学位委员会学科评议组成员，中国法学教育研究会常务副会长，司法部司法考试协调委员会委员，最高人民检察院专家咨询委员会委员

◇1984 年毕业于吉林大学法律系。法学博士（中国人民大学）

◇教授、博士生导师（中国人民大学）

◇主要著作：《亚洲立宪主义研究》、《1954 年宪法与新中国宪政》、《宪法学基础理论》、《感悟宪法精神：讲演自选集》、《生命权的宪法逻辑》、《中国宪法学说史研究》（上下卷）、《比较宪法学》、《中国宪法事例研究》等

出版说明

到 2013 年，人民检察制度已经恢复重建 35 年了。从伴随着 1949 年中华人民共和国的诞生建立检察机关，到"十年浩劫"检察机关被撤销，再到中国共产党十一届三中全会之后检察机关恢复重建并被定位为国家法律监督机关、"护法机构"，我国的检察机关经历了诸多的峥嵘岁月、艰难困苦。它的历史是现代中国法治历程的缩影。

中国的人民检察制度与众不同，尤其是在苏联解体、东欧剧变之后，制度特色日益凸显。人民检察制度，是具有中国特色的：在政治特色方面，它坚持党的领导；在体制特色方面，它作为"一府两院"的组成部分，受人民代表大会及其常委会的监督并对其负责、向其报告工作；在职能特色方面，它与西方的"行政机关"、"公诉机构"不同，以"守护法律"、实施法律监督为其职能核心，是国家重要的司法机关之一；在制度内容方面，与时俱进，一直处在探索、改革和完善的过程中，它将随着中国特色社会主义制度的改革、完善而不断完善。

三十多年来，法学界包括宪法学者、法理学学者，特别是刑事诉讼法学学者，对检察制度进行了长期的研究和探讨；检察机关从王桂五先生开始，几代有志于理论研究和思考的同志也为中国特色检察制度的完善付出不懈的努力和辛劳。为了回顾和总结中国特色检察制度的研究情况和成果，也为关心、关注检察事业和检察理论发展的人们提供一套比较完整的参考书，我们用一年多的时间，完成了"专家论检察"丛书的编辑、出版工作。

呈现在读者面前的，是十几位长年研究检察理论的专家多年的成果荟萃，其从各不同的角度、专业或实践，比较系统地阐述了专家们关于检察，检察与法治，检察与国家政治、经济、公民权利的关系等方面的观点和见解，以及检察改革的方向、原则和路径。十几位专家的著作几乎涉及到了检察的各个方面。这对读者了解检察是十分有益的。当然，这其中，也有对同一问题的不同观点，有的甚至是完全相反的理解和主张。但我们认为，这正是学术的生命之所在。况且，正如前面所说，中国检察一直处于探索的过程中，它将随着社会进步、法治发展、中国特色社会主义制度的不断完善而完善。这样，不同观点的交流、不同见解的交融，是检察制度在不断走向科学的过程中必须经历的。

编者在此需要说明的是，十几位专家的观点，并不代表编者的立场，各位专家文责自负。为了尊重和保留不同时期作者的所思所想，书中保留了写作时原文的观点、翻译习惯、术语词汇、表达方式和援引的法律条文。

由于编者水平所限，在编辑出版方面的疏漏在所难免，欢迎广大读者批评指正，也请各位作者多多包涵。

中国检察出版社

二〇一三年三月

目　录

第一部分
检察制度的宪法基础

一、我国宪政体制与检察制度[*]

在我国宪法确立的宪政框架中，检察权占据重要而特殊的地位。说其重要，是因为在人民代表大会制度下，它是与行政权、审判权、军事权相并列的一种权力，共同构成中国特色的宪政体制。说其特殊，是因为正是这种特殊的安排，使习惯按照西方分权模式来分析的一些人难以对检察权有一个清晰而准确的定位。因此，关于检察权的性质、检察机关的归属的争论一直不断。笔者认为，关于检察制度的任何理论争议或者实践创新，都必须在现行宪法确立的基本框架之内进行，宪法是检察改革的基本依据与出发点，更是推动检察改革可以而又尚未被充分利用的有效资源。只有置于我国的宪政体制之下，从整个中国宪政架构的视野寻求对检察制度的理解，才不至于有盲人摸象之失，也才能全面而深刻地理解我国的检察制度。

---

[*] 本部分内容根据 2009 年笔者为最高人民检察院第十一届检察委员会第二次集体学习讲解的内容整理而成，有关报道可参见《检察日报》2009 年 7 月 1 日。

（一）宪政体制与检察制度的发展

新中国宪法已走过了近60年的发展历程。尽管在学界宪政早已成为流行话语和学术研究的热点，但是建国以来，直到2008年"宪政"一词才出现在官方的正式文件中——吴邦国委员长在第十一届全国人民代表大会第一次会议上所做的全国人大常委会的工作报告中首次提到了"宪政"两个字。[1]从某种角度而言，这是一个官方承认"宪政"这一表述的标志。当然，实际来看，无论"宪政"一词是否出现在官方的文件中，自清末立宪以来，中国已经在不断探索与寻求迈向宪政之路的各种路径与模式。

1. 宪政的涵义。"宪政"（constitutionalism）一词由"宪法"（constitution）派生而来。尽管宪法的形式不同，有成文宪法与不成文宪法之分，但是在西方国家，近代意义上的宪法含义是比较确定的，即宪法主要是一种限制公权力的制度安排。宪政以宪法为基础，即宪法之治。因此，宪政的基本精神源于宪法观念并与之保持一致。传统上，西方宪政思想的突出主题便是要设计一些政治与法律制度来限制国家权力特别是立法权的行使。

从一般意义的角度而言，宪政的含义或者其特点至少应该包括以下几个方面：

（1）成文宪法或者不成文宪法的存在。英文中宪政（constitutionalism）是由宪法（constitution）加一后缀而构成。无论

---

〔1〕 原文是："根据中共中央关于修改宪法部分内容的建议，审议通过宪法修正案，确立'三个代表'重要思想在国家社会生活中的指导地位，把党的十六大确定的重大理论观点、重大方针政策载入宪法，并在宪法中明确国家尊重和保障人权、依法保护公民的财产权和继承权，这充分体现了党的主张和人民意志的统一，成为我国宪政史上又一重要里程碑。"参见吴邦国：《全国人民代表大会常委会工作报告——2008年3月8日在第十一届全国人民代表大会第一次会议上》。

是成文宪法还是不成文宪法都构成了宪政的一个关键因素，宪政因而也被称为立宪主义。宪政最引人注目的是它拥有一部成文宪法或一系列不成文的宪法规则，可以说欲行宪政，必先立宪。如前所述，宪政的主要任务在于限制公权力，这一任务的实现又主要是通过宪法来确认并保障的。宪法的主要内容之一就是国家权力的配置与划分，所有权力，如立法权、行政权、司法权等，都直接或间接地源于宪法；所有国家的基本制度都以宪法为基础。宪政对权力的制约主要通过宪法所规定的一系列根本性制度约束来进行。

（2）宪法审查制度的有效运转。宪政的主题是让国家权力特别是立法活动受到某种超越性高位阶规范的约束，避免立法权专断或者法律实证主义的弊端，使自然法以及基本人权的理念能在现实的制度安排中得以具体化。因此，推行宪政的关键在于要切实保障宪法作为根本规范的最高效力对国家各种活动的合宪性进行审查和监督。正是从这个意义上讲，各种形式的宪法审查制度体现了宪政精神。为此，西方各国发展包括司法审查模式、宪法法院模式、专门委员会审查模式等不同形式的宪法审查制度，从制度上保证了宪法的实施与宪政精神的实现。

（3）宪政的核心理念是有限政府。西方古典宪政论者思想脉络的相同之处就在于设计一套有限政府的规则，他们的关键问题是"表明为什么任何关于无限制统治权的主张都是站不住脚的和怎样才能实现对统治者的限制"。宪政这一核心理念主要是通过一套分立权力的制度得以完成的。有人认为"分权与代议制共同构成了西方宪政的两大支柱"[1] 但是，宪政制度发展至今，已经不局限于单纯地限制国家权力，而是如何使国

---

〔1〕 〔英〕M. J. C. 维尔：《宪政与分权》，苏力译，三联书店1997年版，第2页。

家权力既是受到制约的，又是能动进取的，这是当代西方宪政的主要问题。

（4）宪政的核心价值在于保障个人自由的实现。宪政首先不是一套宪法制度，而是一套价值体系。近代以来，西方宪政制度事实上就是自由主义制度。西方启蒙思想家提出了各种价值学说，如洛克提出了"生命、自由和财产"的诉求，美国《独立宣言》则明确要求"人人生而平等，人人生而具有造物主赋予的某些不可转让的权利，其中包括生命权、自由权和追求幸福的权利"，这些价值序列一直贯穿于整个西方宪政的发展过程之中，宪政的精髓就在于这套价值体系。其中，最为核心的乃是个人自由。早期的个人自由，核心内容在于"免于干涉的自由"，因此，将防范的对象主要指向政府权力，通过制定宪法、实施宪法来约束政府权力，从而发展宪政制度。

（5）宪政与民主的含义有区别。民主政治是一种主张人人平等参政理念的实践形态，追求个体价值上的平等，认为个体相加之和大于个体，并以此形成一种多数表决的运作模式。而宪政指的是对多数派决策的限制，更具体地说，指的是那些在某种意义上自我施加的限制。简单而言，民主主要表现为代议制与多数决，而宪政则主要表现为对权力的一种不信任，不论这种权力是掌握在君主手中，还是掌握在多数人手中。宪政在一定程度上体现的正是对民主非理性的限制。从某种意义而言，民主往往与议会政治联系在一起，而宪政通常与司法审查制度联系在一起。但是，二者也存在联系，宪政是在民主制度上发展起来的。有民主制度不一定实现宪政，但宪政首先是民主的。民主是宪政的合法性基础，而宪政是对民主的限制。

2. 我国宪政体制的特点。我国的宪政体制，主要是指我国宪法所架构的基本政治框架与制度体系，它与上述宪政的一般涵义不同，主要是作为一个描述性概念而存在，即它是一个我国宪法如何规定的问题。不可否认，我国宪政体制的设计曾吸收、借鉴了西方宪政制度某些基本原理、理念，包括上述一些基本原则。从中国宪法发展的历史来看，从一开始中国就被拉入了世界的版图中，即使在1949年以后，我国宪法的制定、修改等活动，也多有参考世界其他国家宪政经验的例子。如1954年宪法起草时，毛泽东曾给政治局委员和在京中央委员列举过一个参考文件的目录，其中包括1936年苏联宪法，1918年苏俄宪法，罗马尼亚、波兰、德国、捷克等国宪法，法国1946年宪法等。1982年宪法起草时，曾组织讨论过两院制的问题等。中国宪法发展进程是在全球化背景之下进行的，因此，不可能也没有必要拒绝他国有益的经验。具体而言，我国宪法所设计的宪政体制的基本特点表现在以下几个方面：

（1）人民代表大会制度是根本的政治制度。根据宪法的设计，人民代表大会制度是我国的政权组织形式。国家一切权力属于人民—人民选举产生各级人民代表大会—人民代表大会产生其他国家机关—其他国家机关对人民代表大会负责，最终对人民负责，这是我国国家权力组织与配置的基本逻辑。与西方一些国家分权制度不同，我国并没有进行平行的分权，即将国家权力一分为三，以三权制衡为主要目的。在我国，全国人民代表大会是最高权力机关，行使最高权力，处于"至高无上"的地位，在它之下才进行权力的分工与制约。检察制度的设立、发展与完善就是在这一背景下展开的。

（2）单一制的国家结构形式。在中央与地方关系问题上，宪法确立了单一制的国家结构形式，此外，民族区域自治制度、特别行政区制度等特殊的地方制度也有效运转。但是，地方主义历来是中央与地方关系必须面对的难题。经过这些年的经济发展，地方实力逐渐增强，地方分权的主张不断提出。先是表现为经济地方主义，主要表现是通过政策甚至地方立法建立地方壁垒和分割、封锁市场，然后逐渐蔓延至其他方面，如利用司法管辖权实行地方保护主义的做法是地方主义在司法上的"变种"。在中央与地方关系上，不是简单强调中央权威或者地方自主权即可以解决二者关系的。

（3）中国共产党领导的多党合作制度。现代国家政治都是政党政治，政党政治的核心是执政问题。宪法在序言第 7 自然段明确了中国共产党的领导地位，在第 10 自然段又规定了共产党领导的多党合作与政治协商制度。将共产党的执政地位规定在宪法序言中，表明了这是我国宪法与宪政体制的根本原则和总的指导思想。学界关于宪法序言的效力有不同的看法。2001 年 12 月 3 日，李鹏同志在全国法制宣传日座谈会上的讲话中曾指出，"特别是宪法序言，最集中地体现了党的基本主张和人民的根本意志，是宪法的灵魂，同宪法条文一样，具有最高法律效力。违反宪法序言，就是在最重要的问题上违反了宪法。"

由于政党特别是执政党在民主政治中所处的特别地位和作用，在"依法治国，建设社会主义法治国家"这一治国方略的实施中，执政党依法执政，特别是依宪执政具有特别的意义。党在宪法和法律范围内活动已成为具有重要意义的宪法观念，党领导人民制定法律，又领导人民遵守和实施法律，被视为社会主义民主与法制建设的必由之路，这无疑是执政党依法执政和推进民主政治的具体体现。这尤其需要执政党的依宪执政思维与人民代表大会制度的有效结合，使党的领导体现为人民代表大会制度基础上的执政治国，主要表现为执政党制度化地参与和监督国家政权，以符合宪政精神的方式为国家政权运作导向，这是中国政党政治的要义，也是宪法的基本要求。

因此，不论是法院改革还是检察制度改革，都面临一个共同难题，即如何处理党的领导与审判机关、检察机关独立行使职权的关系问题。这是我们认识检察制度的另一背景。如何处理这一问题，不是单纯的检察体制问题，而是涉及整个宪政体制的全局性问题。

3. 我国宪政体制的演进与检察制度的发展。近代以来，自器物救国转向制度救国之后，立宪与改宪便始终伴随着社会与制度的现代化进程。自清末立宪开始，直至 2004 年宪法修改，中国社会的重大发展往往以宪法的变革为先导和标志。尤其是建国以来，社会的发展与制度的演进几乎全部浓缩于几部宪法及其修正案之中。1954 年宪法确认和巩固了一个新生政权的革命成果，同时也反映了革命之后对于草创一个现代国家宪政体制的愿望与努力。但是，这种愿望与努力没多久就因"文革"而中断，国家法制遭到摧毁，社会秩序受到破坏。与这一局面相呼应的是 1975 年宪法与 1978 年宪法，尽管法制几乎被废，但是依然通过宪法来为当时的政治角力提供合法性。1982 年宪法实施以来，前三次修宪"重点在于从宪法上承认和保障经济改革的成果，改变既有的所有权关系"[1]，而第四次修宪则迈出了更具实质意义的一步，将宪法的关注点逐步从经济领域转向公民基本权利保障领域，尤其是人权与私有财产权的入宪，反映了国家价值观的深刻转变。

检察制度作为一国宪政框架之内的具体制度，始终伴随着整个宪政体制的发展而发展。从建国 60 年的历史来看，宪法

---

[1] 季卫东：《宪政新论》，北京大学出版社 2002 年版，第 175 页。

得到尊重、宪政体制稳定运行的时候，也是检察制度迅速发展的时候，反之，宪法不昌、宪政体制遭到破坏之时，检察制度也不能幸免于难。检察制度的命运与国家宪政体制的命运息息相关。有位学者曾研究了最高人民检察院历年工作报告，对其中关键词出现的频率进行了统计。自 1980 年至 2008 年，最高人民检察院 29 年的工作报告中，出现"宪法"64 次。尤其引人注目的是，1982 年的工作报告中首次出现了"宪法"一词。[1] 在 1982 年宪法即将出台之前，经历了"文革"期间宪法扫地、检察制度被破坏的惨痛经历后，最高人民检察院的工作报告中首次提到宪法，正是表达了一种对宪政秩序与宪法权威的呼唤。1982 年宪法出台后，在 1983 年的工作报告中，"宪法"出现 14 次，为历年之最，可见 1982 年宪法对于检察工作产生的重要影响。

总体而言，社会主义宪政框架自 1954 年宪法初步确立以来，期间虽几经波折，但整体而言尚处于不断调整与发展之中。人民代表大会制度作为根本政治制度的地位没有改变，在这一根本政治制度之下，检察制度随着几部宪法的变迁而有所调整与变化，宪法既为检察制度的发展提供了合法性基础，也有力地推动了检察改革的进程。概括而言，检察制度的发展与调整主要经历了以下几个阶段：

（1）检察机关初创时期。1949 年 6 月，距离开国大典大约还有四个月时间。如何建立新的人民政权，是摆在毛泽东等开国元勋面前的一道考题。如何让人民来监督政府？共和国的开国元勋们尝试在未来的政府中分设国家权力，形成相互制

---

〔1〕 郭云忠：《〈最高人民检察院工作报告〉的话语变迁》，载《政法论坛》2009 年第 3 期。

约。1949 年 6 月 23 日，董必武作为新中国政治协商会议筹备会常务委员会第四小组的组长，在《政府组织纲要中的基本问题》的报告中提出了设置四个机关的构想，即"中央人民政府委员会是最高政权机关，政务院是最高行政机关，最高人民法院是最高审判机关，最高人民检察署是最高检察机关"。1949年 9 月 29 日，中国人民政治协商会议第一届全体会议通过的《中国人民政治协商会议共同纲领》（以下简称《共同纲领》）和《中央人民政府组织法》，为创建新中国的检察体制、确立检察机关的宪法地位奠定了政治基础和法律基础。《共同纲领》第 7 条规定："中华人民共和国必须镇压一切反革命活动，严厉惩罚一切勾结帝国主义、背叛祖国、反对人民民主事业的国民党反革命战争罪犯和其他怙恶不悛的反革命首要分子。对于一般的反动分子、封建地主、官僚资本家，在解除其武装、削灭其特殊势力后，仍须依法在必要时期内剥夺他们的政治权利……假如他们继续进行反革命活动，必须予以严厉的制裁。"如何惩罚反革命的战争罪犯和各类反革命分子呢？这就必须组织起打击敌人、保护人民的强大的人民政权机关，而检察机关就是完成这一历史使命的重要机关，因此，《共同纲领》的这一规定，为建立中国检察制度、设立各级人民检察机关奠定了重要的政治基础。检察机关作为独立的国家政权机关是在与《共同纲领》同时通过的《中央人民政府组织法》中得到明确规定的，这些规定第一次改变了新民主主义革命时期检察机关设置于审判机关内部的审检合署的制度，使最高检察机关从最高法院内部独立出来，成为"负最高的检察责任"的独立的国家机构，为建立中国检察制度、设立具有独立宪法地位的各级人民检察机关奠定了重要的法律基础。

在《中央人民政府组织法》公布实施后，中共中央即发出了关于建立检察机关的指示，根据中央的指示，各地相继建立了检察机关。这些情况表明，检察机关独立的宪法地位不仅由法律赋予，也已经变为广泛的实践。但是，在检察机关建立之初，其独立的宪法地位曾经面临存与废的考验。1951 年 11 月，中央各机关开始了增产节约运动。为了厉行节约，中央号召各机关能合并的合并，可裁减的裁减。这时候，检察机关的地位面临两方面的危险：一是可能被裁撤。有的地方干脆将检察署裁撤了，如吉林省竟将检察署整个撤掉了。有的同志向董必武同志反映这种情况，董必武在向毛主席请示后，根据毛主席的指示决定，检察署不得裁撤。而针对吉林省撤销检察署的情况，在董必武同志与东北局负责同志讲通后，才恢复了一部分。二是可能在合署办公的同时被合并于其他机关。针对这种情况，董必武同志明确提出："合署办公也不是合并，例如中央五机关当时合署办公，主要是将行政上的琐碎事务合并起来，而各机关仍独立行使职权……对于检察署，中央的精神是凡属地方公安机关负责人并当地检察长的，检察署可以与公安机关合署办公，如果不是这样，就不一定。"[1] 可见，根据董必武同志的意见，检察机关应当独立办公，除非必须，才可与公安机关合署办公，且合署办公不等于合并。因此，在董必武同志的努力下，在中央特别是毛主席的亲自支持下，建国初期，检察机关独立的宪法地位不仅初步确立下来，并且不断得到发展，到 1954 年 3 月全国第二届检察工作会议召开前，全国已有检察机构 930 个，检察干部 5665 人，与 1951 年相比，检察机构增加了一倍多，人员增加了三倍多。

---

〔1〕 参见董必武：《在第二届全国检察工作会议上的讲话》，载《董必武法学文集》，法律出版社 2001 年版，第 179 页。

（2）检察机关宪法地位的完全确立。1954 年宪法和同时制定的人民检察院组织法对检察机关在国家政权体系中的地位、职权、组织和活动原则等作出了比较具体、全面的规定，这标志着检察机关独立宪法地位的完全确立。1954 年宪法在第二章"国家机构"中以第六节"人民法院和人民检察院"，对人民法院和人民检察院的有关事项作出专门规定，并将原来的"人民检察署"的名称改为"人民检察院"。该节在规定最高人民法院和地方各级人民法院行使审判权并对同级人民代表大会负责并报告工作的同时，规定："中华人民共和国最高人民检察院对于国务院所属各部门、地方各级国家机关、国家机关工作人员和公民是否遵守法律，行使检察权。地方各级人民检察院和专门人民检察院，依照法律规定的范围行使检察权。""最高人民检察院对全国人民代表大会负责并报告工作；在全国人民代表大会闭会期间，对全国人民代表大会常务委员会负责并报告工作。"这就明确了人民检察院的地位和职权。根据这些规定，在我国的国家政权体制中，人民检察院与人民法院是属于同一地位的国家政权机构，人民法院的职权是行使国家审判权，人民检察院的职权是行使国家检察权，它们同处于人民代表大会之下，对人民代表大会负责并报告工作。应当说，1954 年宪法上述有关检察机关地位的规定比先前的《中央人民政府组织法》的有关规定又前进了一步。

与 1954 年宪法相一致，全国人民代表大会同时通过了人民检察院组织法，对各级人民检察院的组织、职权和行使职权的程序进一步作出明确规定。这部法律比此前的几部检察机关组织的立法也前进了一步。比如，在检察机关的设置方面，增设了专门人民检察院，即军事检察院、铁路和水上运输检察院，使我国的检察机关成为包括最高人民检察院、地方各级人民检察院和专门人民检察院的完备而独立的组织系统，并对检察机关的职权、领导体制也作了较大调整。这些规定为进一步巩固人民检察院的独立宪法地位赋予了更丰富的内容。

（3）检察机关宪法地位受到破坏。从 1957 年到"文革"期间，检察机关受到破坏。特别是在"文革"期间，1954 年宪法所奠定的宪政体制破坏殆尽，这种情况下，我国的检察机关、检察工作、检察制度特别是检察机关的宪法地位受到严重破坏。1975 年宪法甚至规定："检察机关的职权由公安机关行使"，这实际上完全取消了检察机关独立的宪法地位。

（4）新时期检察机关宪法地位的重新确立。"文革"结束后，1978 年宪法重新对检察机关的地位、职权和组织体制作出规定。这部宪法第 43 条规定："最高人民检察院对于国务院所属各部门、地方各级国家机关、国家机关工作人员和公民是否遵守宪法和法律，行使检察权。地方各级人民检察院和专门人民检察院，依照法律规定的范围行使检察权。人民检察院的组织由法律规定。"1978 年宪法通过后，党中央及时向各级党委发出了建立检察机关的通知，各地重新建立起人民检察院。

在 1978 年宪法的基础上，1979 年五届全国人大二次会议分别通过了人民检察院组织法、刑法和刑事诉讼法等重要法律，对检察制度和检察机关的组织、职权又进行了明确规定。这些重要法律总结检察机关的工作实践，特别是总结 1954 年宪法后 20 多年来社会主义民主法制建设的经验教训，对检察机关的职权、领导体制以及行使检察职权的具体程序作出比较完善的规定，使检察机关在国家政权体制中的独立地位更加巩固。

1982 年宪法对检察机关的宪法地位作出了全面和明确的规定。第一，规定人民检察院是"国家的法律监督机关"。这就明确了检察机关的性质，而检察机关的这一性质就决定了它不可替代的重要宪法地位。第二，规定"人民检察院依照法律规定独立行使检察权，不受行政机关、社会团体和个人的干涉"。这就明确了检察机关的职权，这一职权也决定了检察机关的重要宪法地位。第三，规定"最高人民检察院对全国人民代表大会和全国人民代表大会常务委员会负责。地方各级人民检察院对产生它的国家权力机关和上级人民检察院负责"。这就明确了检察机关在人民代表大会制度国家政权体制中的重要地位。至此，我国的检察制度以及检察机关的性质和地位等问题在宪法体制中明确确立。

4. 西方宪政体制与检察制度的多样性。世界各国的检察制度都是建立在各国的历史文化传统与宪政体制基础之上的，并没有一个整齐划一的模式。分析各国检察制度的特点，有助于深刻理解检察制度与宪政体制的关系。总体来看，检察制度大致因法系的不同而呈现明显的差异。

以法、德为代表的大陆法系国家，在法律传统上与英美国家有显著差异，检察制度设计方面同样如此。

法国检察机关不具有自己独立的系统，而是由派驻各级法院内的检察官组成，检察机关归属于司法部领导，司法部长领导全国检察机关，检察总长由司法部长提名，总统任命。检察机关的其他成员则由司法委员会任命。但是，另一方面，法国检察官具有类似法官的身份，审判官被称为"坐着的法官"，检察官则被称为"站着的法官"。所以，法国的检察官是一种准司法官员，需要承担守护法律的责任，同时又隶属于行政权，受司法部长从一般法律适用到具体个案处理的指令的约束。这与法国的二元制的宪政体制是相适应的。在法国，司法权与行政权并不像美国那样严格划分，司法权没有获得像美国那样的崇高地位，反而对行政权有异乎寻常的热情与信任。

德国的检察制度与此类似，检察系统被安排在法院系统内。根据法院组织法的规定，德国每所法院都设立一个由若干名检察长和检察官组成的检察机关，联邦检察机关设于联邦法院，受联邦司法部长领导，州检察机关设于州的各级法院，由一名或数名检察官组成，受州司法部长领导。检察机关实行"检察一体"制，上级检察机关领导下级检察机关。德国的检察官虽然是公务员，但并不意味着检察机关属于行政体系，也不属于纯粹的司法体系，而是介于两者之间的独立的司法机构。[1]

与欧洲大陆国家的模式不同的是，英美国家的检察官一般是诉讼当事人一方，甚至就是执业律师，检察权在国家宪政体制中绝对从属于行政权。

美国的检察机构属于行政权的一部分，联邦总检察长就是司法部长，也是联邦政府的法律事务首脑，美国的联邦检察系统由联邦司法部中具有检察职能的部门和联邦地区检察官办事处组成，其职能主要是对违反联邦刑事法律的行为提起公诉、在联邦作为当事人的民事案件中代表联邦政府参与诉讼。严格的三权分立是美国宪政结构的主要特点，在这一宪政体制下，检察权定位比较清晰，即属于行政权，作为政府法律事务的代理人，代表政府提起公诉或者参加与政府有关的民事诉讼。

英国检察官属于内政部雇员，检察长由首相根据总检察长提名从律师中任命，检察官独立作出决定，不受任何机构的影响，但必须对议会负责。这与英国的议会至上的宪政结构基本吻合。

---

〔1〕 林钰雄：《检察官论》，台湾学林文化事业有限公司1999年版，第95页。

因此，尽管检察制度存在一定客观的、普遍的规律，但是依然能够从不同的国家寻找出不同的特点，任何国家的检察制度的设计，都是本国历史文化传统与宪政体制的产物，都深深植根于一国宪法所构建的政治结构之中。从某种意义上讲，宪政体制的多样性决定了各国检察制度的不同特点，检察制度直接受一国宪政体制的影响和制约。

（二）我国检察机关的宪法地位

根据宪法第 129 条的规定，人民检察院是国家的法律监督机关。这是检察机关性质与地位的宪法基础。如何正确认识检察机关与检察权的性质，关键在于如何理解宪法该条的含义。

1. 检察机关是专门的法律监督机关。在宪法文本中，"法律监督"一词仅仅出现一次，即第 129 条规定检察院的性质是国家的法律监督机关，而"监督"一词（包括法律监督 1 次）则出现 17 次之多。在有关人大及其常委会职权的规定中，宪法都是使用"监督"而避免"法律监督"的出现。可见从宪法原意来看，宪法制定者是有意将法律监督权明确授予检察院，并与其他监督权予以区别。现行宪法之前的几部宪法，均没有明确检察院的法律监督权。1954 年宪法第 81 条第 1 款规定："中华人民共和国最高人民检察院对于国务院所属各部门、地方各级国家机关、国家机关工作人员和公民是否遵守法律，行使检察权。地方各级人民检察院和专门人民检察院，依照法律规定的范围行使检察权。"1978 年宪法沿用了这一表述方式。

建国之初，我国检察机关的设立受前苏联检察制度影响较大。受其影响，检察机关设立之初对法律监督的认识主要是一种一般监督，即如 1954 年宪法第 81 条所规定的，对于各主体是否遵守法律进行一般监督，这就与当时宪法所规定的全国人大常委会的监督权（1954 年宪法第 31 条）有重叠之嫌。1979

年人民检察院组织法改变了 1954 年宪法对法律监督的定位，并且与 1951 年颁布的最高人民检察署暂行组织条例也有区别，取消了检察机关的一般监督职权，将检察机关的职权限缩为以下几项内容：对于叛国案、分裂国家案以及严重破坏国家的政策、法律、法令、政令统一实施的重大犯罪案件，行使检察权；对于直接受理的刑事案件，进行侦查；对于公安机关侦查的案件，进行审查，决定是否逮捕、起诉或者免予起诉；对于公安机关的侦查活动是否合法，实行监督；对于刑事案件提起公诉，支持公诉；对于人民法院的审判活动是否合法，实行监督；对于刑事案件判决、裁定的执行和监狱、看守所、劳动改造机关的活动是否合法，实行监督。其后 1982 年宪法尽管没有明确法律监督的具体涵义，但是结合其他法律以及我国检察机关职权的演变历史，我们仍然可以明确其基本涵义。

由此可见，相对于人大监督而言，检察机关的法律监督是一种专门监督。在舆论监督、群众监督、行政监督、审计监督、党的监督等各种监督形式日益多样化的背景下，检察机关的法律监督需要彰显其专门性才能补强其正当性与合理性。这种专门性，一方面表现为监督主体的垄断特点，即只有检察机关才是法律监督主体，也只有检察机关才能进行法律监督。另一方面，法律监督具有专门性的监督手段与技术。人民检察院组织法、刑事诉讼法、民事诉讼法、行政诉讼法等法律具体规定了检察监督的职权，根据这些规定，检察机关的监督手段具有很强的专业性，如对职务犯罪进行立案侦查、批准逮捕、提起公诉、对人民法院的裁判予以抗诉等，其中一些职权行使方式甚至具有司法性质，也因此检察权究竟是司法权还是行政权的争论一直不断。这些监督手段是其他任何监督方式所不具有的。

2. 检察机关是具有"国家"性的法律监督机关。它是代表国家,并以国家的名义对法律的实施和遵守情况进行监督的。我国是单一制国家,明显有别于实行联邦制的国家分权形式,各级人民检察院是国家的检察院,而非地方的检察院,检察机关行使权力代表了国家的意志,而非任何地方、团体或个人的意志。虽然宪法中规定了地方各级人民检察院检察长由地方各级人大选举产生,地方各级人民检察院对产生它的权力机关负责,但这并不意味着检察院行使职权就代表了地方的意志,不能将检察权理解为地方固有的权力,它是国家权力统一体系中的组成部分,履行着维护国家法制统一的基本职责。在宪法文本中法律监督机关前面加"的"字也是为了强调检察机关的国家性。在宪法上,地方人民检察院向地方人大及其常委会负责可以解释为制宪者(人民)通过宪法将组织地方各级人民检察院的权力委托给地方各级人大具体行使。

1954 年宪法明确规定了地方各级人民检察院一律在最高人民检察院的统一领导下进行工作,不受地方国家机关的干涉。现行宪法也确立了上下级检察机关之间的领导关系,并规定了地方各级人民检察院检察长的产生除同级人大选举外,必须经过上一级人民检察院检察长提请该级人民代表大会常务委员会批准的特殊程序。这一程序的设置显然旨在强化和保障检察权的国家性。

此外,检察权的国家性还体现在检察机关行使职权应以是否损害国家利益为标准,只有发生了侵害国家利益的行为,检察机关才会介入。由于检察权的国家性没有得到有效维护和体现,在现实生活中出现了行政干预导致的地方保护主义等现象。检察权在行使过程中有时受到行政权的干预和影响,存在比较严重的地方化倾向。众所周知,目前地方保护主义已成为一种社会顽疾，检察权的地方化已成为国家法治建设的重大障碍之一。一些地方政府及其所属部门凭借对检察机关的经费、土地、建设立项等多项事务具有实际的控制权，干扰检察机关独立行使职权，检察权的国家性在一定程度上被曲解和利用。有些地方人民检察院贯彻的是地方政府的意志，保护的是地方的利益，个别检察机关已经偏离了宪法所规定的"国家的法律监督机关"的本意。

3. 检察机关是"法律"的监督机关。宪法第 129 条规定："中华人民共和国人民检察院是国家的法律监督机关。"这一规定表明，人民检察院是对国家法律遵守和执行情况实施监督的机关。宪法第 131 条规定："人民检察院依照法律规定独立行使检察权，不受行政机关、社会团体和个人的干涉。"这一规定表明，人民检察院行使检察职权的依据就是法律。宪法文本的这两条规定说明，检察机关的职权在于依照法律的规定对法律的遵守和执行情况进行监督。

但如何理解宪法第 129 条规定的"法律"的涵义是宪法解释学上的重要命题。这里的"法律"只能解释为形式意义上的法律，应严格限制随意扩大其范围。将检察机关的监督权限于对法律的遵守和执行情况，目的是维护国家法制的统一。国家法制的统一最根本的是要统一于宪法，在宪法之下要统一于法律，在法律之下还应当统一于行政法规、地方性法规、自治条例和单行条例以及政府和部门的规章。在这样的法制统一的要求下，从现行宪法和法律的规定来看，监督宪法遵守和实施的权力不属于检察机关，只有全国人大及其常委会才有权监督宪法的实施，对违反宪法的行为予以监督、纠正。确立全国人大及其常委会监督宪法实施的权力，是我国实行的人民代表大会制度的需要，是保证国家的最高权力始终掌握在全国人大及其常委会这一代表全体人民意志的最高权力机关的需要。在宪法之下，有最高立法机关制定的法律，只有这些法律在全国得到统一的遵守和实施，宪法和法律才有权威，才可以实现国家法制的统一，检察机关的监督主要是在这一意义上的监督。当然，根据立法法的规定，检察机关对行政法规、地方性法规以及政府和部门规章的执行情况也需要实施监督，但是，这一监督已不属于检察监督的专门范围，检察监督主要是法律意义上的监督。

4. 检察机关是"一府两院"的宪政体制下独立的一个分支。在讨论检察权的性质时有些学者常常局限于"三权分立"的观念，认为国家权力就包括立法权、行政权和司法权，所以容易陷入一个有关检察权性质的两难境地，即检察权要么是行政权，要么就是司法权。回归中国宪法文本，有助于厘清检察机关的性质。

根据我国宪法的有关规定，在人民代表大会制度之下，检察机关是与行政机关、审判机关、军事机关并列的国家机关，如果不考虑军事机关，我国的宪政体制通常被描述为"人民代表大会之下的一府两院"结构。关于检察权性质的争论，基本上是以国家权力的三权划分为前提的。以三权作为一种不言而喻的前提预设，在这个意义上争论检察权到底是一种什么样的权力，完全脱离了我国人民代表大会制度的政治架构。我们不能无视自己的宪政体制，不能无视自己国家的宪法文本。如何在人民代表大会制度的政治架构中定位检察权，这是一个需要好好思考的问题。在中国的宪政体制中，立法权、行政权、审判权、检察权、军事权共同构成国家政权体系。简单地将检察机关定位于公诉机关，或者单纯的司法监督机关，就会使一部分重要的国家法律监督权失去权威和适当的承担者，有可能涉及国家政治体制的根本变革。

（三）检察机关与宪法实施

宪法实施是将宪法文本落实到社会生活、国家政治生活中的一套观念和制度，这是一个含义极为广泛的概念。从广义而言，一切国家机关、组织和公民个人遵守宪法、自觉执行宪法规定的活动都可以视为宪法的实施。为保障宪法实施，现代国家一般都通过特定的机关经由特定程序监督宪法的实施，集中表现为各种类型的宪法审查制度，这是狭义的宪法实施的涵义。从广义的角度而言，检察机关履行宪法赋予的职权，即是宪法实施的具体表现。但是，检察机关在宪法实施中理应有更大的作为与空间，也就是说，即使在宪法审查制度中，检察机关也应积极发挥宪法与法律赋予的相关职权，推动宪法的实施。

1. 检察机关与宪法审查的意义。根据人民代表大会制度，我国建立了具有中国特色的宪法审查制度。根据宪法规定，由全国人大及其常务委员会行使监督宪法实施的职权，并在此基础上，构建了规范性文件的审查体系，即全国人民代表大会有权改变或者撤销全国人民代表大会常务委员会不适当的决定，包括不适当的法律；全国人民代表大会常务委员会有权撤销国务院制定的同宪法、法律相抵触的行政法规、决定和命令，有权撤销省、自治区、直辖市国家权力机关制定的同宪法、法律和行政法规相抵触的地方性法规和决议；国务院有权改变或者撤销各部、各委员会发布的不适当的命令、指示和规章，有权改变或者撤销地方各级国家行政机关的不适当的决定和命令；县级以上的地方各级人民代表大会有权改变或者撤销本级人民代表大会常务委员会不适当的决定；县级以上地方各级人民代表大会常务委员会有权撤销本级人民政府的不适当的决定和命令，撤销下一级人民代表大会的不适当的决议；县级以上的地方各级人民政府有权改变或者撤销所属各工作部门和下级人民政府的不适当的决定。全国人民代表大会及其常务委员会对一切违宪行为进行监督，同时，上级国家机关对下级相应国家机关也能进行监督。这是中国特色的宪法实施制度的重要内容。同时，还建立了统一的备案审查制度，为国家法制的统一提供了有效保障。

但是总体来看，我国宪法审查的实践尚不尽如人意，宪法实施依然存在诸多体制与技术上的障碍。为此，检察机关有必要充分发挥其法定职权，推动宪法实施。原因如下：

（1）检察机关担负维护法制统一的重要任务。根据宪法和人民检察院组织法的规定，我国检察机关是法律监督机关，肩负着维护国家法制统一实施的重任，这一性质使得我国检察机关与侧重于公诉职能的西方检察机构有着根本性的区别。下位法违反上位法乃至违宪，这是对法制统一的最大破坏。为了维护法制统一，检察机关应该加强其法律监督职能，将可能违宪或违反上位法的规范性法律文件提交有权机关处理。

（2）检察机关具有日常性、专业性的优势。宪法审查是保障宪法实施的重要制度，启动这一机制必须设置一定的"门槛"。而其启动者在初步审查时的宽严把握，将直接影响到宪法审查门槛的高低。如果门槛过高，则会克减当事人获得救济的宪法权利；门槛过低，又会降低宪法审查的权威，使审查机关沦为公共辩论的平台。检察机关是专门从事法律监督工作的专业性机构，它具备这方面的专业知识，同时检察机关是日常性的法律监督机构，它的工作模式可以满足宪法审查初步筛选的日常性的工作需求。

2. 检察机关参与宪法审查的法律空间与途径。在现行宪法与法律框架内，可以寻求检察机关在宪法审查中发挥积极作用的依据与空间。这些宪法和法律依据主要有：

（1）宪法第 129 条规定，"中华人民共和国人民检察院是国家的法律监督机关。"如前所述，这一条明确了检察机关的地位与性质，"法律监督"的应有之义便是维护法制的统一，监督下位法与上位法、法律与宪法的统一性。

（2）立法法第 90 条规定，国务院、中央军事委员会、最高人民法院、最高人民检察院和各省、自治区、直辖市的人民代表大会常务委员会认为行政法规、地方性法规、自治条例和单行条例同宪法或者法律相抵触的，可以向全国人民代表大会常务委员会书面提出进行审查的要求，由常务委员会工作机构分送有关的专门委员会进行审查、提出意见。立法法赋予几个国家机关审查的提起权，但是由于行政法规是由国务院制定，由其主动提起对自己制定的行政法规进行审查，可行性值得怀疑；中央军事委员会则很少涉及地方事务；省级人大常委会又是地方性法规的制定者，同样可能怠于行使这一权力。因此，最高人民法院、最高人民检察院应该是较为现实也较为合适的法规审查提起者。而"两高"中，最高人民检察院作为法律监督机关，以其宪法地位和法律职权，更有利于履行宪法赋予的职权。

（3）各级人民代表大会常务委员会监督法第 32 条规定，国务院、中央军事委员会和省、自治区、直辖市的人民代表大会常务委员会认为最高人民法院、最高人民检察院作出的具体应用法律的解释同法律规定相抵触的，最高人民法院、最高人民检察院之间认为对方作出的具体应用法律的解释同法律规定相抵触的，可以向全国人大常务委员会书面提出进行审查的要求，由常务委员会工作机构送有关专门委员会进行审查、提出意见。根据这一规定，最高人民检察院可以对司法解释的合法性进行初步判断之后，提请全国人大常委会进行审查。尽管其所提出的审查是一种合法性审查，而非合宪性审查，但是结合立法法第 90 条的规定，监督法第 32 条的规定其实是对立法法第 90 条的进一步补充和完善，即将规范审查的范围扩大至司法解释，而立法法第 90 条对规范审查的标准既有合宪性审查，也有合法性审查。从逻辑上看，既然立法法第 90 条赋予了最高人民检察院合宪性审查的提请权，那么如果司法解释存在违宪嫌疑，最高人民检察院自然也有合宪性审查的提请权，当然，通常都是首先进行合法性的判断与审查。

由此可见，在现行的宪法与法律框架内，检察机关具有以启动宪法审查的职权形式维护法制统一的义务和权力，这是构成完整的宪法审查程序的重要部分。宪法实施状况不理想、宪法审查制度运行不尽如人意的重要原因之一便是有权启动宪法审查的机关疏于或者怠于启动宪法审查程序。因此，检察机关作为宪法审查机关之一，在这方面具有重大的宪法性功能，对于推动宪法实施应该而且也可以发挥更大的作用。

（四）当前检察制度运行中的若干问题

检察制度运行几十年来取得了不少令人瞩目的成就，特别是改革开放 30 年来取得的成就是有目共睹的。改革开放所取得的每一项成就背后都存在着检察机关卓有成效的工作。实践也证明，目前的检察制度是符合我国宪政体制与整体国情的制度。但是，在实践过程中，社会发展也对检察理论与检察制度提出不少新的挑战与问题。

1. 宪法相关理论亟待深入发展，为实践提供有说服力的解释或解决方案。宪法是检察制度发展的基础，宪法理论是否成熟直接关系着能否为现实问题提供有说服力的解释或者解决方案。近些年不断涌现的个案、事例为丰富宪法理论提供了素材，但是也对目前的宪法理论提出了挑战。宪法学研究必须直面当前的实际问题，以解决或者解释实际问题为出发点。

如 2007 年发生在湖南的一起事例，就为宪法与检察理论带来了新的问题。2007 年 9 月，湖南省十届人大常委会第 29 次会议听取和审议了湖南省人民检察院检察长何素斌提请的"关于提请不批准任命许庆生同志职务的议案"，会议决定不批准任命许庆生的郴州市人民检察院检察长职务。此前，许庆生已经在郴州市两会上被任命为郴州市人民检察院检察长。根据宪法第 101 条的规定，地方各级人大有权选举或者罢免本级人民检察院检察长。选出或者罢免检察长，须报请上级人民检察院检察长提请该级人大常委会批准。湖南的这一事例提出了一个新问题：上级人民检察院检察长能否否决下级人大选举产生的检察长人选？宪法文本上对于上级检察院检察长权限的规定是"提请"，是否可以"决定是否提请"，并不明确。这就需要准确理解和解释宪法文本中规定的检察机关体制以及宪法第 101 条的含义。

从我国宪法规定的检察机关的领导体制来看，检察机关属于双重领导体制，即下级检察机关既对同级人大负责，也对上级检察机关负责。从历史来看，1954 年宪法规定的领导体制是一种垂直领导体制，地方检察机关不受地方干预，在上级检察机关并统一在最高人民检察院的领导下进行工作。1978 年宪法将上下级检察机关的领导关系修改为监督关系，各级检察机关只受本级人大领导。在检察长人选的产生机制上，本级人大产生人选后还须由上级检察长提请同级人大常委会批准，目的就在于体现上级检察机关和同级人大（下级检察院所在地市的人大）的双重领导权。二者的意志如果一致还好说，若两个机关的意志发生冲突，像湖南这一事例，就带来了重大的宪法问题。

宪法第 101 条使用的表述是"提请"二字，而不是"决定提请"，也不是"决定是否提请"。"提请"二字是否包含"决定是否提请"的意思，并不明确。同样由五届全国人大通过的其他法律，如全国人民代表大会组织法之中，就刻意区别了"决定提请"与"决定是否提请"，根据该法第 32 条的的规定，对于中央国家机关提出的议案，由"委员长会议决定提请"审议；而对于委员联名提出的议案，则"由委员长会议决定是否提请"审议。可见，立法者有意区别了"决定提请"与"决定是否提请"的含义。从这个角度解释，宪法第 101 条所规定的"提请"应该仅仅是一种程序上的呈送，而没有实质意义上的否决权，那么，上级检察院检察长否决下级人大选出的检察长，有无合理性？若没有合理性，上级检察院对下级检察院的领导又从何体现呢？这确实是一个十分棘手的问题，学者之间也存在分歧。需要我们认真研究宪法学与检察制度理论，从而为现实中提出的问题提供合理的解释。尤其是宪法解释理论与制度，对于解决这一问题具有决定性作用。必要的时候，可以提请全国人大常委会解释宪法，以解决实践中提出的问题。

2. 检察机关独立行使检察权还存在不少现实困难与障碍。宪法第 131 条规定："人民检察院依照法律规定独立行使检察权，不受行政机关、社会团体和个人的干涉。"该条明确了检察院独立行使职权的原则。也有人提出，宪法该条只是规定了不受行政机关的干涉，而没有将立法机关、党委的干涉包括进来。从立宪的精神以及司法规律来看，宪法第 131 条的含义应该是检察权应依法独立行使，排除任何干涉。但是，在我国宪政体制下，必须坚持党的领导和人大监督，任何简单的排斥都是不切实际的想法。处理好人大监督、党的领导与检察权独立行使的关系，是检察权独立行使的重要前提。

不论是党的领导，还是人大监督，都必须在宪法和法律框架之内进行。依法执政、依宪执政已经成为中国共产党的基本理念，因此，党对检察工作的领导应该在宪法和法律的范围内进行，通过组织、思想与政治来领导或者影响检察机关工作。而人大监督的方式，在宪法与有关法律当中则有明确规定，主要有听取工作报告、询问和质询、人事监督、备案审查监督等方式。实践中，除了上述宪法与法律明确规定的监督方式之外，各级人大还在不断探索新型监督方式。

实践中，个别地方党政领导对检察机关的不正当干预势头不减；有的人大代表基于特殊身份要求检察机关在办案过程中满足其个人利益；有的行政部门凭借对检察机关人、财、物的控制而干涉检察机关办案；一些地方领导甚至将检察机关视为维护自己权威的可恣意驱使的工具，等等。如2006年重庆的"彭水诗案"，县委书记动用法院、检察院、公安局对发短信表达不满的秦某予以非法关押，成了现代版的"文字狱"。

检察权不能独立行使，将带来两个看似矛盾而实质一致的后果：一是检察权弱化，二是检察权滥用。首先是检察权的弱化，因为受制于各种不当干涉，应该依法行使的法律监督权不敢或者不能行使，大大削弱了检察机关的权威。其次是检察权的滥用，看似滥用检察权恰恰是检察权不受制约的结果，其实本质上是不能独立行使的结果。检察权当然应当受到制约和监督，但是，在检察权无法独立行使的背景之下，它更容易导致滥用，因为各种势力干涉检察权行使无非是为了实现各自的利益与目的，而为实现他们的目的，必然需要滥用或者误用检察权。如应起诉而不起诉、不应起诉而起诉、滥用强制措施、调查取证消极怠慢，等等。近些年报道的一些冤假错案，都与检察权的滥用或者弱化有关。如 2005 年的佘祥林案、2007 年曝光的聂树斌案等。因此，从某个角度而言，检察权的弱化和检察权的滥用其实根源都在于检察权不能独立行使。

3. 检察机关如何尊重和保障人权的问题日益受到关注。作为法律监督机关，检察机关在人权保障上应发挥特殊的功能。特别是犯罪嫌疑人和被告人的人权保障问题，往往是一个国家法治发达程度的试金石。检察机关的人权保障功能可以体现在检察工作的各个环节，如通过刑事侦查，对国家机关工作人员侵犯人权的违法行为进行打击，客观上保障被害人的人权。检察机关还可以通过对刑事侦查的监督，保护犯罪嫌疑人、被害人以及其他公民的合法权利。

在人权保障上，最突出的问题便是犯罪嫌疑人的基本权利保护。违法羁押、超期羁押、刑讯逼供等严重侵犯人权的现象在一些地方依然很严重。根据有关国际公约的规定，被羁押人的保障主要应遵循以下几个基本原则：（1）无罪推定原则。这一原则也为我国刑事诉讼法明确规定下来，有人甚至主张将其写入宪法，作为一项宪法原则来约束所有公权力行为。（2）人道主义原则。任何人不得被刑讯或受到残酷的、不人道的或者有辱人格的待遇或者处罚，任何形式的羁押或者监禁者都应受到人道方式的待遇，且尊重其固有的人格尊严。（3）平等保护原则。任何人不得因为种族、肤色、性别、语言或者宗教信仰等因素而受到歧视，这也是我国宪法的一项基本原则。（4）迅速审判原则。接受迅速、公正的审判是一项基本人权，因此有人主张将诉权也写入宪法。（5）获得律师帮助原则。联合国《公民权利和政治权利国际公约》将获得律师帮助的权利作为每个受到刑事指控的人所应享有的最低限度的保障之一。

（6）保障知情权原则。任何人被羁押时，应该立即被告知其被羁押的理由。

检察机关在被羁押人的人权保障方面，显然应该有更大作为。如在对死刑复核程序的监督方面，死刑是一项涉及人的生命权的刑罚措施，最高人民法院收回死刑复核权，体现了"少杀、慎杀、防止错杀"的刑事政策。但是，如何落实这一刑事政策，检察机关的监督不可缺失，从死刑案件的诉讼、复核到执行，加强全程监督力度，是保障死刑犯的基本权利、尊重生命权的基本要求。

4. 检察官的职业化与宪法意识问题。检察制度的顺利运行，离不开一个职业化的检察官群体的参与。职业化是社会分工的产物，它不仅要求诀窍、经验以及一般的"聪明能干"，而且还要有一套专门化的但相对抽象的科学知识或其他认为该领域内有某种智识结构和体系的知识，如神学、法学。职业主义的要求来源于共同的知识体系或者共同利益诉求，在此基础上职业化的标志是自治与独立，既独立于社会，又独立于政府。实践表明，一个高度职业化的司法官群体，大致可以维持满足公正需求的职业伦理与职业操守。检察官的职业化，既保证了检察业务的质量与专业化，而且在一定程度上也能保障检察权依法独立行使。

在1999年最高人民检察院的工作报告中，核心内容就是教育整顿检察队伍。该份报告介绍当时的历史背景是，1998年在政法机关开展教育整顿，是党中央为治理司法腐败，加强政法队伍建设而做出的一项重大决策，也是人民群众的强烈呼声。在这一背景下，检察队伍的教育整顿在1999年的工作报告中，不仅在形式上占了很大篇幅，在顺序上排在了第一部分，而且在内容上贯穿整个报告。直至2003年，这五年的检察院工作报告的中心内容就是检察队伍的整顿问题。[1] 最近几年的最高人民检察院的工作报告中，一个非常重要的内容就是队伍的职业化和专业化建设问题，并扎实进行了一系列工作，如评选检察业务专家、明确检察职业道德、提出了检察文化建设等。

在检察官的职业化建设中，一项不可忽视的内容就是宪法意识的培养。检察官对宪法精神与基本内容的理解、认同与情感形成了检察官的宪法意识，具体表现为权利保障意识、权利平等意识、权力有限意识等。根据这些意识，在检察日常工作中，就是要强化对公民基本权利的保护，维护以宪法为核心的法律体系的统一，有效制约公共权力的行使，在办案过程中体现宪法所追求的人权保障的根本价值，等等。大量的宪法争议存在于具体办案过程中，检察官应有意识地发现和推动宪法争议的解决，如前面所讲的检察机关对于宪法审查制度的作用和意义，就需要检察官具有宪法意识。

总之，检察官的职业化是其业务能力的基本保证，而其宪法意识则可以进一步拓展检察制度与检察工作的空间，并进一步增强检察官的职业化。

（五）以中国宪法为基础改革和完善中国特色社会主义检察制度

检察体制改革过程中，有些人主张将检察机关作为一个纯粹的公诉机关，并入行政机关范畴。这种声音恰恰是检察权运行过程中出现各种问题的主要原因所在，即简单地将检察机关视为公诉或者司法监督机构。长期以来，检察机关的职能主要

---

〔1〕　参见郭云忠：《〈最高人民检察院工作报告〉的话语变迁》，载《政法论坛》2009 年第 3 期。

是基于刑事诉讼法的刑事职能，检察机关也由此成为一个履行反贪污贿赂、反渎职侦查、刑事检控等职能的刑事机关。检察机关成为刑事诉讼法确立的"公检法"链条中的一个环节，但在一定程度上削弱了宪法确立的"一府两院"体制中的宪法地位。如果将检察机关只作为一个刑事机关，它可以归属于行政系统或者安排在法院体制内。但如果从宪法角度而言，就应当在完善人民代表大会制度、健全国家政权体系的基础上，使检察机关成为一个与政府、法院等并行的独立的国家机关。

检察体制改革关系检察与立法、行政、审判的关系。检察体制改革的方向应该是使检察机关回归我国宪法所设定的框架之内，应当改变目前检察机关等同于一个刑事机关的现状，逐步恢复其宪法地位。尽管从理论上可以说检察权兼具行政和司法特性，但现实中的检察权既不是行政权，也不是司法权，它是由宪法创制的一种独立的国家权力。作为一种独立的国家权力，检察权自身也有体系化问题，这取决于检察职能的合理定位与安排。如何在中国宪法体系内合理地配置反贪污贿赂、反渎职的刑事侦查职能，以及刑事公诉属于检察执法还是属于检察监督，民事行政抗诉职能如何寻求充分的理论支持等问题是值得探讨的，直接关系到检察权的构成。应当根据检察职能的宪法定位，审视检察权体系的每一种权能，并调整检察权与立法权、行政权、审判权的关系。检察体制改革不仅要坚持检察机关是法律监督机关的宪法定位，同时还要与时俱进，进一步改革和完善检察机关的法律监督权，将法律监督权全面落实到位，真正形成有效的监督制约机制。

总之，检察改革的方向应该是，推动检察机关和检察制度回归其应有的宪法地位，在现有宪政体制下，为维护宪法和法律权威、保证国家法制统一发挥更大的作用。

二、我国检察机关的宪法地位研究 *

近年来，随着司法改革的不断深入，如何推进检察体制的改革成为理论和实践中争论的热点和焦点。而检察体制改革遇到的一个核心问题就是，如何认识检察机关在国家政权体制中的地位和作用。围绕这一问题，各方面展开了讨论，一种代表性的意见主张取消检察机关，将其归入行政机关的名下，成为单独的公诉机构，将原有检察权中的监督权交由权力机关行使，将对职务犯罪的侦查权交由监察部门或者新设的廉政部门行使，或者保留现有的检察机关，但仅赋予其公诉权和诉讼监督权。[1] 有的学者虽然没有明确提出取消检察机关，但是他们从诉讼法学特别是"刑事诉讼法理学关注的课题"出发，在理论上对检察权的性质和范围进行分析，进而对检察权以及检察机关的法律监督地位产生怀疑，[2] 而这一怀疑得出的结论必然是对检察机关现有地位和作用的否定。

笔者认为，对检察体制改革进行的一切理论探索都是可贵的，但是，对检察体制进行的任何一项改革又都必须以对检察机关地位和作用达成认识上的一致为前提。对检察机关地位和

---

* 本部分内容刊载于《中国人民大学学报》2002 年第 5 期，原题目为"论我国检察机关的宪法地位"，系与刘松山合作撰写。

〔1〕 提出这方面意见的文章主要见于：《依法治国与廉政建设研讨会纪要》，载《法学研究》1998 年第 4 期；陈吉生：《论公诉权与法律监督权的行使》，载《政法论丛》1998 年第 1 期；《中国法学会诉讼法学研究会 98 年会综述》，载《中国法学》1999 年第 1 期；蔡定剑：《司法改革中检察职能的转变》，载《政治与法律》1999 年第 1 期；夏邦：《中国检察院体制应予取消》，载《法学》1999 年第 7 期；徐显明：《司法改革二十题》，载《法学》1999 年第 9 期。

〔2〕 这方面的论点主要见于：郝银钟：《论批捕权的优化配置》，载《法学》1998 年第 6 期；郝银钟：《批捕权的法理与法理化的批捕权》，载《法学》2000 年第 1 期；郝银钟：《检察机关的角色定位与诉讼职能的重构》，载《刑事法评论》（第 4 卷），中国政法大学出版社 1999 年版；郝银钟：《检察权质疑》，载《中国人民大学学报》1999 年第 3 期；郝银钟：《中国检察权研究》，载《刑事法评论》（第 5 卷），中国政法大学出版社 2000 年版；陈瑞华：《司法权的性质》，载《法学研究》2000 年第 5 期。

作用的认识，不仅是诉讼法学领域的问题，涉及诉讼规律，更是一个重大的宪法问题，涉及国家的宪政体制。研究检察体制的改革，必须首先从研究检察机关的宪法地位入手。本文不反对从应然性的角度出发，特别是借鉴西方国家检察制度的有关实践和理论，对现行法律规定的检察权以及检察机关法律地位作出否定性评价，因为冲破"当前颇具有一定代表性的但又相当陈腐落后的法律思想观念及其有可能滋生的负面影响"[1]，是需要巨大的理论勇气的。但本文认为，要否定检察机关的地位和作用，乃至取消其在国家政权体制中的地位，既要从应然性出发，也必须从实然性出发，既要从西方国家检察制度的有关实践和理论出发，更要从中国政治制度的实际情况出发，因为离开了现实基础特别是离开了中国政治制度的实际情况，对中国检察制度的讨论就很可能偏离方向。笔者认为，认识检察机关在国家政权体制中的地位和作用，对以下几个问题进行认真研究，是十分必要的。

（一）检察机关宪法地位的确立

中国的检察机关是人民民主专政的重要工具，是人民代表大会制度国家政权组织形式中的重要国家机构，它的宪法地位是随着人民革命政权的建立和发展而逐步确立的。

1. 新民主主义革命时期检察机关的宪法地位。检察机关宪法地位的确立最早可以追溯到新民主主义革命时期人民政权的确立。[2] 1931 年中华苏维埃共和国在江西瑞金宣告成立，1934 年共和国制定并公布《中华苏维埃共和国中央苏维埃组织法》的宪法文件，同时制定《裁判部暂行组织及裁判条例》。

---

〔1〕 参见郝银钟：《批捕权的法理与法理化的批捕权》，载《法学》2000 年第 1 期。

〔2〕 参见王桂五：《人民检察制度概论》，法律出版社 1982 年版，第 4 页。

根据这两个重要组织法的规定，当时检察机关在国家政权机构体制中是隶属于审判机关（裁判部）的组成部分，即在中央，苏维埃共和国在中央执行委员会之下，设立最高法院，最高法院设检察长一人，副检察长一人，检察员若干人；在地方，省、县裁判部分别设检察员。这是一种"审检合署"的制度。抗日战争时期，在中国共产党领导的陕甘宁、晋察冀等抗日根据地，都有检察机关的设置，也实行"审检合署"的制度，在法院内部设立检察机关。解放战争时期，在东北解放区等政权机关的设置中，仍然实行"审检合署"的制度，检察机关属于法院的组成部分。可见，在新民主主义革命时期的政权建设中，检察机关虽然是国家机构的重要组成部分，但却不具有独立的宪法地位。

新民主主义革命时期，检察机关不具有独立的宪法地位，主要是受旧制度的影响。"当时实行审检合署的制度，检察官设于法院内，这显然是旧制度的痕迹。"[1] 为什么说是"旧制度的痕迹"呢？因为中国近代的检察制度主要是从国外介绍进来的。在西方资本主义国家，检察机关在国家政权体制中不是独立的机关，要么就在司法部的名下，要么就设置在法院内部，兼有行政权和司法权的两面特点，因而"检察职能并不是一种独立的和单一性质的国家职能，而是一种附属性质的和混合性质的职能，还没有从其他职能中完全分离出来"[2]。检察机关独立的职能和独立的宪法地位是在社会主义制度下才得以实现的。

---

〔1〕 王桂五主编：《中华人民共和国检察制度研究》，法律出版社 1991 年版，第 164 页。

〔2〕 王桂五主编：《中华人民共和国检察制度研究》，法律出版社 1991 年版，第 162 页。

2. 建国初期检察机关独立宪法地位的初步确立。检察机关独立宪法地位的确立始于 1949 年建国后，具体可以分为以下几个阶段：

（1）《中国人民政治协商会议共同纲领》（以下简称《共同纲领》）和《中央人民政府组织法》的规定。1949 年 9 月中国人民政治协商会议第一届全体会议通过的《共同纲领》和《中央人民政府组织法》，为创建新中国的检察体制、确立检察机关的宪法地位奠定了政治基础和法律基础。《共同纲领》第 7 条规定："中华人民共和国必须镇压一切反革命活动，严厉惩罚一切勾结帝国主义、背叛祖国、反对人民民主事业的国民党反革命战争罪犯和其他怙恶不悛的反革命首要分子。对于一般的反动分子、封建地主、官僚资本家，在解除其武装、削减其特殊势力后，仍须依法在必要时期内剥夺他们的政治权利……假如他们继续进行反革命活动，必须予以严厉的制裁。"如何惩罚反革命的战争罪犯和各类反革命分子呢？这就必须组织起打击敌人、保护人民的强大的人民政权机关，而检察机关就是完成这一历史使命的重要机关，因此，《共同纲领》的这一规定，为建立中国检察制度，设立各级人民检察机关奠定了重要的政治基础。当然，值得注意的是，《共同纲领》第 12 条对国家政权机关的规定是，"人民行使国家政权的机关为各级人民代表大会和各级人民政府"。这一规定既没有明确审判机关是国家的政权机关，也没有明确检察机关是国家的政权机关。所以，这里的"各级人民政府"不仅指各级行政机关，实际还包括了审判机关和检察机关。

检察机关作为独立的国家政权机关是在与《共同纲领》同时通过的《中央人民政府组织法》中得到明确规定的。《中央人民政府组织法》第 5 条规定，中央人民政府委员会"组织最高人民法院及最高人民检察署，以为国家的最高审判机关及检察机关"，第 7 条规定，"任免最高人民法院的院长、副院长和委员，最高人民检察署的检察长、副检察长和委员"。在第一章"总纲"规定的基础上，这部法律专门设置第五章"最高人民法院及最高人民检察署"，分别规定了最高人民法院和最高人民检察署的职权。其中，"最高人民检察署对政府机关、公务人员和全国国民之严格遵守法律，负最高的检察责任"。《中央人民政府组织法》的上述规定第一次改变了新民主主义革命时期检察机关设置于审判机关内部的审检合署的制度，使最高检察机关从最高法院内部独立出来，成为"负最高的检察责任"的独立的国家机构，为建立中国检察制度，设立具有独立宪法地位的各级人民检察机关奠定了重要的法律基础。

对于《中央人民政府组织法》的上述规定，王桂五同志的评价是：确立了检察权与行政权、司法权的分离，赋予检察机关以相对独立的地位。使得在我国的政体结构中，检察权和行政权、司法权处于同一序列中，既不隶属于行政权，也不隶属于司法权，而且依照法律规定的范围和程序，对行政行为和司法行为的合法性实行监督。"这表明，在我国的政体结构中，从一开始就将检察职能与其他职能相分离，建立了以法律监督为专门职能的机关——人民检察署（院）。"[1]

不仅如此，《中央人民政府组织法》第 30 条还规定："最高人民法院和最高人民检察署的组织条例，由中央人民政府委员会制定之。"这说明，最高人民检察署不仅有独立的宪法地位，而且中央人民政府委员会应当制定专门的法律对最高人民

---

〔1〕 参见王桂五主编：《中华人民共和国检察制度研究》，法律出版社 1991 年版，第 164～165 页。

检察署的组织和职权等问题予以规定。而根据《中央人民政府组织法》的上述规定，中央人民政府委员会于 1949 年 12 月通过了《中央人民政府最高人民检察署试行组织条例》，1950 年 9 月通过了《中央人民政府最高人民检察署暂行组织条例》和《各级地方人民政府组织通则》。这些法律对最高人民检察署和各级地方检察机关独立的组织和职权都作出了详细规定。

（2）检察机关的初建与发展。在《中央人民政府组织法》公布实施后，中共中央即发出了关于建立检察机关的指示，根据中央的指示，各地相继建立起检察机关。这些情况表明，检察机关独立的宪法地位不仅由法律赋予，而且已经变为广泛的实践。

但是，在检察机关建立之初，其独立的宪法地位曾经面临存与废的考验。1951 年 11 月，中央各机关开始了增产节约运动。为了厉行节约，中央号召各机关能合并的合并，可裁减的裁减。但"在中央还未确定哪些机关应当裁并，哪些机关应当合署办公时，地方上就动起手来"，这时候，检察机关的地位面临两方面的危险：一是可能被裁撤。有的地方干脆将检察署裁撤了，"如吉林省竟将检察署整个撤掉了"。这时，有的同志向董必武同志反映这种情况，董必武在向毛主席请示后，根据毛主席的指示决定，检察署不得裁撤。而针对吉林省撤销检察署的情况，在董必武同志"与东北局负责同志讲通后，才恢复了一部分。"二是可能在合署办公的同时被合并于其他机关。针对这种情况，董必武同志明确提出："合署办公也不是合并，例如中央五机关当时合署办公，主要是将行政上的琐碎事务合并起来，而各机关仍独立行使职权……对于检察署，中央的精神是凡属地方公安机关负责人并当地检察长的，检察署可以与公安机关合署办公，如果不是这样，就不一定。"[1] 可见，根据董必武同志的意见，检察机关应当独立办公，除非必须，才可与公安机关合署办公，且合署办公不等于合并。因此，在董必武同志的努力下，在中央特别是毛主席的亲自支持下，建国初期，检察机关独立的宪法地位不仅初步确立下来，并且不断得到健康发展，到 1954 年 3 月全国第二届检察工作会议召开前，全国已有检察机构 930 个，检察干部 5665 人，与 1951 年相比，检察机构增加了一倍多，人员增加了三倍多。为什么检察机关能够独立和健康地发展呢？对此，董必武同志深刻地提出，这主要是因为"国家与人民需要检察机关来维护人民民主的法制。检察机关只有国家与人民需要它的时候，它才能存在与发展。有人认为检察署可有可无，这是不对的。"[2]

（3）1954 年宪法和人民检察院组织法的规定。在上述基础上，1954 年宪法和同时制定的人民检察院组织法对检察机关在国家政权体系中的地位、职权、组织和活动原则等作出了比较具体、全面的规定，这标志着检察机关独立宪法地位的完全确立。1954 年宪法在第二章"国家机构"中以第六节"人民法院和人民检察院"，对人民法院和人民检察院的有关事项作出专门规定，并将原来的"人民检察署"的名称改为"人民检察院"。该节在规定最高人民法院和地方各级人民法院行使审判权并对同级人民代表大会负责并报告工作的同时，规定："中华人民共和国最高人民检察院对于国务院所属各部门、地方各级国家机关、国家机关工作人员和公民是否遵守法律，行

---

[1]　参见董必武：《在第二届全国检察工作会议上的讲话》，载《董必武法学文集》，法律出版社 2001 年版，第 179 页。

[2]　参见董必武：《在第二届全国检察工作会议上的讲话》，载《董必武法学文集》，法律出版社 2001 年版，第 182 页。

使检察权。地方各级人民检察院和专门人民检察院，依照法律规定的范围行使检察权。""最高人民检察院对全国人民代表大会负责并报工作；在全国人民代表大会闭会期间，对全国人民代表大会常务委员会负责并报告工作。"这就明确了人民检察院的地位和职权。根据这些规定，在我国的国家政权体制中，人民检察院与人民法院是属于同一地位的国家政权机构，人民法院的职权是行使国家审判权，人民检察院的职权是行使国家检察权，它们同处于人民代表大会之下，对人民代表大会负责并报告工作。应当说，1954年宪法上述有关检察机关地位的规定比先前的《中央人民政府组织法》的有关规定又前进了一步。

与1954年宪法相一致，全国人民代表大会同时通过了人民检察院组织法，对各级人民检察院的组织、职权和行使职权的程序进一步作出明确规定。这部法律比此前的几部检察机关组织的立法也前进了一步。比如，在检察机关的设置方面，增设了专门人民检察院，即军事检察院、铁路和水上运输检察院，使我国的检察机关成为包括最高人民检察院、地方各级人民检察院和专门人民检察院的完备而独立的组织系统，并对检察机关的职权、领导体制也作了较大调整。这些规定为进一步巩固人民检察院的独立宪法地位赋予了更丰富的内容。

1954年宪法和人民检察院组织法为什么要赋予检察机关独立的宪法地位呢？根据王桂五同志的论述，这主要是从我国的实际情况出发，结合我们自己的实践经验，学习和运用列宁领导创建的社会主义检察制度的指导思想的结果。王桂五同志说，毛泽东同志在谈到1954年宪法的时候，曾经指出这部宪法"是本国经验和国际经验的结合"，这一点也适用于人民检察院组织法。这个组织法运用列宁关于检察制度的指导思想，把维护法制统一的任务赋予检察机关，并且把检察机关作为一个独立的国家机关，即国家法律监督机关。[1]

但值得注意的是，1954年宪法和人民检察院组织法在对检察机关地位、职权和领导体制等问题作出规定的同时，并未明确规定检察机关的性质，即检察机关是国家的法律监督机关。为什么没有作出这一规定呢？这在当时是存在不同意见的。

1954年年初，中国共产党中央委员会提出了1954年宪法草案的初稿。这个初稿的第74条曾经规定："中华人民共和国的检察机关对政府机关、国家机关工作人员和公民的犯法行为，行使检察权"，但并没有规定检察机关是国家的法律监督机关。在宪法起草委员会举行的一次全体会议中，一些同志围绕草案初稿的第74条中"检察"与"监督"的关系展开了讨论。在讨论中，钱端升提出，在召集人联席会议上，有人主张把"检察"改为"监督"，但多数人还是主张用"检察"。接着钱端升的话，李烛尘提出，既然叫总检察长，也就可以叫行使最高"检察"职权。刘少奇同志说，"既然叫做总检察长，又叫了个'监督'，好像不要'检察'了。检察机关只有决定逮捕之权和控诉之权，没有审判之权。它的权力很大，但也有一定的限制。"而黄炎培则认为，"还是用'检察'好。在检察的对象中，国务院是否包括在内？"[2] 但最终这个讨论没有达成共识，既没能将"检察"改为"监督"，也未能将检察机关行使职权的行为定性为"法律监督"。当时，宪法起草座谈会各组召集人联席会议对于宪法草案初稿第74条的修改意见是：将本条移作第80条，修改为："中华人民共和国最高人民检察署

---

[1]　参见王桂五：《人民检察制度概论》，法律出版社1982年版，第15页。

[2]　韩大元编著：《1954年宪法与新中国宪政》，湖南人民出版社2004年版，第247页。

直接或者通过地方各级人民检察署对中央人民政府所属各部门、对地方各级人民政府、对国家机关工作人员和公民是否遵守法律实行最高检察。"针对这个修改意见，有人主张将"实行最高检察"改为"实行最高监督"。[1] 但最终也未能将检察机关法律监督的性质明确下来。检察机关法律监督的性质直到1982 年宪法才正式规定下来。

为什么这里要涉及检察机关的法律监督性质呢？因为实际上，检察机关独立的宪法地位不仅由它在人民代表大会制度中与其他机关的相互关系中体现出来，由它的具体职权和领导体制体现出来，更重要的是，它还是由检察机关的独特性质决定的，这个性质在今天看来就是法律监督机关的性质。所以，从这一意义上说，1954 年宪法和人民检察院组织法所确立的检察机关独立的宪法地位只是初步的。

3. 检察机关宪法地位受到破坏。从 1957 年到"文革"期间，检察机关受到破坏。特别是在"文革"期间，林彪、江青反革命集团为了篡党夺权，疯狂破坏社会主义法制，叫嚣砸烂公、检、法，诽谤人民检察院组织法是"修正主义的黑纲领"，全面歪曲检察工作。江青诬蔑检察机关是"党政之上的官僚机构"。这种情况下，我国的检察机关、检察工作、检察制度特别是检察机关的宪法地位受到严重破坏。1975 年宪法甚至规定："检察机关的职权由公安机关行使"，这实际上完全取消了检察机关独立的宪法地位。

4. 新时期检察机关宪法地位的重新确立。"文革"结束后，1978 年宪法重新对检察机关的地位、职权和组织体制作出规定。这部宪法第 43 条规定："最高人民检察院对于国务院所属

---

〔1〕 韩大元编著：《1954 年宪法与新中国宪政》，湖南人民出版社 2004 年版，第 215 页。

各部门、地方各级国家机关、国家机关工作人员和公民是否遵守宪法和法律，行使检察权。地方各级人民检察院和专门人民检察院，依照法律规定的范围行使检察权。人民检察院的组织由法律规定。最高人民检察院监督地方各级人民检察院和专门人民检察院的检察工作，上级人民检察院监督下级人民检察院的检察工作。最高人民检察院对全国人民代表大会和全国人民代表大会常务委员会负责并报告工作。地方各级人民检察院对本级人民代表大会负责并报告工作。"1978 年宪法为什么要恢复设置人民检察院呢？这有两方面的重要原因：一是经过"文革"这样大的社会动乱，与各种违法乱纪行为作斗争有极大的紧迫性和重要性。对此，叶剑英同志在修改宪法的报告中强调说："鉴于同各种违法乱纪行为作斗争的极大重要性，宪法修改草案规定设置人民检察院……在加强党的统一领导和依靠群众的前提下，充分发挥公安机关、检察机关、人民法院这些专门机关的作用，使它们互相配合又互相制约，这对于保护人民，打击敌人，是很重要的。"[1] 二是在总结历史的深刻教训后作出的规定。对此，叶剑英同志在修改宪法的报告中说："'四人帮'疯狂叫嚷并且实行'砸烂公检法'，严重破坏了无产阶级专政的国家机器，甚至把矛头指向党内和人民内部。我们必须彻底清算'四人帮'破坏公检法的罪行，总结经验教训，加强社会主义法制。"[2] 可见，1978 年宪法重新设置检察机关，根本的宗旨是同各种违法犯罪行为作斗争，防止野心家、阴谋家篡夺党和国家权力，坚持人民民主专政，加强社会

〔1〕　参见叶剑英：《关于修改宪法的报告》，载刘政、于友民、程湘清主编：《人民代表大会工作全书》，中国民主法制出版社 1999 年版，第 68 页。

〔2〕　参见叶剑英：《关于修改宪法的报告》，载刘政、于友民、程湘清主编：《人民代表大会工作全书》，中国民主法制出版社 1999 年版，第 68 页。

主义法制。

1978 年宪法通过后，党中央及时向各级党委发出了建立检察机关的通知，各地重新建立起人民检察院。

在 1978 年宪法的基础上，1979 年五届全国人大二次会议分别通过了人民检察院组织法、刑法和刑事诉讼法等重要法律，对检察制度和检察机关的组织、职权又进行了明确规定。这些重要法律总结检察机关的工作实践，特别是总结 1954 年宪法后 20 多年来社会主义民主法制建设的经验教训，对检察机关的职权、领导体制以及行使检察职权的具体程序作出了比较完善的规定，使检察机关在国家政权体制中的独立地位更加巩固。

1982 年宪法对检察机关的宪法地位则作出全面和明确的规定。其中，1979 年人民检察院组织法是在 1954 年人民检察院组织法的基础上修改制定的。这次修改具有三个方面的重要特点：一是确定检察机关的性质是国家的法律监督机关。二是把检察机关的上下级关系由原来的监督关系改为领导关系，地方各级人民检察院对同级人民代表大会及其常务委员会负责并报告工作，同时受上级人民检察院领导，以保证检察机关对全国实行统一的法律监督。三是在职权方面，检察机关对于国家机关和国家工作人员的监督，只限于违反刑法，需要追究刑事责任的案件，至于一般违反党纪、政纪并不触犯刑法的案件，概由党的纪律检查部门和政府机关去处理。[1]

1982 年宪法对检察机关的性质、地位和职权等作出如下规定：（1）规定人民检察院是"国家的法律监督机关"。这就明

---

[1] 参见彭真：《关于七个法律草案的说明》，载刘政、于友民、程湘清主编：《人民代表大会工作全书》，中国民主法制出版社 1999 年版，第 128 页。

确了检察机关的性质，而检察机关的这一性质决定了它不可替代的重要宪法地位。（2）规定"人民检察院依照法律规定独立行使检察权，不受行政机关、社会团体和个人的干涉"。这就明确了检察机关的职权，这一职权也决定了检察机关的重要宪法地位。（3）规定"最高人民检察院对全国人民代表大会和全国人民代表大会常务委员会负责。地方各级人民检察院对产生它的国家权力机关和上级人民检察院负责。"这就明确了检察机关在人民代表大会制度国家政权体制中的地位。至此，我国的检察制度以及检察机关的性质和地位等问题在宪法体制中已经确立。

从上面的叙述可以看出，我国的检察制度以及检察机关建立和发展的历程可谓十分曲折。但是，除了 1957 年以后至"文革"期间遭到破坏外，检察机关在我国的政权体制中一直处于人民代表大会之下，是独立的与行政机关、审判机关和军事机关平行的政权序列，占有十分重要的宪法地位。

5. 检察机关宪法地位存废的经验教训。对于检察机关应否具有独立的宪法地位，曾经有过激烈的争论。新中国成立前，起草中央人民政府组织法时，关于检察机关的设置，就曾经有过两种不同意见：一种意见主张检察机关直属国家权力机关，独立于行政机关和司法机关；另一种意见主张将检察机关隶属于行政机关。经过讨论，最后认为应当根据列宁的法律监督原则，在国家最高权力机关领导下，设立独立的检察机关，并且在中央人民政府组织法中作了规定。[1] 不仅如此，此后到修改 1978 年宪法、1982 年宪法的过程中，对于检察机关应当隶属

---

〔1〕 参见王桂五主编：《中华人民共和国检察制度研究》，法律出版社 1991 年版，第 165 页。

于国家权力机关，还是隶属于国家行政机关，也都曾经有过不同的意见。但研究的结果，多数意见认为，还是应当遵循列宁的原则，使检察机关隶属于国家权力机关，才有利于其履行法律监督的职责。新中国成立以后，关于检察机关法律监督的性质和任务，及其在国家机构中的地位，不仅多次为宪法和法律所肯定，而且见诸于许多中央领导同志的言论。[1]

对于1982年宪法确立的检察机关的宪法地位，王汉斌同志有一段回忆："修改宪法后期，有位领导同志提出为精简机构，检察机关可以同司法部合并，不要再设独立于行政部门之外的人民检察院，像美国、日本一样，检察机关属于司法部，司法部长就是总检察长。台湾的检察机关是设在法院，但它是独立的，同法院不是隶属关系。我们国家检察制度采取苏联列宁的主张，用设立检察院以保证法制的统一。在苏联，检察机关的权力是很大的。我国建国以来，一直是检察机关独立于行政机关之外。这么多年的实践表明没有什么大问题和不可行的地方。检察机关要监督行政机关的违法和渎职行为，检察机关对行政部门的违法、渎职进行侦察、起诉。检察机关独立于行政部门之外，就更容易处理这类案件。像公安机关刑讯逼供犯人的案件，检察机关独立于行政部门之外就能使办案超脱一些，有利于保证司法公正。为此，张友渔同志和我写了个意见，建议保留最高人民检察院。彭真同志审阅修改后报小平同志审核，小平同志批准了。"[2] 王汉斌同志的这段回忆相当重要，它清楚地表明，1982年宪法对检察机关宪法地位的规定是经过慎重考虑的，即在中国，设立独立于行政机关之外的检察

---

〔1〕 参见孙谦、刘立宪主编：《检察理论研究综述（1989—1999）》，中国检察出版社2000年版，第4页。

〔2〕 夏莉娜：《王汉斌话说当年修宪》，载《中国人大》2002年第23期。

机关已经被实践证明是必需的，对于监督行政部门的工作、保证司法公正具有重要意义。

近年来，有观点建议将检察机关归于行政机关的名下，甚至取消检察机关。实际上，这些意见以前都曾经出现并讨论过。赋予检察机关独立的宪法地位则是历次立法机关乃至中央经过慎重考虑而作出的反映多数意见的决定。

为什么会出现对检察机关独立宪法地位持消极态度，乃至直接否定检察机关宪法地位的情况呢？这有相当复杂的原因。20 多年前，王桂五同志在总结检察工作"三起三落"的经验教训时，曾经深刻分析了否定检察机关宪法地位的原因。在他看来，主要有以下原因：[1]

第一，由于我国缺乏民主的传统和法制的习惯。建国以后，当设置检察机关的时候，广大干部和群众都感到非常陌生，不了解检察机关的性质和任务，因而把检察机关看作是"可有可无"的，甚至是"多余"的。而且，不仅是一般干部和群众对检察工作缺乏了解，有些领导干部对于设置检察机关的必要性和重要性也不太清楚，因而不予重视。这种情况下，就发生 1950 年冬天精简国家机构时，提出裁撤检察机关，使之"名存实亡"。幸而这件事被毛泽东同志制止了，检察机关才没有被撤掉。

第二，由于法律虚无主义的影响。1957 年反右运动以后，法律虚无主义的指导思想在认识和工作上的具体表现就是削弱和取消检察机关，把坚持法制、依法办事看作是右倾保守，把"无法无天"的行为标榜为革命。1960 年把检察机关合并于公安机关，实行"合署办公"，就是在这种情况下发生的。法律

---

〔1〕　参见王桂五：《人民检察制度概论》，法律出版社 1982 年版，第 26 页。

虚无主义不仅导致检察机关宪法地位的削弱和破坏，也直接导致了"文革大革命"的发生。

第三，是由于对无产阶级专政理论的片面理解。以为实行无产阶级专政，仅仅是对犯罪分子进行逮捕、判刑和镇压，而忽视了无产阶级专政保障人民民主权利的一面。在无产阶级专政中，检察机关的一项重要任务，就是同干部滥用职权、违法乱纪的犯罪行为作斗争，以保护公民的民主权利，但在 50 年代后期和 60 年代的政治运动中，检察机关的这项工作却屡次受到错误批判。这种思想的实质，是只讲对敌人的专政，不讲对人民的民主，将检察机关仅仅作为镇压敌人的工具，忽视了保障人民民主权利的一面。

第四，是由于把阶级斗争扩大化的迷误深入到检察机关内部的结果。阶级斗争扩大化在检察机关内部的重要表现，就是将法律监督视为不利于对敌斗争甚至是反对党的领导的。

取消检察工作的结果，是取消了法律监督这个维护法律的重要武器，取消了公、检、法分工负责、互相配合、互相制约的作用，造成案件质量下降，错案漏案增多，违法乱纪上升，损害了法律秩序，降低了人们的守法观念，破坏了社会主义法制的威信，极其不利于巩固人民民主和保障社会主义法制建设。

王桂五同志的上述总结是相当深刻的。当然，王桂五同志总结的上述经验教训是以建国以后到 1982 年宪法制定之前的历史为背景的。而 1982 年宪法制定以来特别是近些年来，怀疑、动摇乃至否定检察机关独立宪法地位的各种思想和观点，则又有了一些新的历史背景。对这些问题笔者在后面再予论述。

（二）　确立检察机关宪法地位的理论基础

根据王桂五同志的总结，我国检察制度的理论基础可以分为三个部分：一是坚持实事求是的科学的世界观和方法论，即马克思主义的辩证唯物主义和历史唯物主义，它是我们观察、认识、分析和解决一切问题的最基本的观点和方法。从事检察工作的实践和理论研究，也离不开这个科学世界观和方法论的指导。二是人民民主专政的理论。我国人民检察制度的建立及其实施，始终是在人民民主专政理论的指导下进行的。人民民主专政的国体决定检察机关的性质和任务，基于民主集中制原则的人民代表大会制度决定检察机关在国家机构中的地位和职能。人民民主专政理论是具有中国特色的检察制度的政治理论基础。三是列宁法律监督的理论。这是人民检察制度的法学基础。我们是将列宁法律监督的理论和中国的实际相结合，坚持法制统一的原则，并有所发展，显示中国检察制度的特色。[1] 根据王桂五先生的论述，笔者认为，确立我国检察机关宪法地位的理论基础具体说来包括以下几个方面：

1. 人民民主专政理论。我国检察机关宪法地位的确立最早可以追溯到新民主主义革命时期。在新民主主义革命时期，检察机关就是在人民民主专政实践中确立，并受人民民主专政的理论指导，为人民民主革命服务的。1931 年中华苏维埃共和国及其临时人民政府颁布的《中华苏维埃共和国中央苏维埃组织法》和《裁判部暂行条例及裁判条例》，就规定了检察机构的设置及其职权。比如，规定最高法院设检察长、副检察长和检察员。其他一些革命根据地也在政权机构中设立了相应的检察

---

[1]　转引自徐益初：《检察理论的开拓者》，载孙谦、张智辉主编：《检察论丛》（第4卷），法律出版社 2002 年版，第 13～14 页。

机关。而在抗日战争时期，各个根据地的检察机构就有了进一步发展。有的抗日根据地，比如山东抗日革命根据地抗日民主政府法令就规定，"检察官为代表国家公益及法律监督机关"。后来，在毛泽东同志人民民主专政理论指导下，各革命根据地的检察机关就成为人民民主专政的重要武器。建国以后，在新民主主义革命斗争中形成的人民民主专政理论，则成为建立检察制度的重要政治基础。人民民主专政是我国的国体，它的核心内容就是对人民实行民主，对敌人实行专政。这一理论要求在新的国家制度建立后，必须迅速组织起保护人民、打击敌人的国家政权机关。国家政权机关除了政府、军队、监狱和法庭外，还包括检察机关。建国后初步创立起来的各级人民检察署就是这样的政权机关。对检察机关的这一重要作用，周恩来同志在 1954 年第一届全国人民代表大会的政府工作报告中指出："为了保卫我们的国家建设事业不受破坏，必须加强国家的公安机关、检察机关和审判机关，必须加强立法工作和革命的法制。那种忽视公安工作、检察工作、法院工作，忽视立法工作，忽视革命法制的观点是完全错误的。"[1]

　　人民民主专政理论也直接决定了检察机关的任务。人民检察院组织法规定的检察机关镇压叛国的、分裂国家的和其他危害国家安全的犯罪活动，打击犯罪分子，维护国家的统一等任务，就是人民民主专政理论的体现。

　　现在需要解决的是，在今天的历史条件下，人民民主专政理论是否过时了？当然没有过时。在 2004 年的宪法修改过程中，有的观点建议去掉人民民主专政中的"专政"二字，这一建议就没有被最高立法机关所采纳，说明我们国家人民民主专

---

[1] 转引自王桂五：《人民检察制度概论》，法律出版社 1982 年版，第 26 页。

政的国家性质并没有改变，也绝不能改变。人民民主专政的国家性质没有改变，人民民主专政的国家机构当然就必须存在。而检察机关是人民民主专政国家机构的重要组成部分，对于维护社会主义法制，保障人民合法的权利和利益，巩固人民民主专政，都具有非常重要的作用，当然也不能否定。

有的观点可能会提出，人民民主专政理论决定检察机关和检察权，实际上是检察机关工具论思想的体现。但需要注意的是，在人民民主专政理论指导下，我国的行政机关、审判机关也都可以说是人民民主专政理论下的工具。根据司法权具有政治化、职业化和社会化三个境界的判别，[1] 在现时环境下，不仅是审判机关，还有检察机关、行政机关都没有摆脱政治化和行政化的制约。在各类政权机关体现政治化的情形下，我们不宜从法理而非政治理论的角度对互为依赖的政权体系中的某一环节作出否定，而其他机关在仍然摆脱不了政治化影响的前提下权力进一步膨胀，这才会真正导致国家权力体系的紊乱，并加剧权力腐败。

还需要注意的是，对检察机关宪法地位赖以确立的人民民主专政理论应当作全面的理解。全面理解的含义是，对人民民主专政的理论不仅应当看到"专政"的一面，还应当看到"民主"的一面，即不仅应当看到检察机关发挥专政的作用，还应当看到检察机关维护民主的作用。这个问题王桂五同志在20多年前就已经总结了，现在仍然有重新强调的必要。根据宪法和人民检察院组织法、刑法、刑事诉讼法等法律的规定，检察机关是国家的法律监督机关，它的职能是打击敌人、惩罚犯罪。那么，检察机关的法律监督是否只能在这个范围内进行

---

〔1〕 参见李富成：《司法改革的对话》，载《中外法学》2000 年第 6 期。

呢？应当说，法律监督的重点是惩罚犯罪，对敌人实行专政，但是，检察机关在对敌人实行专政的同时，还有职责维护人民内部的民主与法制。因为人民民主专政不仅包括对敌人的专政，还包括在人民内部保护和实行民主，根据毛泽东人民民主专政的理论，只有将人民内部的民主方面和对敌人实行专政的方面结合起来，才是人民民主专政。特别是在目前阶级斗争形势已经发生根本变化，对敌专政的范围逐步缩小，民主范围逐步扩大，急需加强社会主义民主法制建设的情况下，检察机关除了打击犯罪，完成对敌专政的职能外，更应当在保护人民内部的民主，加强社会主义民主法制建设方面发挥积极作用。人民检察院组织法第4条对人民检察院任务的规定就包括两个方面：一方面是打击敌人，另一方面就是"维护社会主义法制，维护社会秩序、生产秩序、工作秩序、教学科研秩序和人民群众生活秩序，保护社会主义的全民所有的财产和劳动群众集体所有的财产，保护公民私人所有的合法财产，保护公民的人身权利、民主权利和其他权利"，可见，保障人民的各项权利和自由，实现人民民主，是检察机关的一项十分重要的职责。

2. 人民代表大会制度理论。按照马克思主义关于人民代表机关以及人民代表大会制度的基本理论，我国政权组织形式采取的是人民代表大会制度。人民代表大会制度是我国的根本政治制度和政权组织形式。在这一制度下，国家的一切权力属于人民，人民行使权力的机关是全国人民代表大会和地方各级人民代表大会。但这并不意味着国家的一切权力和职能都由人民代表大会直接和具体地行使。国家权力是统一的，但实现国家权力的各项职能是可以分离的。在这一前提下，人民代表大会只负责反映和集中人民的意愿，作出决策，并监督决策的贯彻实施。它组织起行政机关并要求其依法行使各项行政管理职权，组织起审判机关并要求其依法对社会矛盾作出裁判，组织起军事机关来维护国家的安全和利益。为确保行政机关、审判机关和军事机关忠实地履行宪法和法律赋予的职权，在宪法和法律的范围内活动，确保全体公民都自觉遵守法律，人民代表大会还须组织起专门机关来监督法律的具体实施和遵守，这就是检察机关。行政机关、审判机关、检察机关和军事机关的权力都来自于人民代表大会，都由人民代表大会产生，向人民代表大会负责，接受人民代表大会的领导和监督。检察机关宪法地位的产生根源于人民代表大会制度的基本理论。

人民代表大会制度下为什么要组织起专门的检察机关实施法律监督呢？根本原因是人民代表大会制度下法律监督职能的彻底分离与专门化。人民代表大会制度的法律监督机制，包括国家权力机关直接实施的法律监督和国家设置的专门法律监督机关即人民检察院的法律监督。国家权力机关的法律监督主要是监督政府下级权力机关制定的法规，发布的决议、决定和命令，以及行政机关制定的法规、发布的决定和命令的合宪性和合法性，监督审判机关和检察机关是否依照法律规定独立行使审判权和检察权，等等，而人民检察院实行法律监督的基本形式是提起诉讼并监督诉讼活动的合法性，同时，通过非诉讼的形式纠正违法行为。检察机关的法律监督是一种专门的法律监督，是从人民代表大会制度下分离出来的一种专门的法律监督，对此王桂五同志的概括是，人民检察制度就是法律监督制度，是"由人民代表大会制度决定和产生的一项法律监督制度"，"是在人民代表大会制度下，从其他国家职能中彻底分离与专门化"的一项国家制度。[1]

---

〔1〕 王桂五主编：《中华人民共和国检察制度研究》，法律出版社1991年版，第165页。

3. 民主集中制理论。当我们谈到民主集中制，并把它当作自己的一个指导原则时，实际上都是当作组织原则、组织范畴看待的。[1] 我国实行人民代表大会制度，民主集中制是它的组织原则。这一制度在国家权力机关和其他国家机关的关系上体现为民主和集中两个方面。在民主方面，人民代表大会通过民主选举产生行政机关、审判机关、检察机关和军事机关；在集中方面，人民代表大会掌握国家的一切权力，其他机关都从属于人民代表大会，对它负责，受它监督。检察机关正是根据这样一个组织原则建立起来的，既体现国家政权组织民主的方面，又体现其集中的方面，成为政权体系中不可缺少的一个环节。

民主集中制理论对检察机关宪法地位的决定作用表现在以下三个方面：

（1）民主集中制的组织原则决定检察机关的宪法地位。早在 1949 年周恩来同志在《关于〈中央人民政府组织法草案〉的说明》中就提出，检察机关的地位是由人民代表大会制度下民主集中制的组织系统决定的。"现在，根据民主集中制的组织系统，在人民代表大会闭幕期间的最高权力机关，是中央人民政府委员会。它是经过民主方式产生的。而对工作的经常指导，又是集中在由民主方式产生出来的主席身上。主席下面的组织，首先是政务院，其他还有人民革命军事委员会，最高人民法院和最高人民检察署。"[2] 根据周恩来同志的上述说明，在人民代表大会闭幕期间，中央人民政府委员会是最高权力机关，在中央人民政府委员会之下的政权机关包括政务院、军事

---

〔1〕 参见王贵秀：《论民主和民主集中制》，中国社会科学出版社 1995 年版，第 146 页。

〔2〕 参见周恩来：《中华人民共和国中央人民政府组织法草案》，载刘政、于友民、程湘清主编：《人民代表大会工作全书》，中国民主法制出版社 1999 年版，第 209 页。

委员会、最高法院和最高检察署，这时候，最高人民检察署实际成为与最高人民法院平行的独立的国家机构，而不再隶属于最高法院内部，它们与中央人民政府委员会之间的关系，实际上就是审判机关、检察机关与人民代表大会之间的关系。

（2）民主集中制下的国家机构之间需要加强法律监督。民主集中制原则在国家机构相互之间关系上的表现是，无论在国家机构横向或者纵向的结构中，都必须掌握民主与集中的适当结合度，防止任何一种片面性和走向极端，"为此目的，就不能仅仅凭借领导者的经验和临时调整的措施，而必须制定相应的法律监督规范，并加强法律监督。"[1]

（3）民主集中制原则要求加强法律监督，维护法制统一。社会主义法制在民主集中原则下的体现是，法律的内容是民主的，但同时又是高度集中的产物，是表现为国家意志的全体人民意志的集中体现。因此，一般来说，维护法律的实施，就是维护个人利益和集体利益的统一，局部利益和整体利益的统一，人民利益和国家利益的统一，即维护民主集中制原则。这样，由专门的检察机关实施法律监督，以维护法制统一，是民主集中制的内在要求，检察机关的法律监督是实现民主集中制的重要手段，如果法律得不到统一实施，法制的统一和民主集中制也将不复存在。

上述三个基本理论范畴不仅仅是法律问题，更是重大的政治问题，它们直接构成当代中国检察制度政治和法律的理论基础。对检察机关宪法地位和根本性质的质疑，将无法绕开对这些理论的重新审视和评价。如果没有足够的依据对上述基本理

---

〔1〕　参见王桂五主编：《中华人民共和国检察制度研究》，法律出版社1991年版，第158页。

论提出质疑，而仅从检察权本身的一些弊端性枝节出发，从诉讼领域的某一规律出发，就轻易否定检察机关和检察权，是欠缺说服力的，同时也不具有多大的现实意义和改革意义。

4. 列宁法律监督思想。列宁在领导建设苏联社会主义国家政权体系时，创立了社会主义的检察监督理论。王桂五先生认为，列宁法律监督思想是中国检察机关法律监督制度的重要理论基础。他认为，列宁在《论"双重"领导和法制》、《怎样改组工农检查院》、《宁肯少些，但要好些》、《论新经济政策条件下司法人民委员会的任务》等著作中，系统地阐述了社会主义法律监督制度的指导思想，主要有以下几个方面的内容：[1]

第一，列宁认为，必须建设社会主义的精神文明，以促进和保障物质文明的发展。而精神文明的建设中，法制是重要的一项。"我们无疑是生活在违法乱纪的汪洋大海里，地方影响对于建立法制和文明制度是最严重的障碍之一，甚至是唯一的最严重的障碍"，如果不克服这些障碍，"那就根本谈不上什么维护文明制度和创立文明制度了"。

第二，列宁认为，为了维护法制的统一，必须有专门的法律监督工作和专门的法律监督机关。在开始的时候，工农检查院也负担一部分法律监督的任务，以后就把这个任务全部交给检察机关了。当时，列宁就提出了社会主义检察权的概念。这个概念的内容，不仅是对刑事违法和民事违法实行监督，而且包括对行政违法的监督，即对国家机关和干部是否遵守法律的监督。而且列宁所强调的正是后一方面的内容，因为机关干部的执法、守法，对于建设法制及精神文明具有决定意义。这就是说，列宁所提出的检察权的概念，是实行刑事的、民事的和

---

〔1〕 王桂五：《人民检察制度概论》，法律出版社1982年版，第36~38页。

行政的全面法律监督，而资本主义的检察机关则主要承担刑事案件的公诉职能。

第三，列宁赋予检察机关的特性在于：（1）检察机关的监督是专门的法律监督，它是把法律监督作为专职和专责的，而且它只是从合法而非适当的观点上进行监督，也不具有任何行政的职能。（2）列宁把检察权称为中央检察权，表明这个权力是属于中央的，便于对抗一切地方影响及官僚主义。（3）为了彻底纠正违法行为，检察机关有权把案件提交到法院判决，使用司法手段维护法制统一。以上这些特征是行政机关的监督所没有的，也是其他机关不能代替的。同时，列宁把法律监督的权力和决定问题的权力分开，法律监督不具有决定问题的行政权力，行政机关具有决定问题的行政权力，但必须接受法律监督。这样，可以避免权力过分集中，对于发扬民主，健全法制，改善国家工作，具有重要意义。

第四，为了从组织上保证检察机关独立行使职权，防止和克服地方主义的影响，列宁反对双重领导的原则，他主张检察机关应当实行垂直领导的原则。

王桂五先生后来对列宁法律监督思想的主要内容作了进一步的阐述。他认为，列宁社会主义法律监督的理论，概括起来有以下几个方面：[1]

第一，社会主义国家的法制应当是统一的。统一的法制是建设文明制度的必要条件。列宁在《论"双重"领导和法制》一文中指出："法制不能有卡卢加省的法制，喀山省的法制，而应当是全俄统一的法制，甚至是全苏维埃共和国联邦统一的法制"。

---

〔1〕 参见孙谦主编：《检察理论研究综述（1979—1989）》，中国检察出版社1990年版，第30~31页。

第二，为了维护法制的统一，必须建立专门的法律监督机关，即检察机关，其职责是纠查违法现象，对抗地方影响，保障国家法制的统一。为了建立全国统一的社会主义法制，列宁第一次详尽地阐述了"检察权"的概念。这一概念的内容，不仅包括对刑事犯罪行为和民事违法行为的监督，而且包括对行政机关违法行为的监督，也即监督国家机关及其公职人员是否遵守法律。而且，列宁特别强调对行政机关违法行为的监督，他认为国家机关及其公职人员的执法、守法，对于建立统一的社会主义法制，对于一般公民的遵纪守法，对于法制建设以至于整个精神文明建设，都影响巨大。也就是说，列宁所主张的检察权，是实行刑事的、民事的和行政的全面的法律监督，远远超过了资本主义检察机关主要担负刑事案件公诉职能的范围。

第三，检察权与行政权分开，检察机关独立行使职权。从维护社会主义法制统一的根本原则出发，列宁确定了检察机关的任务。他指出，"检察长的唯一职权和必须做的事情只有一件：监视整个共和国对法制有真正一致的了解，不管任何地方的差别，不受任何地方的影响"，"检察长必须仅仅从这一点出发，对一切非法的决定提出抗议，但是他无权停止决定的执行"。从这些论述可以看出，列宁所主张的法律监督具有两大特点：一是检察机关的法律监督是专门的法律监督，它不管法律监督以外的事情；二是法律监督机关不具有决定问题的行政权力。检察机关有权对违法决定提出抗议，但不能停止决定本身的执行。行政机关在行使决定问题的权力时，必须接受检察机关的监督。

第四，为了保证检察权的行使，列宁主张检察机关实行自上而下的集中领导。中央检察机关，直接受党中央的领导（当时列宁设想把党和国家的最高领导层合而为一），地方各级检察机关分别受各自的上级检察机关领导，并且一律受总检察长的领导，以便克服当时严重存在的官僚主义、地方主义和法制不统一现象。

应当说，列宁的上述法律监督思想对于我国检察制度的创立具有重要和直接的影响，特别是在确定检察机关的性质是国家法律监督机关的这一根本原则方面，是以列宁的法律监督思想为指导的。对此，彭真同志在 1979 年《关于七个法律草案的说明》中就明确指出："确定检察院的性质是国家的法律监督机关。列宁在十月革命后，曾坚持检察机关的职权是维护国家法制的统一。我们的检察院组织法运用列宁这一指导思想，结合我们的情况，规定：①检察院'独立行使检察权，不受其他行政机关、社会团体和个人的干涉'。②地方各级人民检察院检察长由地方各级人民代表大会民主选举产生，并报上级人民检察院检察长提请该级人民代表大会常务委员会批准。省、自治区、直辖市的人民检察院检察长、副检察长、检察委员会委员，在本级人民代表大会或它的常务委员会选举产生或任命以后，都要报经最高人民检察院检察长提请全国人民代表大会常务委员会批准。③各级人民检察院都设立检察委员会，实行民主集中制，讨论决定重大案件和其他重大问题。"[1] 此外，彭真同志在《关于七个法律草案的说明》中还对我国检察机关的领导体制和检察监督的范围作出进一步说明。关于检察机关的领导体制，他说："把检察院上下级关系由原来的监督关系改为领导关系，地方各级人民检察院对同级人民代表大会和它的常务委员会负责并报告工作，同时受上级人民检察院领导，以保证检察院对全国实行统一的法律监督。"对于检察机关法

---

〔1〕　参见《彭真文选》，人民出版社 1991 年版，第 377 页。

律监督的范围，他说："检察院对于国家机关和国家工作人员的监督，只限于违反刑法，需要追究刑事责任的案件。至于一般违反党纪、政纪并不触犯刑法的案件，概由党的纪律检查部门和政府机关去处理。"〔1〕 从彭真同志的说明和修改后的人民检察院组织法等法律，特别是 1982 年宪法的有关规定可以看出，我国检察机关的性质、职权以及领导体制等方面，明显受到列宁法律监督思想的影响。

有的观点在质疑检察机关的地位和职权时，绕开了前述人民民主专政理论、人民代表大会制度理论和民主集中理论三个基本理论基础，而对列宁法律监督思想提出疑问："这种以个别领导人的一篇文章，而不是经过科学论证而产生的检察机构设置，究竟有多少理论依据"〔2〕 呢？列宁的法律监督理论或许只是一种近于理想的设计，而不能还原为现实的法律制度。〔3〕 有的意见认为，即使在列宁时代，也并没有完全建立列宁所说的那种检察监督制度。自 1936 年苏联宪法建立了独立的检察院后，"从法律上看，苏联检察机关确实是全面监督法律实施的'国家法律监督机关'，当然，实际作用未必如此"。〔4〕 "苏联和中国的实践表明，检察机关承担广泛的法律监督职能是不可能的，都是不成功的。"〔5〕

笔者倾向于认为，列宁的法律监督思想仍然是我国检察机关设置的理论基础。

第一，列宁对国家的政权体制和法制体系都有相当深刻、

〔1〕 参见《彭真文选》，人民出版社 1991 年版，第 378 页。
〔2〕 参见夏邦：《中国检察院体制应予取消》，载《法学》1999 年第 7 期。
〔3〕 参见尹伊君：《检法冲突与司法体制改革》，载《刑事法评论》（第 1 卷），中国政法大学出版社 1997 年版，第 408、418 页。
〔4〕 参见蔡定剑：《国家监督制度》，中国法制出版社 1991 年版，第 223～224 页。
〔5〕 参见蔡定剑：《司法改革中检察职能的转变》，载《政治与法律》1999 年第 1 期。

完善的研究。他对检察监督的有关论述绝不是主观一时的即兴之作。为建设检察制度，他不仅写过《论"双重"领导和法制》，还写过《怎样改组工农检查院》、《宁肯少些，但要好些》、《论新经济条件下司法人民委员部的任务》等重要文章和书信。他对检察工作的重视，对检察机构设置和运作的思考，都显示出其认真、细致的政治家作风。[1]

第二，列宁的法律监督思想即使在苏联本土没有得到完全的实现，也并不意味着在中国就没有指导意义。马克思列宁主义的一整套理论，在它们诞生的本土都没有得到完全和始终的实现，但至今却在指导着我们国家和社会的几乎全部生活。

第三，我国检察机关的建设也并没有完全照搬列宁的法律监督思想，而是根据中国的实际情况，不断发展了列宁的理论。比如，1979 年修订人民检察院组织法时，就没有再规定最高检察机关对国务院各部门以及地方各级国家机关是否遵守法律行使检察权的"一般监督"职权，我国检察机关的领导体制也与列宁当年的设想存在差别。

第四，应当说，今日中国的政治、经济、文化现状和列宁时代已相差甚远。但是，抛开同中国法制不相适应的部分，应该承认，列宁提出的法律监督理论的原因和所要解决的问题在中国同样存在。法制的不发达、违法违纪现象的普遍存在以及地方保护主义的影响，使人们倾向于得出在中国只能加强法律监督而不是削弱法律监督的结论。[2] 因此，列宁提出的加强检察监督的原因和所要解决的问题仍然适用于我国。

第五，列宁法律监督理论在苏联是否失败尚未见到实证的

---

〔1〕　参见冰青：《中国的检察体制不能取消》，载《法学》1999 年第 7 期。

〔2〕　参见尹伊君：《检法冲突与司法体制改革》，载《刑事法评论》（第 1 卷），中国政法大学出版社 1997 年版，第 419 页。

论述，虽然在列宁时代没有来得及建立起他所设想的那种检察制度，但列宁逝世以后，他的理论在苏联的法律中是得到体现的。而给我们提供另一方面实证参考的情况是，苏联解体后，俄罗斯宪法对检察机关在国家政权体系中的地位并没有作出根本的变革，它将规定检察机关组织的法律规范以一个专条的篇幅放在"司法权"一章中。检察机关仍然是重要的护法机关，其职权是对联邦各部门、联邦主体权力机关、行政机关、地方自治机关、军事机关、监察机关及其公职人员以及企业事业单位执行法律的情况进行监督，保障法律的至高无上，保障法制的统一和加强法制，保卫人和公民的权利和自由，捍卫社会和国家的利益，[1] 即检察机关与苏联时代相比没有发生根本的改变，仍然履行着列宁法律监督理论中"一般监督"的职能。

但是，列宁法律监督思想是我国检察机关设置的理论基础，是否就意味着我国的检察机关是由苏联的检察机关照搬过来的呢？显然不是。与我国在政权建设的其他方面没有照搬照抄苏联模式一样，我国在检察制度的具体设计上也没有完全照搬照抄苏联的做法，而是充分考虑了中国的国情，结合中国的实际，对苏联检察机关模式进行了符合中国情况的改造得来的。对此，彭真同志早在1962年《在全国政法工作会议上的报告》中就有专门说明。他说："检察院组织法是不是都是照抄来的呢？不是完全抄来的，这个组织法是我们自己的，同苏联是不同的。"那么，不同在哪里呢？彭真同志讲了四点："1. 苏联是检察署，实行总检察长制，我们在中央人民政府时也是设总检察长的。检察院组织法规定我国设立检察院，最高

---

〔1〕 参见刘向文、宋雅芳：《俄罗斯联邦宪政制度》，法律出版社1999年版，第269、273、274页。

人民检察院领导全国的检察工作，但是各级检察院又有自己的职权，都可以独立进行工作，不是所有的检察机关都只对高检院检察长负责。2. 苏联是总检察长一人说了算，实行个人负责、个人领导，没有什么集体领导的。起草我国检察院组织法时，我们同苏联专家有过争论，他们不同意在检察院实行集体领导，我向他们提出问题，列宁在哪里说过集体领导不如个人呢？他们也讲不出来。各级检察院都要实行集体领导。我国的法院也是实行集体领导的。3. 公、检、法三个机关是相互制约的。在外国，只准检察机关监督别人，不准别人监督它。我们则规定这三个机关之间实行分工负责、互相制约。公安机关要捕人，检察院可以不批准；检察院不批准的，公安机关可以提出意见或控告，这不是互相监督了吗？检察院起诉的，法院可以判也可以不判，检察院对法院作的判决认为有错误的，也可以提出抗议，这又体现了互相制约。4. 垂直领导也不一样。他们的垂直领导，是不受一切机关的干涉。我们是规定不受地方国家机关的干涉，各级检察院都要在党的领导之下，我们在一切方面都讲了要党的领导。"[1] 彭真同志的这段论述和说明相当重要，它充分表明我国检察机关的设置虽然受列宁法律监督思想的影响，但又与苏联的检察机关模式存在重要区别。虽然他的这一论述是在 1962 年提出的，但 1982 年宪法关于检察机关宪法地位、职权和领导体制等方面的规定，也基本反映了彭真同志的这一思想。所以，我们不能简单地将中国的检察机关模式等同于苏联的检察机关模式，进而否定列宁法律监督思想对设置我国检察机关的积极意义，并进一步否定我国检察机关的宪法地位。

---

〔1〕 转引自邱学强：《论检察体制改革》，载《中国法学》2003 年第 5 期。

（三）检察机关的历史作用与宪法地位

对检察机关宪法地位的考虑不仅要从立法的背景出发，也需要从检察机关的历史作用出发。因为宪法和法律对检察机关性质和地位的既有规定并不是一成不变的，如果形势发生了变化，对宪法和法律作出相应修改是完全必要的。但是，要改革甚至要从根本上改革现行的检察体制，面临的首要问题是，不仅要从理论上，更重要的是从实证的角度，总结建国以后检察机关建设的历史，进行两方面的考察：一方面，检察机关的建立是基于特定的历史条件，随着当今形势的发展变化，检察机关的历史使命是否已经完成，不再有存在的必要了；另一方面，检察机关的存在，检察机关对检察权的行使，从总体上说是否已经不利于社会主义民主法制建设，甚至成为民主法制建设的障碍了。如果在这两方面都得出肯定性的结论，可以说，对于检察机关的宪法地位进行根本性改革，就是必要的。但是，如果以负责任的态度去总结检察机关建设的几十年历史，恐怕还远不能得出对检察机关宪法地位进行根本性改革的结论。

一方面，检察机关是基于特定的历史条件建立的，是历史的；但经过几十年的检察实践，检察机关在国家的政权建设中已经并将继续显示出强大的生命力，又是现实的。建国之初，我们建立检察机关固然是受了苏联的影响，特别是受了列宁法律监督理论的影响，但从根本上说仍然是从我国的实际情况出发，为我所用的。为了彻底粉碎国民党反动派旧的检察机关，建立和完善人民民主专政的国家机器，巩固新生的人民政权，打击敌人，维护国家法制的统一，建立新中国的检察机关是十分必要的。实践也表明，新中国的检察机关在镇压反革命，参加"三反"、"五反"运动，保障过渡时期总任务的实现，直至审判"林、江反革命集团"案，在新的历史时期打击刑事犯罪分子、保障公民权利、维护法制统一等方面，都发挥了其他国家机关所不可替代的作用。今天，随着各项改革的不断推进和市场经济体制的逐步建立，检察机关依法充分行使各项检察职权，打击犯罪，维护社会主义法制的统一和市场的统一，维护社会稳定，保障人民权利，则更显任重道远。

当然，经过这么多年的实践，我们也发现，检察工作也出现了不少问题。但是，对于检察工作中出现的问题，我们必须与其他国家机关的工作比如行政机关工作中出现的问题特别是审判工作中出现的问题进行横向的比较，以持论公允的态度去看待问题、分析问题和解决问题，而不能对检察机关出现的问题过于苛求，而对审判机关出现的问题偏于宽容，在检法冲突、检警冲突问题上，认为是由于检察权的存在及其滥用妨碍了审判权和警察权的有效行使，造成了国家权力体系的紊乱，影响了诉讼的公正，并要求彻底改革检察机关，为审判权的完全独立行使扫清障碍。我们姑且不论及也难以估计审判权绝对独立的可能性及其后果，但我们有理由说，与审判权的不公正使用所带来的恶果相比，对检察权的谴责是不公允的。仅就司法活动中出现的问题来看，审判机关应当对司法腐败承担主要责任。因为最后的裁判权在审判机关手中，检察机关的侦查、批捕、公诉以及对审判和执行的监督等检察权的行使，都是程序性的，最终都要受审判权的约束，它还没有达到左右审判权的地步。而且只要审判权能够得到公正行使，检察权即使被滥用，在审判中也能得到纠正。

检察机关本身确实也存在腐败问题，人民群众对检察工作还不甚满意，每年人代会上高检的工作报告得票偏低就是一个例证。但需要注意的是，每年人代会上高法报告的得票率与高检是不相上下的，甚至一度出现过最高法院的得票率低于最高检察院的情况。而且，由于检察机关承担查办贪污贿赂职务犯罪的重大职责，又鉴于目前权力机关组成人员中官员居绝大多数的现状，使得我们难以否认检察机关得票率偏低有更深层次的原因。人们对审判机关的不满在于痛恨其裁判的不公，[1] 而对检察工作的不满除了某些检察人员自身的腐败外，还在于强烈要求检察机关加大对腐败官员的打击，要求检察机关的作用得到进一步的加强而非削弱。与此相反，社会对现有审判权的行使似乎抱有极大的不信任，因此，就出现了方方面面要求以人民陪审制度、以权力机关对审判活动实施个案监督的呼吁。[2] 现实已充分表明，审判权随心所欲、缺乏监督的使用及其所带来的危害，是远甚于检察权的滥用及其危害的。现实还充分表明，中国不具备英美法系乃至大陆法系国家几百年来形成的优良司法传统，在乡土中国的社会里，这一状况在可以预见的很长时间内无论通过怎样热切的体制转换都是难以得到根本改变的。在对审判权等国家权力的运行没有找到更为有效的监督方式的情况下，我们就没有理由将加强检察监督的吁求，简单斥之为"一种借助社会公众痛恨腐败的社会心理来强化国家或部门权力或利益的反映"。[3] 在相当长的时期内，保留和

---

〔1〕 我们没有理由一味地将司法腐败归于体制的原因，我们似乎从来没有像今天这样热衷于讨论建立一套完美无缺的体制。殊不知，体制并不是万能的，完美无缺的体制也并不存在。人才是根本的因素，再好的体制也可能因为人而被破坏。比体制更为重要的，常常是一个民族的传统和心理性格，是社会政治、经济和文化发展的现实状况。

〔2〕 有趣的是，在我们的历史和现实环境下，学者们似乎更崇尚审判权的绝对独立，对陪审制度和人大的个案监督基本是持否定态度的，这和社会的要求好像就不一样。这究竟是理论与现实距离的过于遥远，是社会对于一些基本法理的无视，抑或是基于对审判权的无奈才出此下策？

〔3〕 参见郝银钟：《中国检察权研究》，载《刑事法评论》第5卷，中国政法大学出版社2000年版，第126页。

完善检察机关及检察权的既有地位，或许不是最优的选择，但也许是最现实和明智的选择。

另一方面，检察机关的存在，检察权的有效行使，是加强民主法制建设的必然要求。建国之初中共中央组建检察机关，加强人民检察署的工作，重要目的之一就是"进一步健全人民民主的法制"[1]。而健全人民民主的法制必须从制约和监督公安机关、审判机关对职权的滥用开始。根据1953年中央政法委员会给毛泽东主席及中央的报告，当时在公安机关、审判机关的工作中存在着比较严重的错捕、错押和错判现象，引起许多群众的不满。这些冤狱的造成与检察制度的不健全是分不开的。[2] 因此，加强检察机关对公安机关逮捕、审判机关裁判的监督，是保障人民权利、健全民主法制的紧迫需要。关于检察机关对于健全民主法制的重要意义，从刘少奇、彭真、董必武等同志的多次讲话中都可以见到论述。这些论述在今天看来也并没有过时。

"文革"期间"林、江反革命集团"践踏社会主义民主法制，破坏公、检、法，首当其冲就是破坏检察机关，因为检察机关是防止和纠正非经法律程序乱捕乱押、乱搜查、乱没收、乱判决的重要监督机关，是民主法制建设中十分重要的环节。取消检察机关的直接后果历史已经给我们留下了沉重的记载。1977年，中共中央在征集宪法修改意见中，全国有19个省、自治区、直辖市和人民解放军8大军区，35个中央直属机关、国家机关及军事机关，都提出了"重新设立人民检察院"的建议。在中央修改宪法小组召集的各地区、各部门领导人和民主

---

〔1〕　参见最高人民检察院研究室：《检察制度参考资料》第一辑，1980年编，第23页。

〔2〕　参见最高人民检察院研究室：《检察制度参考资料》第一辑，1980年编，第24页。

党派负责人、社会知名人士的座谈会上，各方面也纷纷反映人民群众要求重新设立人民检察院的意见。[1] 这充分说明重新设立检察机关是全体人民在总结历史的经验和教训后提出的一致要求，说明"鉴于同各种违法乱纪行为作斗争的极大重要性"[2]，在国家政权体制中设置检察机关，对于加强社会主义民主法制建设、保障人民民主权利具有十分重大的意义。

总结上述情况可以发现，自 1978 年重建检察机关 20 多年来，设置检察机关的历史条件今天没有发生根本变化，检察工作对于建设社会主义民主法制所发挥的积极作用也是主要的。虽然检察体制中已日益暴露出一些不利于民主法制建设的因素，但是，检察机关的存在，现行法律对检察权的规定，并未显示出致命的阻碍民主法制建设的障碍。相反，我们如果将检察机关的存在与历史及社会现实的大背景割裂开来，而从某一领域的微观理论视角出发，讨论纯粹的法理应然性，就容易导致轻易否定检察权和检察机关的倾向。

而从当前的法律监督工作特别是从社会主义民主法制建设的长远看，检察机关的作用非但不能削弱而且应当不断加强，检察机关独立的宪法地位非但不能取消而且应当得到不断巩固。因为加强法律监督工作是实行依法治国，加强社会主义民主法制，建设社会主义政治文明的需要。实行依法治国，加强社会主义民主法制建设，建设社会主义政治文明，一个十分重要的方面，就是要加强对法律遵守和执行情况的监督，要加强国家政权机关彼此之间的权力制约和监督，而在这些方面，检

---

〔1〕 参见李士英主编：《当代中国的检察制度》中国社会科学出版社 1987 年版，第 183 页。

〔2〕 这是叶剑英同志 1978 年受中共中央委托在作宪法修改草案的报告中，对"为什么要设置人民检察院"所作的说明。

察机关的作用不是发挥得太多而是发挥得不够。现在，公民的法律意识和法制观念还比较淡薄，各种违法犯罪现象还比较严重，而在司法领域，公安机关、审判机关的人员素质尚不尽如人意，有法不依、执法不严、违法不究的现象尚没有得到根本改变，司法人员执法犯法的现象时有发生，因此，加强检察机关的法律监督职能十分必要。

在当前和今后相当长的时间内，反腐败将是一场十分严肃的政治斗争，查办国家工作人员的职务犯罪将是相当繁重的任务，检察机关在反腐败斗争中责任重大。那种撤销检察机关，将对职务犯罪的侦查权交由公安机关、监察机关或者另外设立一个类似廉政公署性质机构的主张，将会带来一系列难以解决的问题，根本不符合中国的实际。对于国家工作人员的违法犯罪问题，特别是对于具有庞大权力的行政机关的各种违法渎职行为，必须有一个独立的与之平行的国家机关实行监督。因此，适应反腐败斗争和查办职务犯罪的需要，检察机关非但不能取消，相反，其地位应当越发巩固，作用应当越发加强。对于检察工作中存在的各种问题，可以通过检察体制改革来解决，而不是简单地取消其地位，削弱其作用。

（四）检察机关的法律性质与其宪法地位

检察机关的宪法地位是由检察机关的法律性质决定的。根据宪法和人民检察院组织法的规定，人民检察院是国家的法律监督机关。这说明，检察机关的性质是区别于权力机关、行政机关、审判机关和军事机关的国家法律监督机关。

宪法和人民检察院组织法对检察机关的法律性质作出了规定。但一些学者对宪法和人民检察院组织法的有关规定提出了质疑。其中，一种代表性的意见认为，检察机关是"国家法律监督机关"是个全称判断概念，它意味着检察机关是一个全面监督国家法律实施的机关。实际上，我国检察机关不是，也不可能成为全面监督法律实施的机关。[1] 因为：（1）宪法对检察机关的定性已不符合实际；（2）法律规定检察机关的一般法律监督权实际上没有实施；（3）现代国家对法律的监督已经多元化了，不可能由一个国家机关统揽法律监督权；（4）我国已经初步建立了国家监督制度体系，检察机关只是这个体系中的一员，而不能替代这个体系；（5）我国的人民代表大会制度，决定检察机关不可能成为全面监督法律实施的机关。这种意见认为，我国检察机关应当定位于国家公诉机关和司法监督机关。[2] 另一种意见认为，我国的检察机关主要是负责对刑事犯罪的批捕、起诉，行使公诉职能，应当是单纯的公诉机关，这样定性还能与西方国家的检察机关衔接。而第三种意见则认为检察机关应当是单纯的司法监督机关。[3]

当然，在理论界占主导地位的观点，还是认为检察机关的性质是国家的法律监督机关，[4] 他们从列宁的法律监督理论、人民代表大会制度的要求、社会主义检察制度与西方检察制度的区别以及我国检察机关的历史沿革等方面，进行了比较充分的论述，具有较强说服力。本文认为，理解检察机关的法律监督地位，除了进行上述论证以外，还须把握以下几项原则：

1. 应当从宪法的整体规定而非断章取义地理解"国家法律监督机关"的含义。检察机关是"国家的法律监督机关"，

---

〔1〕 参见蔡定剑：《国家监督制度》，中国法制出版社 1991 年版，第 222 页。

〔2〕 参见蔡定剑：《司法改革中检察职能的转变》，载《政治与法律》1999 年第 1 期；蔡定剑：《国家监督制度》，中国法制出版社 1991 年版，第 228～229 页。

〔3〕 参见孙谦、刘立宪主编：《检察理论研究综述（1989—1999）》，中国检察出版社 2000 年版，第 18 页。

〔4〕 参见孙谦、刘立宪主编：《检察理论研究综述（1989—1999）》，中国检察出版社 2000 年版，第 1～8 页。

的确是个全称判断概念，但它并不意味着检察机关是一个全面监督国家法律实施的机关。宪法是在第三章"国家机构"中第七节并列对审判机关、检察机关的地位和职权作出规定的，而在此之前已经对全国人大及其常委会以及国务院、中央军委等机构的地位和职权作出规定，更是明确规定全国人大及其常委会有权对国务院、中央军委、最高人民法院和最高人民检察院实施宪法和法律的情况进行监督。这就清楚地表明，检察机关作为国家的法律监督机关有两个前提：一个前提是，检察机关是在权力机关之下与行政机关、审判机关和军事机关并列的法律监督机关；另一个前提是，检察机关不是全面监督法律实施的机关，也没有去"统揽法律监督权"，人民代表大会才有这一权力，检察机关的法律监督权是由权力机关授予并受权力机关领导和监督的。这样，我们就不宜认为，"国家的法律监督机关"是"宽泛和含混不清的定性"，也不宜认为，检察机关须"摘掉'法律监督机关'这顶沉重的帽子"了[1]。

2. 检察机关是"专门"的法律监督机关。在实施依法治国的进程中，我国的监督制度日趋多元化，并已初步建立了国家监督制度的体系，各类监督主体都从不同的角度，代表不同的利益实施监督。但是，检察机关的监督既不同于舆论监督、党的监督、群众监督等一般意义上的法律监督，也不同于工商、税务、物价、审计、监察、公安等行政机关下属部门的法律监督，它是由权力机关授权、由宪法规定的与行政权、审判权和军事权相平行的专门的国家权力，具有很高的权威性、严肃性和强制性。

检察机关作为法律监督机关的"专门"性主要表现为监督

──────────

〔1〕　参见蔡定剑：《司法改革中检察职能的转变》，载《政治与法律》1999 年第 1 期。

主体的专门性和监督手段的专门性。监督主体的专门性，强调的是法律监督的机关只能是检察机关而不是其他机关，这是宪法第129条明确规定的。根据宪法的规定，人民代表大会及其常务委员会有权对"一府两院"执行法律和工作的情况进行监督，实践中也称之为法律监督和工作监督。但是，宪法没有将人大及其常委会称为法律监督机关，因为人大及其常委会除了行使法律监督权之外，还行使立法权、任免权、重大事项决定权以及上述的工作监督等重要权力，即使是实施法律监督，人大及其常委会的法律监督也常常限于立法方面的监督以及执法方面的宏观监督，与检察机关的监督存在重要区别。检察机关是从事微观的法律监督的专门机关。

检察机关法律监督的专门性还表现在它具有法律规定的专门的监督手段。根据人民检察院组织法、刑事诉讼法、民事诉讼法和行政诉讼法等法律的规定，检察机关的监督手段主要包括对职务犯罪进行立案侦查、批准逮捕、提起公诉、对公安机关的立案侦查活动实施监督、对人民法院的判决裁定予以抗诉等。这些手段是其他任何国家机关所不具有，也是保障检察机关法律监督权的行使所必须的、专门的手段。

3. 检察机关是"国家"的法律监督机关。它是代表国家，并以国家的名义对法律的实施和遵守进行监督的。这就使得检察机关的监督并不是面面俱到，事必监督。它的监督应当以是否危害国家利益为标准，只有发生了危害国家利益的行为，检察机关才予以监督。而什么样的行为属于危害国家利益，需要实行检察监督，是由法律予以规定而非由检察机关随意决定的。比如，刑法规定的国家工作人员职务犯罪的行为以及应当由检察机关提起公诉的犯罪，都是严重危害国家利益的行为，需要由检察机关代表国家予以监督。刑事诉讼法、民事诉讼法和行政诉讼法规定的人民法院违法判决、裁定的行为，也是严重危害国家利益的行为，需要由检察机关代表国家予以监督。说检察机关是"国家"的法律监督机关，并不是要否认其他机关比如人大及其常委会、行政机关和人民法院行使监督权的时候就不是国家的法律监督机关，这些机关行使监督权的时候当然也完全可以是国家的法律监督机关，但它们有各自的特点，比如，人大及其常委会除了监督国家法律的实施以外，还可以对自身作出的各项决议和决定实施的情况进行监督，行政机关除了监督国家法律的实施以外还可以对有关政策和行政纪律等实施的情况进行监督，这些监督的情况比较复杂，而检察机关的法律监督仅仅是针对在法律上破坏国家利益的行为，是代表国家利益的法律意义上的监督。

4. 检察机关是"法律"的监督机关。宪法第 129 条规定："中华人民共和国人民检察院是国家的法律监督机关。"这一规定表明，人民检察院是对国家法律遵守和执行情况实施监督的机关。宪法第 131 条规定："人民检察院依照法律规定独立行使检察权，不受行政机关、社会团体和个人的干涉。"这一规定表明，人民检察院行使检察职权的依据就是法律，这既包括实体上行使检察权的依据，也包括程序上行使检察权的依据。宪法的这两条规定说明，检察机关的职权在于依照法律的规定对法律的遵守和执行情况进行监督。

说检察机关是"法律"的监督机关，不是说检察机关要去监督法律本身，而是说它的职权范围仅限于对法律的遵守和执行情况进行监督。将检察机关的监督权限于对法律的遵守和执行情况，目的是维护国家法制的统一。国家法制的统一最根本的要统一于宪法，在宪法之下要统一于法律，在法律之下还应当统一于行政法规、地方性法规、自治条例和单行条例以及政府和部门的规章。在这样的法制统一的要求中，从现行宪法和法律的规定来看，监督宪法遵守和实施的权力不属于检察机关，只有全国人大及其常委会才有权监督宪法的实施，对违反宪法的行为予以监督纠正。确立全国人大及其常委会监督宪法实施的权力，是我国实行的人民代表大会制度的需要，是保证国家的最高权力始终掌握在全国人大及其常委会这一代表全体人民意志的最高权力机关的需要。在宪法之下，有最高立法机关制定的法律，只有这些法律在全国得到统一的遵守和实施，宪法和法律才具有权威，才可以实现国家法制的统一，检察机关的监督就是在这一意义上的监督。当然，有关机关对行政法规、地方性法规以及政府和部门规章的执行情况也需要实施监督，但是，这一监督已不属于检察监督的范围，检察监督仅限于法律意义上的监督。

5. 检察机关是"具体"的法律监督机关。这使得检察监督与人大监督区别开来。根据宪法、人民检察院组织法、刑事诉讼法等法律对人大监督权和检察监督权的规定，检察监督与人大监督的区别是，检察机关的监督是针对具体案件的监督，是个案监督，而人大及其常委会不直接处理案件，一般情况下不宜从事个案监督，它主要是通过听取报告、对执法活动进行检查、审查撤销规范性文件、行使决定权、任免权和质询权等方式对"一府两院"实施间接、宏观和抽象的监督。检察机关的个案监督主要是指在具体案件中，对公安机关的侦查活动、人民法院的审判活动等实施监督。

6. 检察机关是"程序性"的法律监督机关。从法律的规定可以看出，检察监督的程序性包括两个方面：一方面，检察权的行使必须依照法定的程序进行，这是法律的精神。当然并不是说现在每一项检察权的具体运作，都已经有了法律的明确

72

规定，法律的规定还有需要进一步完善的地方。另一方面，检察权的行使仅仅具有程序的意义，而不具有终局和实体的意义，也就是说，检察机关的法律监督权实际是不包括实体处分权的。比如，检察机关可以对法院判决提出抗诉，对违法的减刑、假释提出纠正意见，但这种抗诉和纠正意见并不具有终局性，实体结论还须经法院审理才能得出。检察监督权的本质在于以程序性的制约权来实现对实体的监督，[1] 这是检察权与行政权和审判权的重要区别。

从以上分析可以得出的结论是，宪法对检察机关的定性是独特、准确和符合实际情况的。人民检察院组织法、刑事诉讼法等法律对检察机关职权的规定，是宪法关于"国家的法律监督机关"的体现。长期以来各级检察机关在实践中履行的也正是国家的法律监督职能。自从 1979 年人民检察院组织法修改以后，检察机关行使的已经不是原来意义上的"一般监督"权了。而法律规定的各项检察职权由检察机关行使，大体说来也是适宜的，因为如果将我国检察机关仅仅定位于国家公诉机关和司法监督机关，或者定位于单纯的公诉机关，或者单纯的司法监督机关，就会使一部分重要的国家法律监督权失去权威和适当的承担者，更涉及国家政治体制的根本变革。[2]

（五）检察权与检察机关的宪法地位

宪法通过对检察机关的法律性质进行界定，肯定了检察机关的宪法地位。而其他法律则通过对检察职权的具体规定将检察机关的宪法地位进一步具体化了。因此，从这一意义上讲，检察机关的宪法地位是由检察权决定的。宪法和法律的规定，

---

〔1〕 参见刘树选、王雄飞：《法律监督理论与检察监督权》，载《人民检察》1999 年第 9 期。

〔2〕 这一点，本文将在下一部分予以论述。

在理论上给我们提出的问题是，法律规定的各项具体检察职权是否能够自证检察权本质上就是法律监督权而不是其他的什么权力，从而最终证明检察机关作为法律监督机关的宪法地位呢？

在改革检察制度的探索和研究中，不少观点对检察权的性质进行了探讨。一种意见认为，由于检察机关行使的侦查权具有行政性质，检察机关自身实行一体化的领导体制，因此，检察权应当属于行政权的一部分。另一种意见认为，将司法权仅仅理解为裁判权是狭隘的，由于检察机关独立行使职权，其侦查、公诉以及诉讼监督等活动，都符合司法机关积极、主动追诉犯罪、依法主持和进行诉讼的特点，因此，检察权应当属于司法权[1]。第三种意见认为，我国的检察机关具有行政权和司法权的双重属性，但在法制上应将其归为司法权[2]。第四种意见认为，检察权的性质在某些方面表现出行政性质，在某些方面具有浓厚的司法性质，但其本质属性是法律监督权[3]。本文认为，检察权的本质就是法律监督权而不是行政权、司法权或者其他性质的权力。当然，对这一问题展开论述的文章并不少，问题是，我们并没有能够直接和正面地回答否定论者提出的质疑。因此，本文试图对检察权否定论者提出的质疑有针对性地作出回答。笔者认为，理解检察权的本质属性应当把握以

---

〔1〕 参见倪培兴：《司法权的概念与检察机关的定位》，载《人民检察》2000 年第 3、4 期；冰青：《中国的检察体制不能取消》，载《法学》1999 年第 7 期。有的同志认为，中国的情况与国外不同，如果一定要在司法权和行政权之间作出选择的话，检察权应当属于司法权。参见徐益初：《析检察权性质及其运用》，载《人民检察》1999 年第 4 期。

〔2〕 参见龙宗智：《论检察权的性质与检察机关的改革》，载《法学》1999 年第 10 期；陈兴良：《从"法官之上的法官"到"法官之前的法官"》，载《中外法学》2000 年第 6 期。

〔3〕 参见刘立宪、刘智慧等：《检察机关职权研究》，载《检察论丛》（第 2 卷），法律出版社 2001 年版；谢鹏程：《论检察权的性质》，载《法学》2000 年第 2 期。

下事项：

1. 应当从矛盾的普遍性和特殊性，从目的和手段的角度看待法律监督权和各项具体检察职能的关系。

笔者注意到，不管是否定检察权的法律监督属性论者，还是支持检察权的法律监督属性论者，一个共同的逻辑基点，就是将检察机关的法律监督性质与其具体的检察职能等同起来[1]，这就使得，"在中国，检察权一致被认为是与法律监督同等语义的概念"[2]。在这个基础上将检察机关的侦查、起诉、批捕、抗诉等各项职能与其法律监督性质一一对应起来进行论述，或认为某项职能具有法律监督性质，应当属于检察权；或认为某项职能不具有法律监督性质，不应当属于检察权；或认为所有职能都不具有法律监督性质，因而应当归于行政权；等等。比如，在这一逻辑基础上，有的同志就提出，我国"法律规定检察机关的一般法律监督权实际上没有实施"，"因为最能反映人民检察院实施一般法律监督权的职责规定是，人民检察院组织法第五条第（一）项的规定：人民检察院对叛国案、分裂国家案以及严重破坏国家的政策、法律、法令、政令统一的重大犯罪案件，行使检察权。我国人民检察院的这一职权除了对林彪、'四人帮'反革命集团案行使过一次外，从来没有行使过"，并认为，检察机关的第一角色应当是公诉人。[3] 有的观点提出，宪法和法律的规定，使得"公诉权与法律监督权直接合一，这严重影响了诉讼程序的科学性和公正

---

〔1〕　参见刘立宪、刘智慧等：《检察机关职权研究》，载《检察论丛》（第2卷），法律出版社2001年版；谢鹏程：《论检察权的性质》，载《法学》2000年第2期。

〔2〕　参见郝银钟：《中国检察权研究》，载《刑事法评论》（第5卷），中国政法大学出版社2000年版，第94页。

〔3〕　参见蔡定剑：《司法改革中检察职能的转变》，载《政治与法律》1999年第1期。

性", 是检法冲突的真正根源。[1]

这样论述逻辑上可能存在的问题是, 法律监督性质是一个抽象概念, 体现的是矛盾的普遍性, 而各项具体的检察职能是具体概念, 体现的是矛盾的特殊性, 再将两者放在一起比较权衡, 就等于将"马"的概念和一匹具体的马放在一起, 会产生"白马非马"的说法了。法律监督性质这个特点, 是从各项具体检察职能的特殊性中抽象出来的普遍性, 是共性的、概括性的东西。它以"纲"的形式由宪法来规定, 而各项具体检察职能以"目"的形式由其他具体的法律来规定, "纲举目张", 是符合立法逻辑的。与此相对应, 宪法也规定, 人民法院是国家的审判机关, 即行使国家的审判权。审判权是个抽象的概念。但人民法院如何行使国家审判权, 行使哪些具体的审判权呢? 这些就由法院组织法、刑事诉讼法、民事诉讼法、行政诉讼法等法律作出规定。各项审理职能, 如开庭、法庭调查、法庭辩论、休庭评议、判决和裁定等是具体的概念。审判权或者称之为"司法权"的核心就是裁判权, 如果我们也认为审判权与法院的各项具体审理职能是同一语义的概念, 那不就会得出法院宣判前的庭审准备、法庭调查、法庭辩论、休庭评议等活动都不是审判权、裁判权或者司法权了吗? 基于此, 认为"中国宪法和法律均将检察权定位与法律监督权同等义语的概念, 并以此为基点构建了中国检察制度"[2] 的说法, 就是对宪法和法律规定的误解了。

再从国家权力运作的规律来看, 法律监督性质与具体检察职能之间体现的是目的和手段的关系。国家权力机关在设定行政

---

〔1〕 参见陈吉生:《论公诉权与法律监督的独立行使》, 载《政法论丛》1998 年第 1 期。

〔2〕 参见郝银钟:《中国检察权研究》, 载《刑事法评论》(第 5 卷), 中国政法大学出版社 2000 年版, 第 108 ~ 109 页。

权、审判权和军事权的同时，设定了法律监督权，以确保行政权、审判权和军事权（军队设置军事检察院，以监督军人依法执行军事权）在法律规定的范围内行使。如何行使法律监督权、实现法律监督的目的呢？这就需要规定各种法定的措施，作为实现法律监督的手段，各项具体的检察职能就是措施和手段。

根据人民检察院组织法和刑事诉讼法、民事诉讼法、行政诉讼法的规定，检察机关的各项具体检察职能主要包括以下几个方面：（1）对叛国、分裂国家以及严重破坏国家法律统一实施的重大犯罪案件，行使检察权。由于这些犯罪行为直接和严重地危及国家的安全和统一，因此需要实施专门监督。（2）对国家工作人员的职务犯罪进行立案侦查。国家工作人员是国家权力的代表，代表国家行使职权，一旦实施犯罪行为，将对国家造成严重危害，因此，需要以国家力量对其进行监督。（3）对严重的犯罪行为进行公诉。犯罪是最明显、最极端的危害国家和社会的行为，是对国家权威的公然挑衅，必须由专门机关代表国家进行追诉。（4）对公安机关、国家安全机关的侦查活动、人民法院的审判活动以及对监狱、劳改劳教场所的执法活动实施监督。侦查活动、审判活动以及监狱、劳改劳教场所的执法活动，都是十分严肃的国家行为，直接关乎公民自由和权利的保障，关乎国家政权和社会的稳定，也必须由国家专门机关予以监督。这样看来，认为"立法上没有明确规定监督范围、监督效能、监督方式、监督程序等相关的最基本内容"[1]的说法，是不符合实际情况的。

检察机关的检察权都是以上述各类具体的检察职能表现出

---

〔1〕 参见郝银钟：《中国检察权研究》，载《刑事法评论》（第5卷），中国政法大学出版社2000年版，第95页。实际上，法律不仅对监督范围作出了基本规定，对监督效能、监督方式、监督程序等内容也作出了基本规定。当然，不能说这些规定就很科学、很完善。

来的，是矛盾的特殊性，都是手段，其根本目的是落实宪法规定的国家法律监督权。这些职权可以概括为以下四个方面：一是对职务犯罪的侦查权；二是公诉权；三是诉讼监督权；四是执行监督权。这四方面的职权看起来似乎"权力如此之多之重，在世界其他任何法系中都是罕见的"[1]，但从性质上都体现了前述检察监督的"专门性"、"国家性"、"法律性"、"具体性"和"程序性"等特点，而最重要的是"国家性"，即维护国家利益。这些职权都是从不同的角度、不同的方面，以不同的方式，代表国家实施法律监督的。[2]

其中，对职务犯罪的侦查权、诉讼监督权和执行监督权，是检察机关代表国家对有关国家机关及其工作人员执行法律情况的监督，而公诉权则是检察机关代表国家对公民遵守法律情况的监督。检察机关通过行使上述职权，以法律监督机关的角色，与公安机关（包括国家安全机关）、审判机关之间构成分工负责、互相配合、互相制约的关系，从而达到人民代表大会制度下国家政权体系的平衡；以法律监督机关的角色，对犯罪行为实行公诉，以维护国家政权和社会的稳定。这就使得检察权成为国家政权体系中一项不可替代的独立而又重大的权力。

2. 要从国家权力运行的宏观局面出发，而不是仅仅囿于从诉讼程序特别是刑事诉讼程序的视角来看待和评价检察权。

有一种观点为使彻底否定检察权的立论站稳脚跟，就从根本上提出"对中国检察权之正当性的反思"，认为"衡量检察

---

〔1〕 参见郝银钟：《中国检察权研究》，载《刑事法评论》（第5卷），中国政法大学出版社2000年版，第94页。

〔2〕 当然这并不是说人民检察院组织法等法律对检察机关各项具体检察职权的规定就是完全科学的，实践表明，人民检察院组织法等法律对检察权的规定也有待于进一步修改和完善，但是，不管怎么修改，检察机关的各项具体职能都应当更好地落实宪法规定的检察机关的国家法律监督权，从而更好地维护国家利益。

权之正当性及其形式理性的价值标准","应当着重透视这一公共权力的配置是否秉承了法治的基本理念、是否符合现代刑事诉讼程序的内在精神以及检察权的运作是否能够确保上述价值观念成为指导诉讼过程的理性力量。这是我们评价中国检察制度及检察权理论的基点。"[1] 这一观点给法治的真实含义定了三个标准:一是一切权力的行使必须有明确的法律依据;二是一切权力的行使都要有一定的限制;三是一切权力的行使都要遵循一定的程序。而"反观中国检察权的配置模式和运行机制及由此所体现的司法观念,均与法治社会所追求的精神相差甚远,有些方面甚至是相互冲突的,从而使其丧失了最低限度的公正性。"主要表现为:一是检察权即为法律监督权的法律命题设计缺乏正当性。因为"检察权与法律监督权本是两种性质迥异的权力形态。检察权属于一种诉讼权力,受诉讼法律关系的调整,这在法学界是毫无异议的;而法律监督权则明显不属于诉讼权力"。"法律监督职能与控诉职能根本不能兼容一体。"这是由于法律监督是单向性的法律行为,监督者与被监督者的地位是不平等的。二是检察权的运作机制缺乏正当性。因为法律监督权本身是欠缺严格规范化的公共权力,有悖于分权原则,不利于保障人权。三是检察权的理论基础即列宁的法律监督思想缺乏正当性。[2]

至于上述观点中所讨论的"法治"是何种历史环境下的"法治",我们可以不去深究,但其为法治含义所列的三条标准,应当是完全适用于中国各项国家权力包括检察权的运行

---

〔1〕 参见郝银钟:《中国检察权研究》,载《刑事法评论》(第5卷),中国政法大学出版社2000年版,第107页。

〔2〕 参见郝银钟:《中国检察权研究》,载《刑事法评论》(第5卷),中国政法大学出版社2000年版,第107～118页。

的。问题是，各项检察权行使的法律依据、受到的一定限制以及遵循的一定程序，人民检察院组织法、刑事诉讼法都规定得十分明确，当然并不否认随着实践的发展这些规定有进一步加以完善的必要。而民事诉讼法、行政诉讼法对民事、行政诉讼的检察监督范围和程序没有作出相应规定，是因为在实际工作中，检察机关对这两类诉讼的监督还没有完全开展起来，还处于起步和探索阶段，所以，就谈不上检察权违背法治精神。

值得注意的是，仅仅从诉讼程序特别是从刑事诉讼程序的某一环节出发，从诉讼领域检察权某个有争议的问题或者某一局部的不合理性出发，就得出否定检察权之正当性的结论，是失之狭隘和偏颇的。我们认为，对检察权之正当性的认识和评价，需要从国家权力运行的宏观局面出发，把握以下几个原则：

（1）对检察权理论基础的认识不能只局限于列宁的法律监督思想，它还包括人民民主专政理论、人民代表大会制度理论以及民主集中制理论。这些，本文前面也已作了阐述。列宁的法律监督思想固然是中国检察权的直接理论基础，但从理论的根本来说，在整个国家的政权体系中是否设置检察权，还是由人民民主专政理论、人民代表大会制度理论和民主集中制理论决定的。列宁的法律监督思想最初在苏联是基于维护法制的统一而不是为了专事刑事诉讼诞生的。在中国，建国后检察权最初也是基于巩固新生的政权、维护法制的统一而不是为了专事刑事诉讼诞生的。根据人民民主专政理论、人民代表大会制度理论和民主集中制理论，在国家的政权体系中需要检察权这一重要环节，所以检察权实际上是这三个重大理论予以具体化的产物，而不是刑事诉讼领域的某一理论具体化的产物。而列宁的法律监督思想是否具有正当性，是否适用于今天中国的现实，本文前面已经作了阐述。至于人民民主专政中惩罚违法犯罪、保护国家利益的内容，人民代表大会制度所体现的国家政权组织形式以及民主集中制作为国家政权机关的组织原则，更是十分重要的。因此，"为了全面了解我国的人民检察制度，就不能限于已往的研究范围和研究方法，仅仅地或者主要地把检察制度作诉讼制度来看待，而应当从国家政治制度的更高层次上加以研究。也就是说，要把检察制度放在人民代表大会制度的整体中加以考察，才能更清楚地了解它的实质和意义。"[1] 而人民代表大会制度实行民主集中制的原则，"国家权力的统一性和集中性的重要表现之一，就是国家的法律监督权，包括国家权力机关的监督和检察机关的监督"，[2] 因此，对检察制度的研究，还必须以民主集中制的国家机构组织原则作背景。

（2）不能将检察权仅仅视为一项诉讼权力。检察权的本质是法律监督权，本文前面已进行了论述。依据否定论者的观点，检察权与法律监督权是两种性质迥异的权力形态，而检察权又属于诉讼权，法律监督职能与控诉职能又不能兼容一体，那么，法律监督权究竟是什么呢？否定论者没有直接提供答案。但答案似乎只有两个，即法律监督权要么是子虚乌有的东西，要么只能属于权力机关的监督权了。当然，否定论者还是从另一方面给出了答案，其设想是，中国检察权的法律监督职能从诉讼领域退出后，为解决司法专横和社会腐败现象的蔓延，从法律制度上首先是要加强国家权力机关对执法机关总体

---

〔1〕　王桂五主编：《中华人民共和国检察制度研究》，法律出版社1991年版，第154页。

〔2〕　王桂五主编：《中华人民共和国检察制度研究》，法律出版社1991年版，第156页。

上的法律监督职能，[1] 但这实际上就是要让权力机关来行使检察机关的各项法律监督职能。

国家设置检察权的目的在于最低限度地保障国家权力的健康运行，保障国家法律得到遵守和实施，而不是去进行诉讼。因为检察权的设置是国家权力体系第二个层面的东西，而具体的诉讼是国家权力体系第三个层面的东西。国家权力体系的第一个层面是权力机关统一行使国家权力，第二个层面是权力机关之下的行政机关、审判机关、检察机关、军事机关分别行使国家的行政权、审判权、检察权和军事权，第三个层面则是行政、审判、检察、军事机关下属的各部门为落实行政权、审判权、检察权和军事权而分别去履行各项具体的行政、审判、检察和军事职能。诉讼就是第三层面权力运行的表现，它由行政机关下属的公安、安全机关，检察机关下属的侦查、公诉等机构，审判机关下属的民事、刑事、行政等审判机构，依据法定的程序去查明事实，确定当事人的法律责任。它与第二个层面的检察权是两码事。

但是检察权的行使又离不开诉讼，甚至可以说它主要是在诉讼领域行使，当然也要受诉讼法律关系调整，这是由检察机关法律监督权的特点决定的。因为在法治社会中解决各种社会矛盾、维护国家利益的最后和最极端的方式，就是诉讼。对各种危害国家利益的犯罪行为要实施有效监督，必须通过诉讼的方式进行。比如，对职务犯罪的侦查，对犯罪的控诉，都属于诉讼领域的活动，必须以诉讼方式、遵循诉讼规律进行。而由于诉讼的最后性和极端性，以及由于在诉讼中代表国家权威的

---

〔1〕 参见郝银钟：《中国检察权研究》，载《刑事法评论》（第 5 卷），中国政法大学出版社 2000 年版，第 130 页。

侦查机关和审判机关在力量上处于绝对优势地位，使得诉讼中的公民权益极易受到侵害，国家的侦查权和审判权极易被滥用，因此必须对侦查权和审判权实施即时监督，这一权力又只能由检察机关而不能由其他机关来承担。检察权虽然主要在诉讼领域行使，受诉讼法律关系调整，但这并不意味着检察权就是诉讼权，其本质仍然是法律监督，而诉讼仅是检察权借以实现法律监督的手段和方式。

况且，检察权的行使又不完全在诉讼领域，这仍然是由其法律监督的属性决定的。比如对监狱、劳改劳教场所的监督，就不属于诉讼领域而属于行政执法领域的监督。为什么要专门由检察机关对这一执法领域的活动实施监督呢？根本原因是监狱、劳改劳教场所的执法机关和人员能否严格遵守法律，与作为暴力的国家权力能否正确运用以及处于弱势情形下公民的合法权益能否得到保障都休戚相关，因此，必须由专门机关予以监督。而检察机关对监狱、劳改劳教场所的执法监督，完全是诉讼领域之外的活动，最多可以说是诉讼的延伸或者准备活动，其目的仍然是实现国家的法律监督权，而不是诉讼权。

即使在诉讼领域，检察权也并不是必须时时介入的。比如，刑事诉讼法规定，对于某些案件，可以由公民直接自诉，而不由检察机关进行公诉；对于适用简易程序审理的案件，检察机关可以不派员出庭，也即可以不对其审理程序实施监督。为什么要作这样的规定呢？因为国家利益不是绝对的，有些危害社会的行为虽然构成犯罪，但其侵犯的主要还是公民个人的人身或者财产权利，对国家和社会的危害并不显著，而对这一犯罪行为是否进行起诉由受害人个人决定比由检察机关决定，更利于保护当事人权利，维护社会稳定；适用简易程序审理的案件，一般说来犯罪行为都并不严重，案情比较简单，出现危害国家利益的可能性相对较小，因而检察机关可以不派员出庭实施法律监督。

（3）在国家的整个监督权力体系中，应当以相对的视角，而非孤立和绝对的视角来看待检察监督权。检察权否定论者一个重要的论证逻辑，就是从监督的定义开始，认为法律监督是一种单向的、绝对的国家行为，具有绝对的国家性、权威性、专门性和超然性等特点，监督者的地位高于被监督者的地位，被监督者对监督者的指令具有服从的义务。从这一前提出发，检察机关就不应享有法律监督机关的重要地位，否则它就会在诉讼中凌驾于当事人和审判机关之上，打破诉讼机制固有的平衡性。但依据现行法律的规定，"中国检察权的运行机制又呈现出明显的单向性和上下性，即实际上是以支配—服从的方式运行"[1]。

"监督"一词的含义是十分广泛和不确定的。我们可以在政治、法律和工作等不同层面上使用这个概念，因而它的内涵不可能固定不变。即使法律意义上的监督也可以有不同的理解和规定。比如，根据现行法律的规定，对于执行和遵守法律情况的监督就包括权力机关对"一府两院"的监督，检察机关对行政机关、审判机关以及其他有关组织和公民个人的监督，行政机关下属部门对有关组织和公民个人的监督；在权力机关、行政机关、审判机关和检察机关的内部，还存在上下级之间的监督；等等。所以非要说法律监督必须具有绝对性、超然性、单向性、上下性和服从性等特点，既不符合现行法律的规定，

---

〔1〕 参见郝银钟：《检察机关的角色定位与诉讼职能的重构》，载《刑事法评论》（第4卷），中国政法大学出版社1991年版，第301页；郝银钟：《中国检察职权研究》，载《刑事法评论》（第5卷），中国政法大学出版社2000年版，第112页；郝银钟：《检察权质疑》，载《中国人民大学学报》1999年第3期。

也不适应各项监督工作的需要。在人民代表大会制度的体制下，只有国家最高权力机关实施的监督才具有这些特点。

检察机关的监督只是国家法律监督体系中的重要一环，其特点前文已经述及。而在具体的诉讼程序中，检察机关的法律监督，从根本上说是一种程序性监督和制约性监督，它丝毫没有凌驾于其他诉讼主体之上的单向的和绝对的权力。主要表现为：①检察机关在审判的核心阶段即法庭审理阶段，对法院的监督仅仅是程序性监督，而没有实体监督的权力。刑事诉讼法第 169 条明确规定："人民检察院发现人民法院审理案件违反法律规定的诉讼程序，有权向人民法院提出纠正意见。"这说明，检察监督并不介入法院的实体审理，不可能左右案件的实体结果，但它必须监督法院的审理程序，因为没有程序的合法和公正，就不能达到实体结果的公正。②检察机关自身在行使监督权时，还受到来自多方面的监督。首先，检察机关在诉讼中的监督必须整体上接受权力机关的监督，向权力机关负责并报告工作。其次，在公、检、法三机关形成的诉讼架构中，检察机关在诉讼中的具体监督还受到公安机关、人民法院的制约和监督。比如，对于公安机关的提请批准逮捕书，检察机关经审查，决定不批准逮捕的，不仅要说明理由通知公安机关，公安机关认为不批准逮捕决定有错误的，还有权要求复议；公安机关移送起诉的案件，对于检察机关作出不起诉的决定，公安机关仍然有权要求复议；即使在法庭审理过程中，遇有需要通知新的证人到庭、调取新的物证、重新鉴定或者勘验的情形，人民法院还可以以延期审理的方式制约检察机关的公诉监督。③检察机关在具体的诉讼监督中，不仅受到来自公安机关、审判机关的制约性监督，还受到上级检察机关的领导和监督以及公民个人的监督。比如，对于检察机关的不批准逮捕决定和不起诉决定，公安机关不仅可以要求复议，还可以要求上级检察机关进行复核，而对于上级检察机关的复核决定，下级检察机关必须执行；对于有被害人的案件，检察机关作出的不起诉决定还须送达被害人，被害人如果不服，还可以向上级检察机关申诉，以上级检察机关的决定来约束下级检察机关；即使地方各级检察机关对同级审判机关一审判决、裁定的抗诉，也必须通过上级检察机关提出，上级检察机关认为抗诉不当的则有权撤回。④从根本上说，检察机关在诉讼中的一切监督，包括其审查起诉、提起公诉、对庭审活动的监督、对一审判决或裁定的抗诉，乃至对人民法院不当的减刑、假释裁定的纠正意见，最终都必须服从审判机关的判决和裁定，也即仍然受到审判机关最终的制约。

所以，认为现行法律规定的检察权是"支配—服从"方式的运行机制，认为检察权凌驾于公安机关、审判机关之上的看法，是不符合实际情况的。法律规定的公、检、法三机关之间分工负责、互相配合、互相制约的关系，本身就说明，检察机关没有超越公安、法院之上的权力，它们之间的互相制约关系，实际上就是诉讼过程中一种特殊的监督关系。

（4）应当用历史的、发展的眼光看待检察权。建国以来，我国有关宪法和法律对检察机关职权的规定经过了一个发展变化的过程。其中最重要的变化是，1954 年宪法和人民检察院组织法规定了检察机关实行一般监督的职权，即最高检察机关和地方各级检察机关分别对国务院所属各部门和地方国家机关的决议、命令和措施是否合法，国家机关工作人员和公民是否遵守法律，行使检察权。但实践证明，由检察机关包揽一切监督职权，对其他国家机关的规范性文件，以及国家工作人员和一切公民行为的合法性进行审查，不符合人民代表大会制度的政治体制，不现实，也没必要。在 1979 年修订人民检察院组织法时，彭真同志指出，"检察院对于国家机关工作人员的监督，只限于违反刑法，需要追究刑事责任的案件。至于一般违反党纪、政纪并不触犯刑法的案件，概由党的纪委检查部门和政府机关去处理。"[1] 现行宪法也将对国家机关规范性文件以及其他工作的审查监督权交由人大及其常委会行使。这样，检察权的范围就是明确和有限度的，也就解决了多年来争论的"一般监督"问题。

当然，不是说上述检察机关的各类职权以后就固定不变了。检察权的具体范围和运行方式本身就是历史的、发展的。但对现有检察权的改变或者取消应当具备两个基本条件之一：一是需要予以检察的客体发生了变化。因为检察机关行使什么样的检察权，必须以维护国家利益为标准。而什么样的行为属于危害国家利益，在不同的时期和形势下是有不同标准的。如果依照现行法律的规定，需要由检察机关实施检察的危害国家利益的行为，随着实践的发展，已经不属于危害国家利益的行为了，那么，与之相对应的检察权就应当作相应的调整直至取消。二是经过充分论证，上述各类检察权由其他机关来行使更为适宜。因为检察权作为一项国家权力，它的运作更多的是在诉讼领域，不可避免地要与公安机关、审判机关发生关系，为了保障诉讼活动的健康运行，检察机关也必须遵循基本的诉讼规律。因而当某项检察权的行使有违诉讼规律，并又能找到由其他更为合适的机关来行使该项职权时，即可对该项检察权进行调整直至取消。比如，对批捕权、庭审监督权以及职务犯罪的侦查权由谁来行使、如何行使更为合适，就可以展开讨论。

---

〔1〕　参见《彭真文选》，人民出版社 1991 年版，第 377 页。

3. 应当从人民代表大会制度的实际出发，而不是从三权分立的模式出发分析和设计检察权。

为什么一定要在行政权或者司法权方面为检察权寻找归属呢？重要的原因也许是我们有意或无意地以三权分立原则为依据，将国家权力界定为分立又制衡的立法权、行政权和司法权，除此之外不承认有第四种国家权力。在这一前提下，国家权力只能划为三个部分，检察权就不成其为独立的国家权力，要么归于行政权的名下，要么归于司法权的名下。实际上，所谓三权分立只是国家权力划分的模式之一，人民代表大会制度也是国家权力划分的模式之一。而国家权力的划分模式除了取决于权力划分者的力量对比关系以及他们的价值观念外，还取决于该国的历史传统。

三权分立确实带来了西方的法治文明，但历史的经验表明，任何一种宪政制度都不可能一成不变、完美无缺，任何一种国家权力都不是绝对的，三权分立也不例外。

实现法治的关键在于，一种总体上趋于民主又可行的制度，一项国家权力，在宪政实践中能得到多大程度的落实。从理论上说，现行的人民代表大会制度总体上是符合我国国情的、进步的，关键在于我们落实的程度。如果我们在大的方面对国家的这一根本政治制度落实得不好，甚至使其变得徒有虚名，那么就不可能奢望这一制度下某一具体的国家权力包括检察权得到很好的落实。而一旦某一权力运行中出现了问题，我们又总是转而求助于西方的某一制度，热衷于从性质和精深的理论出发，而恰恰在三权分立的美国，一位检察官所关心的倒是有没有独立的地位、能不能独立地行使自己的职权、能不能公正地执法，至于什么是性质，他们似乎不太感兴趣，他们更注重的是实务。[1] 当然这并不是说理论的探讨不重要，问题是，一项司法制度、政治制度，它的生命在于由衷的实践，而未必在于其本身被设计得精巧绝伦、完美无缺。因为事实上没有完美无缺的制度，任何制度都是相对的、历史的。三权分立在美国实行了200多年，至今也还处于不断的发展变迁中。一项显得粗疏简约的制度，可以因为实施者的道义责任和整体的社会环境而变得日臻完善，而一项缜密完善的制度也可能因为实施者的道义责任和整体的社会环境而变得支离破碎、一文不值。也许还是霍尔姆斯大法官的那句名言说得好，即"法律是一种经验而不是逻辑"。

在人民代表大会制度下，检察权既不属于行政权，也不属于司法权，而是独立于二者之外的专门的国家法律监督权。而所谓行政权和司法权，其概念和含义都不是绝对的，只是行政权本质上是管理权，而司法权本质上是裁判权，但谁能断言管理权中就不包含裁判权，裁判权中就不包含管理权呢？即使在实行三权分立的国家，其本身的所谓"三权"也从来不是绝对的，最典型的就是，美国的法官还有造法权，英国的上议院还有终审权，就是美国国会的参议院也还有对总统的审判权，而且不仅仅是在我国，即使在外国的诉讼中，还存在法院的调解制度。因此，检察权中虽然既有行政的因素，又有司法的因素，但其本质仍然是国家的法律监督权，这一点是行政权和司法权都无法涵盖的。

4. 改革检察制度，是涉及检察机关宪法地位的重大问题，必须在宪法和法律的框架内进行，特别是这项改革的权力，必须由全国人民代表大会及其常务委员会来行使。

---

〔1〕　参见李富成：《司法改革的对话》，载《中外法学》2000年第6期。

目前，检察实践中出现了一些问题。比如，检察机关的行政领导体制影响了它依法独立行使职权；检察机关把主要精力放在对职务犯罪的侦查上，而无暇顾及对审判活动的监督；检察机关对公诉活动和审判监督活动的关系处理不当，影响了诉讼的公正性和科学性；检察机关与审判机关都具有司法解释权，使两机关出现工作上的不协调；等等。理论界针对这些问题展开了讨论，提出很多建议。其中，一种代表性的意见就是本文开篇所述的，要求取消检察机关作为独立国家政权机关的宪法地位，成为单独的公诉机构，将原有检察权中的监督权交由权力机关行使，对职务犯罪的侦查权交由监察部门或者新设的廉政部门行使。

这一观点将带来以下问题：第一，可能直接动摇我国的人民代表大会制度的宪政体制，使国家的政权体制由人民代表大会领导下的"一府两院"制演变为"一府一院"制。届时，人民代表大会要么居于"一府一院"之上，要么与"一府一院"平起平坐。第二，使对诉讼活动的监督出现真空地带。权力机关不能经常、直接和具体地行使法律监督权，检察机关又不再具有诉讼监督权，对公安机关、国家安全机关、审判机关和执行机关的监督就无法落实，必然会加剧侵犯公民权利的严峻局面，加剧司法腐败。第三，即使再设一个专门的廉政公署，其对国家工作人员职务犯罪所行使的监督权，与检察机关行使这一权力又并无二致。第四，在目前社会高度一体化、行政权力过于强大的体制下，将检察机关归入行政机关内部，使之成为国家政权体系中的三级乃至四级权力机构，将会大大削弱打击犯罪特别是反腐败的力度。第五，取消检察机关对保障国家法制统一的监督，各种地方保护主义将日趋严重。可见，在我们这样一个情况复杂、法治建设刚刚起步、腐败现象还比较严重的国家，如果从国家的宪政体制中取消检察机关，否定检察机关的法律监督权，对建设社会主义的宪政国家将是十分不利的。

现在需要慎重研究的是，作为国家司法体制的重要组成部分，检察体制是否已到了非改不可的地步。对这一问题，我们认为应当作两方面的理解。一方面，在人民代表大会制度的实际情形下，检察体制无须做大的根本性的改革。现行法律规定的检察权是基本可行的，要使之得到较好的落实，关键在于落实人民代表大会制度。而落实人民代表大会制度的根本途径在于真正行使权力机关对检察机关的选举权、任免权和监督权。只要这些权力得到有效行使，检察权的行使就不会偏离方向。另一方面，检察制度本身存在一些问题，是需要进行改革的。但对检察制度进行的任何改革，其成败得失仍然取决于人民代表大会制度在大的方面能否得到真正落实。改革要遵循以下几项基本原则：一是要大胆探索，勇于和善于借鉴、吸收国外一切有益的经验和做法。二是要紧密联系实际，从中国的具体国情出发，特别是要考虑我国司法队伍的实际状况，考虑我国的历史文化传统和整体社会环境。三是要从国家权力体系运行的大背景出发，既要注意通过改革使检察体制的运行符合刑事诉讼规律，更要注意保证检察机关在人民代表大会制度下与其他政权机关的健康、协调运行。四是要将检察体制的改革与国家带有根本性的政治体制改革联系起来。没有政治体制的协调改革，仅仅靠检察机关包括审判机关自身关门改革、孤军深入，是很难取得改革实效的。五是要以宪法为依据，维护宪法的权威。

需要特别提出的是，严格以宪法为依据推动检察体制的改革，对维护宪法权威，落实依法治国，从而最终保证检察体制改革的成功，具有十分重要的意义。当前对检察体制以及对审判体制的改革成为理论和实践中的热点。最高人民检察院和最高人民法院也分别制定了两机关体制改革的五年纲要。各方面对改革都畅所欲言，见仁见智。但在强调改革的同时，我们似乎忽视了一个问题，即正确处理体制改革与宪法的关系。有的意见甚至认为，司法体制以及检察体制的改革可以突破宪法的规定，使改革具有超前性。

我们的意见是，在国家的根本政治制度没有重大变革、宪法没有进行相关修改的情况下，对检察制度包括审判制度的任何改革都必须严格以宪法为依据，维护宪法赋予检察机关、审判机关的地位。这包括两方面的含义：一方面，改革的目的是不断落实宪法对检察权和审判权的规定，使宪法规定的检察制度和审判制度尽快运作起来，而不是去突破宪法规定的国家政权结构，突破宪法规定的人民代表大会制度下的权力平衡机制。这是维护国家法制统一、推行宪政的基本要求。即使改革的设想是合理的，但只要不合宪，它就没有宪法基础，不能在实践中推行。另一方面，改革必须在人民代表大会制度的大背景下进行，克服部门运作、孤军深入的倾向。对检察体制以及审判体制的改革绝不是靠两个机关自身就能进行的事业。依据宪法的规定，国家的一切权力属于人民，人民行使权力的机关是全国人民代表大会和地方各级人民代表大会，各级审判机关和检察机关都由人民代表大会产生，对人民代表大会负责，受人民代表大会监督。宪法还规定，有关国家机构方面的事项只能由全国人民代表大会以"基本法律"的形式予以规定。立法法则规定，有关人民法院、人民检察院的产生、组织和职权的事项只能由法律予以规定，属于最高权力机关的专属立法权限。检察机关和审判机关的改革不外乎其产生、组织、职权的范围及其运作程序的事项，而这些都是事关国家政权体制的重大事项，都是只能由全国人民代表大会予以规定的专属事项。[1] 司法改革是国家宪政体制中的大事。参考日本、韩国司法改革的经验，我们倾向于认为，为了克服部门利益，对检察体制和审判体制的改革，需要建立一个中立机构，这个机构由各方面人士参加，并在最高权力机关的领导下，有计划、有步骤地提出改革的目标、方案，推动改革的进程。而具体的相关机关只能作为这个中立机构以外的一员，提出落实宪法规定的具体化的建议，它们不能成为改革的主导者和推动者，更不能关起门来自行改革。这是维护宪法权威、依据宪法办事的需要。

实际上，依据宪法的规定，在肯定检察机关法律监督地位的前提下，对检察制度本身作一些改革和探索，使之进一步符合检察规律，是完全可以做到的。比如，可以改革检察机关领导体制，保障其依法独立行使职权；可以根据情况的变化和需要，对检察权的范围作出适当调整，强化其诉讼监督的力量；可以对如何处理好公诉活动和庭审监督的关系作出进一步的规定，以保证其审判监督的严肃性和权威性；可以进一步健全和完善检察机关刑事诉讼、民事诉讼、行政诉讼以及有关执行程序中的具体监督程序，保证检察机关的一切监督活动都在法律规定的范围内进行。

---

〔1〕　几年前，九届全国人大常委会第 22 次会议在对法官法和检察官法进行修改时，作出的一个重大改革是，对初任法官、检察官和取得律师资格实行统一的司法考试制度，对制定司法考试制度的实施办法则授权于国务院司法行政部门以及最高法院和最高检察院，并将该办法的实施权授予国务院司法行政部门。实行司法考试制度本身是好的改革措施，但值得认真研究的问题是，对法官、检察官的任职条件以及考试办法的规定，事关审判队伍和检察队伍的全体人员，实际涉及我国审判制度和检察制度的根基，属于司法改革的重要内容。对这样一个重大事项直接授权有利害关系的本部门去落实和处理，是否合适？它应当由最高权力机关设立一个具体的中立机构，作为国家的代表而不是某个部门的代表去落实这一事项。

三、坚持检察机关的宪法定位*

今年 12 月 4 日是 1982 年现行宪法颁布实施 30 周年纪念。1982 年宪法实施 30 年来，适应我国改革开放和社会主义现代化建设事业的需要，与时俱进，经过 1988 年、1993 年、1999 年和 2004 年四次修改，进一步明确了国家的指导思想，肯定了改革开放以来社会主义市场经济发展的成就，确立了"依法治国、建设社会主义法治国家"治国方略和"国家尊重和保障人权"的宪法原则，奠定了全面实施依法治国基本方略的法律基础，成为改革开放事业稳步推进的重要法律保障。其中，宪法对检察机关地位的规定构成了我国检察制度的宪法基础，为检察机关依法行使职权提供了保障，同时为我们正确认识检察制度的中国特色提供了方法论基础。在检察机关的宪法定位问题上，通过学术界的探讨，人们的共识进一步得到加强，但检察制度遇到新问题或者挑战时，怀疑甚至否定宪法定位的现象仍然存在。因此，纪念 1982 年宪法颁行 30 周年时，深入思考检察机关的宪法定位是十分必要的。

在我国宪法发展历史上，检察机关的命运与宪法有着密切的关系。"文化大革命"时取消了检察机关，作为宪法性机关，我国的检察机关是通过 1978 年宪法恢复设立，并通过 1982 年宪法的规定得到完善。由于 1982 年宪法是拨乱反正的新背景下修改的，在"文革"的教训中，人们期待通过宪法塑造社会共识，保障个体的尊严与自由。因此，尽管在 1982 年宪法修改过程中，对是否保留检察机关，如何设计检察机关曾存在争论，但基于民众的热切期待与国家机构体系科学化的要求，多

---

* 本部分内容根据 2012 年 12 月笔者在广州大学举办的"1982 年宪法与检察制度发展研讨会"上的发言整理而成。

数意见认为，应当坚持宪法原则，设立独立于行政机关之外的检察机关，使检察机关隶属于国家权力机关，保障其履行法律监督的职责。历史表明，1982年宪法对检察机关宪法地位的规定是经过慎重考虑的，实践证明是符合中国实际的，是中国宪政体制的本质要求，它为宪法和法律所肯定，成为明确的宪法规范，构成中国司法制度的特色与优势。

1982年宪法赋予检察机关"国家的法律监督机关"的地位，确立了检察权的国家属性。宪法之所以强调检察机关的"国家属性"，是因为检察权是代表国家行使的，其主要使命是维护国家法制统一。尽管不同的历史时期，检察机关的职权有所变化，但维护国家法制统一的功能并没有发生变化，国家性始终是中国宪政体制下检察机关的本质属性。这一点对于理解检察机关宪法地位是十分重要的。我国是单一制国家，有别于实行联邦制的国家分权形式，各级人民检察院是国家的检察院，而非地方的检察院，检察机关行使权力代表了国家的意志，而非任何地方、团体或个人的意志。虽然宪法中规定了地方各级人民检察院检察长由地方各级人大选举产生，地方各级人民检察院对产生它的权力机关负责，但这并不意味着检察院属于地方国家机关体系，更不意味着检察权是地方固有的权力，为地方利益服务。从宪法理论上，地方人民检察院向地方人大及其常委会负责可以解释为制宪者（人民）通过宪法将组织地方各级人民检察院的权力授权给地方各级人大具体行使。1982年宪法也确立了上下级检察机关之间的领导关系，并规定了地方各级人民检察院检察长的产生除同级人大选举外，必须经过上一级人民检察院检察长提请该级人民代表大会常务委员会批准的特殊程序。这一程序的设置目的就是强化和保障检察权的国家性。目前地方保护主义已成为一种社会顽疾，检察权的地方化已构成对国家法治建设的重大障碍之一。这就需要回归宪法文本，以检察机关的国家性解决检察权行使过程中的"地方性"现象。

根据宪法的规定，检察权的本质属性就是法律监督权，即人民检察院是专司法律监督职能的国家机关。在理解宪法规定时应从宪法的整体规定而非断章取义地理解"国家法律监督机关"的含义。宪法是在第三章"国家机构"中第七节并列对审判机关、检察机关的地位和职权作出规定的，而在此之前已经对全国人大及其常委会、国务院、中央军委等机构的地位和职权作出规定，更是明确规定全国人大及其常委会有权对国务院、中央军委、最高人民法院和最高人民检察院实施宪法和法律的情况进行监督。因此，宪法结构上的安排表明检察机关作为国家的法律监督机关需要两个基本前提：一是，检察机关是在权力机关之下与行政机关、审判机关和军事机关并列的法律监督机关；二是，检察机关不是全面监督法律实施的机关，也没有去"统揽法律监督权"。但检察机关作为法律监督机关的"专门"性主要表现为监督主体的专门性和监督手段的专门性。说检察机关是"法律"的监督机关，不是说检察机关要去监督法律本身，而是说它的职权范围仅限于对法律的遵守和执行情况进行监督。而国家法制的统一最根本的要统一于宪法，在宪法之下要统一于法律，在法律之下还应当统一于行政法规、地方性法规、自治条例和单行条例以及政府和部门的规章。在这样的法制统一的要求中，从现行宪法和法律的规定来看，检察机关虽不是监督宪法遵守和实施的专门性机关，但在宪法实施和法律实施方面担负着特殊的使命，在现有的宪政框架下仍有进一步发挥功能的空间，如根据立法法第 90 条的规定，最高人民检察院发现违宪的法规，有权、有义务向全国人民代表大会常务委员会提出审查的要求，这是启动宪法监督的重要途径。

为了保障检察机关履行宪法赋予的职权，宪法同时规定检察机关独立行使检察权。宪法第 131 条的规定确立了检察权由检察机关依法独立行使的地位，并对行政机关、社会团体和个人等几类社会主体不得干预检察机关依法独立行使职权作了列举。根据宪法规定，独立行使检察权首先是检察院的独立，即在国家权力的分工中，检察权只能由检察机关行使，其他任何机关不得行使；检察权不受行政机关的干预，更不受社会团体和个人干涉。但从条文所蕴含的价值来看，还应当包括一定范围和程度上的检察官的独立。检察官的独立，是指检察官办理案件，仅依照法律规定自主地进行，不受其他外在因素的干扰而独立作出判断。深刻认识检察权独立原则的相对性对于检察机关坚持宪法原则具有重要的意义。主张检察机关应当绝对独立的一些观点无论从法理上还是实践上都脱离了中国的实际，是不可取的。

30 年来宪法实施的经验表明，检察机关按照宪法原则认真履行职责，对于中国法治发展与人权保障具有重要意义。特别是，根据宪法第 135 条的规定，人民法院、人民检察院和公安机关办理刑事案件要"分工负责，互相配合，互相制约"。但从实际运行效果看，宪法规定的十二字原则并没有落到实处，还存在一些问题，如片面地强调配合，淡化了分工负责和相互制约。我们需要回归到宪法的规定和精神上来。虽然各部门法研究此类问题时角度不同，但由于宪法对三机关的关系已经作出了专门规定，应从宪法文本上寻找具有直接意义的依据。我们认为，宪法的主要价值就在于通过限制公权力的行使，保障公民基本权利的实现。而宪法第 135 条规定的核心价值在于不同权力之间建立监督与制约机制，保护公民的基本权利，特别是检察机关的法律监督对于实现第135条规定的宪法精神具有特别重要的意义。笔者认为，要贯彻好十二字原则，协调好三机关之间的冲突，最重要的是以宪法关于公权力制约的精神为基础，构建以"制约"为核心的权力关系。

总之，宪法是检察制度建立与发展的基础，什么时候尊重宪法权威、维护宪法尊严，检察制度就有稳定发展的基础。党的十八大报告指出，要更加重视法治在国家治理与社会管理中的作用，并提出了"法治思维"的理念，要求以法治的方法解决社会矛盾与冲突。这些重要的理念描绘了法治建设新的蓝图，对检察工作提出新的要求。我们要把学习十八大精神和宪法结合起来，进一步提高对宪法重要性的认识，始终坚持检察机关的宪法定位。法治首先是宪法之治，法治思维首先是宪法思维，宪法在国家治理、社会发展和建设社会主义民主政治中具有基础性地位。检察机关要认真履行宪法赋予的职责，强化法律监督，通过宪法监督，防止各种特权和腐败行为，真正做到一切违反宪法的行为都要受到追究，全面推进依法治国的进程。

四、关于检察机关性质的宪法文本分析[*]

根据宪法的规定，人民检察院是国家的法律监督机关。在性质上，检察机关是区别于权力机关、行政机关、审判机关和军事机关的国家法律监督机关。检察机关的宪法地位是指人民检察院在国家权力体系中所处的位置以及依据宪法治理国家的过程中所扮演的角色。宪法是检察机关行使职权与进行活动的权力来源和基本出发点，也是分析检察机关性质与地位的基本

---

[*] 本部分内容根据2005年4月22日笔者在"全国检察理论研究工作会议"上的发言整理而成。

依据。在任何一个法治国家，宪法规范作为社会共同体所选择的基本共识和最高价值体系，为各种制度合理性的评价提供统一的尺度与标准。我国的宪法文本对检察机关的宪法地位的规定集中表现在三个方面：一是宪法第 129 条规定："中华人民共和国人民检察院是国家的法律监督机关"；二是宪法第 131 条规定："人民检察院依照法律规定独立行使检察权，不受行政机关、社会团体和个人的干涉。"；三是宪法第 135 条有关公检法三机关关系的规定。

（一）如何理解检察机关的"国家性"

在分析检察机关性质时，首先需要从文本的角度分析检察机关作为"国家的法律监督机关"的性质，揭示检察机关的"国家性"。检察机关的"国家性"表明了检察机关行使的权力代表了国家，它是以国家的名义履行职责的。我国是单一制国家，明显有别于实行联邦制的国家分权形式，各级人民检察院是国家的检察院，而非地方的检察院，检察机关行使权力代表了国家的意志，而非任何地方、团体或个人的意志。虽然宪法中规定了地方各级人民检察院检察长由地方各级人大选举产生，地方各级人民检察院对产生它的权力机关负责，但这并不意味着检察院行使职权就代表了地方的意志，检察权不能理解为地方固有的权力，它是国家权力统一体系中的组成部分，履行着维护国家法制统一的基本职责。在宪法文本中法律监督机关前面加"的"字也是为了强调检察机关的国家性。在宪法上，地方人民检察院向地方人大及其常委会负责可以解释为制宪者（人民）通过宪法将组织地方各级人民检察院的权力委托给地方各级人大具体行使。1954 年宪法明确规定了地方各级人民检察院一律在最高人民检察院的统一领导下进行工作，不受地方国家机关的干涉。现行宪法也确立了上下级检察机关之间的领导关系，并规定了地方各级人民检察院检察长的产生除同级人大选举外，必须经过上一级人民检察院检察长提请该级人民代表大会常务委员会批准的特殊程序。这一程序的设置显然旨在强化和保障检察权的国家性。此外，检察权的国家性还体现在检察机关行使职权应以是否损害国家利益为标准，只有发生了侵害国家利益的行为，检察机关才会介入。由于检察权的国家性没有得到有效维护和体现，在现实生活中出现了行政干预导致的地方保护主义等现象。检察权在行使过程中受到行政权的干预和影响，存在比较严重的地方化倾向。众所周知，目前地方保护主义已成为一种社会顽疾，检察权的地方化已构成对国家法治建设的重大障碍之一。一些地方政府及其所属部门凭借对检察机关的经费、土地、建设立项等多项事务具有实际的控制权，干扰检察机关独立行使职权，检察权的国家性在一定程度上被曲解和利用。有些地方人民检察院贯彻的是地方政府的意志，保护的是地方的利益，个别检察机关已经偏离了宪法所规定的"国家的法律监督机关"的本意。

（二）如何理解"法律监督"的性质与范围

检察机关的国家性与检察机关作为"法律监督"的国家机关性质是相适应的。它表明检察权的本质属性就是法律监督权，即人民检察院是专司法律监督职能的国家机关。理解宪法文本的内容时应从宪法的整体规定而非断章取义地理解"国家法律监督机关"的含义。检察机关是"国家的法律监督机关"，是一种全称判断概念，但不能把它解释为检察机关是一个全面监督国家法律实施的机关。宪法是在第三章"国家机构"中第七节并列对审判机关、检察机关的地位和职权作出规定的，而在此之前已经对全国人大及其常委会、国务院、中央军委等机构的地位和职权作出规定，更是明确规定全国人大及其常委会有权对国务院、中央军委、最高人民法院和最高人民检察院实施宪法和法律的情况进行监督。因此，宪法文本上的安排表明的一个基本事实是，检察机关作为国家的法律监督机关需要两个基本前提：一是，检察机关是在权力机关之下与行政机关、审判机关和军事机关并列的法律监督机关；二是，检察机关不是全面监督法律实施的机关，也没有去"统揽法律监督权"，人民代表大会才有这一权力，检察机关的法律监督权是由权力机关授予并受权力机关领导和监督的。

但同时我们需要分析检察机关作为"专门"法律监督机关的性质与职能。检察机关作为法律监督机关的"专门"性主要表现为监督主体的专门性和监督手段的专门性。监督主体的专门性，强调的是法律监督的机关只能是检察机关而不是其他机关，这是宪法第129条的明确规定。根据宪法的规定，人民代表大会及其常务委员会有权对"一府两院"执行法律和工作的情况进行监督，实践中也称之为法律监督和工作监督。但是，宪法文本没有将人大及其常委会称为法律监督机关，因为人大及其常委会除了行使法律监督权之外，还行使立法权、任免权、重大事项决定权以及上述的工作监督等重要权力，即使是实施法律监督，人大及其常委会的法律监督也常常限于立法方面的监督以及执法方面的宏观监督，与检察机关的专门监督存在着重要区别。检察机关法律监督的专门性还表现在它具有法律规定的专门的监督手段。根据人民检察院组织法、刑事诉讼法、民事诉讼法和行政诉讼法等法律的规定，检察机关的监督手段主要包括对职务犯罪进行立案侦查、批准逮捕、提起公诉、对公安机关的立案侦查活动实施监督、对人民法院的判决、裁定提出抗诉等。这些手段是其他任何国家机关所不具有的，也是保障检察机关法律监督权的行使所必需的、专门的手段。

我国宪法文本中"法律"一词的出现频率是比较高的，在解释检察机关性质时，如何理解宪法第129条规定的"法律"的涵义是重要的宪法解释学上的命题。从第129条的规定看，人民检察院是对国家法律遵守和执行情况实施监督的机关。人民检察院行使检察职权的依据就是宪法和法律，这既包括实体上行使检察权的依据，也包括程序上行使检察权的依据。这里的"法律"只能解释为具有形式意义的法律，应严格限制其范围的随意扩大。说检察机关是"法律"的监督机关，不是说检察机关要去监督法律本身，而是说它的职权范围仅限于对法律的遵守和执行情况进行监督。

总体来看，宪法关于检察机关地位的定性是准确的，符合我国实际的，如果仅仅定位于国家公诉机关或司法监督机关，会使一部分重要的国家法律监督权失去权威和适当的承担者，导致国家权力运行的缺位和失衡。

（三）如何从宪法规范上理解检察机关独立行使职权

宪法第131条的规定确立了检察权由检察机关依法独立行使的地位，并对行政机关、社会团体和个人等几类社会主体不得干预检察机关依法独立行使职权作了列举。有的学者称之为"检察权独立原则"，有的则主张这是"司法独立原则"的一个构成部分。笔者认为，对检察机关依法独立行使检察权的问题，应明确规范所赋予的内涵，并根据检察机关整体功能与地位进行分析。从检察权的性质看，无论在大陆法系还是英美法系国家，它们的检察权与中国的检察权的构成是不一致的，更多地带有纯公诉意义上的色彩，因此通常被视为行政权的组成部分。而在我国，检察权的构成比较复杂，在宪法所确立的"一府两院"的体制之下，把检察权仅仅归结为一种行政权显然是不合时宜的；有人认为检察权具有行政权和司法权的双重属性，这种不确定性在理论和实践操作层面都会引发诸多难题。而目前占多数意见的观点认为检察权是广义的司法权的一种，狭义的司法权仅指法院的审判权。人民检察院和人民法院都是司法机关，这种提法在当前的出版物中大量出现。笔者认为，在权力划分理论上，一方面，我们有必要打破西方传统意义上对"三权"划分的固有认识，回归到我国的宪法文本中来，确立检察权不同于立法权、行政权和审判权的具有自身独立特性的法律监督权的基本理念。另一方面，由于世界各国普通法院存在的共性较多，应当认可司法权就是指法院的审判权这一国际上通行的惯例，把司法权划分为广义和狭义是不尽合理的，甚至在一定程度上造成了检察制度发展过程中的障碍与混乱。宪法文本上，审判权与检察权在我国应当是泾渭分明的两种国家权力。至于把检察机关也称为司法机关，在现实中约定俗成意义上也未尝不可，但在制度设计和学术研究意义上必须把检察院与法院乃至司法行政机关职权的称谓严格区分开来。基于此，检察权不能简单地混同于司法权，检察权独立原则不同于西方的司法权独立原则，也不同于审判权独立原则。

检察权行使的专属性主要指检察权职权主体身份是独立的，宪法条文所体现的主要是检察院的独立，即在国家权力的分工中，检察权只能由检察机关行使，其他任何机关不得行使；检察权不受行政机关的干预，更不受社会团体和个人干涉，此处的"个人的干涉"尤其指担负着重要职权的领导及其他具有社会影响的个人，以各种名义对检察机关办案过程的种种干预。从条文所蕴含的价值来看，笔者认为还应当包括一定范围和程度上的检察官的独立。检察官的独立，指检察官办理案件，仅依照法律规定自主地进行，不受其他外在因素的干扰而独立作出判断。最高人民检察院近年来在系统内部进行主诉

（主办）检察官的改革方式也是在这方面的有益尝试。深刻认识检察权独立原则的相对性对于检察机关坚持宪法原则具有重要的意义。主张检察机关应当绝对独立的种种观点无论从法理上还是实践上都脱离了中国的实际，是不可取的。

同时也要看到，由于存在着国家权力的分工，虽然宪法规定了各级人民检察院对各级人大及其常委会负责，但这并不表示人大及其常委会可以任意干预检察机关的办案过程。在具体案件的办理过程中，即使对国家权力机关来说，检察机关也具有一定的独立性。这是理解检察权独立原则的另一层重要含义。

（四）如何理解宪法第135条规定的公、检、法三机关之间的权力制约原则

宪法第135条确立了人民法院、人民检察院和公安机关办理刑事案件要"分工负责，互相配合，互相制约"的十二字原则，刑事诉讼法第7条对此也作了规定。对此，首先遇到的疑问就是，这一原则在宪法规范层面应当如何理解，是不是只适用于三机关办理刑事案件过程中？笔者认为我们的认识不能局限于此，应当作更广泛意义上的理解。尤其在涉及检察机关与人民法院之间的关系的时候。例如1991年民事诉讼法第14条规定"人民检察院有权对民事审判活动实行法律监督"。行政诉讼法第10条规定"人民检察院有权对行政诉讼实行监督"。这些都是对检察机关作为国家法律监督机关的宪法地位的落实。人民检察院与人民法院的关系在民事诉讼和行政诉讼中与刑事诉讼中大致相同，十二字的原则适用于民事诉讼和行政诉讼也有其合理性，具有合宪性基础。其次，既然宪法对三机关的关系作了要求，那么，这一原则在实际运行层面的状况又如何呢？从实际运行效果来看，宪法规定的十二字原则并没有落

到实处，存在的问题还很多。突出表现在两个方面：一是片面地强调配合，淡化了分工负责和相互制约。有些地方进行的公检法联合办案，出现的是权力混同情况，公权力共同指向打击犯罪、维护社会治安时，对公民个体权利的保护就会出现纰漏。二是不正常的冲突现象的存在，如在实践中出现的检警冲突、检法冲突等。造成这些冲突的原因是多方面的，有立法方面的疏漏，有检察机关本身的多重角色变化，还有各自部门利益和人员观念、素质及体制等方面的问题。

如何协调三机关之间的合理关系，促进宪法规范的真正落实？首要的是在认识上要回归到宪法规定和精神上来。虽然不同部门法研究此类问题时角度不同，但由于宪法上对三机关的关系已经作出了专门规定，此问题还是应当从宪法文本上寻找具有直接意义的依据。我们认为，宪法的主要价值就在于通过限制公权力的行使，保障公民基本权利的实现。而宪法第135条规定的核心意义也在于此，主要是为了通过建立公权力之间相互制约的机制，保护公民的基本权利。基于此，我们认为，要贯彻好十二字原则，协调好三机关之间的冲突，最重要的是以宪法关于公权力制约的精神为基础，构建以"制约"为核心的权力关系。具体可以归纳为以下三点：

1. "分工负责"是前提。只有各自职责明确，各个机关才能够在相对独立的环境中发挥各自的功能。检察院和法院以及行政机关的性质是由宪法所规定的，也是由宪法所保障的。如就检察机关而言，它的法律监督是有限度的，它要以尊重法院的宪法地位为前提，要尊重法院的独立性，同样，检察机关也不应直接介入公安机关的侦查活动。宪法之所以要设立法院、检察院和公安机关，其目的就在于发挥各自的功能，而不是要一个机关取代另一个机关，各个机关之间不得越位缺位，不得越俎代庖。在修改以前的刑事诉讼法中，法院和检察院的管辖范围、立案分工不够明确，存在着管辖范围交叉、职责不明的现象。当时的免于起诉制度实际上也使得检察院行使了部分刑事审判权，这是对审判权的分割和侵犯。实践中法院单方面限制检察院抗诉权或者法律监督权的范围的做法也是不妥的，这些都不符合宪法的规定和原则。总之，"分工负责"重在反映三种公权力行使的有限性。

2. "互相配合"是基础。三机关之间只有相互配合，而不是互设障碍故意刁难，才能实现国家权力运转的有效性。这种相互配合不是说检察院起诉什么，法院就判决什么，更不是一些人所认为的公、检、法三家流水作业，而主要体现在三机关之间在办案过程中针对一系列程序性问题的衔接。就检察机关而言，法律监督必须强调一种程序性，即不能对法院的实体性行为进行实体性监督，不能就法院审判中的问题作出实体决定，否则就会与"分工负责"和"相互制约"原则发生冲突。当然，一般而言，人民检察院的法律监督不仅仅是程序性监督，也包括实体性监督。在诉讼中，人民检察院对人民法院的监督则存在着严格的界限。人民检察院有权监督审判活动是否合法，但是其监督方式是程序性的，它不能作出实体决定，然后交由人民法院执行。有人认为，"相互配合"的原则扭曲了现代刑事诉讼结构下正当的检法关系，违背了审判中心主义，破坏了法院的司法权威。这种观点忽视了中国司法制度的背景。

3. "互相制约"是核心。"互相制约"是公、检、法三机关关系的核心，正确把握这一原则将有助于从根本上协调三者的关系。权力制约的原理中外是共通的，只是我国国家权力之间的制约是以人大制度为背景，以相互配合为基础的。为避免人们产生认识上的混淆，我们更多时候讲的是权力的分工。而在宪法中专门对公、检、法三机关的关系规定了"互相制约"，这有其特别重要意义，体现了对公民基本权利保障的宪法价值。要防止权力的滥用，为了确保审判权、检察权、侦查权行使规范和公正，权力的制约是必不可少的。这种制约是"互相"制约，即是双向制约关系而不是单向制约。如在刑事诉讼中，根据法律规定，对于被害人有证据证明被告人侵犯自己人身、财产权利的行为应当依法追究刑事责任，而公安机关或者检察院不予追究的案件，被害人可以直接向法院起诉。"相互制约"之所以成为核心问题，是由于没有这种制约，所谓的分工负责就失去了意义，相互配合也会严重变质，法律适用的公正性亦将无从保障。"制约"本身不是目的，而在于通过制约来保障法律适用的公正性，也就是最终体现保障公民权利的宪法价值，这也是宪法设置人民检察院的法律监督权的目的所在。近来被国内媒体热炒的佘祥林杀妻案和聂树斌强奸杀人案值得我们深刻反思。佘祥林案近日已被法院再审宣告无罪，聂树斌案近日也正在进行复查。我们在制度建设上应当如何防止此类现象的发生？并且能够及时发现，尽早纠正呢？从检察机关角度讲，在这两起案件中，应该行使的对行政机关的监督权存在严重缺位。强调相互制约的目的性有助于解决制约过程中所产生的矛盾，回到宪法来看问题是现代法治文明的必然要求。总之，"互相制约"重在强调三种公权力行使的目的性。分工负责、互相配合、互相制约的原则是一个完整体系，不能孤立地加以理解。既突出三机关各自职权的特性，又强调相互之间的合理协调与平衡，防止出现失序与混乱。

五、中国司法制度的宪法构造*

司法制度是我国的一项重要的宪法制度，在建设社会主义法治国家进程中发挥着保障作用。现行宪法在第三章中设有专门一节来规定司法制度[1]，即第七节"人民法院和人民检察院"。该节共 12 条，宪法其他章节还有 10 条直接提及人民法院（审判机关）和人民检察院（检察机关），即宪法关于司法制度的规定共有 22 条，约占整个宪法文本正文的 16%。这足以显示司法制度在宪法体制与运作过程中的重要性。自现行宪法颁布实施以来，先后进行了四次修改，形成了 31 条修正案，但涉及司法制度的内容却从未修改，这说明司法制度的宪法基础是相对稳定的，具有适应现实生活的能力。但不可否认的是，现行宪法关于司法制度的规定还有较大的拓展、完善与改革空间。在完善我国司法制度时，需要从国家权力体系的层面进一步明确司法制度的宪法基础和司法改革的宪法界限。

（一）司法机关的宪法地位

由于各国的宪政体制、政治制度、历史文化传统等因素的不同，各国司法制度的宪法基础呈现出多样性。在西方，不同

＊ 本部分内容刊载于《中国人民大学学报》2009 年第 6 期。

〔1〕 这里讲的"司法制度"主要包括人民法院的审判制度与人民检察院的检察制度。"司法"、"司法权"并不是中国宪法文本的直接表述。对于中国宪法文本中是否采用"司法"或"司法权"概念，1954 年宪法的制定过程中曾有过争论。1954 年宪法草案第 66 条规定："中华人民共和国的司法权由最高人民法院、地方各级人民法院和依法设立的专门法院行使。最高人民法院和地方各级人民法院的组织由法律规定。"当时争论的焦点是：是否需要把"司法"改为"审判"，"司法权"概念中的"权"字是否需要加？当时有些人担心加"权"字容易混淆法院与权力机关之间的界限，多数人倾向于用"审判机关"。最后通过的 1954 年宪法第 73 条规定："中华人民共和国最高人民法院、地方各级人民法院和专门人民法院行使审判权。"可见，在分析宪法与司法制度关系时，应注意司法在中国宪法上的特定语境与涵义，应从中国宪法文本出发准确地把握司法制度的宪政基础。具体争论情况参见韩大元：《1954 年宪法与新中国宪政》（第 2 版），武汉大学出版社 2008 年版，第 152～153 页。

国家司法制度之间的差异性是比较大的，但通常强调司法权与立法权、行政权的严格分立，强调法院行使审判权的独立性，国家权力相互之间的制约性十分突出。总体而言，法院在国家政治生活中居于举足轻重的地位，其对整个公共权力的调控作用明显。如法院在违宪审查制度中发挥的功能上，有的国家采取普通法院审查制，即由普通法院（通常是最高法院）行使违宪审查权；有的国家采取专门机构审查制，即由专设的宪法法院或宪法委员会行使违宪审查权。我国则实行最高权力机关审查制，即由国家权力机关行使违宪审查权，法院无权直接作出违宪的裁断。

司法机关的地位直接受宪法原则、宪法规范与宪法价值的约束。任何司法活动的宗旨都是为了实现宪法基本精神、限制公权力、维护公民的权利。现代宪法学上称之为"宪法的界限"。日本学者高桥和之教授把它区分为宪法的内在界限与外在界限。所谓内在界限，是指作为国家权力的司法权的行使不能超越宪法的内容，比如司法行为不能侵犯人权。所谓外在界限，是指司法权作为公权力，宪法上的所有原则、规范约束司法权，如司法机构原理的宪法界限、人权保障规定的界限等。[1]在我国宪法中司法机关的宪法地位主要表现在以下几个方面：

1. 宪法明确了人民法院和人民检察院属于宪法上的国家机关。换言之，人民法院和人民检察院是由宪法而非法律所设立的国家机关。因此，即便是全国人民代表大会及其常务委员会也不能通过法律等方式取消人民法院和人民检察院，也不能停止其行使职权，或者让其他机关代行其职权，使其名存实亡。

---

〔1〕　〔日〕高桥和之：《现代立宪主义的制度构想》，有斐阁2006年版，第464页。

2. 宪法明确了人民法院的地位。宪法第 123 条规定："中华人民共和国人民法院是国家的审判机关。"这一规定包含两个方面的含义：（1）人民法院是"国家"的审判机关。它表明人民法院行使的审判权代表了国家，是以国家的名义对各类纠纷进行裁决。我国采用单一制的国家结构形式，明显有别于实行联邦制的国家。人民法院是国家的法院，而非地方的法院，人民法院行使权力代表国家的意志，而非任何地方、团体或个人的意志。（2）人民法院是国家的"审判机关"。人民法院是专司审判职能的国家机关，这既表明了人民法院在国家权力配置中职能的专门性，是行使审判权的国家机关，而不是行使立法权的立法机关；同时也显示了人民法院行使权力的方式，它是通过审判活动，解决纠纷、保障人权、维护国家法制统一的机关，而不是通过其他方式行使权力。

3. 宪法明确了人民检察院的地位。宪法第 129 条规定，"中华人民共和国人民检察院是国家的法律监督机关。"对这一规定同样可以作以下两个方面的解读：（1）人民检察院是"国家"的法律监督机关。人民检察院代表国家行使权力，以国家的名义对法律的实施和遵守进行监督。这就使得检察机关的监督并不是面面俱到，事事监督，而应当以是否危害国家利益为标准，只有发生了危害国家利益的行为，检察机关才予以监督。（2）人民检察院是国家的"法律监督机关"。它表明检察权的本质属性就是法律监督权，人民检察院是专司法律监督职能的国家机关。人民检察院的监督是法律意义上的监督，而非所有问题的监督；它的监督是针对具体案件的监督，而非间接、宏观、抽象的监督。

（二）司法机关组织体系的宪法基础

在不同的宪法体制下，司法机关的组织机构也体现了不同的理论基础和组织原理。我国宪法对司法机关的组织体制亦作了基本规定，确立了"一府两院"的基本格局，确定了人民法院、人民检察院的类型、层级以及上下级之间的关系。"以宪法的形式规定司法权与行政权分立毕竟是中国法制发展史上的伟大变革，为司法权真正独立于行政权奠定了宪政基础。"[1]如宪法第 124 条第 1 款规定，"中华人民共和国设立最高人民法院、地方各级人民法院和军事法院等专门人民法院"；第 130条第 1 款规定，"中华人民共和国设立最高人民检察院、地方各级人民检察院和军事检察院等专门人民检察院"。宪法把我国的法院分成了普通法院和专门法院，把检察院也分成了一般检察院和专门检察院，并为设置新的专门法院、专门检察院留下了一定的空间。第 127 条明确规定了法院上下级之间的监督与被监督关系，即"最高人民法院是最高审判机关"，"最高人民法院监督地方各级人民法院和专门人民法院的审判工作，上级人民法院监督下级人民法院的审判工作"。第 132 条规定了检察院上下级之间的领导与被领导关系，即"最高人民检察院是最高检察机关"，"最高人民检察院领导地方各级人民检察院和专门人民检察院的工作，上级人民检察院领导下级人民检察院的工作"。

在司法机关的人员上，宪法规定了法院院长、检察院检察长的产生方式和罢免程序。第 62 条规定，全国人民代表大会选举最高人民法院院长、最高人民检察院检察长；第 63 条规定，全国人民代表大会有权罢免最高人民法院院长、最高人民检察院检察长。第 67 条规定，全国人民代表大会常务委员会

[1]　张文显：《人民法院司法改革的基本理论与实践进程》，载《法制与社会发展》2009 年第 3 期。

根据最高人民法院院长的提请，任免最高人民法院副院长、审判员、审判委员会委员和军事法院院长，根据最高人民检察院检察长的提请，任免最高人民检察院副检察长、检察员、检察委员会委员和军事检察院检察长，并且批准省、自治区、直辖市的人民检察院检察长的任免。第101条第2款规定，"县级以上的地方各级人民代表大会选举并且有权罢免本级人民法院院长和本级人民检察院检察长。选出或者罢免人民检察院检察长，须报上级人民检察院检察长提请该级人民代表大会常务委员会批准"。法院院长和检察院检察长的产生、罢免程序是有所不同的，这种不同来源于两者权力性质和领导体制的差异。

宪法还对最高人民法院院长、最高人民检察院检察长的任期作出限制规定，第124条第2款、第130条第2款分别规定，最高人民法院院长、最高人民检察院检察长每届任期同全国人民代表大会每届任期相同，连续任职不得超过两届。值得注意的是，这里规定的只是院长、检察长的任期，而不是法院、检察院或者法官、检察官的任期。法院、检察院作为审判权、检察权的行使机关是不变的，法官、检察官的身份也可以得到保障。宪法还对审判人员、检察人员的资格作了特殊的限制。第65条第4款规定，"全国人民代表大会常务委员会的组成人员不得担任国家行政机关、审判机关和检察机关的职务"；第103条第3款规定，"县级以上的地方各级人民代表大会常务委员会的组成人员不得担任国家行政机关、审判机关和检察机关的职务"。反过来说，担任审判机关和检察机关的职务者必须是非各级人民代表大会常务委员会的组成人员。这一规定的目的是使人大处于审判机关和检察机关的监督地位，保障权力监督的实效性。但这种限制仅限于常务委员会的组成人员，而不是人大代表，因为经常性的监督主体仅为常务委员会。当然，是否要扩大至所有人大代表，还是可以探讨的。

鉴于司法机关组织的重要性，宪法还特别规定了法律保留原则。第 124 条第 3 款规定，"人民法院的组织由法律规定"。第 130 条第 3 款规定，"人民检察院的组织由法律规定"。这里的"法律"应严格遵循形式意义的法律规则，突出了司法制度的国家性和宪法机关的性质。如此，行政法规、地方性法规、政府规章以及司法解释等规范性文件不得创制人民法院、人民检察院的人员、机构、设施等方面的规范。

（三）司法机关的人权保障功能

在法治社会，一直以来司法被视为人权保障的最主要的方式和有效的途径之一。在现代社会，人权一直居于一个国家的法律制度与法律精神的核心地位，法律的终极价值是保障与促进人权，而司法是社会正义的最后一道防线，是纠纷的最终解决机制，同时也是制约其他公权力的有效手段。人权保障制度的基本功能就是在公权力与个人自由之间划定一条界限。因此，从另一个角度看，人权保障就是制约国家权力。司法自诞生以来除了解决纠纷之外，还有一项重要的功能就是制约其他国家权力。我国实行的是人民代表大会制度，司法机关无权对人大立法指手画脚，但是，依然可以通过其他途径和方式建立对立法和行政的有效制约机制，最终达到人权保障的目的。

如政府行为侵犯人权的现象屡见不鲜，人民法院可以通过审查行政行为的合法性，实现对人权的保障。从这个意义上而言，行政诉讼的受案范围体现着司法制约行政的广度，而审查标准则反映着司法制约行政的深度。我国现行行政诉讼法规定的受案范围偏窄已经受到广泛的批评，如抽象行政行为完全被排除在诉讼受案范围之外；行政机关的内部行为也一律不受司法机关的审查；涉及政治、教育等领域的行政行为，是否应受审查也没有明确规定，但是司法实践已经逐步将受教育权的保护纳入受案范围，而涉及某些公民基本权利的案件依然无法进入司法审查范围等，这些都直接影响着司法机关审查行政行为的广度。

在刑事诉讼中，人权保障的问题更引人注目。罪刑法定、刑事诉讼程序的正当性、超期羁押问题，犯罪嫌疑人以及已决犯的基本权利保护问题，如人身权、辩护权、获得公正审判的权利、获得基本人道待遇的权利等，已经成为评价一个国家人权保护水平的重要标准之一。从某种意义上而言，对处于被羁押状态的人的权利保护往往是评价该国人权保障水平与文明程度的标志。从宪法学角度而言，深入研究死刑制度的宪法基础，完善死刑复核制度，建立符合宪政精神的死刑制度是值得我们认真研究的重大课题。在中国还不可能完全废除死刑的前提下，收回死刑复核权对于少杀慎杀、严格死刑复核程序、统一死刑判决标准等方面都具有积极的意义。

在民事诉讼中，法院在人权保障中同样可以有所作为。基本权利的第三人效力不仅是宪法学说的一个重要理论，而且在一些国家得到较为成功的实践。曾经引起巨大争议的"齐玉苓受教育权"案就涉及这一问题。在实践中，一些社会组织或者个人实际上行使具有国家权力性质的"社会权力"，他们对其他公民基本权利的侵犯达到了与"国家相同的状态和结果"，在这一问题上法院如何在民事诉讼中保障公民基本权利，值得认真研究和探索。

（四）司法机关内部的权力制约

司法机关作为行使审判权与检察权的机关，防止其权力的滥用是法治建设中需要解决的重大课题。如果司法机关行使的权力本身不能得到有效制约，就会出现侵犯人权、滥用权力的现象。因此，建立司法机关内部的权力制约机制是保证司法权的民主性与人民性的基本条件，这种制约包括外在制约与内在制约。外在制约主要表现在人大对司法机关的监督；而内在制约主要表现在司法机关内部不同权力之间的制约。

十一届三中全会后，随着刑法、刑事诉讼法的颁布，逐步形成了司法机关内部相互分工、相互配合与制约的司法制度。法院和检察院之间从单纯的"合作"发展为以"合作与制约并重"，凸显"制约"的新机制。特别是1996年修改刑事诉讼法以后，伴随着诉讼模式的转变，这种司法权之间的制约得到了进一步的加强。现行宪法第135条首次明确规定了法院和检察院之间的关系："人民法院、人民检察院和公安机关办理刑事案件，应当分工负责，互相配合，互相制约，以保证准确有效地执行法律。"分工负责、互相配合、互相制约的宪法原则体现了我国国家权力特别是法、检、公三机关之间关系的本质要求，应该成为协调检法关系的宪法原则。具体来说，可以从以下三个方面来加以理解。

1. 分工负责是前提，以保障各自权力的独立性。只有各自职责明确，才能够在相对独立的环境中发挥各自的功能。如前所述，检察院和法院的性质和地位都是由宪法所规定的，也是由宪法所保障的。否定检察院的宪法地位是不符合现行宪法体制的。但检察院也不能以履行法律监督职责为名来侵犯法院的审判权，换言之，法律监督是有限度的，它要以尊重法院的宪法地位为前提，而不能影响法院的独立性。审判权与检察权存在着各自不同的作用领域和方式，宪法之所以要设立法院和检察院，其目的在于发挥两个机关各自的独特功能，而不是以一个机关取代另一个机关，不得越位缺位，不得越俎代庖。

2. 互相配合是基础，以保障国家权力的有效性。只有相互配合而不是互设障碍故意刁难，才能实现国家权力运转的有效性，才能实现检察院的法律监督职责。这种相互配合不是说检察院起诉什么，法院就判决什么，更不是以前所认为的那样，"公检法三家流水作业"，而是主要体现在检察院在法院判决的基础上提起抗诉和审判监督等程序的衔接。在检法关系中，法律监督必须强调一种程序性，即不能对法院的实体性行为进行实体性监督，也不能就法院审判中的问题作出实体决定，否则就会与分工负责、相互制约原则发生冲突。

3. 相互制约是核心，以保障法律适用的公正性。"一切有权力的人都容易滥用权力，这是万古不易的一条经验。""从事物的性质来说，要防止滥用权力，就必须以权力约束权力。"[1] 权力制约的原理是共通的，只是我国国家权力之间的制约是以人民代表大会制度为背景，以相互配合为基础的而已。为了防止权力的滥用，为了确保审判权和检察权的公正行使，这种监督制约是必不可少的。这种制约是"互相"制约，也就是说是双向制约关系而不是单向制约，否则这只能是一个没有支点而严重失衡的跷跷板。检法之间相互制约是核心问题，没有这种制约，所谓的分工负责就失去了意义，相互配合也会严重变质，法律适用的公正性亦将无从保障。当然，制约本身不是目的，而在于通过检察权与审判权之间的制约来保障法律适用的公正性。解决权力冲突的关键在于正确理解宪法的精神，始终把公民权利保障的价值放在首位。强调相互制约有助于体现权力监督的宪法精神，建立以制约为核心的三机关的关系。

---

〔1〕〔法〕孟德斯鸠：《论法的精神》（上册），张雁深译，商务印书馆 1961 年版，第154 页。

当然，"分工负责、互相配合、互相制约"的宪法原则是一个完整体系，而不能孤立地理解。这一原则强调了法院和检察院各自的宪法地位，强调了各自的独立性，强调了法律监督权与审判权之间的合理协调和平衡。既不是因强调法律监督权而否定审判权的独立性，也不是强调审判权而否定法律监督权的实效性，力求在两者之间寻求一个合理平衡，努力保持两种权力的属性而又不失有效性。

（五）司法机关功能的界限

在我国，司法机关既发挥着司法功能，同时也履行着一定的政治功能，需要树立大局意识，积极主动为经济社会发展提供良好的司法服务。但司法的能动性是有条件的，必须遵循司法发展的内在规律。兹以法院功能为例说明这一问题。

司法能动主义与司法消极主义是在司法实践中发展出来的两种司法理念。司法能动主义要求法官基于职业知识，通过对具体案件的审理，以公正和保护人的尊严为己任，不拘泥于先例和成文法的字面含义进行创造性和补充性解释，以积极的态度回应当下的社会现实和社会演变的新趋势。与司法能动主义相对应的是司法消极主义，是指法官在寻求立法原意的基础上，尊重成文法和先例，在解释的过程中尽量保持对立法机关和行政机关的尊重，尽量减少自己信仰和偏好的注入，并试图通过各种方式对法官的自由裁量权进行必要的限制。两者各有特定的理念与存在的条件，司法能动性的发挥要充分考虑宪政体制、政治文化与司法传统等综合因素。

司法能动主义具有一定的优势，如可以填补立法的不足，维护社会秩序，有利于最大限度地实现个案正义。同时，司法能动主义可以推动法律对社会的适应，特别是在社会变革较为剧烈的时期，法官灵活适用法律，可以有效化解稳定的法律与急剧变动的社会现实的冲突。但也存在一定的局限性。在提倡能动司法或者灵活司法的同时，必须为这种司法划定一条严格的法律界限，否则能动的司法最终将吞噬宪法构建的权力分工原则，也会对民主本身的价值构成巨大威胁。

1. 宪法基本原则与精神是司法能动主义不能逾越的界限。法官在积极灵活地适用法律的过程中，无论是其司法解释、法律解释甚至是造法行为，都不能与宪法相抵触，也不能与宪法所确立的基本原则与精神相抵触，任何积极主动的司法活动都必须有利于宪法所保障的基本权利，有利于维护宪法所确立的基本宪政框架。

2. 维护法律的稳定性、确定性，是能动主义司法必须遵循的原则。特别是在具有成文法传统的中国，如果能动主义司法破坏了法的稳定性、确定性，那么也会造成对法治的破坏。因此，法律规范的可能含义就是能动主义法律解释中的边界。

3. 社会共同体的价值选择与合理需求也是能动主义司法必须考虑的问题。司法能动主义的目的就是要回应社会现实的需求，因此，社会现实的合理需求，以及社会共同的价值选择应当是司法能动主义必须遵循的原则，也是防止滑向司法专断和恣意的基本手段。

4. 严格遵循宪法规定的权力分工原则与程序。现行宪法对人民法院的性质与地位的规定与前几部宪法的细微区别耐人寻味。从字面含义来看，人民法院行使审判权的规定，并不排斥人民法院还承担其他职能的可能性，而现行宪法则采用"人民法院是……的机关"这种句式结构，旨在明确规定人民法院的国家审判机关属性。根据人民法院组织法第3条的规定，人民法院不仅是审判机关，而且还承担着重要的政治功能。因此，中国宪法语境下的人民法院并不仅仅是一个专门的审判机关，它不仅具有审判业务的职权，而且还承担着一定的政治功能。但作为审判机关，必须严格遵循审判权的界限，不能代行政府的职能，如不能提倡法院直接参与招商引资，也不能片面强调法院为"经济发展保驾护航"。一些地方法院为更好地服务大局进行一些探索是必要的，但在探索如何服务大局过程中，一定要防止出现地方保护主义。由于体制和机制等方面的原因，一些地方党委和政府负责人不顾国家发展的大局，追求不当的地方利益，对地方发展局部利益的判断往往被看作"大局"，客观上影响法院工作服务大局的实践。相对于党和国家的大局来说，实际上地方不存在特殊"大局"，不能把大局无限具体化，否则会造成"大局"的庸俗化。各级法院在服务大局过程中一定要立足于审判权的"国家性"，牢固树立法治思维，不能把地方各级法院理解为服务地方利益的"地方的法院"。

六、法律监督是宪法赋予检察机关的神圣职责*

今年是我国人民检察制度创立 80 周年。80 年来，在社会变迁中，人民检察制度不断发展，期间也经历过一些曲折。1978 年宪法恢复设立检察机关，1982 年宪法明确了检察机关作为国家法律监督机关的性质和地位，人民检察机关的宪法地位得到巩固和发展。

宪法是检察机关行使职权的权力来源和基本出发点。法律监督是宪法赋予检察机关的神圣使命，也是我国检察制度区别于西方国家检察制度的重要特点。始终坚持检察机关的宪法定位是完善具有中国特色社会主义检察制度的法律基础和政治基础，也是建设社会主义法治国家的客观要求。

---

* 本部分内容刊载于《检察日报》2011 年 11 月 7 日第 1 版。

（一）检察机关的宪法定位

宪法第 129 条规定："中华人民共和国人民检察院是国家的法律监督机关。"作为国家的法律监督机关，检察机关在性质上区别于权力机关、行政机关、审判机关和军事机关。正确理解"国家的法律监督机关"这一宪法定位，有助于我们准确认识检察机关的性质，发挥其功能。

检察机关是我国"一府两院"宪政体制下的一个独立分支。在人民代表大会制度之下，立法权、行政权、审判权、检察权、军事权共同构成国家权力体系，其中检察权有其独特内涵。作为宪法规定的"国家的法律监督机关"，检察机关是与行政机关、审判机关、军事机关并列的、独立的国家机关，不能简单地将检察机关定位于公诉机关，也不能理解为单纯的司法监督机关。法律监督是统一的整体，需要从宏观上准确把握法律监督运行的规律与特色，严格区分宪法定位与具体行使监督职权的界限，坚持法律监督的统一性，完善具体监督制度，不能割裂法律监督内涵的完整性。

基于宪法定位，检察机关代表国家行使法律监督的权力，具有鲜明的国家性。在我国，检察权是国家权力统一体系中不可缺少的组成部分，并不具有地方性权力的属性。检察机关行使权力代表了国家的意志，而非任何地方、团体或个人的意志。检察机关作为"国家的法律监督机关"，行使职权时应当忠实于宪法和法律，排除行政权的干预和影响、避免地方化倾向。宪法中规定地方各级人民检察院检察长由地方各级人大选举产生，地方各级人民检察院对产生它的权力机关负责，并不意味着地方各级检察机关具有地方性，它是通过宪法授权而形成的。检察权的国家性决定了检察机关行使职权应以宪法规定的法律监督为界限，不能超越宪法规定的界限与范围。

法律监督机关这一性质决定了检察机关专司法律监督职能。这一判断有两个基本前提：其一，检察机关是在权力机关之下与行政机关、审判机关和军事机关并列的法律监督机关；其二，检察机关不是全面监督法律实施的机关，也没有去"统揽法律监督权"——只有人民代表大会拥有这一权力——检察机关所拥有的法律监督的权力，是由权力机关授予并受权力机关监督的。在此前提下，宪法将法律监督的权力明确授予检察机关"专门"行使：一方面，监督主体只能是检察机关，具有专门性；另一方面，检察机关根据人民检察院组织法、刑事诉讼法、民事诉讼法和行政诉讼法等法律的规定，具有专门的监督手段。

（二）依照宪法履行法律监督机关的职责

宪法规定，检察机关是"法律"的监督机关，其目的是监督法律实施，维护国家法制的统一。国家法制统一包括宪法权威的维护和法律实施的监督，虽然检察机关不是专门的宪法监督机关，但在维护宪法权威、纠正违反宪法的行为方面担负着重要使命。只有宪法得到实施的时候，法律才能在全国得到统一的遵守和实施，宪法和法律才会有权威，才可以实现国家法制的统一。

为了履行法律监督的职能，应保证检察机关依照法律独立行使检察权。宪法第131条规定："人民检察院依照法律规定独立行使检察权，不受行政机关、社会团体和个人的干涉。"这一规定体现了检察权行使的专属性和独立性。检察机关应当避免受到各种对独立办案的干预。在人民代表大会制度之下，各级人民检察院对各级人大及其常委会负责。人大及其常委会有权监督检察机关，但监督的范围和方式应当符合宪法和法律的规定，监督权本身也要遵循法定界限，不能违反"依照法律规定独立行使检察权"的原则与界限。

检察机关的法律监督行为应符合宪法原则。宪法第 135 条确立了人民法院、人民检察院和公安机关办理刑事案件要"分工负责,互相配合,互相制约"的原则。该条规定的核心意义在于通过建立公权力之间相互制约的机制,保护公民的基本权利。对此,要以宪法关于公权力制约的精神为基础,构建以"制约"为核心的权力关系,以"分工负责"为前提,以"互相配合"为基础,以"相互制约"为核心。在价值理念上,效率服从于公平、配合服从于制约;在工作程序上,侦查服从于起诉、起诉服从于审判。需要注意的是,这一原则并非只适用于刑事案件之中,应当作更广泛意义上的理解,拓展其适用领域。

(三)社会主义法律体系形成后检察机关应加强法律监督

中国特色社会主义法律体系形成之后,社会主义法治国家建设面临新的挑战。形成法律体系只是基本解决了有法可依问题,有法必依、执法必严、违法必究的问题显得尤为重要,切实做到严格执法成为我国法治建设的一项更加重要的任务。人民群众对于法治理想的期待更多地体现在法律的有效实施及其社会效果上。作为专门的法律监督机关,检察机关更有责任强化法律实施方面的监督,保障法律实施的统一性和严肃性,发挥其促进有法必依、执法必严、违法必究方面不可替代的重要作用。

法律体系形成后,未来的重要任务是不断完善和发展这一法律体系。在宪法框架下,检察机关发挥其法律监督功能,有助于法律体系内部的统一。国家法制的统一最根本的是要统一于宪法,在宪法之下法律要统一,在法律之下行政法规、地方性法规、自治条例和单行条例以及政府和部门的规章也要统一。任何违反宪法和法律的规范性文件都是无效的。检察机关通过法律执行情况的监督，能够发现进而消除法律体系内部的矛盾和冲突，不断促进法律体系内部的健全和完善。

宪法是法律体系的核心。完善和发展法律体系，既要发挥宪法的统帅作用，又要切实树立和维护宪法的权威，促进宪法的实施。我国宪法规定，全国各族人民、一切国家机关和武装力量、各政党和各社会团体、各企业事业组织，都必须以宪法为根本的活动准则，并且负有维护宪法尊严、保证宪法实施的职责。检察机关有义务维护宪法尊严，通过法律监督的方式推进宪法实施，与各种违反宪法的行为进行斗争。以宪法为根据和指引，检察机关要严格依法办事，切实履行好自身职责，坚持社会主义法治基本原则，积极推进社会主义法治国家建设。

七、地方人大监督检察机关的合理界限 *

检察制度是我国司法制度的重要内容，涉及不同国家机关之间的相互关系。根据宪法规定与权力运行的一般规律，作为国家法律监督者的检察机关的权力也需要被监督，但人大及其常委会如何监督"监督者"一直是实践中的难题。2001 年 7月 27 日，河南省第九届人大常委会第二十三次会议通过了《关于进一步加强检察机关法律监督的决定》。截至 2010 年 12月中旬，河南、北京、四川、湖北、辽宁、上海、黑龙江、江西、山东、宁夏、山西、福建、浙江、广东、云南、西藏、陕西、甘肃、内蒙古、湖南等 20 个省级人大常委会出台了类似的《决议》或《决定》。这些规定拓展了人大监督方式，并且在某种意义上强化了人大监督的规范性。尽管不同地方的《决定》或《决议》在具体监督方式上存在着一定差异，但总体背

＊ 本部分内容刊载于《国家检察官学院学报》2011 年第 1 期。

景与理念是相同的，提出了地方人大监督和支持检察机关法律监督方面值得探讨的新课题。

（一）检察机关的国家属性

1. 宪法上的"国家的法律监督机关"。1954 年宪法并未对检察机关的属性作出明确界定，直到 1982 年宪法才有了明确的表述。现行宪法第 129 条规定："中华人民共和国人民检察院是国家的法律监督机关。"检察机关的"国家性"表明了它是代表国家，并以国家的名义对法律的实施和遵守进行监督的。[1] 我国是单一制国家，采取明显有别于联邦制国家的分权形式，各级人民检察院都是国家的检察院，而非地方的检察院，检察机关行使权力代表了国家的意志，而非任何地方、团体或个人的意志。虽然宪法中规定了地方各级人民检察院检察长由地方各级人大选举产生，地方各级人民检察院对产生它的国家权力机关负责，但这并不意味着检察院行使职权就代表了地方的利益或意志，法律监督权更不能理解为地方固有的权力，它是国家权力统一体系的组成部分，履行着维护国家法制统一的基本职责。从宪法解释学角度看，在宪法文本中，法律监督机关前面加"的"字，可以理解是为了突出强调检察机关的国家属性。在宪法上，地方人民检察院向地方人大及其常委会负责，可以解释为制宪者或者修宪者通过宪法将组织地方各级人民检察院的权力委托给了地方各级人大具体行使，是宪法委托的产物。

---

〔1〕 我国宪法文本中的"国家"主要在三个意义上使用：（1）在整个统一的政治实体意义上使用的"国家"。"国家"一词最常见的用法就是表示整个统一的政治实体。（2）在与社会相对的意义上使用的"国家"。（3）在与地方相对的意义上使用的"国家"，往往是在与地方有关的场所使用，这时其涵义即是指中央。参见王贵松：《法院：地方的还是国家的？——由洛阳种子违法审查案看法院的宪法地位》，载韩大元主编：《中国宪法事例研究（一）》，法律出版社 2005 年版，第 285 页。

另外，检察机关的国家性还体现在检察机关行使职权应以是否损害国家利益为标准，只有发生了危害国家利益的行为，检察机关才予以监督。实践中，有些人只看到检察长、副检察长"由地方人大选举产生"的一面，并由此认为地方各级人民检察院具有"地方性"，而忽略了其国家性的有效维护和体现，甚至有些地方出现了因行政干预导致的地方保护主义等现象。在司法实践中，检察权的行使受到行政权干预比较严重，存在着比较普遍的地方化倾向。因此，以宪法为基础，正确认识检察机关的国家属性是分析《决定》或《决议》性质与功能的基本前提。

2. 检察机关国家属性的保障机制。确立检察机关的国家属性是中国特色社会主义宪政体制的基本要求，需要通过不同的机制予以保障。1978 年宪法第 43 条第 2 款规定："最高人民检察院监督地方各级人民检察院和专门人民检察院的检察工作，上级人民检察院监督下级人民检察院的检察工作。"但是，1979 年全国人大修改宪法，同时对 1954 年制定的人民检察院组织法作出较大的修改。对其修改的背景，彭真同志曾作了如下说明：第一，确定检察院的性质是国家的法律监督机关。列宁在十月革命后，曾坚持检察机关的职权是维护国家法制的统一。我们的检察院组织法运用列宁这一指导思想，结合我们的情况，规定：（1）检察院"独立行使检察权，不受其他行政机关、团体和个人的干涉"。（2）地方各级人民检察院检察长由地方各级人民代表大会选举产生，并报上级人民检察院检察长提请该级人民代表大会常务委员会批准。省、自治区、直辖市的人民检察院检察长、副检察长、检察委员会委员，在本级人民代表大会或它的常务委员会选举产生或任命以后，都要报经最高人民检察院检察长提请全国人民代表大会常务委员会批准。（3）各级人民检察院都设立检察委员会，实行民主集中制，讨论决定重大案件和其他重大问题。第二，把检察院上下级关系由原来的监督关系改为领导关系，地方各级人民检察院对同级人民代表大会和它的常务委员会负责并报告工作，同时受上级人民检察院领导，以保证检察院对全国实行统一的法律监督[1]

1983 年局部修改人民检察院组织法时，虽然只修改了四个条文，却有两条直接涉及检察长任免程序的变革，分别将"省、自治区、直辖市人民检察院检察长、副检察长和检察委员会委员的任免，须报最高人民检察院检察长提请全国人民代表大会常务委员会批准"修改为"省、自治区、直辖市人民检察院检察长的任免，须报最高人民检察院检察长提请全国人民代表大会常务委员会批准。"将"自治州、省辖市、县、市、市辖区人民检察院检察长、副检察长和检察委员会委员的任免，须报省、自治区、直辖市人民检察院检察长提请本级人民代表大会常务委员会批准"修改为"自治州、省辖市、县、市、市辖区人民检察院检察长的任免，须报上一级人民检察院检察长提请该级人民代表大会常务委员会批准。"[2]

上述修改背景均表明，立法者在修改相关法律时，力图使检察机关摆脱地方的不当干预，确保检察权功能的充分发挥。上一级人大常委会的批准检察长人选就是其在人事上的重要保障措施。

---

〔1〕 彭真：《关于七个法律草案的说明——一九七九年六月二十六日在第五届全国人民代表大会第二次会议上》，载《人民日报》1979 年 7 月 1 日第 1 版。

〔2〕 在检察机关国家属性的问题中，研究检察长、副检察长和检察委员会委员的任免程序的变迁是值得认真思考的理论问题。目前的任免程序是为了适应不同时期的需要而形成的，具有阶段性的特点。

（二）地方人大监督检察机关的规范依据与形式

1949 年，根据《最高人民检察署试行组织条例》，全国各级检察署只受最高人民检察署和上级检察署的指挥，其工作不受地方国家机关的干涉。但由于当时地方各级人民检察机关尚未普遍建立，事实上难以试行垂直领导。故 1951 年通过的《各级地方人民检察署组织通则》改变为双重领导，即地方各级人民检察署既受上级人民检察署的领导，又受同级人民政府委员会的领导。[1] 根据 1954 年宪法，我国检察机关改为垂直领导体制，地方检察机关的工作不受地方的干预，地方检察机关的人选也不由地方人大决定，地方检察机关也无须向地方人大负责。1954 年宪法第 81 条第 2 款规定："地方各级人民检察院和专门人民检察院在上级人民检察院的领导下，并且一律在最高人民检察院的统一领导下，进行工作。"

1978 年五届人大一次会议在重新设置检察机关的同时，改1954 年宪法所规定的"垂直领导体制"为"监督关系"。1978年宪法第 43 条第 2 款规定："最高人民检察院监督地方各级人民检察院和专门人民检察院的检察工作，上级人民检察院监督下级人民检察院的检察工作。"这种新的体制虽然"强调了地方领导的原则，但由于检察机关之间没有领导关系，因为不利于地方各级检察机关开展工作，有碍于依法独立行使检察权和维护国家法制的统一"[2]。因此 1979 年修改宪法时，将检察机关的体制改为既接受上级机关的领导，又接受同级人大的监督。1979 年宪法修改确定的检察机关领导体制为 1982 年宪法所确认。1982 年宪法第 133 条规定："最高人民检察院对全国

---

〔1〕　参见许崇德：《中华人民共和国宪法史》，福建人民出版社 2003 年版，第 840 页。

〔2〕　参见许崇德主编：《中国宪法》（第 4 版），中国人民大学出版社 2010 年版，第 251页。

人民代表大会和全国人民代表大会常务委员会负责。地方各级人民检察院对产生它的国家权力机关和上级人民检察院负责。"1983 年，六届全国人大常委会修改人民检察院组织法，规定除各级检察长的任免须由上一级检察长提请同级人大常委会批准外，其他检察人员的任免均由本级人大常委会决定，不再上报批准。这一决定权也包含着对被提名的检察人员之前工作的一定监督。

1. 地方人大监督检察机关的全面确立。1954 年宪法在规定法院对同级人大负责并报告工作的同时，却没有规定检察院向同级人大负责并报告工作。但检察院向人大负责并报告工作是为 1954 年宪法所肯定的，只是根据当时的检察体制而没有规定所有检察院均向同级人大负责并报告工作。该宪法第 84 条规定："最高人民检察院对全国人民代表大会负责并报告工作；在全国人民代表大会闭会期间，对全国人民代表大会常务委员会负责并报告工作。"

1978 年宪法第 43 条第 3 款规定："最高人民检察院对全国人民代表大会和全国人民代表大会常务委员会负责并报告工作。地方各级人民检察院对本级人民代表大会负责并报告工作。"1979 年人民检察院组织法对此作了修改，其第 10 条第 1 款规定："最高人民检察院对全国人民代表大会和全国人民代表大会常务委员会负责并报告工作。地方各级人民检察院对本级人民代表大会和本级人民代表大会常务委员会负责并报告工作。"这就表明我国实行的是人民代表大会制度，而不是西方的三权分立。检察机关由人民代表大会产生，并对它负责，受它监督。

2. 地方人大监督检察机关的基本方式。依据宪法及有关法律的规定，人大对检察机关的监督主要有以下几种形式：（1）听取工作报告，这是各级人大监督检察机关的主要方式。但是现行宪法第 133 条只是规定最高人民检察院对全国人大及其常委会负责，地方各级人民检察院对产生它的国家权力机关负责，而没有具体规定报告工作制度。听取工作报告的合法性源于各级人民代表大会常务委员会监督法、人民检察院组织法、地方各级人民代表大会和地方各级人民政府组织法等法律。必要时，人大可就检察机关的工作报告作出决议。[1]（2）询问和质询。地方各级人民代表大会举行会议的时候，代表10人以上联名可以书面提出对本级人民检察院的质询案。在常务委员会会议期间，省、自治区、直辖市、自治州、设区的市的人民代表大会常务委员会组成人员5人以上联名，县级的人民代表大会常务委员会组成人员3人以上联名，可以向常务委员会书面提出对本级人民检察院的质询案。各级人大常委会审议议案和有关报告时，检察院应当派有关负责人到会，听取意见，回答询问。（3）人事监督。检察机关的主要组成人员均由人大或者人大常委会选举或任免。（4）各级人大及其常委会还可以组织关于特定问题的调查委员会，这是一种特殊的监督方式。除了上述宪法与法律明确规定的监督方式之外，各级人大在实践中还不断探索新的监督方式。

（三）地方人大监督检察机关的界限

1. 人大监督检察机关的一般界限。主要表现为：

（1）监督的集体性。人大的监督权属于集体性权力，它不

---

〔1〕　各级人民代表大会常务委员会监督法第14条规定："常务委员会组成人员对专项工作报告的审议意见交由本级人民政府、人民法院或者人民检察院研究处理。人民政府、人民法院或者人民检察院应当将研究处理情况由其办事机构送本级人民代表大会有关专门委员会或者常务委员会有关工作机构征求意见后，向常务委员会提出书面报告。常务委员会认为必要时，可以对专项工作报告作出决议；本级人民政府、人民法院或者人民检察院应当在决议规定的期限内，将执行决议的情况向常务委员会报告。常务委员会听取的专项工作报告及审议意见，人民政府、人民法院或者人民检察院对审议意见研究处理情况或者执行决议情况的报告，向本级人民代表大会代表通报并向社会公布。"

同于政府首长的权力，也不同于人大代表的权利。也就是说，人大是集体行使职权。不管是人大常委会主任、副主任，还是委员，都是一人一票一权，按多数人的意见作出决定。应当避免将人大监督变成个人监督，避免人大领导审批案件或代表、委员以个人身份影响案件。各级人民代表大会常务委员会监督法第 4 条明确规定："各级人民代表大会常务委员会按照民主集中制的原则，集体行使监督职权。"

（2）监督的谦抑性。宪法第 135 条规定："人民法院、人民检察院和公安机关办理刑事案件，应当分工负责，互相配合，互相制约，以保证准确有效地执行法律。"宪法已经设计一套制约检察权行使的机制，人大首先要尊重宪法规定的权限分工，监督检察机关要在法院、检察院、公安机关相互制约关系中确实发挥作用，而不是时不时地就走到第一线，否则就会破坏既有机制功能的有效发挥，也会破坏不同机关权限分工的界限。

个案监督是在司法腐败较为严重的背景下，为回应社会需求而实行过的一种过渡性制度安排。评价这一制度需要从两方面考察：一方面是其合法性，是否符合宪法与法律的规定；另一方面是正当性，是否有效地解决了司法腐败的问题，符合设立这一制度的目的。宪法尽管规定人大及其常委会有权监督检察机关，但是这并不能成为个案监督的宪法依据。因为个案监督不同于一般监督，它有可能对现有的权力配置关系产生负面影响，不利于检察机关独立行使检察权。因此，对于这样一种权力，必须有明确的规定才具有合法性，不能任意采取扩大解释的方法，将这一权力从宪法文本中解释出来。全国人大常委会《关于加强法律实施情况检查监督的若干规定》第 10 条也明确规定，在对违法案件进行调查的时候，"常委会不直接处理具体案件，具体案件应由法律实施主管机关严格依照法律程序办理"。可见，从合法性角度而言，个案监督的方式是存在问题的。其次，从实践效果来看，个案监督效果并不理想。调查研究表明，个案监督制度并非普通民众通常的救济制度。实际运作中，人大直接进行个案监督的数量并不多，更普遍的是将申诉上访的案件转交检察机关、审判机关办理。本以回应社会需求、解决司法腐败为目的的个案监督制度在运行中并不能达到这一目的。总之，个案监督尽管在地方人大建设方面曾经发挥过一定的积极作用，但是在合法性与实际效用方面仍存在一定的问题。

2. 地方人大监督检察机关的特别界限。除了人大监督检察机关的一般界限，我们还要注意地方人大监督检察机关的特别界限。

目前已经出台的省级人大常委会《决议》或《决定》都规定了加强人民检察院法律监督的具体措施和形式，试图在人大对检察机关工作的支持与监督之间寻求合理的平衡，但作为地方人大的常委会，如何对"监督者"进行合理监督仍存在不明确的内容或者问题，也存在一定的"灰色"地带。如前所述，地方人大常委会监督的对象是具有鲜明国家属性的检察机关，它与地方人大对政府、人民法院的监督是有所不同的，特别是与对政府的监督具有不同的性质。地方人大是面向其所在行政区域人民的，是向其所在行政区域人民负责、受其监督的。地方政府是地方人大的执行机关，对地方人大负责，并受其监督。地方政府虽然负有执行国家法律的义务，但除此之外更负有发展地方经济、促进地方公益发展的使命，而这些均受地方人大的监督。换言之，地方人大对地方政府的监督可以是合法性监督，也可以是合目的性监督。地方政府对地方人大具有从属性、执行性。

但是，检察机关的性质却与地方政府有很大区别。检察机关虽然由地方人大选举产生，对地方人大负责并受其监督，但检察机关具有国家属性，这是地方人大要充分尊重的。虽然《决定》是省级人大常委会针对地方各级人民检察院诉讼活动而作出的，但必须明确的是，各级人民检察院不是某省某市的检察院，而是国家的检察院，具有鲜明的"国家性"。作为一种独立的国家权力形态，检察机关的活动与整个国家活动有着直接的密切关系，是国家权力运行机制的重要组成部分。因此，地方人大常委会针对地方人民检察院工作所作出的《决议》或《决定》必须符合国家宪法和法律，不能改变法律规定的基本体制。但实践中，一些地方人大的监督存在一些与法律规定相矛盾的现象，如有些地方人大常委会制定的《决定》或《决议》中直接"抄袭"宪法文本或法律文本的规定；有些地方人大直接规定人民法院、人民检察院与政府相互之间的关系，这些规定实际上超越了地方人大常委会的法定职责，不利于维护国家法制的统一。

另外，从检察机关的职能来看，地方人大仅可对检察机关进行合法性监督，而不能进行合目的性监督。按照宪法第129条的规定，检察机关是国家的法律监督机关。人民检察院是对国家法律遵守和执行情况实施监督的机关。宪法第131条规定："人民检察院依照法律规定独立行使检察权，不受行政机关、社会团体和个人的干涉。"这一规定表明，人民检察院行使检察职权的依据就是法律，这既包括实体上行使检察权的依据，也包括程序上行使检察权的依据。宪法的这两条规定说明，检察机关的职权在于依照法律的规定对法律的遵守和执行情况进行监督。检察机关在法律监督之外，并没有其他的职能，不能承担大量的"非检察业务"，也不能片面地要求检察机关"为地方经济发展保驾护航"。地方人大对检察机关的监督应当仅限于检察机关的法律监督行为是否合乎法律规定，即合法性监督。

值得注意的是，1954 年宪法第 83 条曾规定："地方各级人民检察院独立行使职权，不受地方国家机关的干涉。"地方国家机关就包括地方各级人民代表大会。这一规定让检察机关不受地方人大的干涉，确保了检察机关能够独立行使检察权，摆脱地方国家机关的束缚，有效地保障国家法制的统一。但这一规定并未为之后的宪法和法律所承继。之所以未能承继，很大程度上可归因于全国人大及其常委会对全部检察机关进行任免监督的困难性与民主程序的不确定性。

人大监督与法律监督存在着明显的分野。在建国之初两种监督形式曾一度有交叉重叠，但是随着法治建设的发展，二者的界限日益清晰。人大监督是人民代表大会制度原理的具体体现，是代议制逻辑下实现人民主权的一种保障形式。而检察机关的法律监督，则是在另一层次的权力配置过程中，为维护国家法制统一、制约其他权力的一种制度设置。它们在性质、原理、程序、效力等方面都存在明显差异。相对于人大监督而言，检察机关的法律监督是一种专门监督。在舆论监督、群众监督、行政监督、审计监督、党的监督等各种监督形式多样化的背景下，检察机关的法律监督需要彰显其专门性才能加强其正当性与合理性。这种专门性一方面表现为监督主体的特定性，即只有检察机关才是宪法规定的法律监督主体，也只有检察机关才能进行法律监督。即使是人大监督，宪法也没有明确其法律监督主体的地位。另一方面，法律监督具有专门性的监督手段与程序。人民检察院组织法、刑事诉讼法、行政诉讼法、民事诉讼法等法律具体规定了检察院法律监督的职权。根据这些规定，检察机关的监督手段具有鲜明的专业性，如对职务犯罪进行立案侦查、批准逮捕、提起公诉、对人民法院的裁判予以抗诉等，其中一些职权行使方式甚至具有司法性质。

相对于其他被监督者而言，人大对检察机关的监督更为特殊，监督者与被监督者的身份有所重叠，检察机关本身即是监督者，而且是专门的法律监督者。[1] 作为一个专业化的群体，检察官分享着共同的知识与理念，并且在一定程度上建立了专业化的知识壁垒，这种知识壁垒具有排他性。从某种角度而言，专业化意味着自治与独立。检察机关的专业知识恰恰在于法律监督，并且这种监督需要严格的规范性与程序性。一个以规范与程序为基本信念的职业群体，倘若以非规范化与非程序化的方式进行监督，其效果可想而知。唯有增强人大监督的规范性与程序化，才能提高监督的实效性。所以，通过立法这种更为规范的方式支持与监督检察机关履行对诉讼活动的监督权，更具有实效性。因此，省级人大常委会制定有关监督的《决议》或《决定》，试图改变传统的监督模式（尤其是个案监督的方式）是必要的，但也需要遵循法治发展的内在规律，明确其功能的界限。

（四）余论

目前的关于进一步加强检察机关法律监督的《决定》或《决议》是由各省人大常委会所通过的，其目的性具有合理性。

---

〔1〕 在现行宪法文本中，"法律监督"一词仅仅出现一次，即第129条规定检察院的性质是"国家的法律监督机关"，"监督"一词（含"法律监督"1次）则出现17次之多。在有关人大及其常委会职权的规定中，宪法都是使用"监督"而避免使用"法律监督"。由此推断，从宪法原意来看，宪法制定者有意将法律监督权明确授予检察机关，并与其他监督权予以区别。

虽然有些规定并没有创造多少新的监督机制——因为宪法、各级人民代表大会常务委员会监督法、地方各级人民代表大会和地方各级人民政府组织法等均有相关规定，更多的是对现有机制的归纳、总结和强调，但由人大及其常委会来主导这一过程却有其民主性和正当性。检察制度改革不仅涉及检察系统内部的制度安排，而且关系检察权与其他权力之间的关系，如检法关系、检警关系、检察机关与人大的关系等。而这些关系的调整与规范，单单依靠检察机关单兵突进的方式显然不可能完成，而且，也超越了检察机关的权限范围。短期内，由检察机关对其专业领域进行改革，可能会取得明显成效。但是检察改革欲深入推进，取得整体性的效应，非仰赖权力机关不可，也只有人大才有权力、有权威推进宪法层面的检察改革。从各省人大常委会的监督《决议》或《决定》中可以看到，不少内容涉及检察机关与其他机关的关系。针对检察机关开展诉讼活动法律监督的直接监督对象，即侦查机关、审判机关、刑罚执行和监管机关、司法行政机关，《决议》、《决定》要求被监督者依法自觉接受并积极配合检察机关开展法律监督工作[1]这些内容无疑必须由人大进行调整，这也是各省人大常委会监督《决议》或《决定》的另一启示。当然，实行人大主导，加强人大监督职能的发挥，仍然要尊重检察权的专有属性，遵循国家权力运行的一般规律。

---

〔1〕　北京市《关于加强人民检察院对诉讼活动的法律监督工作的决议》还提出，各单位监察部门应当与检察院加强信息沟通的工作配合，积极查办和预防违纪违法行为。上海市《关于加强人民检察院法律监督工作的决议》要求被监督者支持、配合检察机关对法律监督工作的探索实践。江西省《关于加强检察机关对诉讼活动的法律监督工作的决议》规定，拒绝接受检察机关依法实施的法律监督，造成严重后果的，应当依法依纪追究直接责任人和直接负责的主管人员的相应责任。参见《13 个省级人大出台决议决定　助推法律监督》，载《检察日报》2010 年 8 月 2 日。

八、加强法律监督能力建设与宪法学的关系 *

党的十六届四中全会提出了加强党的执政能力建设，全国政法工作会议又提出了政法机关要加强执法能力建设的任务。根据这一精神，最高人民检察院提出"加强法律监督能力建设"的战略任务与发展思路联系检察机关"强化法律监督，维护公平正义"的工作主题，笔者认为"加强法律监督能力建设"的提法正是对这一主题的进一步深化和落实。在理解法律监督能力时，需要对法律监督能力的理念、核心价值与基本出发点等基本问题进行理论的分析，建立基本范畴与体系，不要把它理解为一种运动式的口号或者权宜之计。检察机关法律监督能力的核心和基本出发点是"正确履行宪法和法律赋予的各项职责，维护法律统一正确实施的本领"。这一命题的基本内涵有两点：一是把重心放在了检察机关自身，突出了从内部挖掘潜力，提高法律监督的本领；二是强调了宪法在法律监督能力建设中的重要作用，表明检察机关的法律监督权力是"宪法和法律赋予的"，而检察机关实施法律监督的基本目的在于"维护法律的统一正确实施"，此处的"法律"应当包括宪法。下面，笔者主要从促进宪法实施的角度，分三点谈谈加强法律监督能力建设与宪法的关系。

（一）宪法是加强法律监督能力的出发点和落脚点

宪法确立了检察机关是国家的法律监督机关的宪法地位，并规定了"人民检察院依照法律规定独立行使检察权，不受行政机关、社会团体和个人的干涉"。笔者认为法律监督能力建设，就是指检察机关如何运用好检察权，更好地强化国家法律监督机关的地位，实现宪法的指导思想与原则。检察权作为国

---

* 本部分内容刊载于《人民检察》2005 年第 4 期。

家权力配置的一个重要组成部分，它的来源和行使的目的是讨论提高法律监督能力时必须认真审视和认清的问题。

我们讲宪法是加强法律监督能力的出发点，就是指检察权首先源自于宪法，是人民作为制宪者通过宪法和法律的形式赋予检察机关行使的。在人民代表大会制度下，检察权是与行政权、审判权、军事权相平行的独立的国家权力，它们共同由宪法所创设，同时又共同接受最高国家权力机关的监督。强调这一点的意义在于，在加强法律监督能力建设的过程中，检察机关的各项改革措施和制度设计都必须严格以宪法为依据，检察权的行使不能偏离宪法规定的原则和精神。我们讲宪法是加强法律监督能力的落脚点，就是指行使检察权的直接目的是促进宪法的实施，以实现宪法所蕴含的人权保障的核心价值。一个国家法制的统一首先取决于宪法的权威与尊严。在宪法得到有效实施的条件下才可能存在法制统一的基础。在实际工作中，检察机关通过行使对职务犯罪的侦查权、公诉权、诉讼监督权和执行监督权等具体权力，对其他机关行使的公权力进行制约，对特定公民的权利依法予以限制，其最终目的还是要保护公民的基本权利，法律监督能力就是在这个过程中体现出来的。特别是在处理打击犯罪和保障人权的关系时，笔者认为，应从宪法价值角度强调人权保障的意义，使两者能够和谐统一。检察权的行使归根到底是要促进公民宪法基本权利的保障和实现。

（二）宪法是衡量法律监督能力的基本标准

任何公权力的行使都是有界限的，法律监督能力的发挥同样要遵循必要的程序与标准。检察权的行使必须具有合宪性，同时要有合法性。因此，宪法应当成为衡量检察机关法律监督能力高低优劣的基本标准。贾春旺检察长概括的五种法律监督能力，实际上与宪法实施的过程和效果有着密切的关系。

如履行检察职能，打击预防刑事犯罪，维护社会稳定时，我们需要强化人权保障观念。社会治安秩序构成宪法秩序的一部分，检察机关作为法律监督机关，在承担打击预防犯罪任务的过程中，是否对刑事被告人、犯罪嫌疑人的基本权利给予保障应当成为考察其法律监督能力的重要考虑因素。

检察机关依法打击职务犯罪，促进廉政建设，直接体现宪法的权力制约价值。同时，对特定公民的宪法基本权利的保障程度也是法律监督能力的评判标准。

正确处理群众诉求，化解矛盾纠纷，促进社会和谐的能力与公民基本权利的实现有着密切的关系。宪法规定了一切国家机关和国家工作人员必须经常保持同人民的密切联系，倾听人民的意见和建议等，这是宪法民主原则和价值的反映。同时，宪法规定了公民享有广泛意义上的监督权（批评、建议、控告、申诉等）和请求权，检察机关能否发挥自身能动性，积极采取措施促进上述权利的实现，是其法律监督能力的直接体现。

宪法规定了人民法院、人民检察院和公安机关办理刑事案件，应当分工负责，互相配合，互相制约。不仅如此，检察机关对其他公权力机关也要强化监督，以促进其严格、准确地执行法律。在体现这种能力时宪法规定的检察机关行使职权的独立性原则往往会经受严峻的考验。同时，如何协调好与人民法院独立行使审判权原则的关系，也往往成为体现这种法律监督能力的焦点。解决权力冲突的关键在于如何认识、理解宪法的精神，始终把公民权利保障的价值放在首位。

强化自身监督和制约，强化严格、公正、文明执法的能力，这是宪法的法治原则对检察机关提出的必然要求，也是实现人权保障价值必须着力改进的环节。笔者认为，这是直接影响和决定上述能力运行效果的最关键的能力。

（三）强化人权保障的宪法理念是提高法律监督能力的核心

在执法过程中，检察机关工作人员应当牢固树立人权保障的宪法理念，真正做到"权为民所用，情为民所系，利为民所谋"。随着我国法治建设的发展，"国家尊重和保障人权"已经被写入宪法，人权保障的宪法理念理所应当成为检察机关工作人员宪法意识的最为重要的组成部分。检察机关法律监督能力的提高，关键在于转变执法观念，人权保障宪法理念的培养与强化是重中之重。

强化人权保障的宪法理念，就是要强调对作为少数群体的犯罪嫌疑人、被告人、服刑人员的人身自由、人格尊严等宪法基本权利的保障。这是提高法律监督能力的核心价值之一，因为检察机关执法的结果除表现为对一般公民的基本权利的普遍性保障外，上述少数群体的基本权利是最容易受到侵害的，也是最需要给予关注的。当然，对于同样作为少数群体的刑事案件受害人的基本权利也不容忽视。

强化人权保障的宪法理念，就是要使检察机关工作人员在平时的工作当中，学会用宪法的视角分析问题，用人权保障的价值约束自己的言行，在办案中体现出以人为本。对公民的基本权利的尊重，就是要注重业务学习和制度创新，使检察机关有能力以娴熟的法律技能应对复杂的案件，以改革的精神体现宪法所追求的价值。近年来，检察机关在处理超期羁押问题、创设人民监督员制度等方面成效明显，这些都是落实宪法规定，尊重和保障人权的具体体现。

最后，笔者认为有必要强调一下检察机关在保障宪法实施和促进法律的统一实施方面的独特作用。检察机关是法定的行使法律监督权的机关，维护法律的统一、保障宪法实施是其当然的职责。众所周知，我国的一些法规、规章等规范性文件不同程度存在着与宪法、法律相冲突之处。立法法规定了最高人民检察院的违宪违法审查要求权、法律解释要求权、法律案提出权。这一权力的有效行使，对于及时解决法律与法规之间的冲突，维护国家法制的统一，完善我国违宪审查制度将起到重要的作用。检察机关的工作特性使其比较容易发现规范性文件是否违宪或违法，是否侵害了公民的基本权利。因此，如何进一步发挥检察机关在宪法实施过程中的重要作用是提高法律监督能力建设的重要课题，客观上存在着发挥其功能的制度空间与资源。这一点也应当成为今后检察机关加强自身法律监督能力建设的重要方面。

九、论中国陪审制度的宪法基础*
——以合宪论和违宪论的争论为中心

陪审制度是国家审判机关吸收普通民众参与司法活动的制度设计，也是实现司法民主的基本形式之一。人民陪审员制度，作为中国司法制度的重要组成部分，是根据一定程序和方式从公民当中产生人民陪审员，参与到法院的审判组织中，行使与法官相同的权力。在中国现行宪法文本中，并未直接规定人民陪审员制度，而在司法实践中，这一制度的依据主要是《关于完善人民陪审员制度的决定》、人民法院组织法以及立法机关通过的其他法律文件。由此，围绕该制度是否具有宪法基础，引发了学术界的不同争论。其中，人民陪审员制度的合宪论与违宪论是两种不同的学术主张。

＊ 本部分内容刊载于《法学杂志》2010 年第 10 期。

（一）人民陪审员制度在新中国宪法上的演变

新中国成立后，1951 年颁布的《中华人民共和国人民法院暂行组织条例》根据《中国人民政治协商会议共同纲领》第 17 条及《中央人民政府组织法》第 5 条、第 26 条、第 30 条的规定，[1] 规定了具有选择性的陪审员制度。该条例第 6 条规定：“为便于人民参与审判，人民法院应视案件性质，实行人民陪审制。陪审员对于陪审的案件，有协助调查、参与审查和提出意见之权。”[2] 1951 年，时任最高人民法院院长的沈钧儒在《最高人民法院工作报告》中指出，“人民司法工作，是依靠人民、便利人民、为人民服务的工作，人民司法工作者应该全心全意为人民服务，因而群众路线是人民司法工作的一个基本问题，人民陪审可谓这一问题的具体说明。”

作为新中国第一部社会主义类型的 1954 年宪法，首次在宪法文本上规定了人民陪审制度，第 75 条规定：“人民法院审判案件依照法律实行人民陪审员制度”。[3] 为什么建立这个制度？彭真在 1953 年政务院政治法律委员会党组向中央的报告中谈到：在一审案件中，由群众选举公正的陪审员参加审判，

---

〔1〕《中央人民政府组织法》第 5 条规定了最高人民法院为国家的最高审判机关；第 26 条规定了最高人民法院负责领导和监督全国各级审判机关的工作；第 30 条规定，最高人民法院组织条例由中央人民政府委员会制定。

〔2〕《中国人民政治协商会议共同纲领》第 17 条规定：废除国民党反动政府一切压迫人民的法律、法令和司法制度，制定保护人民的法律、法令，建立人民司法制度。这一条可以说是建立人民陪审员制度的依据之一，但并不能说《中国人民政治协商会议共同纲领》规定了人民陪审员制度。国内很多文献把新中国陪审制度的渊源追溯到《中国人民政治协商会议共同纲领》是不准确的。因为《中国人民政治协商会议共同纲领》的整个文本并不存在有关陪审制度的规范性内容。

〔3〕 在 1954 年宪法的制定过程中，规定人民陪审员制度是大家的共识，几个草案对人民陪审员的表述基本相同。作为宪法草案第一稿的中共中央宪法草案第 68 条规定：各级人民法院审判案件依照法律实行人民陪审制。中央人民政府第 30 次会议通过的宪法草案第 75 条把“人民陪审制”改为“陪审员制度”。正式通过的宪法文本采用了“人民法院审判案件依照法律实行人民陪审员制度”。

不仅容易在较短的时间内把案情弄清，因而使案件容易得到正确处理，并且可以密切法院与群众的联系，使群众确实感到自己是国家的主人，增强群众对国家的责任感。[1] 这一解释可以理解为当时规定陪审制度的基本理念与目的，即通过群众选举的代表参与审判过程，密切法院与群众的关系，实现审判中的民主主义价值。当时学术界对人民陪审员制度的定义是："吸引广大人民群众参加国家管理的重要原则和方式之一，它表现为由人民选出自己的陪审员同人民法院的审判员一道去共同行使国家的审判权。"[2] 可以说，1954 年宪法的规定是新中国陪审制度的宪法依据与基础。在同年通过的人民法院组织法中人民陪审制度被进一步确立为一项司法原则。到了 50 年代后期，随着政治运动加剧，陪审制度的民主意义和司法作用被逐渐淡化，到了 60 年代初期，实践中不少地方已不再执行陪审制度。"文革"时期，人民陪审员制度基本被废除。1975 年宪法曾规定："检察和审理案件，都必须实行群众路线。对于重大的反革命刑事案件，要发动群众讨论和批判"，审判活动中会请一些甚至很多群众参加，但是这种做法与陪审制度绝难同日而语。[3]

"文革"结束后，司法制度百废待兴。1978 年宪法在一定程度上恢复了陪审制度，并规定"人民法院审判案件，依照法律的规定实行群众代表陪审的制度"。在其后颁布的 1979 年刑事诉讼法和人民法院组织法都规定了人民陪审员制度。但 1982 年宪法没有对陪审制度作出规定。1983 年修改人民法院组织法

---

〔1〕《彭真文选（1941—1990）》，人民出版社 1991 年版，第 239 页。

〔2〕蒋碧昆编：《中华人民共和国宪法名词简说》，湖北人民出版社 1957 年版，第 40 页。

〔3〕何家弘：《陪审制度纵横谈》，载《法学家》1999 年第 3 期。

时，将原规定第一审应实行陪审的制度改为"由审判员组成合议庭或者由审判员和人民陪审员组成合议庭进行"，从而赋予了人民法院选择适用陪审制的灵活性。1989 年行政诉讼法和1991 年民事诉讼法也作出了类似规定。在司法实践中，各地法院采用陪审制度的做法不一。20 世纪 90 年代后期曾一度出现公民参与不积极，许多法院很少采用陪审员办案现象。[1]

90 年代末期，根据司法实践与司法民主化发展的需要，最高人民法院积极推动陪审制度的改革。在 1999 年印发的《人民法院五年改革纲要》中明确提出完善人民陪审员制度，提出"对担任人民陪审员的条件、产生程序、参加审判案件的范围、权利义务、经费保障等问题，在总结经验、充分论证的基础上，向全国人大常委会提出完善我国人民陪审员制度的建议，使人民陪审员制度真正得到落实和加强"。2004 年 8 月，十届全国人大常委会通过了《完善人民陪审员制度的决定》，于2005 年 5 月 1 日正式实施。这一决定，具有单行法律的性质，对人民陪审员审理案件的范围、人数、条件、任期、选任方式、经费保障、有关单位的义务等问题进行了较为全面的规定，从立法上完善了这项制度，在一定意义上赋予了陪审制度新的内涵。截至 2009 年 3 月，全国各级法院共有人民陪审员55000 多人，参与审理案件 50 多万件，参与审理案件数比 2008年上升 34%。[2] 最高人民法院还将进一步推进人民陪审员的

---

〔1〕 王敏远：《中国陪审制度及其完善》，载《法学研究》1999 年第 4 期。由于农村实行联产承包制、企业实行奖金制度、法院出现经费紧张等因素，农民、居民和工人不愿意当人民陪审员，多数法院也不愿意请陪审员参加陪审。详见吴明童：《我国人民陪审员陪审制度删除揭密》，载陈光中主编：《依法治国与司法公正——诉讼法理论与实践》，上海社会科学出版社 2000 年版，第 1056～1057 页。

〔2〕 参见最高人民法院院长王胜俊于 2009 年 3 月 10 日在十一届全国人大二次会议上所作的《最高人民法院工作报告》。

增选工作，力争在 2009 年年底人民陪审员的数目超过 7 万。

（二）现行宪法文本中人民陪审员制度的地位

中国现行宪法文本没有直接规定人民陪审员制度，由此引发了合宪论与违宪论之间的学术争论。

1. 违宪论与合宪论的主张。支持违宪论的学者与支持合宪论的学者分别提出了自己的主张。

主张"违宪论"的学者认为，1954 年宪法规定了人民陪审制度，1975 年宪法予以取消，1978 年宪法予以恢复，而1982 年宪法再次取消这一制度，这不是立法者偶然的疏忽，而是一种有意的制度安排，也就是说，现行宪法取消陪审制度，表明了立法者对这一制度的否定态度。而人民法院组织法及三大诉讼法的规定，是对宪法精神的背离。人民陪审员制度目前已没有了宪法依据。[1] 也有学者指出，从 1982 年宪法不规定陪审制度到 1983 年修改人民法院组织法时允许法院选择适用陪审制的情形看，立法机关有意淡化了陪审制，陪审制度已经不再是法院审理一审案件的司法原则，陪审作为曾经的原则已经被废除，只是作为陪审方式在法律的规定中并未被否定。[2] 还有学者认为，人民法院组织法关于人民陪审的规定是违背宪法（宗旨）和立法本意的。理由就是，宪法是我国的根本大法，其他任何法律都必须以其为根据，在宪法明文取消了陪审制的前提下，人民法院组织法却仍然规定陪审，这不能不说是对宪法最高权威的漠视，是违背"宪法至上"原则的[3]。基

---

〔1〕 房保国：《我国陪审制度改革十大问题论纲》，载《上海法学研究》2001 年第 1 期。

〔2〕 王敏远：《中国陪审制度及其完善》，载《法学研究》1999 年第 4 期。

〔3〕 参见申君贵：《对我国陪审制的否定性思考》，载《中国律师》1999 年第 4 期。

于"违宪论"，有的学者直接提出取消陪审制度，[1] 认为："陪审完全是舶来之物，既无价值且生诸多麻烦与困扰，影响诉讼效率"，是一项应予废除的制度。[2] "这项制度给我们带来的麻烦与烦恼已经不算太少，我们应当面对现实，忍痛割爱，不再为该项制度所困扰。"[3] 还有学者从更"宽"的角度主张，大陆法系完全可以放弃混合式陪审制度，另找适合自己诉讼模式的司法民主形式。[4]

与此相反，主张陪审制度合宪的学者则认为，陪审制度是司法制度的重要组成部分，有些法律制度虽在宪法文本上没有规定，但通过法律是可以建立的，宪法文本是否规定不能成为判断一项法律制度是否违宪的唯一标准。另外，多数学者主张陪审制度通过改革和不断完善，可以继续保持生命力，认为：人民陪审制可以弥补法官数量的不足；可以实现职业法官与普通民众的优势互补，从而有利于保证裁判的公正性；可以有效地防止司法腐败和司法专横；有利于维护司法独立和司法民主；可以使公众了解和认识司法并树立对司法的信心；可以起到对民众进行普法的作用；等等。[5] 中国政府 2008 年发布的《中国法治发展白皮书》中也肯定了人民陪审员制度，认为：人民陪审员依法参加合议庭审判案件，除不得担任审判长外，与合议庭其他成员享有同等的权利，承担同等的义务，并对事

---

〔1〕 刘艺工、李拥军：《关于人民陪审制度难以执行根源的探讨》，载《甘肃政法学院学报》1998 年第 1 期。

〔2〕 转引自王敏远：《中国陪审制度及其完善》，载《法学研究》1999 年第 4 期。

〔3〕 转引自徐静村主编：《二十一世纪刑事程序改革研究》，法律出版社 2003 年版，第15 页。

〔4〕 参见左为民、周石帆：《国外陪审制的比较与评析》，载《法学评论》1995 年第 3期。

〔5〕 司英：《坚定地推进人民陪审员制度》，载《中国人大》2005 年第 6 期。

实认定、法律适用独立行使表决权。

2. 现行宪法文本没有规定陪审制度的原因分析。有关陪审制度的违宪之争和存废之争，都涉及宪法文本与陪审制度的关系问题。为什么现行宪法没有规定陪审制度呢？笔者认为，现行宪法没有规定陪审制度是由各种综合因素所决定的，应从综合的视角分析这一问题，不宜仅仅根据文本作出判断。

现行宪法是1982年12月4日通过的，当时修改宪法草案的整体背景是：总结"文化大革命"破坏法制的教训，强调保护公民的权利，消除"大民主"、"群众运动"给民众生活带来的消极影响，建立新的宪法秩序。在讨论宪法草案时，围绕是否规定人民陪审员制度，曾有两种意见：一种意见认为，人民陪审员制度是我国长期以来实行的一项重要制度，对于正确处理案件，维护公民合法权益有积极的意义，要求宪法继续规定这一制度。另一种意见则认为，人民陪审员制度虽然是一项好的制度，但是实行起来有很大困难。所谓困难表现在："文化大革命"时期法制受破坏，许多人缺乏法律常识，能够胜任人民陪审员的人少；人民陪审员应有一定报酬，但当时不好解决经费，如宪法规定这一制度，而事实上在较长时间内又不能实现，则有违宪问题。[1] 肖蔚云教授认为，宪法没有规定人民陪审员制度，"并不排除有条件的地方可以继续实行这一制度"，这样比较符合我国的实际。[2] 由此可见，认为"不规定人民陪审员制度是立法者的否定性态度"的观点是缺乏根据的，无论是主张实行还是不实行陪审制度，立法者对陪审制度

〔1〕 肖蔚云：《我国现行宪法的诞生》，北京大学出版社2004年版，第548页。肖蔚云教授亲自参加了1982年宪法的修改过程，他的一些观点可以反映宪法起草委员会秘书处的意见。

〔2〕 肖蔚云：《我国现行宪法的诞生》，北京大学出版社2004年版，第548页。

的作用基本上予以了肯定的。

当然，不实行陪审制度也有其他方面的原因。如 1978 年宪法中"依照法律规定实行群众代表陪审的制度"的规定使一些人容易回想起"大民主"的群众运动和个人权利受破坏的情景，自然对与"群众运动"有内在联系的陪审制度产生强烈的反感。[1] 当时陪审制度或者被弃之不用，或者其实施流于形式，没有产生实际效果，处于萎缩状态。[2] 1982 年 3 月 8 日，全国人大常委会公布实行的《中华人民共和国民事诉讼法（试行）》中已经没有陪审制度的内容，改为可供选择的审判组织形式，没有作为基本制度而规定。[3] 对此，也有学者认为，现行宪法起草时，国家推行专家治国的基本理念，强调专业性与专业人才的作用，具有非专业化背景的"人民陪审员"自然得不到社会民意的支持。

从规范的层面看，现行宪法没有规定陪审制度可能与保持规范体系内部的统一性有关。宪法第 126 条规定："人民法院依照法律规定独立行使审判权，不受行政机关、社会团体和个人的干涉。"当时对这一规范的基本理解是：审判权只能由法院依法行使，其他任何机关都不能行使审判权。既然审判权来源于宪法的授权，只能由法官行使，如人民陪审员行使审判

---

〔1〕　也有学者认为，"文革"后大批老干部回到各自领导岗位，他们对"文革"时的群众运动深恶痛绝，这也是陪审制度不受重视的原因之一。吴玉章：《我国陪审制度的兴衰》，载《读书》2002 年第 7 期。

〔2〕　叶孝信：《中国法制史》，复旦大学出版社 2002 年版，第 469 页。

〔3〕　据有关学者介绍，《民事诉讼法草案》初稿第一稿、第二稿、第三稿和第四稿曾规定人民陪审员陪审制度，如第四稿规定："人民法院审判第一审民事案件，依照本法实行人民陪审员陪审制度"，但最后通过时修改为"人民法院审判第一审民事案件，由审判员、陪审员共同组成合议庭或者由审判员组成合议庭。合议庭的成员，必须是单数。"吴明童：《我国人民陪审员陪审制度删除揭密》，载陈光中主编：《依法治国与司法公正——诉讼法理论与实践》，上海社会科学出版社 2000 年版，第 1057 页。

权，有可能与宪法规定产生冲突，造成人民陪审员的权力失去合法性基础。[1] 也许宪法的起草者们在一定程度上考虑到了法院独立行使审判权的属性问题，试图保持宪法规范体系的内在统一性。

3. 人民陪审员制度的合法性与合宪性关系。人民陪审制度的合法性是大家都公认的，但在是否具有合宪性问题上分歧比较大。笔者认为，仅仅因为 1982 年宪法文本没有明确规定就认定陪审制度没有宪法依据，并由此判断其违宪是有失偏颇的。陪审制度虽在宪法文本中没有直接体现，但它符合宪法保障人权、促进民众参与司法的基本理念，在整个宪法规范体系与脉络中可以找到相应依据。从宪法的规范角度和该制度的功能看，人民陪审员制度存在一定的宪法基础。

（1）合宪性与合法性的关系。我国宪法规定了宪法的最高法律效力原则，要求"一切法律、法规不得与宪法相抵触"，凡与宪法相抵触的法律、法规都是无效的。在宪法没有规定陪审制度的情况下，其他法律规定陪审制度是否与宪法规定相抵触呢？

从严格意义上讲，对法律是否违宪的判断是在法律已颁布并产生实际法律效力、已出现宪法问题时出现的。所谓违宪，是指违反宪法，包括违反宪法的规定、原则和精神。违宪与合宪中的"宪"是指宪法，判断违宪与合宪的基准是一个国家具有最高效力的宪法。中国宪法学意义上的违宪是指直接违反宪法的情形。[2] 违宪审查机关依照程序对某一法律进行审查后发现违反宪法的事实时可作出"违反宪法的"决定。以宪法为基

〔1〕 陈家新：《人民陪审员制度的改革刍议》，载《政法论坛》1990 年第 6 期。

〔2〕 详见胡锦光、韩大元：《中国宪法》，法律出版社 2004 年版，第 144～145 页。

础时，规范的表现形式各异，主要有以下几种形式：①有的法律第 1 条并没有明确表述本法的宪法依据，如人民法院组织法第 1 条；②有的法律在本法的第 1 条中明确"依据中华人民共和国宪法的有关规定……制定本法"；③大部分法律的第 1 条中明确规定"根据宪法……制定本法"；④有的法律在序言规定宪法依据，如香港特别行政区基本法和澳门特别行政区基本法的序言规定：根据中华人民共和国宪法，全国人民代表大会特制定中华人民共和国香港（澳门）特别行政区基本法……。

从宪法依据的角度看，1979 年颁布的人民法院组织法第 10 条规定的人民陪审员制度是以 1978 年宪法第 41 条第 2 款为依据的，具有合宪性基础。[1] 但在 1983 年，全国人大常委会通过对人民法院组织法的修改，调整了人民陪审员制度，即把第一审中必须实行的陪审制度调整为"由审判员组成合议庭或者由审判员和人民陪审员组成合议庭进行"的选择性制度。由于人民法院组织法第 1 条没有明示"根据宪法制定本法"的原则，当宪法规范与普通法律规范之间出现不协调时，难以采用"合宪性推定原则"赋予其合宪性基础。而刑事诉讼法、民事诉讼法和行政诉讼法是全国人民代表大会制定的基本法律，其第 1 条均明确规定"根据宪法制定本法"，由此获得了一定的合法性与政治道德基础，弥补了合宪性的缺陷与可能出现的不确定性因素。从未来建设法治国家的基本要求看，立法者需要确立一个原则，即哪些法律的制定必须明文规定"根据宪法"，哪些法律可以不规定，或者哪些是属于立法者任意选择的立法

---

〔1〕 1982 年 3 月 8 日颁布的《民事诉讼法（试行）》的基本原则中取消人民陪审员制度存在一定的违宪因素。这种以全国人大授权常委会的方式直接修改宪法规定的制度是缺乏合法性的。当时有效的宪法是 1978 年宪法，尽管这部宪法存在一些问题，但其宪法效力是不能否认的。1982 年 12 月 4 日以后，1978 年宪法才失去法律效力。

政策或立法技术。从目前全国人大及其常务委员会制定的法律看，似乎看不出存在着严格的立法规则或规律。

（2）中国宪法规范中存在建立陪审制度的基础。如宪法第2条第1款规定了"中华人民共和国的一切权力属于人民"，第3款规定了"人民依照法律规定，通过各种途径和形式，管理国家事务，管理经济和文化事业，管理社会事务"。此处的"人民"，主要体现为一种政治概念，是由公民组成的集合体，可以归结为一种参政权。参政权已被现代法治国家普遍认同为公民的一项基本政治权利。人民陪审员制度是人民行使参政权的表现，体现了宪法的民主原则和法治原则。民主与法治原则在基本的价值目标与价值形态上是一致的。再如宪法第41条第1款规定了"公民对于任何国家机关和国家工作人员，有提出批评和建议的权利；对于任何国家机关和国家工作人员的违法失职行为，有向有关国家机关提出申诉、控告或者检举的权利"。这项权利可以统称为公民的监督权，监督权是宪法规定的公民基本权利之一，是公民监督国家机关及其工作人员活动的权利。人民陪审员制度的实施在一定程度上体现为公民通过直接参加审判活动，体现了对审判权的一种特定形式的监督。从一定意义上而言，这是人民陪审员制度存在价值的最重要的宪法基础。

（3）通过人民法院能动性的发挥，体现宪法对国家机关服务大众的根本要求。宪法第27条第2款规定："一切国家机关和国家工作人员必须依靠人民的支持，经常保持同人民的密切联系，倾听人民的意见和建议，接受人民的监督，努力为人民服务。"这一规定突出了国家机关能动性的功能。司法发展的历史证明，陪审制度是通过公民的有效参与同职业法官共同促进纠纷解决的制度和实践过程。它的推行不是完全靠外力推动的，法院本身适应社会发展需求，发挥好自身能动性也是极其重要的一环。司法权源自人民、由人民行使、服务人民、受人民监督是司法权民主性的集中体现。在制度层面和实践层面，人民法院积极推进人民陪审员制度的发展，有助于体现司法的民主性，是人民法院重视宪法、尊重公民基本权利的表现。

（4）宪法文本规定与法律制度建立的合法性基础。现行宪法没有规定陪审制度，并不意味着禁止通过法律确立人民陪审制度。宪法是国家的根本大法，这一基本性质决定了它只能规定某些方面的基本制度，而不可能也不应该面面俱到。如前所述，由于各种综合因素的影响，现行宪法的修改者们认定了陪审制度的价值，但认为需要具备一定条件，待条件具备时再规定。所以，宪法文本没有规定，并不意味着其他法律就不能规定人民陪审制度，也不意味着其他法律确立的人民陪审制度，因为宪法文本没有规定而失去法律基础。其实，新中国陪审制度建立首先是以法律为基础的，宪法只是对法律的规定作出确认，使司法原则成为宪法原则。在中国的宪政制度下，一部法律或制度是否合宪的标准是多样化的，不能仅仅看文本的表述，应采用综合评价原则。在笔者看来，宪法上是否明确规定陪审制，与人民陪审制是否违宪，并不是相同规范层面的问题。现行宪法虽然没有规定人民陪审制，但也没有禁止性的规范表述。

（三）人民陪审制度在宪法实施中的意义

通过限制公权力的行使保障公民的基本权利是宪法的基本价值与目标。在我国宪法的实施过程中，陪审制度的良性运行有利于促进权力制约，体现司法民主，保障公民的基本权利。从宪法实施角度看，陪审制度的意义主要表现在以下几个方面：

1. 反映了人权保障机制多样化的宪政价值。人权保障可以通过形式多样的机制与途径进行，特别是自 20 世纪后半期以来，随着人权内涵不断扩张，保障手段也日益多样化。在现代法治社会中，司法一直被视为人权保障的最主要的方式与最佳途径之一，它是社会正义的最后一道防线，是纠纷的最终解决机制，同时也是制约其他公权力的有效手段。人民陪审制度通过普通公民参与司法审判过程，代表民众发表意见，在实际司法权运行中影响法院和法官的决策判断，对于强化法官的人权保障意识，促进案件当事人对法院裁判的认可度，实现其基本权利，提升司法权威发挥积极作用。实践证明，人民陪审制度是公权力机关直接与民众沟通的方式之一，无论是英美法系的陪审团制还是大陆法系的参审制，都在司法实践中显示了其存在的价值和意义。对今天的中国而言，更需要从宪法角度认真思考和改进人民陪审员制度。

2. 以诉权实现为载体全方位增强司法的权利救济功能。在刑事诉讼中，要保护犯罪嫌疑人以及已决犯的基本权利，如人身权、辩护权、获得公正审判的权利、获得基本人道待遇的权利等；在民事诉讼中，基于民事侵权的复杂性而产生的宪法意义上的"基本权利第三人效力"问题；在行政诉讼中，公民对于行政机关对其人身权、财产权等基本权利所造成的直接侵害，都需要寻求司法救济。无论宪法文本有无直接规定，诉权在任何国家都被认为是一种程序性的基本权利。有的学者主张，"诉权是现代法治社会第一制度性的人权"，"从法律制度上看，相对于政府的保障责任而言，唯一可以从平等性和穷尽性来保障法律上人权的实然性的只有诉权，也就是法律制度应当保证公民个人可以享有自由地主张保障人权要求的权利。这种权利相对于其他法律上的人权而言是基础性的，也是绝对性的。"[1] 笔者认为，从宪法的实然性角度看，诉权是一种前提性权利，这种权利对扩大实体权利的保障力度，促进一国司法救济的完善和法治水平的提高具有重要的作用。通过陪审的形式参加司法审判也是公民所享有的政治权利之一，对诉讼当事人而言，获得陪审员的审判是其基本诉讼权利，是其诉权的应有之义。[2] 陪审制度的设置本身就是为适应宪法对诉权的保障要求。

3. 以直接参与司法为途径体现宪法的人民监督机制。在西方现代宪法理论中，民主主要关乎权力的来源，强调公民的政治参与，其基本含义是政治事务中最基本的权力应属于人民，人的自由和权利应得到尊重和保障。[3] 从世界范围看，各国越来越重视国民对司法的参与，通过不同的参与形式，使国家的司法活动更体现民意。因为一般国民所追求的公平正义与司法机关所追求的法律上的公平正义是不同的，通过国民参与司法可以使更多的人理解法律精神，普及法治价值，保证宪法秩序的稳定。

中国的人民陪审员制度顺应了公众参与司法的需求。在具体监督形式上，由于"人民"是抽象的人和具体的人的结合，人民监督也是由集体监督和个体监督组成。[4] 人民陪审制度体现为制度化的"个体监督"，也是直接参与到司法活动过程的"直接监督"。

---

〔1〕 莫纪宏：《现代宪法的逻辑基础》，法律出版社 2002 年版，第 304 ~ 305 页。

〔2〕 汤维建：《应当制定〈人民陪审员法〉》，载《团结》2005 年第 3 期。

〔3〕 徐秀义、韩大元主编：《现代宪法学基本原理》，中国人民公安大学出版社 2001 年版，第 132 页。

〔4〕 许崇德主编：《宪法》，中国人民大学出版社 1999 年版，第 39 页。

4. 以行使审判权为手段彰显宪法的民主性价值。我国宪法规定了"中华人民共和国的一切权力属于人民"，民主性是宪法的重要价值，也是司法的本质属性。我国的人民陪审员制度，是公民参与到审判活动当中，作为合议庭成员，行使与法官相同的权力。陪审员来自社会各界，比较熟悉各种各样的社会生活，他们参与审判，可以集思广益，有效防止法官在司法决策过程中的主观片面和独断专行，促使司法制度更加民主，是人民法院在审判工作中依靠群众、联系群众的有效方式。这对于彰显宪法的民主性价值有着特殊的意义。通过人民陪审员参与审判有助于促进法官实现司法公正，广采群众智慧，弥补职业法官知识结构单一的缺陷。通过人民陪审员参与审判还有助于通过民主形式直接实现对司法权的监督，弘扬司法民主，促进司法公开，减少司法腐败。

（四）进一步扩大人民陪审制度的宪政基础

1. 在宪法文本中明确规定人民陪审制度，使之成为一项宪法原则。从世界范围看，大多数国家宪法文本规定了陪审制度，不论形式如何，该制度是一项宪法原则。这既有公民权利的宣示意义，也有对司法机关权力运行的直接制约意义。有的学者指出，1982 年宪法取消了原有的陪审制度的规定，是一种缺憾，公民通过陪审的形式参加司法审判是基本人权，其重要性和根本性也需要由宪法加以肯定；诉讼当事人获得陪审员的审判是其基本诉讼权利，也应由宪法予以确认。[1] 将人民陪审制度上升到宪法保障的高度，有助于在新的历史时期体现以人为本、司法为民的法治理念，进一步明确陪审制度的宪法基础。在恢复人民陪审制度的宪法地位时，应当使人民陪审实现

---

〔1〕 汤维建：《应当制定〈人民陪审员法〉》，载《团结》2005 年第 3 期。

从"权力"到"权利"的转变，即在宪法上赋予公民启动陪审程序的权利。事实上，从立法机关到人民法院，近年来都在加快改进、完善陪审制度的步伐，通过修宪恢复陪审制度的时机已经成熟。当然，把陪审制度规定在宪法中"公民的基本权利"部分，还是按原有规定在"审判机关"部分，也会出现争论。笔者认为，按照 1954 年宪法，将其规定在"审判机关"部分，体现为一种宪法性制度相对而言更为可取，它不会弱化公民参加陪审、获得陪审的基本权利的存在价值。

2. 制定人民陪审员法。应当在总结《关于人民陪审员制度的决定》实施经验的基础上，制定一部完善的人民陪审员法。《关于人民陪审员制度的决定》对人民陪审的职责定位、案件范围、日常管理、经费保障以及产生机制等事项都有所规定。但是，有些规定缺乏基本的可操作性；有些规定对于革除人民陪审员制度所存在的诸多弊端，没有什么实质的意义；有些规定本身存在相互矛盾的情况，如关于陪审员的任期为 5 年的规定。因此，要使我国的人民陪审制度真正摆脱"走过场"的命运，还必须进一步改革和完善现行的人民陪审制度，尤其需要明确人民陪审员的选任条件、产生方式、职权范围、权利义务以及奖惩措施等，使人民陪审制度成为一种严谨、完备的司法制度。

3. 合理把握陪审员代表性，防止弱化宪法民主性价值的精英化倾向。目前陪审制度存在的突出争议之一就是陪审员的代表性问题。除了如何在选拔机制上要突出广泛参与的民主性之外，界定担任人民陪审员的素质条件也成为争议的焦点问题。有的学者认为，陪审制度是一个"草根"的司法制度，对抗的是精英司法。在现代，它是司法精英的必要平衡。[1] 有的则倾向于培养"专业型的人民陪审员"，[2] 全国人大常委会《关于完善人民陪审员制度的决定》中规定人民陪审员要有大专以上文化程度。有的学者则提出了建立"人民陪审团制度"与"专家陪审员制度"相结合的二元化的陪审制度。[3] 笔者认为，从宪法的民主性价值看，陪审制度的设置就是要尽可能体现大多数人的意志，为大多数公民所认可和接受，"精英化"的倾向不足取。同时，二元化陪审制度的设计方案使陪审制度显得颇为复杂，而且人为地在陪审员中划出"人民陪审团"与"专家陪审员"，与宪法平等原则与陪审制度设计的初衷相悖，也是不可取的。笔者认为，应当适当放宽对人民陪审员在学历、职业方面的限制，同时做好对当选陪审员必要的法律知识培训工作。

---

〔1〕 周永坤：《人民陪审员不宜精英化》，载《法学》2005 年第 10 期。

〔2〕 "专家型人民陪审员"的报道近年来常见于报端，受到一些人的一致好评。例如《人民法院报》2005 年 4 月 30 日对湖南省长沙市岳麓区人民法院的做法进行了报道。

〔3〕 汤维建：《应当制定〈人民陪审员法〉》，载《团结》2005 年第 3 期。

第二部分
检察制度与人权保障

一、死刑冤错案的宪法控制 *

（一）问题的提出

死刑是一种十分严厉的刑罚。基于死刑刑罚的严酷性与不可逆转性，我国刑法对死刑的适用加以严格限制，规定其只能适用于"罪行极其严重"的犯罪分子。

但在实践中，死刑的适用却经常背离刑法规范的要求，导致了一些死刑冤案和错案（以下统称错案）的发生。笔者通过北大法宝和媒体报道收集了 10 个有较大社会影响的死刑错案。[1] 可归纳为以下几种类型：（1）被判处死刑立即执行，执行死刑后，发现是错案。如"滕兴善案"。（2）被判处死刑立即执行后，尚未执行，最高人民法院基于量刑问题不予

---

* 本部分内容刊载于《中国人民大学学报》2013 年第 6 期。

〔1〕 分别为"滕兴善案"、"佘祥林案"、"赵作海案"、"杜培武案"、"李久明案"、"浙江叔侄案"（以下简称"叔侄案"）、"台州市人民检察院诉代宜宁等人贩卖毒品案"（以下简称"代宜宁等案"）、"张振风案"、"王志才故意杀人案"（以下简称"王志才案"）、"李飞故意杀人案"（以下简称"李飞案"）。此处较大社会影响的案件包括最高人民法院指导案例、最高人民法院公报的案件或媒体大量报道、引发民众关注的案件。

核准，发回重审后，被改判死缓。如"王志才案"和"李飞案"。（3）被判处死刑立即执行，尚未执行，最高人民法院基于证据与程序存在问题两次不予核准，发回重审，重审后部分罪犯改判死缓。如"代宜宁等案"。（4）一审被判死刑立即执行，后改判有期徒刑或死缓，执行一段时间后发现是错案。如"佘祥林案"与"杜培武案"。（5）一审分别判处死刑与无期徒刑，二审改判为死缓与有期徒刑，执行一段时间后发现是错案。如"叔侄案"。（6）一审被判处死缓，执行或关押一段时间后发现是错案。如"赵作海案"、"李久明案"及"张振风案"。对此可列表如下：

十大死刑冤错案一览表

案　件	一审刑罚	二审是否改判	是否被核准	是否执行	是否存在刑讯逼供
滕兴善案	死刑	否	是（高院）	是	存在
佘祥林案	死刑	改判有期徒刑		是	存在
赵作海案	死缓	未经	是	是	存在
杜培武案	死刑	改判死缓	是	是	存在
李久明案	死缓	否（发回重审）			存在
叔侄案	死刑、无期徒刑	改判死缓、有期徒刑	核准死缓判决	是	存在
代宜宁等案	死刑	否	否（发回重审）	部分人执行死缓	未发现
张振风案	死缓	否（发回重审）			存在
王志才案	死刑	否	否（发回重审）	执行死缓	未发现
李飞案	死刑	否	否（发回重审）	执行死缓	未发现

对于上述死刑错案发生的原因，有些学者从刑法学或诉讼法学的角度作过一些分析，[1] 而从宪法学视角对其加以分析的成果[2]相对较少。从宪法角度看，错案发生的原因是多方面的，其中最重要的原因是宪法价值未能充分体现在刑法和诉讼程序运行过程之中。[3]可归纳如下：

1. 死刑错案发生的前提是死刑制度的存在。倘若不存在死刑或者已经废除死刑，上述死刑错案不可能发生。在保留死刑的制度下，难以完全避免死刑错案的出现。因此，死刑制度在宪法上是否存在正当性是我们首先需要关注的基本问题。

2. 多数死刑错案存在不同形式、不同程度的刑讯逼供，而刑讯逼供是对犯罪嫌疑人基本权利的严重侵犯，也是对人类文明底线的亵渎。特别是在刑事侦查过程中，应当充分保障犯罪嫌疑人的基本权利。

3. 审判机关是死刑错案纠正的最后防线，而上述有的死刑错案中，审判机关的独立审判权受到了外界不同形式的干扰。此外，审判机关对死刑的适用标准也不统一，无法平等地保护犯罪嫌疑人的权利。因此，如何保障审判机关在死刑案件中公平审判以及独立行使审判权是一个重要的宪法问题。

4. 法、检、公三机关办理死刑案件过程中没有严格遵守宪

---

〔1〕　如陈卫东：《"佘祥林案"的程序法分析》，载《中外法学》2005年第5期；陈兴良：《中国刑事司法改革的考察：以刘涌案和佘祥林案为标本》，载《浙江社会科学》2006年第6期；叶青、陈海锋：《由赵作海案引发的程序法反思》，载《法学》2010年第6期。

〔2〕　仅有个别学者对相关案件作过一些宪法学分析，比如赵娟：《八二宪法结构性权力失衡症剖解——切脉吴英案》，载《江苏社会科学》2013年第2期。

〔3〕　不同国家死刑错案发生的原因是不尽相同的，如在美国无辜者错误地被判处死刑的原因主要有：目击证人指认错误；缺乏科学技术检验证据或者检验错误；警察、检察官的违法行为；律师的无效辩护；犯罪嫌疑人错误认罪，其中包括误导精神不健全者认罪、逼供、诱供等。[美] 杰罗姆·柯恩、赵秉志主编：《死刑司法控制论及其替代措施》，法律出版社2007年版，第479页。

法第 135 条的规定，相互配合有余、相互制约不足，也引发了我们对如何充分发挥宪法第 135 条预防死刑错案的功能的思考。

5. 死刑案件的发生与执法人员宪法意识薄弱有密切的关系。有些死刑案件中，执法人员明知犯罪嫌疑人没有犯罪，而在破案压力的驱使下，对其刑讯逼供，毫无尊重公民生命权的宪法意识。因此在死刑案件中，应切实提高执法人员的人权意识。

（二）死刑制度与生命权价值

实践中发生的死刑错案引发了部分学者对死刑制度正当性的质疑，而很多质疑只是建立在死刑存废问题的论争上，并没有充分考虑死刑与宪法价值之间的关系。

1. "宪法的死刑论"。针对上述问题，国外有的学者进行了理论反思，提出了一些主张。如有日本学者提出"宪法的死刑论"的理论。[1] 他认为，死刑问题是当为问题，不能以感情和信仰来解决，最终表现为价值判断问题。首先，解决死刑制度正当性问题，需要大家确定公认的价值标准，并把共同的价值作为判断事实的基础；其次，宪法理念与价值就是"共同的价值标准"；再次，死刑制度是一种法律制度，死刑存废本质上关系到死刑制度评价问题。所有法律制度存在与发展的基础是宪法，应在宪法理念与原则下寻求其发展基础；最后，死刑制度是国家剥夺个人生命权的法律制度，而生命权是基本人权，保护基本人权是宪法的基本理念，那么死刑制度能否获得以人权保障为核心价值的宪法理念的支持？这些问题的解释转化为"宪法的死刑论"。从宪法与刑法的关系看，对死刑制度

---

〔1〕 〔日〕平川宗信：《死刑制度与宪法理念》，载《法学家》1996 年第 1110 期。

的评价不能仅仅限于死刑制度合宪或违宪问题的判断上，要同时考虑宪法的立法政策，侧重于从宪法价值层面对死刑制度存在的基础进行综合判断。

2. 死刑合宪性的争论。在宪法与死刑问题上，学术界比较关注死刑与宪法规范之间的关系，而违宪审查机关对死刑进行宪法解释时，通常趋向于合宪性判断。比如，在日本，主张死刑制度合宪的学者一般以宪法第 31 条的解释为标准判断其合宪性基础。[1] 提出死刑制度违宪的学者主要从宪法第 9 条、第 13 条、第 36 条等综合的角度判断其规范基础，提出要从宪法体系论角度评价死刑制度的存在基础。也有学者采取折中的学术观点，认为"人的尊严与生命权"是死刑论的原点，虽然不能说它完全违宪，但从宪法的序言、第 13 条和其他条文看，死刑制度的存在并不是宪法价值所期待的选择。

围绕死刑是否违宪的问题，学界进行了长期的争论，合宪论和违宪论都有其理由。但在死刑错案问题上，学界存在着基本共识，即死刑本身有错判、误判的可能性，错误的死刑判决一旦付诸执行则不可逆转，错杀无辜，根本无法救济。[2] 基于死刑错判的担忧，有些人主张废除死刑，认为死刑的威慑力并没有得到证明，即使死刑制度具有威慑力，但以此作为根据保留死刑并不符合现代刑法追求的刑罚缓和教育思想。如果出现死刑的错案或者冤案，已执行死刑的生命是无法救济的，对死刑犯和家属都将带来无法挽回的损失。

3. 死刑正当性基础的脆弱性。判断死刑制度是否合宪，也就是判断剥夺生命权的死刑制度是否具有宪法上的正当性。如

---

〔1〕 〔日〕押久保伦夫：《死刑与残酷刑罚》，载《宪法判例百选》（第 5 版），成文堂 2007 年版，第 26 页。

〔2〕 赵秉志：《关于中国现阶段慎用死刑思考》，载《中国法学》2011 年第 6 期。

果把生命权的权利性理解为绝对的权利，那么死刑制度的存在是违宪的，国家权力不应对具有国家性质的权利进行限制，更不能剥夺。由于各国的宪法对生命权规定的方式不同，能否肯定其绝对性是需要论证的命题。从生命权的自然属性看，确实具有绝对性，是不能被剥夺的自然权利。但从生命权存在的形式与实际的形态看，如把生命权的价值解释为宪法体系中的权利形态，依据宪法和法律的规定，进行合理限制是必要的，但不能违反比例原则。

由于生命权对人类生存的维护与发展具有重要的价值，对其进行限制时应遵循严格的标准与程序。从宪法逻辑看，社会个体赋予国家的权力中并不包括剥夺其社会成员生命的权力，死刑实际上超越了合理限制的限度。根据宪法的原理，基本人权的本质内容是不能限制的，所谓"本质内容"中首先包括的权利是生命权。因此，死刑制度的存在与宪法逻辑之间是存在冲突的，虽满足其合法性，但其正当性的基础是脆弱的。[1]

4. 死刑的刑法规范与宪法规范的张力。在讨论死刑制度的合宪性时学者们注意到了死刑的刑法规范与宪法规范的价值冲突问题。刑法规范的合法性与宪法规范的合宪性之间发生冲突时应如何给予合理的解释？如果刑法规范明确规定的刑罚手段中包括死刑，那么死刑制度的合法性（未必具有正当性）似乎是无可争议的，但随之而来的问题是规定死刑制度的规范本身是否存在违宪问题。

从各国宪法文本看，通常在宪法上不具体规定死刑的刑罚手段，一般授权给立法者，由立法者具体判断。立法者在刑法上作为刑罚手段规定死刑制度时应体现宪法基本原则，在程序

---

〔1〕 金善择:《宪法事例演习》，韩国法文社 2000 年版，第 338～339 页。

和内容上作出严格的限制。因为宪法规范上没有具体规定生命权并不影响生命权价值的维护。针对当前我国宪法文本中没有具体规定生命权，有学者主张生命权应当入宪。其实，是否在宪法文本中直接规定生命权条款，并不是判断生命权保障程度及其性质的唯一标准。当宪法文本中没有明文规定生命权条款时，可以通过宪法解释方法寻求依据，借助已有的基本权利条款确定能够证成生命权价值的条款。有学者认为，刑法的罪刑法定原则的基础是宪法的程序价值，即"刑法的宪法原则"[1]。因此，确立死刑制度合宪性基础的意义在于合理地选择国家刑罚权的宪法界限，以宪法价值严格控制刑法的死刑规范，为最终以死刑的违宪性代替死刑的合法性奠定伦理和法律基础。

（三）预防死刑错案与国家的保护义务

根据宪法规定，国家有义务保护包括生命权在内的基本权利，需要通过宪法严格控制死刑的适用程序，防止死刑错案的发生。

在宪法上，死刑制度面临的最大难题是如何防止死刑案件中的错判，即"无辜者被处死的"现象。在保留死刑制度的国家，即使采用最完备的制度和程序，也难免会出现死刑上的错判。对已执行死刑后被发现错判者国家无论给予多大的赔偿，也无法恢复生命权的价值。"滕兴善案"就充分说明了这一点。

1. 死刑错案与立法机关对生命权的保护。生命权的立法保护，即立法机关在制定法律的过程中应体现尊重和保障生命权的精神，将宪法和国际人权文件中所体现的人权保护原则落实到具体的立法过程当中，赋予其法律上的拘束力。而通过对上述死刑错案的分析发现，我国立法机关对于生命权的保护存在

---

〔1〕　曲新久：《刑法的精神与范畴》，中国政法大学出版社 2000 年版，第 361 页。

诸多疏漏。可以说，立法机关对生命权保护不到位是死刑错案发生的重要原因之一。

对于死刑，我国总体上实行的是"少杀慎杀"的刑事政策，力求在人权理念与死刑的现实功能之间寻求合理的平衡，但有时也趋向于选择扩张和强化死刑的刑事政策。1979 年刑法中规定了 28 种死刑罪名，1997 年刑法修订后，规定了多达 68 种死刑罪名。2011 年全国人大常委会通过《刑法修正案（八）》取消了 13 个罪名的死刑。[1]这 13 个罪名的死刑，主要是经济性、非暴力犯罪，占我国刑法死刑 19% 多。[2]这种调整在一定程度上体现了刑法人性化、轻刑化的趋势，彰显了对生命尊严和人权的尊重。

目前我国刑法仍有 55 个罪名中规定死刑。早在 20 世纪 80 年代，我国有学者主张应废除经济类犯罪的死刑，指出死刑对于经济类犯罪的预防作用实在微乎其微，靠死刑无法遏制经济犯罪，并认为死刑之所以对经济犯罪程序成效不大，主要是由于经济犯罪是由经济、政治、法律等各种因素促成的。国家政策上的失误、经济管理上的混乱、政府机构中的腐败、经济关系网的干扰、社会监督的疲软、刑事立法的不足等，无一不是导致经济犯罪日益猖獗的重要原因。[3] 经济类犯罪死刑还存在将金钱置于生命价值之上的嫌疑，违背了生命权价值优先的宪

---

〔1〕 分别是：走私文物罪，走私贵重金属罪，走私珍贵动物、珍贵动物制品罪，走私普通货物、物品罪，票据诈骗罪，金融凭证诈骗罪，信用证诈骗罪，虚开增值税专用发票、用于骗取出口退税、抵扣税款发票罪，伪造、出售伪造的增值税专用发票罪，盗窃罪，传授犯罪方法罪，盗窃古文化遗址、古墓葬罪，盗掘古人类化石、古脊椎动物化石罪。

〔2〕 早在草案一审时，全国人大法律委员会副主任委员李适时曾表示，我国的刑罚结构在实际执行中存在死刑偏重、生刑偏轻等问题，需要通过修改刑法适当调整。郑赫南：《刑法修正案（八）：给我们带来什么？》，载《检察日报》2011 年 2 月 28 日第 6 版。

〔3〕 陈兴良：《死刑备忘录》，武汉大学出版社 2005 年版，第 5~6 页。

法理念，"吴英案"便是个例子。

2009 年 12 月，吴英因集资诈骗罪被金华市中级人民法院一审判处死刑。该案涉及的焦点问题为集资诈骗罪是否应判死刑。《刑法修正案（八）》取消的 13 项死刑中，有 5 个是金融类的犯罪，但不包括集资诈骗罪。对于没有取消的原因，全国人大常委会给出的解释是为了维护财产权益、金融秩序和社会稳定。但正如有学者分析指出，就立法目标而言，财产权益、金融秩序和社会稳定无疑是重要的公共利益，但以剥夺一个公民的生命为代价去实现这些利益，其难以通过比例原则的审查。[1]可以说，我国的立法机关对于经济类、非暴力犯罪的死刑未及时废除，客观上存在着立法不作为之嫌。

此外，死刑错案还暴露出我国立法机关对于死刑适用标准不统一的问题。对于死刑的适用标准，我国 1979 年刑法规定为"罪大恶极"的犯罪分子，1997 年刑法改为只适用于"罪行极其严重"的犯罪分子，但对于何谓"罪行极其严重"，立法机关并没有给出明确的解释，有时不得不借助于司法解释填补其空白，造成立法解释权的削弱，客观上导致了实践中死刑司法适用不统一，有悖于宪法的平等原则，给国家法制的统一性带来损害。

2. 死刑错案与行政机关对生命权的保护。生命权的行政保护，即行政机关在制定行政法规、行政政策和执行行政命令的过程中，始终以维护人的生命尊严为出发点和目的，不得片面地为了达成行政任务而侵害人的生命价值。

通过对上述死刑错案的分析，我们发现行政机关在执法过

---

〔1〕 赵娟：《八二宪法结构性权力失衡症剖解——切脉吴英案》，载《江苏社会科学》2013 年第 2 期。

程中对于生命权的保护存在诸多问题，其中，侦查机关对于犯罪嫌疑人的刑讯逼供问题尤为突出。

在"滕兴善案件"中，起初滕兴善不承认自己杀了人，但几个月后他"认罪了"。那天他一瘸一拐地回监，摸着自己伤痕累累的手脚，对同室的陈功良说："他们这样整我，轮流审问，连打带骂，不让睡觉，谁能受得了呀？我顶不住了，只好承认杀了人。"说完仰天大哭。[1]

在"佘祥林案"中，连续 10 天 11 夜的"突击审讯"，由两队警察轮番上阵实行疲劳轰炸，施加让人无法承受的肉体痛苦和精神折磨，使其陷于极度疲劳、极度困乏和极度恐惧之中，产生一种生不如死的感觉，屈从拷问者的意志，承认了原本并未犯过的"罪行"。[2]

此外，"赵作海案"、"杜培武案"、"李久明案"、"叔侄案"及"张振风案"中都存在刑讯逼供的问题。而侦查人员刑讯逼供的主观恶意又有所不同，有的案件侦查人员的刑讯逼供是出于对现代科技的盲目相信，比如在"杜培武案"中，侦查人员过分相信测谎仪对杜培武说谎的测试结果，对杜培武加以刑讯逼供；有的案件中，侦查人员刑讯逼供是有意为之，比如在"张振风案"中，据称当年曾进行的 DNA 鉴定已排除其作案嫌疑，但当地刑警大队副大队长余鹏飞隐匿了该项证据。[3]

导致上述刑讯逼供的直接原因可归结为两点：（1）侦查人员缺乏尊重生命的执法理念。在死刑案件的侦查过程中，侦查人员往往采取"有罪推定"的侦查思维，漠视公民的生命权价

---

〔1〕 《滕兴善 一个比佘祥林更加悲惨的人》，载《沈阳晚报》2006 年 2 月 14 日。参见http：//news.sohu.com/20060214/n241816037.shtml。

〔2〕 于一夫：《佘祥林冤案检讨》，载《南方周末》2005 年 4 月 14 日。

〔3〕 王景曙：《张振风案是错案还是假案？》，载《彭城晚报》2010 年 9 月 10 日。

值。（2）侦查人员面临"命案必破"的外在压力。在重大刑事案件发生后，侦查机关承担着极大的侦查压力，尤其在"命案必破"、"从重从快"等政策的要求下，面对破案与线索匮乏的矛盾，加之追求高破案率的绩效评价标准，侦查机关只得采取各种可能的途径讯问犯罪嫌疑人。

3. 死刑错案与审判机关对生命权的保护。审判机关对生命权的保护，即要求审判机关依法裁判，维护生命权价值，当出现生命价值与其他价值相冲突的情形时，为实现公平正义的要求，应当优先考虑保护生命权的价值。在实施司法审查制的国家，审查机关通常有权以判例的形式扩展生命权的保护范围和程度。司法保护中的关键是，通过刑事司法程序保障被羁押人的权利。通过对上述 10 个死刑错案的分析发现，我国审判机关并没有充分履行保护公民生命权的宪法义务，主要体现在如下几个方面：

（1）刑法中的"罪行极其严重"的司法适用标准过于宽松。比如在"王志才案"中，一审及二审中，法院对于死刑立即执行与死刑缓期执行的界限把握不准确，没有考虑到可以不判死刑立即执行的相关情况。直到最高人民法院不核准被告人王志才死刑，发回山东省高级人民法院重审后，山东省高级人民法院才考虑到"本案系因婚恋纠纷引发，王志才求婚不成，恼怒并起意杀人，归案后坦白悔罪，积极赔偿被害方经济损失，且平时表现较好"等情况，改判死缓。"李飞案"也存在类似情形。

（2）案件审理程序存在问题。有的案件存在明显违反死刑案件审理程序的情况。比如，在"代宜宁等案"中，二审法院浙江高院维持浙江台州中院对代宜宁等人的死刑判决后，报请最高人民法院核准，被最高人民法院驳回，但浙江高院在重新审理该案时，未另行组成合议庭，明显违背了相关法定程序。

（3）死刑核准权的实效性也面临问题。比如在"滕兴善案"中，当时死刑核准权被下放到高级人民法院，湖南高级人民法院在对滕兴善的上诉予以驳回的同时，核准死刑，这凸显了死刑核准权下放的弊端。尽管 2007 年之后，最高人民法院已经收回了死刑复核权，但死刑核准权的运行仍面临一些问题，正如有学者指出，从整体上看，死刑复核程序中制约法院的因素较少，被告人、辩护人及检察机关的主体参与性十分有限。[1]

4. 死刑错案与"法检公"之间的制约关系。我国宪法第 135 条规定："人民法院、人民检察院和公安机关办理刑事案件，应当分工负责，互相配合，互相制约，以保证准确有效地执行法律。"其中的分工负责意味着三机关有不同的权力范围，三机关互相独立，各司其职；相互配合体现的是以独立为基础的工作程序上的衔接关系；而互相制约是三机关关系的核心与关键，如果没有这种制约功能，所谓的分工负责就失去了意义，互相配合也会严重变质。宪法规定"制约"机制的目的是体现"权力制约"原则，防止公权力的滥用。当然，制约本身不是目的，根本目的在于通过制约来保障法律适用的公正性，从而体现保障公民权利的宪法价值。而通过对上述死刑错案的分析发现，三者在办理死刑案件过程中过分强调配合，缺乏必要的制约，主要体现在以下几个方面：

（1）公安机关强大的侦查权未能得到有效约束，这成为死刑错案频发的直接原因之一。在上述侦查机关对犯罪嫌疑人实施刑讯逼供的 7 起案件中，没有任何一起得到检察机关或法院

---

〔1〕 刘仁文、郭莉：《论死刑复核法律监督的完善》，载《中国刑事法杂志》2012 年第 6 期。

的纠正。有的案件中，当事人明确向检察机关或法院提出刑讯逼供的证据，法院与检察院并没有依法纠错。比如在"杜培武案"中，为了引起法官的注意，杜培武悄悄地将他在遭受刑讯逼供时被打烂的一套衣服藏在腰部，利用冬季穿衣较多的有利条件，外罩一件风衣将这一有力证据带进法庭。开庭不久，他再次提出刑讯逼供问题，要求公诉人出示照片。杜培武还使出了最后一招：当着包括法官、公诉人、律师及几百名旁听者的面扯出被打烂的衣服证明他曾经遭到刑讯逼供，证明他过去的有罪供述均是被迫的因而依据法律是无效的，但他所做的这一切被法庭漠视。

（2）检察院对公安机关的制约能力有限，甚至弱于公安机关对检察院的制约。在办理死刑案件中，除了将案卷退回公安机关补充侦查之外，检察院对公安机关似乎没有更有效的监督制约机制。而对于检察院的退卷行为，公安机关可以要求复议，还可以提请上级检察院复核。如果在法定期间内未能获取新证据或出现其他法定事由，公安机关应当撤销案件，释放犯罪嫌疑人。但在实践中，公安机关往往不愿意主动撤销案件，而是反复要求检察院复议、复核，最后的结果要么是不了了之，要么通过其他途径向检察院施加压力，最终接受案卷并提起公诉。如在"赵作海案"中，从被拘留到一审错判前后历时37个月，累计羁押时间超过1000天，但根据刑事诉讼法的规定，犯罪嫌疑人从刑事拘留到终审判决，最长羁押时间总计不得超过602天。事实上，检察院以退卷的方式制约公安机关，对于打击犯罪、保障人权而言效果并不理想，"有的基层检察院与公安机关沟通顺畅，案件能及时退回公安机关处理。大部分则比较棘手，公安机关不愿意退回处理。有的不起诉案件，公安机关还反复要求复议、复核"。这使得检察院的退卷行为演变为延缓纠正公安机关错误羁押的缓兵之计。[1]

（3）法院的地位相对"虚弱"，缺乏作出无罪判决的能力。在三机关办案流程中，审判既是最后一个环节，也是避免错案发生的最后一道防线。通过对上述死刑错案的分析发现，一审法院对于移送起诉的案件都作出了有罪判决，其中，除3个案件判死缓，1个案件分别判死刑和死缓外，其余6个案件都判死刑立即执行。并且，上诉至二审法院的9个死刑错案中，没有任何一个案件在二审法院得到完全纠正，最多判轻一些或发回重审。对于重大刑事案件，法院的主审法官往往难以完全依照自己的判断作出判决，即便认为存在证据问题，在检察院坚持起诉的情况下，法院最稳妥的处理方式是疑罪从轻，而非疑罪从无。这种诉讼模式"体现了公安机关主导刑事司法所带来的必然结果，也恰恰体现了法院甚至检察机关的妥协"，[2]因为法院一旦判决犯罪嫌疑人无罪，就说明检察院和公安机关办错案了，将会影响三机关之间的合作关系，甚至在案件被办成"铁案"的情况下，连"疑罪"都不存在。

（4）有些地方的政法委对于三机关审判工作进行过多的"协调"，造成三机关的制约关系失去了意义。佘祥林案件中地方政法委的协调使法院的独立审判权受到干预，最后导致冤假错案。

时任最高人民法院副院长万鄂湘在国务院新闻办召开的第二十二届世界法律大会新闻发布会上，面对媒体的提问指出佘祥林一案给我们一个教训：任何时候，无论是死刑案件还是其

---

〔1〕 韩大元、于文豪：《法院、检察院和公安机关的宪法关系》，载《法学研究》2011年第3期。

〔2〕 陈瑞华：《留有余地的判决——一种值得反思的司法裁判方式》，载《法学论坛》2010年第4期。

他案件，审判机关都必须严守公平和正义的最后一道防线，严把事实关，确保程序公正和实体公正。[1]

（四）健全预防死刑错案的宪法机制

2013 年 8 月 13 日中央政法委出台了《关于切实防止冤假错案的指导意见》，要求在侦查、起诉和审判工作中严格依法办事，防止冤假错案。对于如何预防死刑冤案、错案的发生，笔者认为至少应从以下几个方面进行考虑：

1. 树立尊重生命权的文化与理念。在我国的现实生活中，不尊重生命权的现象是比较严重的。法治国家应把尊重生命权的价值转化为社会基本共识，特别是国家机关在行使职权的过程中，应树立生命权价值高于一切的意识，不能漠视生命权价值。

树立生命权至上的价值理念对于预防死刑错案的发生尤为重要。对此，我们应当从以下三个方面做起：（1）纠正"命案必破"的错误理念。"命案必破"违背办理刑事案件的客观规律，其实，由于主客观诸多因素的影响，必定会有一部分命案难以侦破。国内外的刑侦实践表明，对命案能够达到 70% 至 80% 的破案率，也是不容易的，"命案必破"是一种不切实际的过高要求。而提出这种不切实际的硬性指标直接会导致两种情况：一是"不破不立"，形成一部分隐案、黑案；二是虚报战功。只要抓到一个犯罪嫌疑人，就要其认罪，只要招认了就算破了案，在这种功利主义的驱动下，出现冤假错案就在所难免。[2]（2）树立正确的执法理念。有的执法者面对繁重的"破案"任务，产生对犯罪行为的愤怒、对破案压力的焦虑、

---

〔1〕 吴兢：《最高人民法院副院长回应"佘祥林案"——审判机关必须严把事实关》，载《人民日报》2005 年 4 月 15 日。

〔2〕 于一夫：《佘祥林冤案检讨》，载《南方周末》2005 年 4 月 14 日。

对完成任务的急迫等情绪，还有的执法者急于做出政绩。一些执法者受这些情绪影响或利益驱动，置法律于不顾而实施了刑讯逼供行为。因此，有必要促使执法者深刻认识刑讯逼供行为的危害，端正执法理念，增强抵制刑讯逼供行为的自觉性和主动性。[1]（3）应当在普通民众中宣扬生命权与人道主义价值，逐步改变死刑报应的传统文化。

2. 逐步减少刑法上的死刑条款。在保留死刑的情况下，更应该注重从减少死刑罪名入手建立预防错案的机制。国家有义务保护所有公民的生命权，对生命的价值给予高度的重视。因为即使死刑制度的实体和程序再完备，也会不可避免地出现错杀的情况。因此，当一个国家基于历史、文化与现实等因素保留死刑制度时必须建立非常严格的程序，把死刑罪名限制在最小的范围，尽可能减少死刑的人数。目前，我国还不具备废除死刑的条件，为了在死刑制度中体现宪法精神与原则，有必要确立如下程序：规定死刑的各种法律条款与刑事政策之间保持合理的比例关系；完善宣告死刑程序；制定独立的死刑侦查、起诉和审判的特殊程序，制定死刑程序法。当社会发展到一定阶段后有必要根据社会成员的法律感情逐步废除死刑。

对于死刑适用标准中的"罪行极其严重"，我国立法机关可借鉴联合国人权事务委员会对《公民权利和政治权利国际公约》第6条第2款[2]规定的"最严重的罪行"的解释，将我国刑法中的规定限制在"故意侵害生命或其他极端严重的暴力犯

---

〔1〕 方工：《正确执法理念是遏止刑讯逼供的关键》，载《检察日报》2013 年 6 月 25 日。

〔2〕 《公民权利和政治权利国际公约》第 6 条第 2 款规定，"在未废除死刑的国家，判处死刑只能是作为对最严重的罪行的惩罚"。

罪"[1]，不能随意扩大解释。

3. 保障死刑犯的基本权利。预防死刑错案的发生，还需要加强对死刑犯基本权利的程序保障。对此，我国 2012 年修改后的刑事诉讼法完善了对于死刑犯基本权利的保护，主要体现在以下几个方面：（1）将"国家尊重和保障人权"写入刑事诉讼法总则，这为保障死刑犯的基本权利提供了原则性指导。（2）规定严禁刑讯逼供和以威胁、引诱、欺骗以及其他非法方法收集证据，不得强迫任何人证实自己有罪。（3）强调采用刑讯逼供等非法方法收集的犯罪嫌疑人、被告人供述和采用暴力、威胁等非法方法收集的证人证言、被害人陈述，应当予以排除。（4）最高人民法院复核死刑案件，应当讯问被告人，听取辩护人的意见。在复核死刑案件过程中，最高人民检察院可以向最高人民法院提出意见。最高人民法院应当将死刑复核结果通报最高人民检察院。（5）侦查人员在讯问犯罪嫌疑人的时候，可以对讯问过程进行录音或者录像；对于可能判处无期徒刑、死刑的案件或者其他重大犯罪案件，应当对讯问过程进行录音或者录像。

2012 年修改后的刑事诉讼法对于保障死刑犯的基本权利提供了重要的程序性保障，在死刑案件的办案过程中，应当充分加以落实。事实证明，严格的诉讼程序和公平的审判，在保证无辜的人不被执行死刑方面发挥着重要的作用。1996 年联合国经社理事会鼓励尚未废除死刑的成员国"给予每一个可能被判处死刑的被告人所有的保证以确保审判公正"。为了保证死刑判决的公正性，未来在刑事诉讼法实施过程中，可以进一步完

---

[1] 上官丕亮：《宪法与生命——生命权的宪法保障研究》，法律出版社 2010 年版，第 103 页。

善相关程序，如规定犯罪嫌疑人的沉默权、赦免权、强制性上诉权；暂停死刑执行权；规定被判死刑与死刑执行之间间隔一定年限，以等待新证据的出现等。

4. 加强死刑适用的司法控制。尽管我国现行刑法规定了55 种死刑条款，但如果审判机关在适用与解释刑法的过程中，能够充分发挥法官的自由裁量权，对死刑的适用加以严格限制，也有利于减少死刑的误判。

（1）应当强化司法机关对于死刑案件审理的程序控制。在死刑案件的审判过程中，法院应当更加重视非法证据排除规则或者传闻证据规则的规定，将控方证明死刑案件被告人的关键证据，比如通过刑讯逼供而获取的证据排除，就可能达到预防死刑错案发生的效果。

（2）对于死刑案件，审判机关应当强化死刑案件特殊的刑事证明标准。对此，可参考联合国《关于保护面对死刑的人的权利的保障措施》有关"只有在对被告的罪行根据明确和令人信服的证据、对事实没有其他解释余地的情况下，才能判处死刑"的规定。此外，应当强化审判机关在死刑案件审理过程中的独立性，排除外在干扰。另外，可以考虑通过案例指导制度统一死刑适用的标准。

5. 强化"法检公"之间的相互制约功能。预防死刑错案的发生，应当进一步强化法、检、公三机关之间的相互制约关系。

在公安机关和检察机关关系上，应当着眼于宪法确定的检察院和公安机关之间的分工负责和保障人权的法治原则，在处理两者关系时必须坚持各自的相对独立性，在此基础上强化检察院对公安机关的制约。

在检察机关和法院关系上，检察机关是国家专门的法律监督机关，法律监督权是检察机关行使的独立的国家权力。在刑事司法程序中，检察院和法院通过独立履行法定职责，以实现国家刑罚权。检察院是侦查、起诉阶段的主导者，法院在审判和执行中具有决定权。检察院的首要职责是提起公诉，但这只是表明被告人具有犯罪的嫌疑，是否构成犯罪和如何定罪量刑，则由法院审查和判断。检察院有权对法院审判活动进行法律监督，其前提是维护审判独立和司法公正。在死刑案件复核过程中，应当加强检察机关对死刑复核制度的监督。[1]

在法院和公安机关的关系上，应建立法院对公安机关进行有效控制的程序。由于审判是刑事司法程序的最后步骤，也是保障人权的最后一环，因此法院应当发挥强有力的制约能力。就法院对公安机关的制约而言，应当体现程序性和实体性两方面特征：一方面，这种制约是在刑事司法程序中进行的，是通过正当法律程序实现的；另一方面，法院可以对刑事侦查手段作出实体判断，但判断的事项、标准、后果等要有法律的明确规定，避免违背司法的消极性和被动性特征。

宪法的逻辑体系与出发点是人的尊严与生命权价值的维护，任何一种法律制度或公共政策都应回归到宪法价值体系之内，以体现人的尊严。面对生命权理念与现实的冲突，我们有必要牢固树立"生命至上"的理念，认真地反思死刑制度面临的问题与挑战，关注社会现实中人的生命权被漠视、被侵害的各种现象，坚持疑罪从无原则。[2]保护每个人的生命权、扩大

〔1〕 万春：《死刑复核法律监督制度研究》，载《中国法学》2008 年第 3 期。

〔2〕 最高人民法院常务副院长沈德咏认为："我们必须保持清醒的认识，同时在思想上要进一步强化防范冤假错案的意识，要像防范洪水猛兽一样来防范冤假错案，宁可错放，也不可错判。错放一个真正的罪犯，天塌不下来，错判一个无辜的公民，特别是错杀了一个人，天就塌下来了。"沈德咏：《我们应当如何防范冤假错案》，载《人民法院报》2013 年 5 月 6 日第2 版。

生命权价值的保护范围、减少和预防死刑错案成为整个社会的基本共识，也应成为现代宪法和刑法存在与发展的共同价值基础。

二、强化检察机关监督死刑复核程序的宪法学思考＊

死刑复核程序是我国刑事诉讼的一项特别程序，它的设置初衷是为了确保准确适用死刑，纠正和防止在普通审理程序中可能出现的失误，从而保障被告人、犯罪嫌疑人的生命权。从宪法角度讲，这是"国家尊重和保障人权"宪法价值的具体体现，整个宪法秩序就是以人的生命和尊严为基础而建构起来的"宪法世界"，生命权成为宪法价值的基础和核心。但是，从该程序的实际运行情况看，从其设置之初直到现在，一直存在着一些问题，对宪法的实施产生了一定的负面影响。围绕最近最高人民法院针对该程序的一系列改革举措，笔者认为，人民检察院针对死刑复核程序的监督职能必须得到强化。

（一）死刑核准权收回后检察机关面临的新课题

1. 死刑核准权回收的宪法价值。死刑复核程序在 1954 年制定的人民法院组织法中已经有了明确规定，即死刑由最高人民法院核准；1979 年制定的刑法、刑事诉讼法以及人民法院组织法中均作了相同规定。在上世纪 80 年代初，由于社会治安形势的恶化，全国人大常委会分别于 1980 年和 1981 年通过了两个决定，先后授权各高级人民法院限期内直接行使对"杀人、抢劫、强奸、放火等严重危害社会治安的犯罪判处死刑"和"除反革命和贪污犯判处死刑以外的所有死刑"案件的死刑核准权；后又在 1983 年修改了人民法院组织法，规定最高人民法院在必要时可授权各高级人民法院对"杀人、强奸、抢

＊ 本部分内容刊载于《人民检察》2006 年第 11 期，系与王晓滨合作撰写。

劫、爆炸以及其他严重危害公共安全和社会治安判处死刑的案件"行使死刑核准权，当年最高人民法院即制定了《关于授权高级人民法院核准部分死刑案件的通知》，将上述死刑案件的核准权授权各高级人民法院和解放军军事法院行使；其后，最高人民法院又据此于1991年、1993年、1996年、1997年先后四次授权各高级人民法院、解放军军事法院行使对部分案件的死刑核准权（其中毒品犯罪的死刑核准权由部分高级法院行使）；全国人大于1996年和1997年分别修改了刑事诉讼法与刑法，明确规定死刑核准权由最高人民法院行使。而在其后的司法实践中，死刑核准依然处于两极格局。在最高人民法院发布的《人民法院第二个五年改革纲要》中也对收回死刑核准权的问题作了明确规定。

我们认为，死刑核准权的收回，与其说是司法改革的"突破性举措"，勿宁说是宪法价值的回归，更具体地说，是回归到法律本来的规定，当然具有很大的进步意义。其宪法价值可以从以下三个方面得到体现：

（1）有利于对公民生命权的平等保护。死刑核准权的"下放"，造成的问题首先是死刑复核标准不统一，导致剥夺公民生命权刑罚适用标准的不平等。由于各地经济发展情况的不平衡，现实中同样的案件，各地在是否适用死刑时的审查判断标准并不一致，如走私、贩卖毒品的犯罪，在湖北省，数量达到200克有可能判死刑，[1] 在上海市，不满400克不判处死刑，而在甘肃省，只要满100克就有可能判处死刑。[2] 其次，核准死刑的机关等级不一致，可能造成公民生命权保护程度的不平

---

〔1〕　王健：《死刑核准"收权"进入倒计时》，载《法律与生活》2004年第12期。

〔2〕　周道鸾：《试论死刑复核程序的完善》，载《人民司法》2004年第8期。

等。同样是可能适用死刑的犯罪，有的只能由高级法院复核，有的（如经济犯罪和危害国家安全的犯罪）则由最高法院复核，造成被告人生命权保障的最后一道关卡位阶上的不平等。最后，各地方人民法院领导执法观念和法官业务能力客观上存在差异，会造成对公民生命权保护整体水平的差异。不可否认，由于有些地方法院对死刑核准把关不严，办案人员责任心不强，业务水平不高等原因，已经出现过一些纰漏，甚至发生过个别震惊全国的冤假错案，在社会上产生了负面影响。所以，最高人民法院收回死刑核准权有利于对公民生命权的平等保护。

上述分析主要从应然角度而言，从实然性上讲，如何切实平等保护公民的生命权，又是一个重要问题。检察机关的法律监督作用的发挥在死刑核准环节中具有不可替代的地位。而死刑核准权的下放，在客观上给检察机关的监督造成了困难，收回死刑核准权势在必行。

（2）有利于国家法制的统一和宪法权威的树立。生命权保护原则决定了生命权应受到国家法律体系的平等保护。在宪法的框架下，各种保护生命权的法律之间应当是协调统一的，不能相互冲突，更不能具有随意性。虽然1983年修订的人民法院组织法规定了最高人民法院在必要的时候可以授权高级法院行使对部分死刑案件的复核权，但在其后1996年修订的刑事诉讼法和1997年的刑法当中，依然明确规定了"死刑由最高人民法院核准"。无论是按照"后法优于前法"，还是"特别法优于普通法"的法律适用原则，由高级人民法院依照1983年人民法院组织法的修订决定去行使死刑核准权，而不是执行刑事诉讼法、刑法的规定是否适当？更何况，虽然总体上它们都是由全国人民代表大会制定的"基本法律"，但1983年人民法院组织法的修订决定是由全国人大常委会通过的，而修订的刑事诉讼法和刑法是由全国人大通过的，这种位阶上的差异与条文上的冲突同样比较明显。同时，最高人民法院数次下放死刑核准权的通知也存在着合宪性质疑。以上冲突显然对宪法秩序的稳定产生了负面影响，对国家法制的统一和宪法权威的树立产生了一定的消极作用。法律、法规本身的冲突不是法治社会的理想状态。所以，收回死刑核准权，有利于在宪法之下法律的统一性。而为保证宪法和法律的统一与有效实施，检察机关应当发挥什么样的作用？这是值得我们进一步深入思考的问题。

（3）有利于在国际人权保护领域彰显中国宪法的发展与进步。《世界人权宣言》将生命权表述为"至高无上的权利"，我国业已签署了《公民权利和政治权利国际公约》和《社会经济文化权利公约》等多项国际人权公约（前者已经全国人大常委会正式批准在国内生效）。对生命权尊重的保障已经成为国际社会广为关注的热点问题。在当前不废除死刑的前提下，在中国这样一个单一制的国家当中，由地方法院来复核死刑与生命权的宪法保护价值是有矛盾的。收回死刑核准权，对于体现我国在人权保护领域的进步，在国际上树立良好的政治形象、司法形象具有重要意义。在刑事诉讼中，人民法院基于检察机关的公诉审理案件是人权保障的一个环节，而检察机关对人民法院的裁判活动实施有效监督同样是人权保障的另一个重要环节。在一定意义上，后者作用的发挥显得越来越重要。

2. 检察机关对死刑复核程序监督的现状与挑战。我国宪法第129条规定："中华人民共和国人民检察院是国家的法律监督机关。"第131条规定："人民检察院依照法律规定独立行使检察权，不受行政机关、社会团体和个人的干涉。"这是检察机关宪法地位的明确体现。刑事诉讼法第 3 条、第 8 条,人民检察院组织法第 5 条以及人民检察院刑事诉讼规则等规范性文件都对检察机关的职能作了具体规定,概括起来,检察机关的法律监督权(检察权)主要由对职务犯罪的侦查权、公诉权、诉讼监督权和执行监督权四项具体职权组成[1]。这四项权能在行使过程中,除了公诉权的行使是在作出生效死刑判决之前,与死刑复核程序运行的关系不大外,其他三项权能都可以在各自的层面发挥对死刑复核程序运行的监督力和制约力,以减少对公民生命权的侵害,其中最重要的就是诉讼监督权。如刑事诉讼法第 205 条第 3 款规定了"最高人民检察院对各级人民法院已经发生法律效力的判决和裁定,上级人民检察院对下级人民法院已经发生法律效力的判决和裁定,如果发现确有错误,有权按照审判监督程序向同级人民法院提出抗诉。"这里的"判决和裁定"当然包括死刑复核环节所涉及的判决和裁定,检察机关在这一阶段的核心工作就是如何去发现上述判决和裁定"确有错误"。笔者认为,检察机关诉讼监督权的积极行使,除了是对法院在普通程序与死刑复核程序中审理活动的合法性作出监督外,同时也是对检察机关内部公诉权行使活动合法性的监督和检验。

从宪法和法律的规定看,检察机关有权对人民法院核准死刑的过程实施监督,那么,这一权力的实际行使状况如何呢?就目前情况而言,结果是不尽如人意的。对于最高人民法院直接核准的经济犯罪等死刑案件,由最高人民检察院实施监督;对于各高级人民法院核准的普通暴力刑事犯罪等死刑案件,主

---

〔1〕 韩大元、刘松山:《论我国检察机关的宪法地位》,载《中国人民大学学报》2002 年第 5 期。

要由各省、自治区、直辖市的人民检察院实施监督。而目前两级检察机关的监督都缺乏力度，尤以后者的缺陷最为明显。突出的问题主要表现为两种情况：一种情况是人民法院多采取书面复核的方式，诉讼色彩难以看到，死刑复核程序"更像是一种行政报核性质的审判活动"[1]，整个程序的运作俨然由法院一方在操作，检察机关难以介入其中。这种书面的、秘密的、单方面的复核方式，容易造成"暗箱操作"，影响法律适用的公正性。检察机关对法院审理活动的监督，主要应通过出席庭审活动或其他询问被告人、证人的过程，不断核实事实和证据，不断审查法律适用的准确性，从而决定是否对法院的裁决提出抗诉来实现，在多方当事人在场的情况下是最容易发现问题的。而过去书面复核形式不公开开庭，[2] 检察机关无法出庭提出主张、实施监督，这对检察权的充分行使和被告人生命权的保障形成了事实上的障碍。另一种情况是有些高级人民法院在提高审判效率、节约诉讼成本的名义下，把二审程序和死刑复核程序"合二为一"，看似多方参与，但死刑复核程序作为一道极为关键的生命权保障的最后程序的独立性、特殊性被冲淡和做简单化处理了，检察机关在这一环节中的特殊监督作用当然也无从体现，至多只是对普通审判程序的监督。上述的两种情况被许多学者批评为"实际上取消了死刑复核程序"，使死刑复核"形同虚设"、"名存实亡"。[3] 事实证明，以上做法既不能祛除各地适用死刑客观标准不一的痼弊，也不能摆脱一

---

〔1〕 陈瑞华：《问题与主义之间》，中国人民大学出版社 2000 年版，第 42 页。

〔2〕 2005 年 12 月最高人民法院发布了《关于进一步做好死刑第二审案件开庭审理工作的通知》，提出从 2006 年 7 月 1 日起，死刑二审案件一律开庭审理。

〔3〕 这方面的观点可参见周道鸾：《试论死刑复核程序的完善》，载《人民司法》2004 年第 8 期；张艳军：《死刑复核程序中存在的问题》，载《法学杂志》2004 年第 7 期。

些地方领导和部门对司法机关的不当干预，以致一些冤案、错案屡有出现。可见，两级检察机关当前在介入对死刑复核程序的监督时存在着从观念到制度等多方面的问题，在死刑复核环节中法律监督作用的发挥显然与社会法治建设的需求不相适应，与对宪法保护公民生命权的重要性不相适应。

随着"下放"25年之久的死刑核准权收回最高人民法院，对死刑复核程序的监督也将集中到最高人民检察院，其监督任务必然相应地加重，监督的力量也必须得到增强。如何在今后对死刑复核程序的监督中，在权力的具体配置上趋于合理，在监督权的运作上实现两院的协调和有效制约，在监督效果上体现出对公民生命权的尊重和切实保护，以真正落实宪法第135条规定的"分工负责，互相配合，互相制约"的原则，是最高人民检察院面临的重要课题。

（二）如何强化检察机关对死刑复核程序的监督

1. 现有条件下强化检察机关监督职能的措施探讨。当前，如何在审判实践中改进死刑复核程序是人民法院正在着力研究的问题。同时，检察机关在检察实践中，也应当有针对性地认真研究和探讨如何强化对这一特殊程序的法律监督。从现有的执法观念和死刑复核程序运行情况看，笔者认为，强化检察机关的监督作用应当重点围绕以下三个方面采取措施。

（1）树立宪法观念，增强监督意识。检察官对宪法精神与基本内容的理解、认同与情感形成了检察官的宪法意识，检察官宪法意识的提高对于促进公民生命权的保障具有极为重要的作用。目前，检察机关工作人员应当着重树立以下三种意识：①积极行使法律监督权的能动意识。虽然检察机关对死刑复核程序的监督主要针对人民法院下一步将要采取的相应措施而进行，但当前检察机关不能抱着等待法院逐步完善之后才开始考虑怎样监督的态度，更不能有死刑复核程序本身是法院内部的监督，检察机关没必要太多介入、只是走走过场的想法。监督死刑核准是关系公民生命权保障的大事，早一日着手就多一份保障。②权利平等意识。也就是要以平等的观念看待所有被判处死刑的被告人，不仅在对适用死刑的客观标准的监督上要平等，对适用死刑的对象、所触及的罪名的监督上也要平等，不因被告人的民族、性别、职业、地域、财产状况等不同而区别对待，这是宪法第33条"公民在法律面前一律平等"的必然要求。③权利保障意识。要从切实保障公民生命权、维护宪法和法律权威的高度事业心和责任感出发实施监督，严谨细致地把好公民生命权救济的最后一道关。在一定意义上，检察官的宪法意识是强化检察机关法律监督作用的首要因素，要通过开展多种形式的教育、培训、考试、考核等方式，切实增强检察官的宪法意识。

（2）立足现实条件，扩大监督范围。在监督范围上，主要存在以下三个问题：

①法律中关于"死刑"内涵的界定及死刑复核实施机关的规定并不明晰，容易引发多种理解。刑法和刑事诉讼法都规定了"死刑由最高人民法院核准"，而死刑包括了死刑立即执行和死刑缓期执行两种情形。两法又同时规定了"死刑缓期执行的，可以由高级人民法院判决或者核准"，"中级人民法院判处死刑缓期二年执行的案件，由高级人民法院核准"。尽管多数学者认为，前面所指的死刑就是指"死刑立即执行"，但是立法的表述并不当然排斥该规定也应当包含"死刑缓期二年执行"。而且，高级人民法院、最高人民法院判处的死刑缓期执行案件由谁核准的问题也没有明确的规定。笔者认为，死刑作为剥夺生命权的刑罚，对死刑的最终核准都应当由最高人民法

院进行。只是现阶段可以先由高级人民法院行使对部分死刑缓期二年执行判决的核准；待死刑立即执行的判决的复核程序运行规范化后再一次由最高人民法院"上收"核准权。对检察机关而言，对死刑复核程序的监督工作也应当由目前的最高人民检察院和省、自治区、直辖市人民检察院两级实施转向将来由最高人民检察院统一实施。

②死刑复核是只复核法律、程序问题，还是同时复核事实问题？同样，对死刑复核的监督也涉及法律问题与事实问题。有观点认为，死刑复核不是审判程序，不需要开庭也不提审被告人和传唤证人，所以不应当复核案件事实和证据材料，主要看程序是否合法、定罪量刑是否准确。[1] 笔者认为，死刑复核应当坚持全面复核原则，即事实和法律问题都要考虑：对被告人的年龄、精神状况、是否怀孕等要认定，对原判确定的其他事实、证据也要认定；对判决适用的法律条文准确与否要综合考量，对犯罪的性质、后果及其危害程度也要考量；对自首、立功的事实要核实，对其他从轻、减轻或免除处罚的情节也要核实。人民法院的复核要充分考虑上述因素，人民检察院的监督也要充分考虑上述因素。

③检察机关在监督各类社会主体遵守和执行法律的同时，对于法律、法规和各种规范性文件的冲突的解决方面应当发挥积极的作用。宪法序言中规定了一切国家机关负有维护宪法尊严、保证宪法实施的职责，检察机关作为国家法律监督机关，其自身的特点决定了它更易于在行使职权的过程中发现法律、法规及其他规范性文件可能存在的违宪或违法问题。由于生命

---

〔1〕 胡云腾、申庆国、李红兵：《论死刑适用兼论死刑复核程序的完善》，载《人民司法》2004 年第 4 期。

权的至上性，有关死刑的各种规范的冲突在一定意义上就是宪法问题。如果检察机关认为涉及死刑的法律、法规、司法解释可能存在违宪、违法或如前文所述的相互冲突的情形时，有义务根据宪法精神或立法法等规定，采取多种渠道使之得以纠正，这也是检察机关作为"国家的法律监督机关"的应有职责，是扩大其自身监督范围，充分行使法律监督权的又一种表现。笔者认为，检察机关在这方面监督作用的发挥还有很大的潜力。

（3）多级协调互动，改进监督方式。就死刑复核程序而言，目前存在的争议主要有：

①死刑核准权回收后的机构设置问题。为了做好死刑复核工作，最高人民法院已成立三个刑事庭，增加300多名法官。针对此，笔者认为，最高人民检察院也应当配置相应的机构和人员从事对死刑复核工作的监督。如在现有的公诉厅或刑事申诉检察厅中设置专门的机构与人员，甚至在适当的时候可以设置与各职能厅平行的死刑复核监督部门，对应最高人民法院的相应机构开展工作。最高人民检察院应尽快研究建立与之配套的工作机制和工作方法，重在突出监督实效。

②对最高人民法院所判决的死刑案件的审理和复核"合二为一"的问题。笔者认为，目前存在的状况，由最高人民法院的同一审判组织既审理又复核，这在事实上使死刑犯少了一道生命保障的关卡。我们不能因为某一案件是最高人民法院直接判处死刑的案件就抹杀了死刑复核程序独立存在的意义。虽然在这方面最高人民法院已经开始改进，今后自行判决的死刑案件的审理和复核有可能由内设的不同部门操作，但也要看到，这毕竟是经过同一个审判委员会，毕竟是一个机关自身的复核。因此，最高人民检察院对此的监督越发显得重要，而目前

在具体操作程序与相互协调方面应当如何完善，需要相关立法进一步作出明确规定。

③死刑复核程序诉讼构造本身的问题。刑事诉讼法没有规定对死刑案件进行复核时要求公诉机关派员和辩护人参加以及如何进行复核的程序。过去在司法实践中，合议庭对报请的死刑（包括死刑缓期二年执行）案件的复核或者核准，均是采用一案一书面审，这种脱离了人民检察院和辩护方具体参与的方式，在一定程度上影响了被告人辩护权的行使，破坏了诉讼的完整构造，不利于死刑裁判为被告人和社会所信服、接受，降低了死刑复核程序的纠错功能，同时在客观上形成了检察机关介入乏力、调取信息乏力、监督乏力的状况。因此，有必要在今后的立法当中，明确规定在死刑复核程序中人民法院必须提审被告人，必须听取公诉方与辩护方的意见，行使复核监督权的检察机关也必须派员到场等。笔者认为，为加强检察机关的监督效能和威慑力，全国人大还应当通过修改刑事诉讼法等形式进一步明确检察机关在监督死刑复核程序中的职权，如常规性的调取死刑复核的有关案卷、列席人民法院合议庭和审判委员会复核死刑案件的讨论，必要时直接讯问被告人、传唤证人以进一步核实证据等。同时，不仅检察机关与人民法院的关系需要协调，下级检察机关也有义务协助上级检察机关做好对死刑复核的监督工作。死刑不同于一般刑罚，任何不慎所造成的生命消失的后果都是无法挽回的，对上述程序加以细化和改进绝非是频添烦琐，增加诉累。世界上有死刑的国家多数实行的是三审终审制，甚至有更多的审理环节，我国在坚持目前二审终审制的情况下，通过上述措施的改进也能够反映出宪法对生命的关怀。在这点上，任何以节约诉讼成本为由而主张简约死刑复核程序的说法都是不妥当的。

④死刑复核的期限问题。刑事诉讼法没有规定死刑复核程序的期限，实践中一些案件久拖不决，被告人被长期羁押。这种状况一方面可能使无罪或罪不至死的被告人的身心俱受折磨，人身自由等合法权益未得到及时保障；另一方面也会使一些罚当其罪的被告人长期在对生命的渴望、绝望与无预期中备受煎熬，同时也不利于及时有效地打击刑事犯罪，发挥法律的威慑作用。这两种情况都有可能导致对人的尊严和自由的伤害，所以死刑复核应当设置时限。笔者建议在刑事诉讼法中应当明确规定：死刑复核案件（包括死刑立即执行案件和死刑缓期二年执行案件）的审理期限为6个月，对于重大疑难案件需要延长的，经最高人民法院审判委员会批准可以适当延长1至3个月。同时，还要注意特殊情况下应保持一定的灵活性。以此既有利于保证办案的质量，在较长的期限内审查复核案件，又符合保障被告人免受太长时间羁押的权利需求，也使得人民检察院对死刑复核程序的监督有了严格的时限标准和明确的法律依据，减少了法院的随意性。此外，刑事执法中还应当引入"疑罪从无"的理念，人民检察院今后在这方面的监督中应当发挥积极的作用，佘祥林案件就是一个很好的说明。

2. 全方位改进对死刑复核程序监督的建议。目前在全世界范围内，死刑犯人权保障问题越来越受到来自方方面面的高度重视。检察机关更是不可掉以轻心。除了前述的人民检察院通过直接行使诉讼监督权而对人民法院的死刑复核过程予以监督外，检察机关今后在死刑复核程序的诸多环节上，都有进一步发挥其监督作用的空间。也就是说，检察机关的监督职能应当全方位地拓展。现择其要而述之：

（1）最高人民法院收回复核权后，对于仍由高级人民法院复核的一部分死刑缓期执行的案件，检察机关的监督应当如何完善？笔者建议，应当彻底改变当前高级人民法院审理、复核程序合一的现状，尽早在各高级人民法院成立专门的死刑复核庭，并接受最高人民法院相关部门的直接指导，实现"审核分离"。相应地，各省、自治区、直辖市人民检察院要切实承担起监督的重要职责，配置专门的机构和监督力量。从目前状况看，死刑缓期执行案件的核准权要"上收"最高人民法院，还需要一个较长的过程，各省、自治区、直辖市的人民法院和人民检察院必须下大力做好这方面的工作。

（2）检察机关在发挥诉讼监督权作用的同时，还要加大行使职务犯罪调查权的力度，坚决打击各种腐败现象。死刑案件的一个显著特征就是有些被告人的近亲属为了保全被告人的生命，往往动用各种社会资源，不惜一切代价；一些地方的党政领导也利用职权对法院、检察院的工作进行干预，其中不乏行贿受贿等现象。总之，这一环节中出现腐败的可能性较大，而检察机关仅从法律文书去界定徇私枉法也很困难。上述情形的存在给国家的司法声誉造成极大损害，也给检察机关的职务犯罪调查工作带来了很大困难。所以，检察机关加大这一环节的打击力度非常必要。对职务犯罪的查处同样是履行法律监督权，对死刑复核程序实施监督的一种重要方式。

（3）切实履行好执行监督权，实现对死刑复核裁定各个环节的"全程监督"。人民法院对死刑复核的处理结果无非是三种方式，一是裁定核准死刑，由院长签发死刑命令；二是提审改判其他刑罚；三是裁定发回原审法院重新审判。在这些裁定作出之前、之中和之后，检察机关都应当及时介入，实施有效的监督。执行监督权主要是在针对第一种裁定作出之后发挥作用的。近年来已发生过好几起"枪下留人"事件，[1] 都是最高人民法院在发现案件疑点时果断中止的。人命关天，检察机关今后在这方面也应当发挥其重要作用，在询问被告人遗言、验明正身、监督刑场执行等环节如发现任何疑点，都要果断制止，要通过最高人民检察院向最高人民法院提出，需要抗诉的要及时提出抗诉。同时，地方各级人民检察院对于判决死刑缓期执行的被告人，在羁押期间要及时受理他们的申诉，发现问题要及时纠正。这也可以说是死刑复核监督权的延伸。

（三）强化检察机关对死刑监督复核监督职能的实践意义

生命权存在的尊严和价值是维系宪法与其他法律共同价值的纽带，现代法治国家的法律体系是建立在以尊重生命权价值为核心的宪法基础之上。

1. 出于对宪法权利保障的多维度和充分性的需要，检察机关的这种监督作用必须强化。在宪法基本原则下，任何社会公共政策的制定与实施都应当充分体现对社会成员（公民）生命权的关怀。不论死刑复核程序今后如何变化，其权力运作的形态主要还是表现为法院内部裁判权的行使。宪法的实施对国家建立、健全生命权保障的法律体系提出了从形式到实质上的全面要求，检察机关积极介入对死刑复核程序这一涉及公民最基本的宪法权利的过程是十分必要的。它的核心意义并非仅在于国家健全其权利保障体系的宣示性作用，更在于对每一个个体生命价值的切实尊重。检察机关对死刑复核过程实施监督就是在监控着国家权力对生命权剥夺与否的最后一道关口，体现着宪法对生命权的终级关怀。

2. 出于对审判权行使的终局性与独立性的制约的需要，检

---

[1] 王健：《死刑核准"收权"进入倒计时》，载《法律与生活》2004 年第 12 期。

察机关的这种监督作用必须得到强化。宪法第135条为此专门规定了公、检、法三机关要"互相制约"。从法院审判权运作的特征看，在死刑复核程序中言其执掌生杀予夺大权实不为过，如不对其进行监督、制约，必然造成对公民生命权的侵害。最有力的监督当然要以国家权力为后盾，世界上没有废除死刑的国家在法院之外都有专门的机关和人员承担着对死刑的裁决与执行过程的监督，多数国家由检察机关承担这一职责，也有的国家是由司法行政机关承担（如日本的法务大臣对死刑判决与执行有一定的审查权），[1] 还有的国家元首直接享有死刑辖免权（如美国、新加坡）。在我国，承担这一监督职责最合适的机关就是人民检察院。由于国家权力机关对人民法院的监督是宏观的，对具体案件监督作用的发挥十分有限，而检察机关是宪法规定的法律监督机关，它的监督更具有坚实的合宪性基础。从宪法文本看，检察权独立行使原则（第131条）与审判权独立行使原则（第126条）是并行不悖的，检察机关实施对死刑复核程序的监督责无旁贷，必须强化。

3. 出于彰显死刑复核程序与普通刑事诉讼程序的差异性的需要，检察机关的这种监督作用必须强化。在刑法、刑事诉讼法的实施过程中，长期以来，检察机关对于人民法院一审、二审等普通程序以及审判监督程序的监督已经积累了较为成熟的经验和理论，而对于死刑复核程序的监督，则在监督方式、监督方法上鲜有经验可言。如前所述，以往不少法院将死刑复核程序单纯实行书面审核以及将二审程序与死刑复核程序"合二为一"的简单化做法，已经受到了社会各界的广泛批评。相比

---

〔1〕 程荣斌主编：《检察制度的理论与实践》，中国人民大学出版社1990年版，第191~194页。

普通程序而言，检察机关对于死刑复核程序这一涉及公民生命权保障的最后一道关键性程序的监督，在重视程度、实施方式上必须体现出差异性，也即要对监督死刑复核程序给予特别的关注和重视。事实上，刑法、刑事诉讼法实施的过程也是宪法实施的过程，目前死刑复核多级化的状况绝非宪法实施的良性状态，现在已到了该正本清源的时候。既然监督死刑复核程序如此重要，其重要性就不应只停留在口头上。如果说检察机关对普通程序（包括死刑判决过程）监督作用的改进应当趋于审慎、不断深化的话，对死刑复核程序的监督作用也必须得到强化。

4. 出于体现检察机关行使职权的特殊性价值追求不同于一般性价值追求的需要，检察机关的这种监督作用必须强化。人民检察院组织法第 4 条对检察机关的任务作了列举性规定，其中有"打击反革命分子和其他犯罪分子……保护公民的人身权利、民主权利和其他权利"，多数文章在论及检察机关行使职权的价值时，通常将打击犯罪与保护人民并提，这是检察机关自身的工作特性所决定的一般性价值追求。但由于检察机关的职权具有多样性，检察权在行使的不同领域中其价值追求是有所不同的。我们认为，在对死刑复核程序的监督中，"人权保障"应当成为检察机关所追求的价值核心。通过检察机关对死刑复核监督作用的充分发挥，无论是职务犯罪调查环节、公诉环节、监督刑事侦查活动环节、监督普通程序审理环节，还是死刑执行环节，各种侵害公民生命权及其他基本权利的现象都可能被发现和纠正，包括检察机关自身在内的国家机关对人权的重视和保障程度如何，都可以得到检验和证实。为体现这种保障生命权价值的特殊性，检察机关在这一程序中的监督作用必须强化。

基于以上分析，人民检察院在监督死刑复核程序的过程中，要不断扩大生命权保护的范围，增强保护生命权的宪法意识。为了落实"国家尊重和保障人权"的宪法原则，应积极改进检察机关具体介入和参与死刑复核程序的形式和途径，切实、有效地发挥对死刑复核程序的监督作用，从而确保死刑案件的办案质量，保障公民的基本权利。

三、尊重和保障人权是法治建设的核心价值 *

"依法治国，建设社会主义法治国家"是一项系统工程，需要一整套尊重和保障人权、规范市场经济秩序、建设法治政府、保障公正司法等的法律制度。在这些法律制度中，尊重和保障人权是法治建设的核心价值，贯穿于法治建设的各个环节，是法治建设的根本目标。《白皮书》系统地阐明了国家的人权理念与价值观，总结了中国在法治建设领域取得的成果。

《白皮书》指出，中国把消灭贫穷落后，让每个人享有充分的人权，建设富强、民主、文明、和谐的社会主义现代化国家，作为不懈的奋斗目标。它意味着尊重和保障人权是国家的基本价值观，也是中国法治建设的价值目标，法治建设又为人权保障创造条件并提供保障。改革开放 30 年来，中国找到了一条适合自己国情的促进和发展人权的道路，不仅形成了一整套比较完备的保障人民民主权利的政治制度，而且形成了以宪法为基础，以部门法和行政法规、地方性法规及规章等构成的多层次法律体系，从而使人权建设在制度化、法律化的轨道上取得了长足的进展，人权状况呈现出不断改善的良好态势。以 2004 年通过宪法修正案将"国家尊重和保障人权"写入宪法为标志，尊重和保障人权的价值理念日益彰显，人权保障的法律制度不断完善，广大人民越来越享有了广泛的人权。

---

* 本部分内容刊载于《法制日报》2008 年 3 月 2 日。

《白皮书》根据中国国情和人权发展的一般规律，阐明了中国发展人权事业的基本立场，即坚持生存权、发展权的首要地位，把发展作为第一要务，同时不断发展公民的政治、经济、社会、文化权利，努力实现人的全面发展。新中国成立50多年来，特别是改革开放30年来，中国政府始终把解决人民的生存权和发展权问题放在首位，坚持以经济建设为中心，大力发展社会生产力，使经济和社会发展突飞猛进，综合国力显著增强，人民生活水平大幅度提高，实现了从贫困到温饱和从温饱到小康的两次历史性跨越。既要追求人权的普遍性价值，同时也要承认人权发展过程的多样性与特殊性，以发展为基础，实现"人的全面发展"。当然，这里所讲的"发展"是综合性的概念，是社会全面的发展，包括政治发展、经济发展、文化发展与社会发展。

在鲜明地阐述中国在人权问题上的基本理念与立场的同时，《白皮书》从公民生命权的法律保障，人身自由和人格尊严的法律保障，平等权的法律保障，政治权利的法律保障，宗教信仰自由的法律保障，劳动者权益的法律保障，经济、社会、文化和其他权利的法律保障等不同角度进一步说明中国人权保障体系与具体的保障制度，使人权价值更加贴近民众生活。如把生命权作为第一人权，阐明"中国重视对公民生命权的保障"的基本理念。根据中国国情，保留死刑，但通过制度严格控制和慎重适用死刑，确保死刑仅适用于极少数罪行极其严重的犯罪分子，建立有利于严格控制死刑适用的死刑缓刑二年执行制度。通过实施劳动法和劳动合同法等法律，劳动者的权利得到了最大程度的实现。中国投入大量资金发展和完善社会保障事业，逐步形成渐趋完善的社会保障体系。医疗机构遍布城乡，医疗卫生服务体系基本形成。采取各种措施，大力发展教育事业，公民的受教育权得到了切实的保障和实现。

《白皮书》的内容涉及法治建设的各个方面，特别注重从法律体系的角度揭示人权在社会生活中的实现以及具体的保障制度。如果只有人权保障的理念，没有切实的保障制度，也难于有效地实现人权。以宪法为基础，中国制定和完善了一系列保障人权的法律制度，人权保障事业不断法律化、制度化，逐步形成了较为完备的尊重和保障人权的法律体系。中华人民共和国现行的 229 项法律，都与公民权利保障息息相关。如在生命权的保障方面，民法通则规定，公民享有生命健康权；安全生产法、职业病防治条例等法律法规，对保护劳动者的生命安全和身体健康作出了规定。在人身自由和人格尊严方面，宪法、刑事诉讼法、刑法、立法法、行政处罚法及民法通则等均作了全面规定；立法法规定，限制人身自由的强制措施和处罚，只能由法律规定。在平等权的保障方面，宪法确立了公民在法律面前一律平等的原则；宪法和民族区域自治法对民族平等作了规定；宪法和妇女权益保护法对妇女在政治的、经济的、文化的、社会和家庭的生活等方面享有同男子平等的权利方面作了规定。对于政治权利的法律保障，宪法、立法法、地方组织法、选举法、集会游行示威法和信访条例都作了规定。在劳动者权益保障方面，宪法规定公民有劳动的权利，劳动者有休息的权利；劳动法、劳动合同法、劳动争议调解仲裁法、就业促进法、职工带薪年休假条例、劳动保障监察条例、工伤保险条例、失业保险条例等法律法规及规章，规范和促进了就业，保障了劳动者的合法权益。此外，宪法规定了公民合法的私有财产不受侵犯。物权法规定，国家、集体、私人的物权和其他权利的物权受法律保护。老年人权益保障法、母婴保健法、未成年人保护法、残疾人保障法等法律，对老年人、婴儿、未成年人、残疾人等主体的权利保护作了具体规定。

在国际化时代，不同民族、不同文化与不同社会制度的国家对人权的理念、人权的实践方面存在不同的理解是正常的，这也是文化多样性的表现。但尊重和保障人权作为普识性的价值，已成为 21 世纪人类社会共同的价值观。毫无疑问，在 13 亿人口的中国发展人权事业将对国际人权事业的发展产生重要影响。中国政府积极参与国际人权公约，充分发挥国际人权公约在促进和保护人权方面的积极作用。中国参加了 22 项国际人权公约，这些国际人权公约涉及种族歧视、性别歧视、保障儿童权利以及禁止酷刑等方面，其中包括《消除一切形式种族歧视国际公约》、《消除对妇女一切形式歧视公约》、《禁止酷刑和其他残忍、不人道或有辱人格的待遇或处罚公约》、《经济、社会和文化权利国际公约》等核心国际人权公约。《白皮书》强调，中国政府积极参与国际人权公约，开展国际人权保障的合作与交流，认真履行所承担的条约义务，充分发挥国际人权公约在促进和保护本国人权方面的积极作用。这是中国政府对履行国际人权公约义务所做的庄严承诺。在构建社会主义和谐社会和推动建设和谐世界的进程中，中国将积极与国际社会开展人权方面的交流与合作，以更加开放的理念，推进人权事业的发展，为世界的和平与发展做出应有的贡献。

四、《刑事诉讼法修正案（草案）》第 1 条应明确"保障人权"*

2012 年 3 月 5 日召开的十一届全国人大五次会议将审议《刑事诉讼法修正案（草案）》（以下简称《草案》）。此次刑事诉讼法修改，增加了包括不得强迫自证其罪在内的多项重要内

＊　本部分内容刊载于《法制日报》2012 年 2 月 15 日。

容，突出了保障人权的基本理念，增加和修改的条文占现有条文总数的一半左右。作为国家基本法律，刑事诉讼法修改一直受到包括法学界在内的社会各界的广泛关注，其中讨论较多的一个问题是，如何正确认识和处理刑事诉讼法与宪法、惩罚犯罪与保障人权的关系。刑事诉讼法的基本理念应该是充分保障人权，有效打击犯罪，要在内容上充分体现宪法规定的人权保障原则、法治原则以及法院、检察院和公安机关"分工负责、互相配合、互相制约"的原则。

一般来说，每部法律的第 1 条体现了这部法律的宗旨，反映了法律的核心价值，具有提纲挈领的意义。《草案》第 1 条规定："为了保证刑法的正确实施，惩罚犯罪，保护人民，保障国家安全和社会公共安全，维护社会主义社会秩序，根据宪法，制定本法。"根据宪法与刑事诉讼法的关系以及立法宗旨，笔者建议将第 1 条的"保护人民"改为"保障人权"。

宪法是国家根本法，具有最高法律效力，在社会主义法律体系中处于"统率"地位，一切法律法规都应当与宪法保持一致，这也是为什么多数法律都在第 1 条规定"根据宪法，制定本法"的原因。胡锦涛同志在 2004 年首都各界纪念全国人民代表大会成立 50 周年大会上的讲话中强调，依法治国首先要依宪治国，依法执政首先要依宪执政。2004 年我国宪法修正，把"国家尊重和保障人权"载入宪法，成为国家价值观和一切公权力行为的基本准则。刑事诉讼法作为宪法具体化的基本法律，必须服从宪法价值，在价值理念上体现宪法的原则与精神，在制度设计上遵守和落实宪法的规定。刑事诉讼法与人权关系殊为密切，被称为"被告人权利大宪章"，应当体现宪法的要求，明确规定"保障人权"。2004 年修宪之后，法律的制定和修改要充分体现保障人权的原则。如果刑事诉讼法在立法宗旨中宣告"保障人权",那么不但是刑事立法、刑事司法的重要进步,也是对宪法原则的具体落实。

目前《草案》中规定的"保护人民"的表述,虽然出发点是着眼于体现法律的人民性,但作为科学的法律术语的表述并不恰当。"人民"不是一个法律概念,而是一个政治概念,在不同的时期,"人民"的具体内容也有所不同,这取决于国家发展的历史阶段。人权保护的对象是"人",即便是被告人、犯罪嫌疑人和罪犯,哪怕是被判处死刑的罪犯,也享有一定的人权,有些人权还是不能被剥夺的。宪法规定国家保障人权,意味着宪法不仅保护人民,也保护罪犯、犯罪嫌疑人和被告人的正当权益。刑事诉讼法的重要功能是从程序上保障特定主体的基本权利,如果只写"保护人民",有可能将人民之外的其他主体予以排除,造成国家保护主体的不完整性。一般来说,在刑事诉讼的程序中,被追诉者明显属于弱者,他们的人权容易被强大的公权力机关所侵犯,理应得到刑事诉讼法更全面的保护,体现法律面前人人平等的原则。

刑事诉讼法明确规定"保障人权",也有助于体现国际人权公约的精神。我国已经加入了多部有关刑事司法的国际公约,已经签署《公民权利和政治权利国际公约》。刑事诉讼法第1条明确规定"保障人权"有利于它与人权公约相衔接,有利于全国人大常委会批准《公民权利和政治权利国际公约》,减少批准时可能遇到的法律和技术问题,展现中国法治的进步,避免一些敌对势力对我国人权状况的攻击,有力维护我国的国际形象。

将"保障人权"确立为刑事诉讼法的立法宗旨的同时,建议相应地将"惩罚犯罪,保护人民"的表述改为"保障人权,惩罚犯罪"。惩罚犯罪和保障人权都具有重要意义,都是刑事诉讼法所要实现的目标，但保障人权具有根本性，惩罚犯罪的目的也是为了保障人权。"惩罚犯罪，保护人民"的表述隐含了通过惩罚犯罪来保护人民的逻辑。将"保护人民"改为"保障人权"之后，刑事诉讼法保护的就是所有人作为人的权利，不仅保护人民的权利不受犯罪分子的侵害，还要保障无罪的人不受刑事追究，更要保护犯罪嫌疑人、被告人和罪犯的合法权益。

总之，将"保护人民"改为"保障人权"有利于体现宪法精神，有利于准确反映刑事诉讼法修改的积极成果，也有利于彰显我国人权事业发展进程与未来法治发展目标。

五、论紧急状态下公民基本权利的限制与保障[*]

所谓紧急状态，是指在一定范围和时间内由于突发重大事件而严重威胁和破坏公共秩序、公共安全、公共卫生、国家统一等公共利益和国家利益，需要紧急予以专门应对的社会生活状态。在紧急状态下，为了保障公民的基本权利和社会公共利益，迅速恢复经济与社会的正常状态，有必要赋予国家机关一定的紧急权力。如何既保障基本权利价值，又保证国家权力有效运作，如何在基本权利的保障与限制之间寻求合理平衡，是现代宪法学需要研究的重要课题。由于政治多元结构中社会个体与国家利益之间经常出现冲突与矛盾，当国家处于紧急状态时，两者的平衡关系容易受到破坏。从 19 世纪古典的国家紧急权到 20 世纪国家紧急权的发展以及 21 世纪国家紧急权的发展趋势，实际上标志着民主宪政理论的成熟程度。

（一）紧急状态下限制基本权利的宪法依据

紧急状态是相对于正常状态而言的，宪法上所确认的基本权利都是常态下的基本权利，它们能否在紧急状态下正常行使呢？各国的立法和实践表明，在紧急状态下需要限制或克减公

---

* 本部分内容刊载于《学习与探索》2005 年第 4 期。

民的基本权利。许多国家的宪法和国际人权公约都明确了这一点。经过 2004 年修宪，中国已经将紧急状态明确地规定在宪法之中，使紧急状态有了明确的宪法基础。在紧急状态下，对基本权利的限制是有宪法依据的，主要体现在以下几个方面：

1. 宪法规定的基本权利是针对公共权力而设置的，在保持其价值的统一性的同时，其内容并不是绝对的，公共权力和个体权利之间存在合理的界限。通过基本权利界限的解释，我们可以确定基本权利的规范领域及其存在的问题，并提供宪法解释的标准与具体规则。

2. 迅速控制紧急状态，恢复宪法秩序的需要。引发紧急状态的事件是不可避免的，紧急状态的发生必然会对整个社会秩序造成极大的冲击，有可能侵害宪法所赖以发挥作用的环境。如果不能迅速控制，国家宪政的基础就会发生动摇，国家体制甚至会有颠覆的危险。这时，为了迅速控制紧急状态，有必要赋予国家以紧急权，采取非常措施以应对这种非常状态。"紧急权的发动必须是以恢复国家秩序和宪法秩序为目的。"[1] 公民也有义务服从国家紧急权的管理需要，配合国家迅速有效地控制紧急状态。[2] 按照宪法的原理，为应付可能给宪法秩序带

---

〔1〕 董和平、韩大元、李树忠：《宪法学》，法律出版社 2000 年版，第 330 页。

〔2〕 中国人民大学宪政与行政法治研究中心曾经做过一次有关非典的调查问卷。问："逃离隔离区应当受到法律制裁，你同意这种说法吗?"在接受调查的 208 人中，非常同意的 115 人，占 55％；比较同意的 54 人，占 26％；无所谓的 4 人，占 2％；不太同意的 26 人，占 12.5％；非常不同意的 9 人，占 4.5％。在网上进行的同步调查中，共有 100 人参加调查，其中非常同意的占 45％；比较同意的占 29％；无所谓的占 0％；不太同意的占 16％；非常不同意的占 10％。可以看出，民众对在这非常时刻公民个人负有一定义务多数是持认同态度的（本次调查问卷由中国人民大学法学院宪政与行政法治研究中心组织实施，调查时间是 2003 年 7 月 29 日，地点是北京市海淀区的部分高校、饭店、商店、街道等。调查共发出问卷 210 份，收回 210 份，其中有效问卷 208 份。部分问卷内容同时在网上进行调查。以下分析中所引用的数据未经说明都是引用这次调查问卷的结果）。

来的任何危害，为了国家安全、维护秩序与公共福利，可以在必要的限度内对基本权利进行限制。我国宪法第 51 条的规定也显示出可以基于公共利益的需要对基本权利进行限制。

3. 保障公民基本权利，减少生命和财产损失的需要。宪法第 33 条规定，"国家尊重和保障人权"。许多国家宪法采用法律保留原则，授权法律可以限制基本权利，这是以宪法肯定基本权利的存在为前提的。国家在紧急状态下限制公民基本权利的行使，其直接目的在于保证紧急权的有效行使，防止紧急权的滥用，进而能尽快恢复宪法秩序，从而保障公民的基本权利能尽快在常态下正常行使。换言之，限制基本权利的出发点与归属点是更好地保障公民的基本权利。从另一个角度来看，紧急权的正当行使虽然会给一小部分人带来不利的影响，但是却能保障更大一部分人的生命和财产，减少社会整体利益受到更多不必要的损失。这是现代法治社会中一种不得已但也是明智的选择。

（二）紧急状态下基本权利的限制界限

紧急状态下，限制或克减公民的基本权利应该符合宪法的规定和基本精神。在宪法学框架内，国家紧急权有两种表现形式：一是宪法对可能出现的国家紧急状况已作出预测性的规定；二是宪法对可能出现的紧急状况无法作出预测性的规定，有可能出现"超宪法的'宪法外的国家紧急状态'"。但无论出现何种情况，国家紧急权的发动必须以宪法规定或宪法原则进行，任何违反宪法规定和精神的做法，都不具有合宪性的基础。

1. 限制的范围。各国立法和国际人权公约对紧急状态下基本权利限制或克减的范围有以下几种不同的规定方式。

（1）肯定式规定，即规定可以限制或克减哪些基本权利。

例如，塞浦路斯宪法规定，任何宣布紧急状态的公告只能中止下列宪法条款的执行，即生命和人身安全的权利，不得强迫劳动或强制劳动，人身自由、迁徙和自由居住的权利，住宅不受侵犯，通信秘密、思想、信仰、言论、出版的权利，和平集会的权利，国家征用动产和不动产时立即补偿，从事职业、贸易、经营的权利以及罢工权。[1]

（2）否定式规定，即规定哪些权利不得限制或克减。《公民权利和政治权利国际公约》[2] 第4条第2款规定："不得根据本规定[3]而克减第六条、第七条、第八条（第一款和第二款）、第十一条、第十五条、第十六条和第十八条。"也就是不得限制或克减生命权、不受酷刑的权利、不受奴役的权利、非因不履行法定义务不受监禁、罪刑法定、人格尊严、思想良心宗教信仰自由。《禁止酷刑和其他残忍、不人道或有辱人格的待遇或处罚公约》[4] 第2条第2款规定："任何意外情况，如战争状态、战争威胁、国内政局不稳定或任何其他社会紧急状态，均不得作为施行酷刑之理由。"《欧洲理事会保护人权和基本自由公约》第15条第2款规定，除了因合法的战争行为而引起的死亡外，不得因紧急状态而对生命权有所克减，也不得因紧急状态对禁止酷刑、禁止奴役、罪刑法定的规定有所克减。《美洲人权公约》第27条第2款规定，不得因紧急状态许可暂时停止下列权利条款的实施，包括法律人格权、生命权、

〔1〕 参见莫纪宏、徐高：《紧急状态法学》，中国人民公安大学出版社1992年版，第246页。

〔2〕《公民权利和政治权利国际公约》于1976年3月23日生效，中国政府于1998年10月5日签署。

〔3〕 即紧急状态可以克减基本权利的规定。

〔4〕《禁止酷刑和其他残忍、不人道或有辱人格的待遇或处罚公约》于1987年6月26日生效，中国政府于1986年12月12日签署，于1988年11月3日对我国生效。

人道待遇的权利、不受奴役的自由、不受有追溯力法律的约束、良心和宗教自由、家庭的权利、姓名权、儿童的权利、国籍的权利、参加政府的权利，以及暂时停止实施为保护这些权利所必要的司法保证。对于这些限制或克减条款，有学者认为，"当保护个人权利与保护国家生存、独立和安全的国家利益间发生严重冲突时，在相当程度上后者优先"[1]，而这种优先性的价值基础也是人的尊严与价值的维护，即个人权利的价值融合在国家与公共利益之中。

（3）折中式规定，即一方面宣称不得限制或克减某些基本权利，另一方面又规定可以限制某些基本权利。例如加拿大危机法（Emergency Act）规定，在采取这些特殊临时的措施时，应该遵守《加拿大权利和自由宪章》、《加拿大人权利法案》、《公民权利和政治权利国际公约》，特别是那些即使在全国性危机时也不得限制或剥夺的基本权利。同时在各种危机情况下可以采取措施限制某些基本权利的行使，如第8条规定可以在公共福利危机宣告生效期间，限制公民的迁徙自由，征用、使用财产，要求公民提供必要的服务并给予补偿等。

（4）模糊式规定，即不对紧急状态下可以限制或克减的基本权利作出具体规定。例如，尼泊尔王国宪法第81条规定，如果国王认为出现了严重的紧急形势，"国王可以发布文告宣布中止执行除本条款以外的本宪法一切条款或任一条文或某些条款中的某些规定。"[2] 我国宪法第51条规定："中华人民共和国公民在行使自由和权利的时候，不得损害国家的、社会的、集体的利益和其他公民的合法的自由和权利。"紧急状态

---

〔1〕 朱晓青：《欧洲人权法律保护机制研究》，法律出版社2003年版，第84页。

〔2〕 参见莫纪宏、徐高：《紧急状态法学》，中国人民公安大学出版社1992年版，第245页。

下限制或克减某些基本权利，其目的在于维护国家和社会的利益，国家可以依据本条规定对公民的基本权利进行限制，但是基本权利中哪些可以克减，哪些不得克减，有时界限并不十分清楚。

从上面几种基本权利限制或克减范围的规定来看，限制或克减范围的确定有一个大致的标准，即经济权利和政治权利一般可以克减，人的生命、思想、信仰方面的权利则不得克减。后者因其构成了人权的最本质的部分，故而不得克减。

2. 限制的程度。基本权利的克减应该有一个程度上的限制。换言之，不能无限制地限制或克减公民的基本权利，不得侵害人权的本质内容。人权的本质内容通常是指成为人权核心的实体内容，本质内容的侵犯就是指因这种侵犯，公民的自由或权利变得有名无实。德国基本法第 19 条规定，"基本权利的本质内容在任何情况下都不得受到侵害。"韩国宪法第 37 条规定，"对人权进行限制时也不能侵害自由和权利的本质内容。"俄罗斯宪法第 56 条有一个具体的规定，即生存权、尊严权、私生活的权利、宗教信仰自由、自由地利用自己的能力和财产的权利以及拥有住宅的权利等权利与自由不受限制。

但是，究竟每个基本权利的本质内容的限度何在？这是宪法解释上的一个难题。在这方面，德国的理论是可以参考的。在德国主要有三种理论：（1）残余论或绝对说。该理论认为，法律除了不可以掏空某种权利之外，还至少使其他人仍然可以拥有该权利。在宪法政策上更要作进一步的考虑，到底经过该法律施行后，人民所拥有的该项人权，是否已经名存实亡了。每一项人权，无论如何都会有最起码的内容存在，而不至于被剥夺殆尽。（2）利益论或相对说。该理论以实务界的主张为代表，认为唯有基于更重大的法益及特殊的理由，才可以对人权予以限制。它将人权绝不可被侵犯作为核心内容，将利用手段有无过分及有无更重大法益冲突作为界定本质内容的界限，因此它并不承认有绝对本质内容的存在。（3）折中说。它认为，每项人权的规定，至少都需要保留起码的内容，作为人类尊严内容的表征。而且立法者在立法时，也要受到比例原则的拘束，不立不必要的法律限制人权。[1]

笔者以为，在人权实践中，认定人权本质内容的标准有时不易掌握，对一些基本的人权在限制上采取更慎重的方法是必要的。但从人权社会化、相对化的发展趋势看，一概否定本质内容的限制，也是不适宜的。基本权利的本质内容如果都受到了侵犯，该权利即不再存在。所有权利条款的核心就在于保障人的尊严与价值。在限制或克减基本权利的时候，要努力保证基本权利的合理内核，确保人的尊严仍然能够得到体现。另外，还要严格遵守比例原则的要求，不得过分侵犯基本权利，这一点下面将有论述。

3. 限制的条件。限制或克减基本权利需要符合以下几个方面的条件，使政府行使的紧急权不仅具有合法性，而且具有权威性，防止可能出现的紧急权的滥用。

（1）时间起点：宣布进入紧急状态之后。《公民权利和政治权利国际公约》第 4 条第 1 款规定，"在社会紧急状态威胁到国家的生命并经正式宣布时，本公约缔约国得采取措施克减其在本公约下所承担的义务。"加拿大危机法第 8 条规定，"在公共福利危机的宣告生效期间，总理可以依照合理的原因采取其认为处理危机必要的如下命令或规制措施……"不宣布进入

─────────────

〔1〕 参见胡锦光、韩大元:《当代人权保障制度》，中国政法大学出版社 1993 年版，第246～247 页；另见陈新民:《德国公法学基础理论》（下），山东人民出版社 2001 年版，第367～368 页。

紧急状态不得克减公民的基本权利。只有在宣布紧急状态之后，限制或克减才有了必要，才有了合宪性的基础。

（2）限制依据：形式意义上的法律。对于公民基本权利的限制，只能由最高权力机关所制定的法律来进行，这是宪法的一项基本原理。宪法文本中的法律在不同条文中有不同的价值表现形式，内涵也不尽相同。一般情况下，该项权力不可以授予行政机关或其他机关来行使，行政法规等形式的规范性法律文件限制基本权利通常不具有合宪性的基础。

（3）实施主体：实体和程序合法。我国宪法第 67 条第（二十）项规定，全国人民代表大会常务委员会有权决定全国或者个别省、自治区、直辖市进入紧急状态。第 80 条规定，中华人民共和国主席根据全国人民代表大会的决定和全国人民代表大会常务委员会的决定，宣布进入紧急状态。第 89 条第（十六）项规定，国务院有权依照法律规定决定省、自治区、直辖市的范围内部分地区进入紧急状态。可见，在我国全国人大常委会和国务院可以宣布进入紧急状态。从今后的发展趋势看，需要进一步明确实施限制或克减公民基本权利的主体，即进一步明确紧急状态法的具体规定，需要授权给实际的指挥者、现场应对人员和其他享有法定职权的人员。[1] 在执行紧急状态的命令和措施时，应该履行一定的程序义务，如表明身

---

〔1〕 我们的问卷中曾经问：如果出现被隔离者不合作的情况，您觉得谁有权采取强制措施？在接受调查的 209 人中，对于采取强制措施实施隔离主体的接受程度依次是：选择公安机关的占 58.65％，卫生行政部门的占 18.99％，医院等医疗机构的占 11.81％，所在单位的占 7.59％，其他组织的占 1.69％，谁也没有权力采取强制措施的占 1.27％。公安机关作为强制措施的实施主体是一直以来通行的做法，在调查中也得到了最多的认可。其他机关能否行使强制权则须视情况而定。

份、说明理由、告知救济渠道等较低程度的程序义务。[1]

（三）紧急状态下基本权利的保障与救济

紧急状态下限制或克减公民的部分基本权利的根本目的在于保障公民的基本权利。但是，不是所有的基本权利都需要限制或克减的，某些基本权利即使在紧急状态下也不得克减，也需要类似于常态一样加以保障。这里，我们不准备对不得克减的基本权利的保障进行探讨，有待探讨的只是所限制或克减的基本权利的保障问题。

1. 宪法限制基本权利的合理界限。在紧急状态下，宪法仍然能够发挥作用，仍然发挥着保障基本权利的功能，只是保护的方式发生了变化而已。在限制或克减基本权利的时候，需要严格遵循比例原则，进行利益衡量，以确保宪法维护秩序与保障人权的价值能够得到实现。具体而言包含以下三个方面的内容：（1）采取的方法应有助于目的达成，这在学理上被称为"合目的性"或"适当性"原则；（2）有多种同样能达成目的的方法时，应选择对公民权益损害最少的方法，这在学理上被称为"必要性"原则；（3）采取的方法所造成的损害不得与想要达成目的的利益显失均衡，这在学理上被称为"合比例"或"狭义的比例原则"。比例原则具有宪法位阶，能对立法、行政和司法活动进行直接约束，能作为宪法解释、司法审查的标准而适用。它对于控制国家权力行使目的的正当合理、手段与目的之间的适当连接、收益与成本之间的比例均衡等都具有

---

[1] 我们有一道题目问："在非典期间，如果政府要征用您的财产，您在接到政府的征用通知书时，有何感受？"在接受调查的209人中，"全力支持，积极准备"的57人，占26.5％；"不敢怀疑，只能接受"的4人，占1.9％；"询问征用机关的人员，等确认其合法之后，才予接受"的143人，占66.5％；"立即提起诉讼，请求法院来判断其合法与否"的8人，占3.7％；"消极抵制"的3人，占1.4％。可以看出，民众对程序的要求虽然并不高，但还是有一定要求的。

重要作用。

我国宪法当中有不少地方都包含了比例原则的要求。如宪法第 10 条第 3 款规定，"国家为了公共利益的需要，可以依照法律规定对土地实行征收或者征用并给予补偿。"第 13 条第 3 款规定，"国家为了公共利益的需要，可以依照法律规定对公民的私有财产实行征收或者征用并给予补偿。"这两条都规定了征收、征用的合目的性原则。第 14 条第 4 款规定，"国家建立健全同经济发展水平相适应的社会保障制度。"这一规定符合合比例的要求。第 51 条规定，"中华人民共和国公民在行使自由和权利的时候，不得损害国家的、社会的、集体的利益和其他公民的合法的自由和权利。"这里对限制基本权利作出了总的要求，即只能基于维护公共利益和其他人的基本权利的目的而限制基本权利。

作为宪法原则的比例原则是现代国家控制公共行为目的理性的重要工具，同样适用于紧急状态下对克减基本权利的限制和保障。国家在制定法律时，应遵守比例原则的要求，对克减基本权利的目的性、必要性和比例性进行综合审查。在具体适用法律时，亦须遵循比例原则的要求，合理裁量紧急权。限制或克减基本权利的目的只限于维护公共利益，克减到何种程度要视紧急状态的情势而定，不得超过紧急状态情势需要过度地限制甚至剥夺基本权利的行使。当然，这里所讲的公共利益应当是具有正当性的公共利益，对抽象的公共利益应进行具体的判断，赋予公民评价公共利益的权利与程序的保障。为限制或克减基本权利所采取措施的收益不能与公民所受损失显失均衡。例如，为了消除疾病源而将感染者杀死，这虽然可能符合比例原则的前两个要求，但是却不符合比例原则的最后一个要求，这同样是违反比例原则而不能允许的。

2. 限制基本权利的救济。没有救济，就没有权利。这是法治原则在常态下的一项重要内涵。笔者以为，在紧急状态之下，仍有其适用余地。正如《美洲人权公约》第 27 条所规定的，在紧急状态下不得暂时停止为保护那些不得克减的基本权利所必要的司法保证。对于限制或克减公民的基本权利，也要给以救济的渠道，只是与常态之下的救济有所差别而已。

（1）对规范性文件的违宪违法审查。在紧急状态下，规范性法律文件，从法律法规到其他规范性文件，从议会立法到授权立法，将得到广泛应用。一个合宪合法的规范性法律文件将取得良好的效果，有助于提高应对紧急状态的效率；但是一个违宪违法的规范性法律文件则可能带来无数个违宪违法的行为，造成恶劣的效果，侵犯公民的合法权益。有必要依据行政诉讼法、立法法等进行审查。审查的方式有两种：其一为附带式审查，即有了具体的损害案件之后，在案件审理中对其进行审查；其二为抽象审查，即在规范性法律文件公布之后，有权人员和机构依照立法法的规定向有权机关提出审查的要求或建议，由其进行审查。当然，我国目前的请求审查及具体审查的程序在操作性上还有欠缺，还需要对请求权的主体要件、案件的性质构成、审查主体及其权限、审查结果的效力等问题作进一步的明确。

（2）对限制行为的违宪违法审查。在具体实施规范性法律文件的过程中，针对限制行为的违宪违法现象也有必要设定法律的救济渠道。[1] 当然，这里我们所说的法律救济应该与常态

---

〔1〕 我们有一道题目问："如果您对征用的措施不满，您将采取什么行动？"在接受调查的 209 人中，选择"没办法"的 19 人，占 8.2%；"跟他说理"的 20 人，占 8.6%；"阻挠"的 6 人，占 2.6%；"到上一级行政机关申请复议"的 128 人，占 54.9%；"到法院起诉"的 60 人，占 25.7%。可以看出，民众还是有很大的救济诉求的。

下的法律救济有所区别，它应该更能体现紧急状态对效率的要求，也应该提供更便捷的途径方便当事人提起救济程序。在紧急状态下，为了保证紧急权有效行使，原则上只应允许对超出合理界限的限制行为提起救济途径；对于尚处于合理界限之内的限制行为，司法应保持谦抑状态。另外，无论是行政复议还是行政诉讼，均需在受理程序、审理组织构成、审理期限上作简易的规定，以确保纠纷的迅速解决。这些都需要在今后的立法中予以明确。

国家紧急权的宪法化是现代宪法学研究面临的重大课题。如前所述，国家紧急权的基本问题是在紧急状态下，调整国家权力与个人权利之间的关系，实现紧急权的宪法化。21 世纪国家紧急权应充分体现人的基本尊严与价值，突出人权保障的基本要求，保持国家紧急权的合法性与权威性。在制定国家紧急状态法的基本理念、内容与程序安排等基本问题上，需要充分反映现代宪政的基本精神，明确公共利益的界限与标准，合理地协调公共利益与公民个体利益之间的平衡，使国家紧急状态制度成为实现宪法价值的基本制度。

六、国家人权保护义务与国家人权机构的功能*

（一）国家人权保护义务

人权从自由权中心主义逐步转化为自由权与社会权并重的价值体系后，国家保护人权义务也发生了相应的变化，不仅扩大了保护的范围，而且保护形式与程序日益呈现出多元化。国家保护人权义务是人权观念与人权分类变化的必然产物。在传统的人权分类理论下，国家的人权保护义务是比较单一的，片面地追求"作为人权保障堡垒的司法部门的应有规范性命题，

---

* 本部分内容刊载于《法学论坛》2005 年第 6 期。

没有充分关注经验性的价值"。随着宪政文化的多样化，人权保障理念开始发生了变化，改变了仅仅"通过司法权来实现人权保障"的传统观念，[1] 逐步确立新的人权内容与分类。

1. 人权的实践性得到了强化。在传统理论体系下，人权虽表现为高度价值化的体系与标准，但在现实生活中仍缺乏实践功能。随着人权实践的发展，"实践中的人权"、"规范化的人权"、"运动中的人权"理念逐步变为社会的人权价值，人权的实践性表现为程序化、国际化与生活化的特点。在主权与人权关系的价值互动过程中，人权的价值日益走近实际生活，这对国家人权保护提出了新的要求。

2. 作为人权保护义务主体的"国家"概念发生了变化，即从抽象意义上的国家到实体生活中的国家的转变。[2] 国家实际上是指具体行使国家权力的国家机关的活动，包括国家立法机关、司法机关与行政机关，以及与公权力活动有关或实际上

---

〔1〕 ［日］大沼保昭：《人权、国家与文明》，王志安译，三联书店 2003 年版，第 217 页。

〔2〕 作为人权保护主体的国家是什么意义上的国家？这是宪法解释学需要回答的问题。根据各国宪法文本的分析，"国家"一词存在不同的涵义。从一般意义上讲，"国家"在宪法文本中的涵义表现为三种语境：一是价值层面上表现为政治实体，对外的政治实体与对内的政治实体；二是与社会相对应而存在，即社会与国家是宪法文本中出现频率最高的概念之一，有的条文中两者是并列的，有的条文中是相互分开的，表明宪法在社会与国家体系中的不同性质与功能；三是在一个国家宪政体系中，表示国家权力与地方权力相互关系时使用国家概念。为了确立国家在宪法文本中的内涵，有的国家宪法或判例中明确了文本中的国家涵义。如印度宪法第三编第 12 条明确规定：本编所称"国家"一词，除文义中需另作解释者外，包括印度政府与议会，各邦政府与邦议会以及在印度领土内或印度政府管辖下一切地方当局或其他机构。在美国的宪法判例中"国家"一词在不同历史时期被赋予不同的意义，如在 Texas v, White, 74U. S（7wall）. 720—720（1869）案中，最高法院认为：在宪法中，"国家"经常表达的意思是将人民、领土、政府结合在一起的观念，是由自由公民组成的、拥有确定疆域的领土、由成文宪法授权并限制的政府组织下，经由被统治者同意而建立起来的政治共同体。但有时也用来表达人民或政治共同体的观念，以区别于政府的概念。有关判例转引自王贵松：《法院：国家的还是地方的——由洛阳种子违法审查案看法院的宪法地位》，中国人民大学宪政与行政法治研究中心："宪法文本讨论会"的论文。详见韩大元：《宪法文本中的人权概念的规范分析》，载《法学家》2004 年第 4 期。

行使公权力的机关活动。国家机关作为行使国家权力的活动主体，首先要保护一切基本权法益，并以此作为进行活动的道德和法律基础。人权保护义务首先指国家机关对基本权法益的"国家保护义务"，其义务包括：作为人权而得到的保护利益；第三者的利益；紧急状态中对社会主体权利的保护；采取预防手段减少人权主体利益受到不当的危害。国家必须保护人权的道德基础来自于国家存在的目的与宪法的正当性要求。有学者指出，"在国家与个人的关系上，个人是国家的基石，如何保障个人权利的最大实现就构成了国家制定一切政策的前提和出发点，一切为了人民的权利应当是国家是否具有合法性的根本标志"[1]。

3. 国家保护人权义务的内容发生了变化。保护的内涵从消极性的保护转变为积极的保护，表现为一种综合性的道德与法律要求。爱德和凡一胡佛等人认为，国家的人权保护义务分为四个方面：尊重的义务；保护的义务；满足或确保的义务；促进的义务。对这种分类，日本学者大沼教授做了如下解释。他认为，人权尊重的义务是指国家避免和自我控制对个人自由的侵害；保护的义务是指国家防止和阻止他人对个人权利侵害的义务；满足的义务是指国家满足个人通过努力也不能实现的个人所需、需求和愿望的义务；促进的义务是指国家为在整体上促进上述人权而应采取一定措施的义务[2]。可以看出，国家对人权的尊重与保护义务是相互联系和互动的整体性义务，尊重的背后实际上存在着国家应该履行的保护、满足与促进的义务，尊重只是国家义务的前提与基本的道德基础而已。在宪法

---

〔1〕　江怡："对话中的政治哲学"研讨会上的论文，2003 年 9 月。载中国社会科学院哲学研究所网站，2005 年 9 月 22 日访问。

〔2〕　〔日〕大沼保昭：《人权、国家与文明》，王志安译，三联书店 2003 年版，第 220 页。

规范中的"尊重"一词是历史的概念，最初主要指国家对自由权的保护义务，表现为国家的消极义务，是一种自由国家的基本理念。但是，从自由主义国家向社会福利国家转变后，对人权的尊重扩大到了社会权领域，尊重义务范围也得到了扩大。为了履行尊重人权的义务，国家既负有积极的义务，同时也负有消极的义务。特别是在社会权领域，国家尊重和保护人权的义务主要表现为满足与促进，积极而适度地干预公民的生活。在自由权领域，国家尊重人权主要表现为国家负有消极的义务，自我控制国家权力对自由权的侵害。因此，国家尊重人权义务是全面性的、综合性的义务，不能片面地强调其中的一项内容。自由权与社会权保护义务的相对化客观上要求国家保护义务的多样性与综合性。

4. 国家人权保护的方式呈现出多样化。国家对人权的尊重和保护义务不仅是一种政治道德的要求，同时也是约束一切国家权力的规范的要求，是一种法的义务，在整个宪法规范体系中居于核心的地位。当然，国家的这一义务并不是在任何情况下都会发生的，应具备一定的条件。如人权保护的具体法律利益的存在、作为第三人利益的保护、违法状况的存在与实施危害的客观危险的存在等。具体保护方式从以司法保护为主体逐步转变为司法保护和非司法保护并重的新型保护模式的发展。建立和完善国家人权保护机构是拓展人权保护范围、提高人权实践性功能的重要形式之一。

（二）国家人权机构存在的客观基础

随着人权理念的普及和人权实践的发展，人们逐步把人权保护的眼光转向新的人权保护机构。通过国家与社会的沟通机制，建立以人权为基础的社会对话与交流的平台，有助于提高人权保障质量，强化其保障能力。建立国家人权机构的正当性与客观基础主要表现为以下几点：

1. 建立独立的国家人权机构是人权实现的客观要求。如前所述，人权的基本价值并不仅仅表现为内在结构的合理性，关键是如何获得实践性，把人权价值转化为社会现实的实践形态。按照人权价值的普遍性要求，人权的实现包括国家生活和社会生活的所有领域，需要在国家与社会之间建立相互沟通的纽带。仅仅依赖于传统的国家保护形式或者社会自身的保护形式不利于实现国际化时代的人权发展需要，有可能导致保护内容与保护方式之间的矛盾或冲突。

2. 传统的人权保护实现方式存在局限性。传统的人权保护方式是以国家为主导的基本模式，强调公权力在人权保护中的功能，没有充分发挥社会本身具有的优势与功能。国家是为人权的实现而存在的，人权是国家存在和活动的目的。那么，由国家机构完全垄断人权发展的标准与保障的所有资源，是否具有正当性？在国家机关实现人权的过程中，司法机关是最主要的力量，司法程序成为尊重和保障人权价值的一种基本形式。但这种保护模式也存在不可避免的理论逻辑与实践中的困惑。比如，人权本质的价值是控制国家权力，两者应处于"对立与对抗"状态，或者至少处于价值上的紧张关系之中。但完全依赖于"国家"保护形式，有可能在客观上造成人权主体性价值不确定的后果，当国家权力的保护缺乏制度和理性制约时，本应成为保护主体的国家却成了侵害人的主体。国家与个人在人权保护的价值领域也经常发生冲突，其角色定位出现新的不确定状态。在保护的制度层面，人们开始发现司法的人权保护也存在结构性的障碍。特别是在一些非西方国家，"司法机关 =

人权的保护神"[1] 的观念目前面临新的挑战 。长期以来，在宪法学理论研究中有些学者把人权保障义务的实现寄托在司法的功能上，提出"司法机关＝人权保护神"的模式，强调以司法控制来达到人权价值不受侵犯的目的。但这一命题并不表明"经验性的事实，而只是一种被认为是应有的规范性命题"[2]，其理由主要在于：一是美国或德国等法院的形态在世界上200多个国家中可以说是属于例外，不能说是一种原则性形态；二是在很多发展中国家人权保障与尊重人权并没有采取西方法院模式，如印度在人权诉讼中没有采取西方法院模式，采用"社会活动诉讼"，缓和了西方国家人权诉讼中所严格要求的诉讼要件，以将来可以改善的命令等裁决形式处理人权诉讼问题等；三是国家在保障和实现人权中，需要选择多种方式，不能以应然性的命题选择一种模式。从各国的经验看，已建立完善的司法体制的国家也在积极推进国家人权保护机构的建设。

3. 国家与社会的二元化要求人权保护机制的多样性。人权的概念与人权的实现是充满矛盾的关系，需要从国家与社会两个方面进行调整与解决。谁是保护人权的最主要的主体？在现代社会中，人权实现的过程是价值多元化的过程，不能由国家机关或社会的某个机制垄断其过程，只有在国家与社会的良性互动中才能为人权的实现提供有效的形式。国家与社会在现代社会中的不同存在方式与紧张关系是古老的课题，尽管两者呈现出缓和的发展趋势，但围绕人权的实现两者发生的冲突也是十分突出的。从人权发展的历史看，人权本身是不依赖于国家而存在的，是"超国家的"存在，存在于自然法价值之中。但

---

〔1〕 〔日〕大沼保昭：《人权、国家与文明》，王志安译，三联书店2003年版，第215页。
〔2〕 〔日〕大沼保昭：《人权、国家与文明》，王志安译，三联书店2003年版，第216页。

它的实现机制又不能脱离强大的国家权力的作用，而更多地依赖于国家权力本身的保护和促进。于是，实现人权基本价值形态的人权与主权、法治主义与民主主义之间产生价值的背离，在背离状态中出现了人权"存在于社会之中，但实现于国家之中的"矛盾状态。解决这种价值背离的基本途径就是寻找能够连接国家与社会价值的中间环节或价值纽带。

4. 建立超越国家与社会价值的人权保护机制是国际社会实现人权的基本经验。基于人权在当代的价值结构和实践性功能，人权保护不能只依赖于传统的司法等国家模式。人类有智慧在各种社会资源中发现、完善有利于人类自我发展的各种有效途径。从国际和区域的范围看，在人权保障机制中发展国家人权机构是国际社会的基本经验，是具有普遍意义的保护方式。

为了推进人权事业的发展，联合国一直推动国家人权机构（Human Rights Institutes）的建立与推广。早在 1946 年为了扩大经社理事会的业务，提出各区域建立人权委员会的建议。1978 年 9 月，联合国人权委员会曾举行设立国民人权机构的会议，正式揭示国家人权机构的结构与功能方面的指南。1992 年联合国人权委员会提出了国家人权机构的地位与功能的原则。1993 年 6 月，联合国在世界人权大会上又提出建立国家人权机构的指南，其指南的内容包括：国民人权机构享有尊重和增进人权的广泛职权；人权保障机构的形成与权限及其范围应在宪法和相关法律中有明确的规定。1990 年启动的亚太人权研讨会是亚太国家促进人权领域合作的重要平台，积极探索建立区域人权机制，其四个人权合作重点中第一项就是"建立国家人权机构"，制定人权行动计划。[1] 1995 年为了进一步强化国家人权保障机构的建设，联合国专门提出了"办事指南"。由 69 个国家的国家人权机构组成的"国家人权机构国际调停委员会"定期召开了国际会议，交流各国的经验，提出人权保障方面的新建议和要求。2004 年在韩国召开的第七届"世界国家人权机构大会"，发表了《汉城宣言》，对通过国家人权机构推进人权发展提出了有益的建议。《宣言》指出，国家人权机构的特殊功能是：把国际的人权标准适用于国家生活层面，保障人权的持续发展，建立符合巴黎原则的具有特殊法律基础与多元主义的国家人权机构，通过同政府与市民社会之间的对话解决社会面临的纠纷。《宣言》同时要求在国际人权保护体系下进一步强化国家人权机构的作用与参与。在联合国的积极努力下，各国在发展人权保护机制的过程中，建立了形式多样化的国家人权保护机构。

（三）国家人权机构的类型与功能

1. 国家人权机构的类型。在西方，自 1977 年新西兰最初成立人权委员会后，澳大利亚、加拿大、意大利、希腊、法国、英国等国家相继成立了人权委员会。在亚洲，菲律宾、泰国、蒙古、印度、斯里兰卡、孟加拉、土耳其、印度尼西亚、韩国等国成立了适合自己国情的国家人权委员会。在美洲国家中，墨西哥、智利也建立了各种人权委员会体制。东欧国家经

----

〔1〕 在 2005 年 9 月联合国秘书长安南提交的"大自由：实现人人共享的发展、安全和人权"改革方案中，把人权委员会升格为人权理事会是最引人注目的内容。尽管各国对联合国体系中人权保障机构的成立与功能有不同的评价，但它在客观上说明了人权保障机构化的发展趋势。按照草案的精神，人权理事会的主要任务是评价各国履行各项人权义务的情况，使公民、政治、经济、社会和文化权利以及发展权受到同等重视。在向国际社会提供人权保护时，理事会应坚持如下原则：所有人权都是普遍、不可分割、相互依存和相互关联的，必须公正、平等地加以对待。

过宪政体制转型后，在建立宪法裁判制度的同时也设立了具有特色的国家人权保护机构。在非洲，南非、埃及等国家的人权委员会在促进人权事业发展方面发挥了重要的功能。但由于各国的具体国情不同，国家人权机构的具体类型也呈现出不同的特点。

（1）国家主导模式与社会主导模式。以人权实现主体的特点为标准，可分为以国家为主导的模式和以社会为主导的模式。在国家为主导的模式下，国家具体承担人权实现的义务，由国家组织一定形式的人权委员会，以国家权力的名义进行具体保护的活动。如菲律宾、加拿大、印度尼西亚等国家的人权委员会是以国家为主导的模式。其优点是有助于集中人权保护的各种社会资源，依靠国家强制力推动人权保护的事业。但其局限性在于，人权保护主体有可能从主体转化为客体，理应保护人权的主体变为侵害人权的主体，同时无法有效地解决围绕人权的实现而出现的国家与社会之间发生的冲突。为了解决国家主导的人权保护模式带来的局限性，有的国家努力建立"以市民为中心的人权实现机制"，强调人权实现过程中市民的作用。人权概念本身的市民化与生活化趋势，客观上要求建立人权理想、人权实现过程与保障机制相统一的一体化机制，实践性人权成为当代人权发展的基本要求与特点。在国家与市民的紧张关系中，以市民为主体的人权实践可以提供各种协调的条件。市民社会的人权价值通过国家的合法性范畴得到实现。

（2）国家机构型和特殊法人型。以人权保护机构的性质为标准，可以分为国家机构型与特殊法人型。从建立人权机构的主要国家经验看，如何定位国家人权机构的性质是发挥其功能的核心问题。如在菲律宾、加拿大、印度尼西亚、泰国等国家，人权保护机构具有明显的国家性，是根据宪法、法律或总统的命令设立的，属于国家机构型保护机关。特殊法人型模式是非国家机关性质的，其理由主要在于：人权保护机构的使命是监督与制约公权力活动，如把机构的性质定为国家机构型，有可能导致功能上的障碍；为了保证人权保护机构行使独立的决策权，需要与国家权力本身保持一定的距离；人权保护机构的功能主要是对实现人权过程起补充性的作用，它并不是人权实现全部使命的承担者；这种模式有利于在社会中获得民众的支持与配合，为建立市民化的人权话语系统奠定必要的基础；联合国关于建立人权保护机构的指南实际上要求非政府性机构性质等。属于这种模式的国家有英国、南非、澳大利亚等。上述两种模式存在于不同国家的政治体制之中，反映了各国的人权理念与不同的实现机制。

（3）混合型模式。从人权保护机构实际发挥的功能看，我们可以把国家型和非政府型相结合的模式称为混合型模式。代表性的国家有德国、韩国等。为了在国家与社会之间保持必要的平衡，德国于 2001 年设立了人权保护机构（DIMR），明确其属性是：既不属于国家，也不属于社会，是居于中间领域的机构。它不执行政府的任何指示或命令，也不从属于任何民间或个人的约束。作为 DIMR 核心机构的 Kuratorium 由 16 名成员组成，其中 12 名是与政府无关的人士，行使投票权，4 名由政府推荐，但无投票权。根据有关法律的规定，DIMR 的基本功能是：人权信息的提供；与人权研究机关之间的合作与配合；对人权的讨论提供对话与交流的平台；进行人权教育；同与人权有关的国际机构之间的沟通；援助人权发展的各种制度和设施等。

2001 年韩国通过了国家人权委员会法，成立了由 11 人组成的独立的国家人权委员会，其目的是：保护个人的不可侵犯的基本人权；提高人权保障水平；实现人的基本尊严与价值；

实现民主的基本秩序等。[1] 韩国国家人权委员会的职权包括：对有关人权的法令、制度、政策等方面进行调查和研究，并提出改进的意见或表明态度；对侵犯人权的行为进行调查，并给予救济；对歧视或差别行为的调查和救济；对人权发展状况的实际调查；进行人权的教育与宣传；提供人权侵害的类型、判断标准及预防措施方面的原则或劝告；对政府加入国际人权条约及其履行问题提出劝告或表明意见；与推动人权事业发展的国际人权机构、民间团体之间的合作；其他为推动人权事业发展所必要的事项。在保障人权的过程中，国家人权委员会与宪法法院、普通法院合作，对人权救济有关的事项提供意见或表明态度，以解决人权救济中存在的问题。该法第四章详细规定了人权侵害调查的范围、程序与具体方法，并为人权标准的具体化提供了合理的标准与依据。人权委员会虽具有一定程度上的国家机关的性质，但其活动过程中主要是以非政府的形式进行活动，尽可能淡化权力属性，注意防止机构的官僚化。在机构性质的定位上，注意体现其社会性与非政府性，在委员会的构成上体现市民社会的影响力，保持其多样性。通过 3 年多的实践，韩国国家人权委员会已成为国家保障和促进人权事业的重要形式，获得了民众的认可与支持。[2] 特别是在几起具有影

---

〔1〕 根据韩国国家人权委员会法第 2 条的规定，本法所保护的人权是指"宪法和法律保护的、韩国加入和批准的国际人权条约规定及其国际惯例所认可的人的尊严、自由与权利"。

〔2〕 韩国人权委员会 3 年的基本运作情况是：从成立到 2003 年 11 月，共受理案件 35666 件。通过人权相谈中心接受的事件是 7408 件。其中，相当于人权侵害的事件是 5856 件，占事件总数的 79%；不平等事件数为 547 件，占事件总数的 7.4%。因公权力侵害人权的数为 5874 件，已处理的事件数为 4502 件。人权侵害事件的类型主要有：拘禁设施 2799 件（47.7%）、警察 1541 件（26.2%）、安全部等国家机关 786 件（13.4%）、检察官 474 件（8.0%）、军队有关的 183 件（3.1%）、保护设施 91 件（0.1%）等。从 2001 年到 2003 年共调查、处理了歧视等方面的事件 547 件，共调查了 18 个领域的不平等或轻视的问题。见韩国人权委员会 2004 年《人权白皮书》（第 1 辑），2004 年出版，第 50 页。

响力的人权保障案件中，人权委员会以宪法原则为基础，扩大了宪法文本中人权的社会与实践意义，为形成政治共同体的社会共识、提高宪法权威发挥了重要功能。

笔者认为，以实现人权为基本目标的人权保护机构应保持多样化的特点，以适应各国人权发展的需要。至于采取何种形式的保护模式，应根据各国的国情作出判断和选择。1993 年联合国提出的建立人权保护机构的原则包括六个因素：独立性、合理权限的安排、多样化的构成、接近可能性、与非政府机构之间的良好合作、运行的效率性以及充分的财政支持等。无论是国家型还是特殊法人型模式，关键问题并不是模式本身的形式，而是其模式体现上述基本因素的程度。其中，独立性是国家人权保护机构应具有的最本质的特点，表明其构成、活动形式与效果上的独立性。按照联合国人权机构设立劝告案的要求，机构应与政府分离，直接对国会负责，并以独立的方式运作。这种独立性具体包括财政的独立、任命程序的独立、机构成员的多样性与中立性的保障。另外，接近可能性特点体现了民众对人权保护的期待与救济途径的有效性。

2. 国家人权机构的功能。在确立国家人权保护机构的标准和具体活动指南时，联合国人权委员会提出了国家人权保障机构应发挥的主要功能，主要包括：应当局的要求，提出有关人权增进与保障方面的意见、劝告及报告书；在国内立法、规制及其实务同国际人权规范之间出现冲突时进行协调；促使政府推动国际人权规范的承认与加入；根据条约规定的义务，政府起草人权报告书时在尊重政府意见的同时可表明其主张；同联合国人权保障机构、区域性人权保障机构及其享有人权保障权限的其他机构之间的合作；致力于人权教育及其人权问题的调查等。

从各国人权机构的实践看，尽管具体形式呈现出多样性，但在基本功能上也存在一些共同的特点，表现为：

（1）国家人权机构以其特殊功能合理地协调了国家与社会之间的冲突与矛盾，使社会的发展保持平衡与和谐。既与国家对话，又与社会对话是它发挥作用的基本特点。如前所述，多数国家普遍把人权保护机构的功能定位在相对中立的位置上，从超然的角度解决基于国家与社会冲突而发生的问题。有的学者把这种功能称为超越传统的立法、行政和司法的"第四种国家权力"。基于国家人权机构的特殊地位，可以起到监督与制约国家机关有关人权保障的活动，使国家切实履行"尊重与保障人权"的义务，减少或防止侵害人权的现象。

（2）国家人权机构在人权实现过程中起到弥补人权保障功能缺陷的补充性功能。国家机关在人权保障过程中各有其发挥功能的形式与空间，宪法和法律规定的保障义务是法定的，应尊重不同国家机关的不同功能。但国家机关对保障人权的功能也存在着空白领域或"灰色"地带，同时也存在因人权发展而产生的新领域。国家人权机构并不能代替法律规定的国家机关的职责，只是对其他国家机关不能发挥作用的领域或不充分的领域起到补充和推进作用。比如，在实定化的人权保护中，国家人权机构与国家机关之间需要保持相互补充的关系；在未实定化的人权实现中，两者应保持相互合作关系；在新类型的人权具体化过程中，两者需要保持相互协商关系等。国家人权委员会的职权一般包括：调查权、人权教育的实施、人权发展规划的制定、侵犯人权的强制执行权、国家机关的劝告权等。比如，韩国国家人权委员会确定了18种差别行为的类型，并把人权侵害进行类型化分析，解决了"人权保护空白"的现实问题，发挥了"人权监视者"的功能。实践表明，对公民来说，现实生活中存在的侵权现象不能仅仅靠国家机关的救济程序，多样化的途径有利于受侵害的公民获得更多的救济。

（3）通过人权救济活动有助于形成全社会尊重人权的人权文化。人权的实现是一种国家价值社会化的过程，通过社会公众有关人权的议论和评价，不断扩大人权保障的范围，使公众通过人权保护机构活动感受人权的价值，健全人权文化的发展。笔者认为，在现有保障人权机构中，国家人权委员会体制是以合议制为基础，以民众最容易接近的方式进行人权救济的制度，同时也是以社会化的形式实现人权的现实制度。人权委员会在救济程序上，贯彻民主的方式，以最低的门槛满足处于弱势地位的民众保护人权的需求。

（4）拓展了人权保护的救济范围，使人权侵害者获得有效的救济途径。无论是采取何种形式的人权委员会体制，其主要活动都是对人权侵害、歧视等行为进行调查，并根据人权受侵害的事实，一方面提供直接的救济，另一方面向具有强制执行权的国家机关发出有一定约束力的劝告，以改善整个人权状况。如对人权有关国家法律或政策制定的参与权、对人权侵害行为的直接调查与救济、对歧视等差别问题的现场调查以及提出对人权侵害标准的确定等。由于人权、法律权利与基本权利之间存在着严格的界限，对公民个人来说，有时不能准确地判断不同权利的性质与类型，有的公民有可能无法分清不同权利之间存在的不同救济方式。基于国家对人权的保护义务，我们不能要求由人权主体作出自我判断，应由国家提供便捷、有效的救济形式，使权利边缘上有价值的利益都能得到保护。虽然国家人权机构不是人权的直接保护者，很多职权是通过劝告等非强制的方式实现的，但它毕竟拓宽了人权救济的途径，有利于民众人权的保护。

（5）制定国家人权发展规划与政策的功能。人权发展政策是一个国家公共政策中最重要的内容。如何制定既符合国际人权发展标准，又符合本国发展实际的人权发展政策是各国政府普遍关注的问题。由于人权保障本身的特殊价值，完全由政府提出的人权发展政策有时缺乏公信力；而完全靠民间力量提出的人权发展政策虽有一定的社会基础，但缺乏必要的权威性与实效性。作为国家与社会之间起纽带作用的国家人权机构具有广泛的社会基础，其政策的价值趋向与现实功能容易得到社会认可。如韩国国家人权委员会依据国家人权委员会法制定了2007 年到 2011 年国家人权政策基本规划，提出国家在中、短期人权政策的方向与具体目标，直接影响了国家人权发展政策。

（6）积极开展人权教育。联合国人权委员会在推进人权事业的过程中重视人权教育，提出了人权教育的目标、过程与方式等具体内容，并要求各国从人权教育入手改善各国人权保障的环境。从成立国家人权委员会的实践看，很多国家人权机构实际上承担了人权教育的具体任务，并以相对中立的立场制定国家人权发展的纲要。《世界人权宣言》对人权教育的基本要求是："教育的目的是充分发展人的个性并加强对人权和基本自由的尊重"，号召所有国家使用各种教育工具让青少年有机会在尊重人的尊严与平等权利的精神中成长，还要求中小学课程中列入人权教育的内容。《欧洲人权公约》通过后，人权教育问题成为人权发展中的重要内容，提出了人权教育的具体目标与计划，建立了不同形式的人权教育与研究机构。如韩国人权委员会在初高中、大学和各个教育机关实行了不同形式的人权教育，并在所有警察训练机关的课程、法务研修院课程中普遍设置了"人权课"，普及了人权的思想观念。

（四）中国的选择：是否需要建立独立的国家人权机构

根据西方和非西方国家建立国家人权机构的经验与事实，学术界也有必要讨论如何合理地选择适合国情的国家人权机构的问题。

从 2004 年宪法修改前后，围绕人权保护的机构问题，学术界也提出过一些建议。如在 2004 年"两会"期间，有专家提出"全国人大、政协设立人权委员会"的建议。[1] 也有学者提出"我国要起草人权法"或"民权法"的建议。在中国存在哪些政府人权保障机构和非政府人权保障机构问题，表述上也有不同。如中国人权发展基金的"人权网"上的表述是：中国政府人权保障机构是：全国人大、全国政协、民政部、文化部、公安机关、国家民委、国家宗教管理局、教育部、劳动和社会保障部、司法部、人民法院、人民检察院、国务院儿童妇女工作委员会、国务院扶贫开发领导小组办公室。非政府人权保障机构有：中国残疾人联合会、中华全国律师协会、中华全国青年联合会、中国新闻工作者协会、中华全国总工会。这种划分概括了中国保障人权机构的基本形式，但只能说是广义的分类，并不是严格意义上的学理和实践的分类。按照这种思路，所有行使公共权力的机关都是人权保障机构，履行着保障人权义务，但这些机构不具有人权保护专门机构的性质与功能。因此，目前中国还没有严格意义上的国家人权保护机构。那么，从中国的实际情况出发，有无必要参照国外的经验，设立独立的国家人权机构呢？这是需要认真研究和论证的问题。笔者的基本看法是，根据国际人权发展的基本经验，特别是非西方国家人权机构发展的基本经验，有必要设立相对独立的国家人权

机构。

1. 成立独立的国家人权机构的必要性。其必要性主要体现在以下几个方面：（1）中国人权事业发展的客观需要。中国人权事业的发展取得了积极的成果，但也存在理念或制度上仍需改进的问题。如人权理念还没有普及、保护缺乏统一的程序、救济途径单一、人权保护责任主体不明确等。（2）国际人权发展的基本经验。如前所述，通过国家人权机构，很多国家合理地协调了国家与社会之间的矛盾，使人权保护机构成为实现人权的重要制度。特别是亚洲、非洲国家人权机构建设的经验对于我们有直接的借鉴价值。（3）可以弥补人权保护上的制度性缺陷。我们建立了以国家机关为主体的人权保障体系，但客观上还存在"空白领域"，人权救济遇到一定的障碍。国家人权机构的设立与运作，可以在一定程度上弥补其功能上的不足，扩大人权救济的范围。（4）开展人权教育的需要。人权教育在人权发展中起着非常重要的作用，在推进人权的过程中，中国需要统一规划人权发展政策和人权教育机构。（5）成立人权机构有助于强化公共权力对人权保护的功能，完善我国的监督体系。（6）有助于我国参与国际人权事务，扩大人权事业的开放度。（7）为区域性人权机构的设立准备必要的条件。区域性人权保护机制已成为当代人权保护的重要发展趋势。自欧洲国家以《欧洲人权公约》为基础建立区域性人权保护机制后，美洲、非洲、阿拉伯等地区出现了形式多样的区域性人权保护机构。如1967年设立的美洲国家人权委员会、1981年设立的非洲人权和民族权委员会、1968年设立的阿拉伯国家联盟理事会成员国参加的阿拉伯人权委员会（1994年又设立了人权专家委员会）等反映了人权发展区域化的趋势。在世界范围内，亚洲地区还没有统一的区域性的人权保护机构。[1] 由于亚洲地区文化、历史、宗教和政治体制等因素呈现出多样性，以国家参与为基础的统一的人权机构的设立是有一定难度的，但从未来的发展趋势看是有必要的。中国的国家人权机构的设立与实践对亚洲地区区域性人权保护机构的形成将产生重要影响。

2. 成立独立的国家人权机构的可行性。其可行性主要表现在以下几个方面：（1）人权实践发展的积极成果。（2）人权理论的发展水平与现实转化能力的提高。（3）签署和批准国际主要的人权公约。（4）通过宪法修改把"国家尊重和保障人权"确定为宪法的基本原则，使之成为国家的基本价值观。（5）人权价值得到普及，国家机关之间人权保护功能上的协调能力得到提高。（6）与国际上代表性的人权保护机构有广泛的交流等。国务委员唐家璇在 2005 年 8 月在中国召开的第 13 届亚太人权研讨会开幕式的讲话中指出："亚太各国积极探索区域人权机制——在建立国家人权机构，制定人权计划，开展人权教育和促进经济、社会、文化及发展权方面作出了积极的努力，取得显著成绩。"[2]

3. 成立独立的国家人权机构的模式选择。由于各国的历史传统、宪政体制与人权文化不同，国家人权机构呈现出不同的模式。我们在选择人权机构模式时，应注意协调不同的利益和价值关系，以开放性的思维，思考未来人权机构建设问题。笔者认为，根据国际经验与中国的实际情况，可以考虑适当的时候设立国家人权委员会。国家人权委员会是相对独立的、专门性的人权保护机构。但如何设定人权机构的性质是需要深入探

---

　〔1〕 在我国香港特区和一些亚洲国家成立的"亚洲人权委员会"不具有代表性与权威性，不属于区域性的人权保护机构。

　〔2〕 在第 13 届亚太人权研讨会开幕式上的讲话。

讨的问题。从国外人权机构发展的教训看，完全国家权力化的机构模式与完全民间化的模式都存在制度或功能上的局限性。我们建立的人权机构，应克服这种局限性，增强机构的实效性、权威性与统一性，适应人权发展的实践要求。比较可行的选择是，赋予其类似于人民团体，但高于一般人民团体的地位，使它在政府、民间与社会之间发挥统一协调功能，具体制定人权发展规划，参与和办理有关人权事项。其主要职权是：制定国家的人权政策；参与国家参加、批准国际人权条约的过程，提出意见和建议；协调国家机关之间在人权保护问题上出现的权限争议；同国际或地区人权保护机构之间进行合作与交流；负责实施人权教育政策，普及人权知识；接受"穷尽法律程序"或保护领域不明确而出现的人权侵害事件，并向有关部门提出劝告等。

作为建立国家人权机构的步骤，笔者的基本观点是：第一步，整合享有人权保障机构与机制的资源，切实发挥现有制度的功能；第二步，完善现有人权保障制度，在制度框架内建立统一协调人权发展的机构，如司法部下设"人权教育司"、外交部下设"人权司"等，以积累人权实践经验；第三步，设立国家独立的人权机构，对国家的人权事务与有关人权的立场进行统一协调。

笔者认为，全国人大常委会一旦批准《公民权利和政治权利国际公约》，中国在人权保障领域将面临许多新的挑战和机遇。我们需要根据人权保障的国内、国际环境，整合国内各种形式的人权保护资源，既要强化人权的司法保障功能，同时也要积极发挥非司法机制对人权的保护功能，通过国家人权机构的活动，实现"国家尊重和保障人权"的宪法原则，使人权保障真正成为社会的基本共识和国家的基本价值观。

七、关于完善人权司法保障制度的三个问题[*]

《中共中央关于全面建设深化改革若干重大问题的决定》（以下简称《决定》）在第九部分论述"推进法治中国建设"时，提出了一个重要命题，即"完善人权司法保障"，重申国家尊重和保障人权的宪法原则。一个国家的人权保障体系是多元的，从制度上看，包括立法保障、行政保障和司法保障；从体系的构成看，包括宪法保障与法律保障；从保护空间看，包括国内保护与国际保护等。不同的保障形式以其不同的功能实现着人权价值。其中人权的司法保障直接关系公民日常生活，其制度的完善程度往往成为评价一个国家人权保障水平的尺度之一。

（一）牢固树立人权保障理念

要完善人权司法保障，首先要实现"国家尊重和保障人权"的宪法原则，从观念上解决人权保障的正当性问题。自2004年将"国家尊重和保障人权"写入宪法后，国家价值观发生了变化，使党的"以人为本"思想转化为国家的价值观，丰富了我国宪法指导思想，使人权的发展获得更丰富的宪法基础。毫无疑问，人权保障条款的确立，开始成为评价一切公权力的一项重要尺度，高度凝聚国家与社会的共识，理顺了人权与宪法的内在逻辑，推动国家治理的新变化。"国家尊重和保障人权"的宪法表述，蕴藏了深刻而丰富的意义。尊重人权，就必须坚决摒弃怀疑、抵触、反对人权的形形色色的错误思潮，牢固确立以人的尊严和价值、权利和自由为本位的现代宪法观。

在法治的视野中，人是独立的、有尊严的、个体的人，宪

---

* 本部分内容刊载于《检察日报》2013年12月5日。

法的目的旨在充分尊重与保障每个个体的主体性与尊严。在传统社会，人往往作为社会的附属而存在，在个人与国家的利益比较中，个人是无条件服从于国家的。因此，在价值排序上，往往只强调国家和集体的利益，而对正当的个人利益却没有给予必要的重视，形成了单纯以国家利益为核心的基本价值观。在这样的价值观指导下，个人往往被置于客体地位，必然成为实现国家利益的手段和工具。人民制宪的目的就在于，明确地划定政府与公民的界限，最大程度地尊重和保障作为个体的公民的基本权利。司法的人权保护为寻求权利救济的个体提供公平、公正的途径，增加了安全度与可期待性。

特别是执法人员要牢记其保护人权的义务，提高宪法意识。实际上国家不是空洞、抽象的存在体，国家是为了公民的利益而存在的。如果每个公民的权利都能得到保护，国家政权也会得到巩固和发展。公民权利得不到有效保护的国家是没有生命力的，也是空洞的。司法人员行使的公共权力来源于宪法，其人权观念和人权意识的强弱、能否尊重人权和依法行政，直接关系广大人民群众的人权能否依法得到切实保证。因此，确立人权观念、普及人权知识是处理好公权力与私权利之间冲突的有效形式之一。这种理念的转变是建立人权司法保障的观念基础。

（二）遵循司法规律，完善权利救济机制

在法治社会，一直以来司法被视为人权保障的最主要的方式与最佳途径。在现代社会，人权一直居于一个国家的法律制度与法律精神的核心地位，法律的终极价值是为了保障与促进人权，而司法是法律实施的最后一道防线，是纠纷的最终解决机制，同时也是制约其他公权力的有效手段。人权保障制度的基本功能就是在公权力与个人自由之间划定一条界限，因此，从另一个角度看，人权保障就是制约国家权力。司法自诞生以来除了解决纠纷之外，还有一项重要的功能就是制约其他国家权力。我国实行的是人民代表大会制度，司法机关无权对人大立法指手画脚，但是，依然可以通过其他途径和方式建立对立法和行政的有效制约，最终达到人权保障的目的。

人权司法保障侧重于从司法的途径为人权保护提供实体与程序，为人权受侵犯的公民提供司法救济。目前，中国社会面临的重大问题之一就是公权力和私权利之间的冲突，公权力滥用现象十分严重。由于司法救济制度的不完善，公民的法律权利特别是基本权利得不到有效保护，于是造成法律之外寻求救济的现象，既影响国家法治权威，同时也使当事人不得不通过法外途径寻求救济。总体上看，我国司法的救济是薄弱的，有些是因法律规定不明确，有些是因法律规定无法落实。如在大量的房屋拆迁过程中，私权的保护是相对脆弱的，在一些房屋拆迁纠纷中，我们看到的是借公共利益之名侵犯私权利的现象，拆迁户利益的牺牲，满足了个别企业和个人的商业利益。对私权的拥有者来说，公共利益是可以怀疑的，可以纠问"公共利益"的"正当性"基础。

要健全错案防止和纠正机制。《决定》特别强调严禁刑讯逼供，严格实行非法证据排除规则，逐步减少死刑。特别是在关系公民生命、人身自由等基本权利问题上，司法应给予充分的救济。在人类享有的所有基本权利中，没有一项权利比生命权更为重要、更为宝贵，生命权是人类享有的最基本、最根本的权利，是一项"比地球还珍贵"的基本权利，构成法治社会的理性与道德基础。保障生命、自由和尊严，是现代法治社会的核心价值。在我国保留死刑的现阶段，尽可能避免死刑冤案是尊重法治的基本要求，哪怕发生一起死刑冤案也是对宪法制度和司法权威的极大损害，同时伤害民众对法治的期待与信心。在我国迈向法治的今天，必须直面宪法上的生命权和刑法上的死刑问题，既要逐步减少刑法上的死刑罪名，又要严格控制死刑的适用，至少在死刑问题上应该努力做到"零错案"。

（三）保障司法机关依法独立行使审判权与检察权

完善人权司法保障，有助于司法机关依法独立行使审判权与检察权。《决定》在提出法治发展目标时，提出审判权、检察权独立行使，审判权与检察权独立行使的基础在于人权保护的义务。司法权作为国家权力体系的组成部分，其运行的终极目标是为人民的幸福、尊严与安全提供法律保护。由于司法本身具有的中立性，独立的判断与救济是十分重要的。宪法第126条规定："人民法院依照法律规定独立行使审判权，不受行政机关、社会团体和个人的干涉。"可见，宪法赋予人民法院依法独立行使审判权，尤其后半句对于特定干涉情形的排除提示了审判独立有可能遭遇的挑战——考虑到"文革"对于司法制度的破坏与特定历史背景，这一规定具有特殊的意义。实际上，宪法用这样的方式彰显了其保障审判独立的决心。如果结合宪法第123条关于人民法院是"国家的审判机关"地位的确认，我们会发现，审判权排他性地被赋予了专司审判工作的人民法院。可以说，一个专门的审判机关必然要求独立享有审判权，而独立审判的实现则相应地保证了人民法院作为审判机关的宪法地位不受侵犯。质言之，审判独立作为一项原则，是被现行宪法所明确规定的，也是完善司法体制所必须遵循的最高规范。从这个意义上讲，十八届三中全会的决定恰恰是在宪法的框架内重申和深化了审判独立这一主题，也是人权司法保障的宪法依据与基础。

因此，维护宪法权威，忠实地履行宪法职责，是司法机关保障人权的基本要求。《决定》指出，宪法是保证党和国家兴旺发达、长治久安的根本法，具有最高权威，要把全面贯彻实施宪法提高到一个新的水平。加强人权司法保障，有助于实施宪法，既保障国家权力合法运行，也保障公民基本权利的实现。就审判机关而言，其履职的方式——适用法律以解决具体争议——就是维护法制统一与尊严的最直接、最普遍的方式；结合第3款对于宪法最高效力的规定可知，审判机关所适用的法律规范必须是不违反宪法，或者说符合宪法的规定与原则。要加强人权保障，有必要强化司法在宪法实施中的作用，建立通过司法实施宪法的有效机制。如根据立法法第90条规定，最高人民法院、最高人民检察院有权向全国人大常委会提出针对行政法规、地方性法规、自治条例和单行条例的合宪性审查或合法性审查，而后者必须启动相应的审查程序，理论上有可能导致被审查的规范性文件被修改或被撤销。在司法实践中法官、检察官更有可能发现规范性文件的合宪性或合法性瑕疵，因此，积极提请启动宪法监督的权力实质上是司法机关遵守宪法和实施宪法的必然逻辑延伸。

八、宪法文本中"公共利益"的规范分析 *

（一）宪法文本中公共利益的表述

在各国的宪法文本和学术研究中，对公共利益的表述是不尽相同的。如经常出现的表述有"公共利益"、"公共福祉"、"公共福利"、"公共安全"、"社会公共利益"、"公共政策"、"国家利益"等。如韩国宪法第37条规定："国民的一切自由和权利，只有在需要保障国家安全、维持秩序及维护公共福利的情况下，由法律进行限制。即使在法律进行限制的情况下，

＊ 本部分内容刊载于《法学论坛》2005 年第 1 期。

仍不得损害自由和权利的本质内容"。尼泊尔宪法第 17 条规定，为了公共的利益，可以制定法律对本章规定的基本权利的行使加以限制或控制。日本国宪法第 29 条规定："财产权不得侵犯，财产权内容应符合公共福利"。泰国宪法第 34 条规定，人人享有言论、著作、出版和宣传的自由，只有根据维护安全的需要，保护他人的自由权利、荣誉和声誉，或为维护社会秩序或人民的优良道德，或为了防止人民在精神或健康方面的堕落而制定的专门法律规定，才能限制上述自由。印度宪法第 31 条在规定财产权的宪法界限时使用了"公共利益"概念，规定："国家出于公共利益或为使财产得到适善管理，在一定期限内接管财产的管理权"。德国宪法第 14 条同时使用了"社会福利"和"公共利益"概念，其第 2 款规定：财产应负义务，财产的使用也应为社会福利服务；第 3 款规定：这种赔偿取决于建立公共利益和有关人的利益之间的公正平衡。2004 年颁布的阿富汗宪法第 40 条规定：个人财产之获得不得损害公共利益。

在我国的宪法文本中，"公共利益"是比较固定的词汇。1954 年宪法文本中有 3 个条文直接涉及公共利益问题，其第 10 条第 3 款规定："国家禁止资本家的危害公共利益、扰乱社会经济秩序、破坏国家经济计划的一切非法行动。"第 13 条规定："国家为了公共利益的需要，可以依照法律规定的条件，对城乡土地和其他生产资料实行征购、征用或者收归国有。"第 14 条规定："国家禁止任何人利用私有财产破坏公共利益。"在 1954 年宪法中还出现了"公共秩序"、"社会公德"等词汇。1975 年宪法第 8 条规定："社会主义的公共财产不可侵犯。国家保证社会主义经济的巩固和发展，禁止任何人利用任何手段，破坏社会主义经济和公共利益。"1978 年宪法第 8 条采用了"公共财产"和"公共利益"的概念，其第 1 款规定"社会主义的公共财产不可侵犯"，其第 2 款规定："国家禁止任何人利用任何手段，扰乱社会经济秩序，破坏国家经济计划，侵吞、挥霍国家和集体的财产，危害公共利益。"1982 年宪法以不同条文表述了公共利益。其第 10 条第 3 款规定，"国家为了公共利益的需要，可以依照法律规定对土地实行征用"，2004 年宪法修正案第 22 条规定："国家为了公共利益的需要，可以依照法律规定对公民的私有财产实行征收或者征用并给予补偿。"同时在宪法第 28 条中使用"社会秩序"、第 40 条中使用"国家安全"、第 51 条中使用"国家的、社会的、集体的利益"（国家利益、社会利益和集体利益）、第 54 条中使用"祖国的安全、荣誉和利益的行为"，2004 年宪法修正案第 20 条中采用"公共利益"的表述方法。

从上述列举的一些国家宪法文本对公共利益的表述中，可以发现以下几个特点：（1）公共利益表述方式的多样性，其词汇反映了本国宪法的历史传统与现实制度的需要；（2）同一宪法文本中同时使用不同的概念表述公共利益的内涵，文本的形式意义与实质意义之间存在一定的矛盾；（3）各国通常在规定基本权利限制界限时作为一项原则来使用公共利益概念；（4）宪法文本中出现的"公共利益"是不确定的概念表述，它既表述一种价值形态，同时也描述一种事实状态，经常成为社会矛盾的焦点。[1] 由于宪法文本中的公共利益概念存在不确

---

〔1〕 近年来，在我国社会生活中发生的公权与私权的冲突与公共利益的不确定性有着密切的关系。当个体与国家之间发生利益冲突时，我们的法律体系习惯于站在公权的角度维护其正当性，而对作为公共利益价值源泉的个人利益往往缺乏必要的关怀。由于在现实生活中借公共利益侵犯公民个人利益的现象比较严重，有些公民缺乏对公共利益的认同，甚至存在一种抵制公共利益的情绪。因此，需要通过理论研究和知识普及，使公共利益与私人利益之间建立良性的互动关系，以保持社会的和谐发展。

定性，容易在国家、社会与个人之间形成利益冲突与矛盾，特别是限制公民基本权利时，其标准缺乏统一性、明确性与具体性，容易侵犯社会个体的合法利益。因此，在比较宪法文本的公共利益表述方式后，我们有必要对其宪法内涵、判断标准与程序等问题进行探讨。

（二）宪法文本中公共利益内涵的分析

如何理解和解释宪法文本中的公共利益，是宪法理论与实践中遇到的重要问题，它既是解释学的命题，同时也是宪法实践中的课题。分析宪法文本中公共利益的方法或途径主要有：通过宪法解释阐明文本中公共利益的含义；通过学术界对公共利益的研究，确定公共利益的学术内涵；通过宪法法院或普通法院的判决寻找对公共利益进行判断的方法或内涵；通过普通法律规定的有关公共利益的内容，对宪法规定的公共利益进行价值分析等。

公共利益是社会生活中使用频率最高的概念之一，内容十分丰富。根据《牛津高级英汉双解词典》的解释，公共利益是指"公众的、与公众有关的或为公众的、公用的利益"。在英美法系和大陆法系国家中对公共利益的理解也有所不同。在英美法系中，公共利益也称为公共政策（public policy），主要指"被立法机关或法院视为与整个国家和社会根本有关的原则和标准，该原则要求将一般公共利益（general public interest）与社会福祉（good of community）纳入考虑的范围，从而可以使法院有理由拒绝承认当事人某些交易或其他行为的法律效力。"[1] 作为一种表述方法，英美法系国家还有"公共利益法律"的概念，它是指对民法权、济贫法、环保法、医疗保障法

---

〔1〕《元照英美法词典》，法律出版社 2003 年版，第 1117 页。

等涉及社会公众利益的法律的总称。按照这种解释，依公共政策原则可以对当事人的契约自由或私人交易进行限制，并对实施任何可能给一般公共利益造成损害的行为设定必要的界限。在大陆法系国家，与"公共政策"相关的概念是公共秩序，也称公序良俗。但公共政策与公共利益是否是相同的概念，学者们的观点是不同的。其实，两者之间也存在如何价值转换的问题，如政策与利益之间并非处于内涵上的对应性，政策有具体的表达方式，而利益的表达是不确定的，它所追求的仍然是一个公众共同的需求。

日本学者在解释日本宪法第 13 条时提出了不同的解释方法与理论，如有的学者认为，第 13 条的规定提供了权利制约的根据；也有学者认为，它是一种训示性的规定，即只要是不违反公共福利，基本人权受到最大限度的尊重。根据日本学术界的基本观点，公共利益（或公共福利）应是个人利益之集合，它是调整人权相互间冲突的实质性公平原理。公共福利又分自由国家的公共福利与社会国家的公共福利，前者指从尊重个人平等的立场，公平地分配和保障人权的原理，而后者是指以限制经济活动和财产权为内容的权利分配原理。[1] 韩国宪法法院在宪法裁判中，根据不同的宪法案件，对公共利益（公共福利）进行了宪法解释，比较合理地解决了人们在利益关系中发生的各种纠纷。如在道路交通法和刑法中规定的死刑合宪性问题的判断中，宪法法院认为，维护社会秩序是指为了共同体的和平，在个人或集团之间建立和谐生活的规则。[2] 在 1996 年的宪法法院判决中，对公共福利概念进行了严格的解释，认

---

〔1〕 日本最高法院在解释公共福利概念时，没有采用观念的解释方法，而采用根据个案具体判断的方法，强调人权的行使应遵循公共福利的内在界限。

〔2〕 宪法法院 1990 年 8 月 27 日判决。

为：公共福利比国家安全和维护秩序具有更抽象和开放的功能。公共福利在经济秩序中得到了具体化。均衡的国民经济的发展、合理的所得分配原则、市场的调整与滥用经济力的防止、实现经济民主化、防止地区之间的差别、消费者保护等宪法的经济课题是"公益"概念的具体化。公益并不仅仅表现在宪法文本上，它具有广泛的价值体系，为了国民的社会保障，依公共福利的需要限制财产权行使存在着正当性。从宪法法院判决中可以看出，公共福利是实现宪法经济正义的重要条件与表现，是一种开放性的概念体系。

在我国，有关公共利益的讨论主要围绕概念表述与具体构成展开，已取得了一定的研究成果。我国的宪法文本中，同时出现了相互联系的概念，如公共利益、国家利益、祖国利益、社会利益与集体利益等。由于迄今为止没有启动宪法解释制度，对公共利益的确切含义公众还没有取得普遍的共识。对文本中的公共利益的理解也是不同的，如有学者认为"在我国，一般社会公共利益主要包括两大类，即公共秩序和公共道德两个方面。"[1] 在民法通则和合同法中出现的"社会公共利益"的概念，在其内涵上与公共利益有一定的价值联系，但表述方式是不同的，如社会公共利益更侧重于秩序的价值，而公共利益则更侧重于个体与公共生活之间的联系。为了说明公共利益与政治生活之间存在的价值联系，有学者将公共利益分为四个层面：一是最基础的层面，应该是共同体的生产力发展；二是公共利益就是每个社会成员都有可能受益的公共物品的生产，包括公共安全、公共秩序、公共卫生等；三是社会每个成员正

---

[1]　胡康生主编：《中华人民共和国合同法释义》，中国法制出版社1999年版，第92页。

当权利和自由的保障；四是合理化的公共制度。[1] 这种分类比较全面地概括了不同领域公共利益的意义，有助于对公共利益进行类型化分析，但可能存在的问题是公共利益分析上的价值与事实关系的合理把握，特别是围绕公共利益出现争议时，很难确定具体的标准。与宪法文本上的含义比较接近的内容是第三种和第四种意义，即公共利益以保障社会成员利益为基本出发点，并通过制度的建立实现公共利益。从某种意义上讲，"创造政治制度的能力，也就是创造公共利益的能力"[2]。

我国宪法文本中的公共利益大体上具有如下含义：（1）公共利益是社会共同体的基础，是社会各种利益的整合，反映宪法共同体价值体系的基本要求。因此，公共利益作为社会分工的产物，实际上承担着为社会提供规则的任务。（2）我国宪法文本中的公共利益强调了国家作为公共利益维护者的功能。从1954年宪法开始，所有规定公共利益的文本均以国家为实施公共利益的主体，确立了国家的地位。（3）在公共利益的内容上，文本中的公共利益以公共秩序或社会秩序为基本价值趋向，突出了公共利益的工具性价值。（4）文本中的公共利益、社会利益与国家利益是有区别的。国家利益是特定的概念，在汉语中有双重含义，即在国际政治范畴中以民族整体利益为内容的国家利益和国内政治意义上的国家利益，指政府所代表的全国性利益。[3] 从性质上讲，国家利益主要是以国家为主体而享有的利益，而公共利益主要是由社会成员享有的实际利益，

---

〔1〕 马德普：《公共利益、政治制度与政治文明》，载《教学与研究》2004年第8期。
〔2〕 ［美］亨廷顿：《变革社会中的政治秩序》，华夏出版社1988年版，第25页。
〔3〕 阎学通：《中国国家利益分析》，天津人民出版社1996年版，第4页。

享有利益的主体是不同的。[1] 公共利益与社会利益之间的界限主要在于"社会利益具有功利性与排他性"，社会利益不一定代表公共利益的要求。（5）我国宪法文本中的公共利益与民法、合同法等法律中的"社会公共利益"是不同层面的概念，普通法律上的"社会公共利益"应以宪法的规定为基础，受其价值的制约，不能任意扩大公共利益的范围。公共利益既是解决公益与私益之间冲突的依据，同时也是社会基本价值的指导原则，起着价值示范作用。

（三）公共利益的判断标准与原则

由于宪法规范本身的高度概括性与开放性，对何种情形属于公共利益问题宪法文本不可能作出具体或者确定的标准。公共利益是基于宪法共同体价值而确定的价值标准，是社会成员物质和精神需要的综合体，体现了社会、国家与个人之间的利益关系。宪法是判断公共利益的基本依据，应从文本出发具体分析公共利益的内涵与原则。亨廷顿对研究和判断公共利益提出了三种方法：一是把公共利益等同于某些抽象的、重要的、理想化的价值和规范；二是把公共利益看作某个特定群体（阶级）或者多数人的利益；三是把公共利益视为个人之间或群体之间竞争的结果。[2] 在公共利益的判断中最核心的问题是明确判断公共利益的主体与具体程序的设定，即由谁通过何种程序具体判断公共利益。笔者认为，在我国宪法文本中，判断公共

---

〔1〕 从解释学的角度看，宪法文本中"国家"地位的实证分析是非常重要的问题。笔者认为，我国宪法文本中国家有不同的表现形式与功能。在"国家为了公共利益的需要"条款中出现的"国家"并不是抽象意义上的存在体，它首先指的是国家机关，特别是指政府的功能。为了明确国家在宪法文本中的含义，印度宪法第12条对国家一词专门作了解释，规定：本篇所称的"国家"一词，除文义中需另作解释外，包括印度政府与议会、各邦政府与邦议会在印度领土内或在印度政府管辖下一切地方当局或其他机构。

〔2〕 〔美〕亨廷顿：《变革社会中的政治秩序》，华夏出版社1988年版，第24页。

利益的合理性时需要关注以下几点：

1. 公共利益具有公益性。公共利益不是个人利益的简单集合，也不是多数人利益在数量上的直接体现，它是社会共同的、整体的、综合性和理性的利益。凡是被纳入公共利益范畴体系内部的利益均是个体利益高度概括化的体现。因此，判断公共利益内涵时，不应仅仅考虑个体利益的正当需求，应在不同利益格局中选择利益综合体，维护公共社会的价值体系。

2. 公共利益具有个体性。公共利益的价值理念是个人尊严的保护。现代国家宪法中普遍建立了公共利益与个人利益互相转化的机制，从个体价值的维护中不断获得正当性的基础。公共利益源于个体利益，同时为个体利益的实现服务。自第二次世界大战后，各国赋予公共利益更多的个体理性的因素，以防止"公共性"脱离个体的正当利益。在这种意义上，公共利益应当是社会共同发展的理念与价值规则。

3. 公共利益具有目标性。在法治国家的发展过程中，公益与私益之间的冲突是不可避免的，社会需要提供实现整体利益的规则或目标。实现公共利益的方式是不同的，如在政府主导的社会中，公共利益往往偏重于国家利益，对利益的评价与选择上，以政府的思考为基本依据。在个体权利保护为中心的社会中，公共利益应满足个体权利与自由的基本要求，强调了公共利益与个体利益之间的联系。为了突出公共利益的目标性，有的学者区分了自由国家公共利益与社会国家公共利益，并为自由权与社会权设计了不同的实现形式。

4. 公共利益具有合理性。无论是个体利益，还是公众共同的利益，利益的选择应在合理范围内进行，以合理性为基本条件。这种合理性的基本要求是：个体利益本身的合理性；个体利益向公共利益转化程序的合理性；个体和公共利益相互转化的合理性；公共利益评价体系的合理性等。

5. 公共利益具有制约性。公共利益对公共权力的滥用能够发挥制约的功能，以保持权利与权力之间的合理的平衡关系。如前所述，公共利益的价值基础是个体利益的保护，合理的公共利益为社会提供公平的社会价值体系，增进社会成员的政治与社会事务的参与，形成大家对社会基本价值体系的共识。确立公共利益存在的合理界限本身就是对可能出现的公权力滥用的一种制约。

6. 公共利益具有补偿性。依据公共利益所进行的任何限制，必须基于合理的理由与基础，如在依法征收或征用后必须给予合理的补偿，以保护个体权利不因限制行为而受到实质性的损害。

当然，在公共利益的判断中，我们还需要充分考虑公共利益的历史性、基础性与道德性，"使设定的公共利益应当符合社会道德和社会公理的原则"[1]。

（四）公共利益与基本权利限制的界限

立宪主义在人权领域中的实现，经常遇到的一个难题是人权的保障与限制的界限问题。从人权与立宪主义关系看，人权保障已成为立宪主义的重要内容。我们通常所说的合理界限是指对人权限制要有一个恰当的度，既要保护社会和国家利益，又要保护个体人权，更要防止以限制为借口取消或减少人权活动的范围与类型。公共利益是限制人权的总体依据，但公共利益在不同国家中又表现出不同的特点，每一个国家根据本国的历史与文化特点，确定利益的具体内涵与标准。

---

[1] 陈宏光、曹达全：《宪政视野中的公共利益》，载《21 世纪中国宪法与行政法发展暨研究生培养学术研讨会》（2004 年 11 月）。

值得注意的是，即使以公共利益为依据而进行的限制也需要满足一定的条件，以保证公共利益的真实性。这种限制实际上是对公共利益内容的进一步检验，以防止公共利益与个体利益之间的冲突发展为社会整体性的危机。一般意义上讲，以公共利益名义进行的限制，要具备实质要件、形式要件和程序上的限制。实质要件是指遵循宪法规定的限制基本权利的依据。形式要件是"通过法律的限制"，即基本权利的限制只能采用法律的形式。在宪法文本中出现的法律用语中，作为限制基本权利依据的法律应具有明确性与一般性。在我国，限制基本权利的法律应当是形式意义上的法律，即必须是全国人大或其常委会制定并颁布的，否则缺少评价公共利益的形式条件。在符合实质和形式要件的前提下，还要满足方法和程序上的要求，如采用信赖保护、法律规定的明确性等条件。

在限制基本权利的时候，需要严格遵循比例原则，进行利益衡量，以确保宪法维护公共利益与保障人权的价值能够得到实现。具体而言包含以下三个方面的内容：（1）采取的方法应有助于目的达成，这在学理上被称为"合目的性"或"适当性"原则；（2）有多种同样能达成目的的方法时，应选择对公民权益损害最少的方法，这在学理上被称为"必要性"原则；（3）采取的方法所造成的损害不得与想要达成目的的利益显失均衡，这在学理上被称为"合比例"或"狭义的比例原则"。比例原则具有宪法位阶，能对立法、行政和司法活动进行直接约束，能作为宪法解释、司法审查的标准而适用。它对于控制国家权力行使目的的正当合理、手段与目的之间的适当链接、收益与成本之间的比例均衡等都具有重要作用。

我国宪法中有不少地方都包含了比例原则的要求。如现行宪法第 10 条第 3 款和第 13 条第 3 款规定了征收、征用的合目的性原则。第 14 条第 4 款规定，"国家建立健全同经济发展水平相适应的社会保障制度。"这里的规定符合比例的要求。第 51 条规定，"中华人民共和国公民在行使自由和权利的时候，不得损害国家的、社会的、集体的利益和其他公民的合法的自由和权利。"这里对限制基本权利作出了总的要求，即只能基于维护公共利益和其他人的基本权利的目的而限制基本权利。国家在制定法律时，应遵守比例原则的要求，对限制基本权利的目的性、必要性和比例性进行综合评价。在具体适用法律时，亦须遵循比例原则的要求，合理裁量各种限制措施。限制基本权利的目的只能在于维护公共利益，限制到何种程度要视客观情况而定，不得过度地限制甚至剥夺基本权利的行使。当然，这里所讲的公共利益应当是具有正当性的公共利益，对抽象的公共利益应进行具体的判断，提供公民评价公共利益的权利与程序的保障。为限制基本权利所采取措施的收益不能与公民所受损失显失均衡。

为了解决现实生活中出现的公共利益的不确定性，需要在宪法文本的范围内合理地寻找各种利益相互协调的机制，既要强化公共利益的正当性，又要强化对个人利益的保护力度，使两者在协调中发展。为此，需要进一步建立和完善的制度有：积极发挥宪法解释功能，使公共利益具有更明确的内涵；严格区分宪法文本上的公共利益与普通法律规定的公共利益之间的价值关系；通过宪法解释、法律解释，不断细化公共利益的内容，建立公共利益类型化制度；扩大公众参与公共利益形成过程的途径，使公众利益获得社会的基础；把宪法上的公共利益理念贯彻到社会生活的各个领域，建立评价公共利益的统一体系等。

九、人民监督员制度的宪法学思考 *

人民监督员制度是最高人民检察院于 2003 年 10 月起在全国检察系统陆续推行的一项重大改革举措，其出发点是通过引入有组织性的外部监督力量，解决检察机关自侦案件长期缺乏有效外部监督的问题。作为一项具有探索意义的新生事物，该制度从产生之初就受到了来自社会方方面面的各种争议。人们对该制度存在的理论基础及其现实合理性产生了诸多质疑。一些根本理论问题至今难以形成共识，实践中各地检察机关也是说法不一，做法各异。宪法作为一国的根本大法，是任何法律制度存在的根基，在目前人民监督员制度尚未被法律具体化的情况下，我们认为，以宪法角度为切入点，研究该制度存在的宪法基础及其在宪法实施中运行的条件和方式无疑具有十分迫切和重要的意义。基于此，本文从四个方面展开分析。

（一）人民监督员制度的基本特点及其研究意义

1. 人民监督员制度的产生背景及基本特点。人民监督员制度，是最高人民检察院于 2003 年 9 月 2 日第十届检察委员会第九次会议通过设立的，主要是通过经民主推荐程序产生人民监督员，对检察机关查办职务犯罪案件实施社会监督。根据最高人民检察院制定的《关于人民检察院直接受理侦查案件实行人民监督员制度的规定（试行）》（以下简称《规定》），经中共中央批准，从 2003 年 10 月起，该项制度首先在四川、福建、湖北等 10 个省、市、自治区的检察机关试行；2004 年 10 月 1 日起，又在全国检察机关广泛开展了试点工作。

我国宪法中规定了检察机关是"国家的法律监督机关"，"依照法律规定独立行使检察权"，具体法律中规定的检察机关

＊ 本部分内容刊载于《国家检察官学院学报》2005 年第 1 期，系与王晓滨合作撰写。

对职务犯罪实施侦查、逮捕和起诉的职权构成了检察权的重要组成部分。而上述权力的行使在具体程序上由谁来监督，一直是社会各界普遍关心和呼吁的问题。在 1988 年和 2000 年，全国检察机关进行过内部机构设置方面的改革，[1] 以强化内部制约机制，但并未涉及引入外部监督方式，增强整体监督效能的问题。党的十六大召开后，就如何进一步推进和深化司法体制改革，实现观念创新、制度创新，给检察机关的工作提出了新的要求；同时，自 1982 年宪法生效实施的 20 多年时间里，在党对宪法的高度重视下，在学术界、法律实务界的共同努力下，宪法在国家政治生活中发挥着越来越重要的作用，"依法治国"、"国家尊重和保障人权"等重要内容被相继写进宪法，如何体现人民直接参与国家事务管理的广泛性，如何有效地制约和监督各种公共权力，保障公民的基本权利，受到了人们越来越多的重视；在全世界范围内，探索公民以多种途径参与公权力的行使，以体现司法的民主性已成为一种大的潮流。在此背景之下，在针对检察机关的外部环境尚未做出决策和改变之时，最高人民检察院提出了人民监督员制度，探索以引入外部监督形式来强化内部管理的新做法。

根据《规定》以及一年多来各地试点所反映出的主要情况，我们认为，目前人民监督员制度的特点大致可以归结为：（1）规范化的法律监督。该制度是针对检察机关及其工作人员在直接侦查、起诉的职务犯罪案件中遵守宪法和有关的刑事法

---

〔1〕 1988 年 11 月全国检察长会议决定把检察机关办理职务犯罪案件原来由一个部门负责到底的做法改为由自侦、批捕、起诉三个部门分别办理；2000 年 8 月，最高人民检察院将审查逮捕厅更名为侦查监督厅，将刑事立案监督、侦查活动监督与审查逮捕相提并论，各地检察院也统一改变。转引自但伟：《正确认识人民监督员制度 切实推进检察改革》，载《人民检察》2004 年第 5 期。

律、法规的情况的监督，有相对固定的成员和组织形态，监督形式制度化、程序化。（2）权利性的社会监督。它是人民群众基于宪法规定的权利和为实现这些权利而实施的监督，是直接监督的特殊形式。（3）全程性的个案监督。人民监督员对检察机关在职务犯罪的侦查、逮捕和起诉各个阶段的执法活动都可以实施监督。（4）以引进外部监督为手段，优化内部监督和管理机制的自我改革。人民监督员制度是在现有的检察体制内发挥作用的，是检察机关完善自我管理和监督机制的举措。（5）具有相对约束力的柔性监督。人民监督员所作的监督决定的性质表现为意见和建议，并不是对案件处理起决定作用的程序。

2. 研究人民监督员制度的宪法学理论意义与实践意义。我们分别从宪法学理论角度和实践意义来研究人民监督员制度的意义。

从宪法学理论意义上讲，人民监督员制度的提出和实践，引出不少在理论界虽常被提起但尚需进一步思考和研究的问题，如如何认识人民与公民的关系问题，如何看待宪法规定的公民的监督权与人民的参政权问题，如何理解公民基本权利的保障和救济等问题。宪法学作为一门学科，一方面必须密切关注社会现实，才能不断推陈出新；另一方面，宪法学理论要取得发展，必须营造和建立自身的基本概念范畴，让研究者在带有一定共性特点的学科平台上展开研究和讨论，才能使本学科获得更深入的发展，为实践提供有力的理论资源和智力支持。围绕人民监督员制度展开研究，有助于形成良性的学术氛围和规范的学科范式。

从实践意义上讲，首先，纸上规定的宪法权利要变成现实生活中公民实实在在享有并能够行使的权利需要借助宪法实践。由于这一制度已经在全国范围内普遍展开，而各地的做法不一致直接导致的将是对被侦查、逮捕和起诉的公民的基本权利保障的不一致，因而，从宪法学层面对其展开研究有助于解释当前实际中面临的公民基本权利保障和救济的急迫性问题，解决目前对该制度认识的基本理念问题和制度正当性问题。其次，人民监督员制度的试行是以检察机关为主导的宪法实践，对其研究有助于对这种权力制约和监督实践的改进和完善，为检察体制的改革提供必要的理论支持。正如我国著名宪法学家许崇德教授所言："监督不能仅仅解释为制约，应该也含有支持与协助的意义"[1]，人民监督员对于检察机关的工作发现问题，提出建议，本身也是一种支持和协助。再者，对人民监督员制度展开研究有助于丰富和完善实现公民基本权利的新途径。人民监督员制度是具有中国特色的一项新生事物，是实现宪法规定的人民当家作主的新举措，其在实践中的实施效果直接关系公民的切身利益，关系国家的对外形象，对其展开研究将这一制度引向深入，为今后的有关立法工作提供有价值的参考。

（二）建构人民监督员制度的宪法基础

人民监督员制度究竟有没有其存在的宪法基础？从宪法的规范角度和该制度的功能看，目前学术界主要有几种倾向性观点，有的主张根据宪法有关条文的规定，人民监督员制度具有坚实的宪法基础;[2] 有的主张该制度宪法的规范中并未直接规定，当前还处在试点和不确定阶段，故只认可其存在相对的宪法基础；有的主张人民监督员制度是检察机关的自我独创，无

---

〔1〕 许崇德：《学而言宪》，法律出版社 2000 年版，第 243 页。

〔2〕 石世安：《人民监督员设置的法理基础和现实需要》，载《检察与实践》2004 年第 4 期；蔺改言：《人民监督员制度的科学性与合理性》，载《检察日报》2004 年 12 月 1 日。

宪法和法律上的依据。我们倾向于第二种主张，认为该制度的宪法基础主要通过以下四个方面予以体现：

1. 通过人民参政权的有效行使，体现了宪法的民主原则和法治原则。宪法第 2 条是关于"一切权力属于人民"、"人民依照法律规定，通过各种途径和形式，管理国家事务，管理经济和文化事业，管理社会事务"的规定，此处的"人民"，主要体现为一种政治概念，同时可以理解为居于统治阶级地位的那部分公民组成的集合体，他们通过各种途径管理国家事务、经济和文化事业、社会事务的权利，可以归结为一种参政权。参政权已被现代法治国家普遍认同为公民的一项基本政治权利。对公民参政权的保障已成为衡量一个国家民主化程度的重要标尺。人民监督员制度是人民行使参政权的表现，体现了宪法的民主原则和法治原则。

民主是一项重要的宪法原则。宪法的基本内容与价值趋向首先是民主价值，以民主作为宪法存在和发展的基础。民主原则在宪法秩序的形成和发展中发挥着越来越重要的作用。它要求我们既要尊重多数人的意志，又要保障少数人的利益。人民监督员制度正是在制度上和实践中探索检察机关与人民群众相联系的渠道和途径，吸纳人民群众参加管理国家事务，将检察权的行使置于人民的监督之下。其意义在于：（1）它表明检察权正当性的基础是民意，人民除了可以通过各级人民代表大会实现其意志外，还可以通过其他途径实现民主；（2）它为其他决策的合理化提供了规则与参考；（3）它使社会其他职业者能够有条件参与进来，发挥对检察权的约束功能；（4）它使民主的价值获得自我矫正的机会与途径。

法治原则是宪法的另一项重要原则。1959 年的《德里宣言》确认了如下法治原则：（1）根据法治精神，立法机关的职能在于创造和维持使个人尊严得到尊重和维护的各种条件；
（2）法治原则不仅要防范行政权的滥用，而且还需要有一个有效的政府来维持法律秩序，借以保障人们具有充分的社会和经济生活的条件；（3）法治要求正当的刑事程序；（4）司法独立和律师自由。[1] 针对上述内容，人民监督员制度首先对于立法机关提出了一种新的要求，这种制度是否应当纳入立法规划，应当以何种方式作出规定，是立法应当作出回应的范畴。其次，它对于刑事程序中检察机关行使权力的合宪性、合法性提出了更高的要求，对律师自由的真正实现，行政机关和司法机关提高管理效能、拓宽监督渠道的多元化也有着潜移默化的影响。

民主与法治原则在基本的价值目标与价值形态上是相一致的。同时，民主与法治原则之间也存在冲突与矛盾。人民监督员制度的建构是在没有明确的宪法和法律依据的情况下作出的，人民监督员的代表性、其参与检察工作的范围、费用开支的正当性都与法治原则的要求有不相吻合之处，需要不断作出修正。

2. 通过公民监督权的切实行使，实现对公民基本权利的保障。宪法第 41 条规定了"公民对于任何国家机关和国家工作人员，有提出批评和建议的权利；对于任何国家机关和国家工作人员的违法失职行为，有向有关国家机关提出申诉、控告或者检举的权利"。这项权利可以统称为公民的监督权，监督权是宪法规定的公民基本权利之一，是公民监督国家机关及其工作人员活动的权利。人民监督员制度的实施主要体现为公民对监督权中的批评权、建议权的行使，在特殊情形下，不排除对

---

〔1〕　张文显：《二十世纪西方法律哲学思潮研究》，法律出版社 1996 年版，第 623 页。

控告权、检举权和申诉权的行使。在相应的对某些国家权力的监督出现缺位或监督不力的情形时，设计人民监督员制度，让一部分公民以人民监督员的形式切实行使对个案的监督权，是公民基本权利行使的有效方式之一，这部分公民对国家机关工作的建议与批评无疑具有积极的意义。

人民监督员制度的另一个重要方面就是对职务犯罪嫌疑人、被告人和受害人基本权利的保障。现行宪法规定，公民的人身自由、人格尊严等多项基本权利不受侵犯。从一定意义上讲，这是人民监督员制度存在价值判断的最重要的宪法基础。从宪法学调整国家和公民之间关系的本意出发，一方面要求国家完善相应的立法为公民的上述基本权利提供保障，另一方面对于公权力侵害公民基本权利的各种情况，公民可以通过各种形式和途径寻求监督和救济。人民监督员制度的创建可以被认为是公民的基本权利保障的一个创举。此外，即使是检察机关自侦案件的受害人也可以通过人民监督员来表达自己的意见，检举、控告和申诉某些违法、犯罪或侵权行为，这也是公民行使宪法规定的监督权、请求权等基本权利的具体表现方式（这种基本权利行使方式有时具有特殊的意义），在人民监督员制度的实施中可能获得救济。

3. 体现制约权力的宪法价值，促进检察机关工作作风和形象的改变。检察权作为国家公权力的一种，其权力的本源是人民，检察权本身需要制约是宪法配置该权力的应有之义。宪法的权力制约价值可以从两个方面体现出来，一是以权力制约权力，二是基本权利对权力产生直接的约束力，人民监督员是以后一种方式体现了检察权的制约。人民监督员通过对职务犯罪调查过程的监督，对检察机关在办理自侦案件中犯罪侦查权、决定逮捕权、公诉权的行使形成了一定的制约力。促使各级检察机关提高执法水平和办案质量、转变执法作风和执法观念，促使检察机关工作人员树立程序意识、证据意识、自觉接受监督意识、保障人权与打击犯罪并重的意识，促使检察机关的犯罪侦查部门、侦查监督部门和公诉部门慎重立案、规范侦查、依法公诉，逐步强化公正、规范、文明执法作风。权力制约是宪法固有的价值之一，虽然在刑事诉讼中，宪法和刑事诉讼法都对法院、检察院和公安机关要分工负责、互相配合、互相制约提出了要求，但在职务犯罪领域，由于权力对权力直接制约的缺位，发挥人民监督员监督权力的制约作用就显得具有特别重要的意义。

4. 通过检察权的能动性发挥，推进法律监督职能的进步。宪法规定了"人民检察院是国家的法律监督机关"、"人民检察院依照法律规定独立行使检察权，不受行政机关、社会团体和个人的干涉"。上述规定反映了检察机关的性质及其宪法地位。在人民代表大会制度下，检察权既不属于行政权，也不属于司法权，而是独立于两者之外的专门的国家法律监督权。[1] 它由对职务犯罪的侦查权、公诉权、诉讼监督权和执行监督权四项具体职权组成。在职务犯罪调查过程中，侦查权的行使最具有主动性和隐蔽性，对其的监督严格说来需要权力制约性（如国外预审法官对搜查令的签发），而公诉权的行使最需要公开性，诉讼监督权的行使最需要外部性（如检察院对公安、法院的监督）。但目前检察权的设置在针对自侦案件中以上特性都未很好地体现，在一定程度上影响了检察机关宪法规定职能的发挥。检察制度的改革一方面要强化检察权的对外威慑机制，另

---

〔1〕 韩大元、刘松山：《论我国检察机关的宪法地位》，载《中国人民大学学报》2002年第 5 期。

一方面要形成防止检察权滥用的机制。人民监督员制度正是在此条件下应运而生的。这一制度的创设体现了检察机关开门整风、主动接受外部监督的能动性，有益于其法律监督职能的实现。

检察机关能动性的体现同样可以找到相应的宪法依据。宪法第 27 条第 2 款规定："一切国家机关和国家工作人员必须依靠人民的支持，经常保持同人民的密切联系，倾听人民的意见和建议，接受人民的监督，努力为人民服务。"这条看似政治性很强的规定，正是宪法民主原则和价值的反映。检察机关创设人民监督员制度，在制度的层面将这一宪法原则规范化，从而体现了检察权的民主性，是检察机关重视宪法、尊重公民基本权利的表现，在当前大力提倡依法治国背景之下具有某种特殊的意义。而注意保持检察机关独立行使职权的宪法地位，也是这种能动性发挥必须把握好的界限。

从以上四方面分析看，人民监督员制度是符合宪法保障人权、促进民众参与司法的基本理念的，在现有的宪法规范之中也能找到一些依据，但这些依据显然过于笼统。而直接依据宪法笼统的规定就由检察机关自身去设计操作性如此之强的《规定》，其规范层级当然是不够的，其法律地位是待定的。既然人民监督员制度在基本方向上符合宪法发展的需要，因而有必要通过法律的形式使之具体化、规范化。

该制度的实施效果从以下统计数据可见一斑。截止到 2003 年 12 月 15 日，10 个试点省的检察机关共选任人民监督员 4675 名，进入人民监督员监督程序的案件 209 件，根据人民监督员意见改变了原拟定处理意见的案件 16 件。[1] 截止到 2004 年 3 月 12 日，全国人大十届二次会议召开之际，试点检察机关共选任人民监督员 4944 人，监督案件 493 件，改变了原拟定的处理意见的案件 21 件。[2] 截至 2004 年 9 月底，13 个省、区、市共选任人民监督员 10114 人，监督案件 1529 件。经人民监督员独立评议，不同意原处理决定的 91 件。[3]

可以说，人民监督员制度从开始试点以来，初步取得了成效，显示出良好的发展态势。在试点的范围、人民监督员的数量、监督案件数量上都呈现出较快的上升趋势。尤其是人民监督员不同意检察机关原处理意见的案件数量在不断增加，在一定程度上说明人民监督员制度是有效果的。可以说，该制度在一定程度上体现了宪法的权威，扩大了公民行使监督权的范围，丰富了公民参与政治的途径，具有权力制约和人权保障价值，在现有的《规定》外还有较大的发展空间。

（三）人民监督员制度的运行与宪法的实施

1. 运行条件的分析。其运行条件主要包括以下几类：

（1）人员条件。选择什么样的人担任人民监督员和以什么样的程序产生出人民监督员，这是关系到该制度能否有效运行的关键。《规定》指出，人民监督员应具有中华人民共和国国籍，拥护中华人民共和国宪法，年满 23 周岁，作风正派，坚持原则；有选举权和被选举权，有一定的文化水平和政策、法律知识；由机关、团体、企事业单位和基层组织经民主推荐，征得本人同意并经考察后确认。

---

〔1〕 转引自但伟：《正确认识人民监督员制度 切实推进检察改革》，载《人民检察》2004 年第 5 期。

〔2〕 引自《法制日报》2004 年 3 月 12 日。

〔3〕 引自《检察日报》2004 年 12 月 1 日。

从人民监督员的任职条件来看,在宪法中主要体现为要求公民应具有一定的知识性与阶级性。一定的知识性为监督工作本身的专业性所必需,而对政治条件的规定则表明了对监督主体的阶级性要求,即只有居于统治地位的属于集合体"人民"的那部分公民才有资格行使这种意义上的监督权。从人民监督员的产生程序看,在宪法民主原则的体现程度上是存在争议的,主要集中在人民监督员的代表性上。一方面,人民监督员由机关、团体、企事业单位推荐产生,另一方面,检察机关在一定程度上可以选择人民监督员。我们认为,在当前条件下,这种选拔方式比较合理,虽然完全由外部选任有其优势,但在无任何法律作为直接依据的现阶段,在民主推荐的基础上先由检察机关确定是有可信度的,我们不能苛求一项好的制度从一开始就具有广泛的民意代表性。

(2)物质条件。依照《规定》,检察机关应当为人民监督员履行职责提供必要的工作条件,可以邀请人民监督员列席有关会议、视察检察工作;检察机关设立人民监督员办公室,作为人民监督员的办事机构;人民监督员开展监督工作所需经费,应当在各级检察机关业务经费中列支,纳入财政预算,由同级财政核拨。

要使该制度有效运行,促进宪法的实施,必须有相应的管理机构和必要的经费开支渠道。目前各试点检察机关的人民监督员办公室挂靠在研究室,有的挂靠在办公室、政工或监察部门,有的则单独设立;在经费开支渠道上,只有少数地方纳入财政预算。无论在机构还是经费方面,都需要尽快使该项制度获得法律的正当性。目前最高人民检察院单方规定由同级财政核拨,而事实上财政部门并无相应规定,这一矛盾是亟待解决的。宪法实施的良性状态必然体现为各种规范的层级合理性和公共行为的合法性。在涉及机构设置和财政开支的正当性问题时更是如此。就该制度的某一特定事项而言，合宪性与合法性都应当受到应有的重视。

（3）权责条件。依照《规定》，人民监督员有权对"犯罪嫌疑人不服逮捕决定、拟撤销案件、拟不起诉处理案件"以及"应当立案而不立案或者不应当立案而立案的，超期羁押的，违法搜查、扣押、冻结的，应当给予刑事赔偿而不依法予以确认或者不执行刑事赔偿决定的，检察人员在办案中有徇私舞弊、贪赃枉法、刑讯逼供、暴力取证等违法违纪情况"实施监督。一方面，它表明了公民监督权的行使在这一制度实施中的界限，另一方面，它也界定了通过人民监督员行使监督权，能够在何种范围内对职务犯罪嫌疑人、被告人的人身自由、人格尊严、请求权等多项基本权利提供保护。修改后的《规定》明确要求，所有承办直接受理侦查案件的检察机关都应当实行人民监督员制度，接受人民群众的社会监督；人民监督员享有独立发表意见和表述的权利。这在一定程度上扩大了人民监督员行使监督权的范围和监督的实效性，是一种积极的举措。有一种意见认为，对于"被逮捕人对逮捕决定不服"不应纳入人民监督员监督的范围，事实上，逮捕是对公民人身自由的直接剥夺，也是实践中出现问题较多的环节，检察机关内部协调问题不应成为不让人民监督员介入的理由。

我们认为，在宪法的实施过程中，一个不容忽视的问题是人民监督员负有直接维护宪法尊严、促进宪法实施的职责。其具体的表现就是针对行政法规、地方性法规、自治条例和单行条例可能存在的违宪、违法情形有义务提出审查建议。虽然《规定》没有明确作出规定，但根据立法法第90条的规定，最高人民检察院认为行政法规、地方性法规、自治条例和单行条例同宪法或者法律相抵触的，可以向全国人民代表大会常务委员会书面提出进行审查的要求，公民也可以向全国人民代表大会常务委员会书面提出进行审查的建议。这是我国首次以法律形式规定了违宪审查的启动程序，检察院作为专门的国家法律监督机关，除了监督有关国家机关及其工作人员以及公民执行和遵守法律的一般情形外，对于可能构成违宪的某些规范性文件也应当给予足够的重视，公民个人也有权对违宪或违法的规范性文件提出自己的意见和建议。宪法序言规定了"全国各族人民、一切国家机关和武装力量、各政党和社会团体、各企业事业组织，都必须以宪法为根本的活动准则，并且负有维护宪法尊严、保证宪法实施的职责。"根据上述规定，人民监督员无论是作为检察机关的监督者、建议者，还是作为普通的公民，都有义务对可能构成违宪或违法的法律提出自己的意见和建议，通过各种渠道向有关机关反映。具体而言，一方面，可以通过逐级向人民检察院提出意见和建议的方式，最终由最高人民检察院向全国人大常委会提出书面违宪或违法审查的要求；另一方面，人民监督员也可以以公民的身份向全国人大常委会提出书面审查的建议。相比较而言，前一种方式更能够引起全国人大常委会的充分重视，因此，检察机关有必要为人民监督员履行上述职责创造必要的条件。

众所周知，目前行政法规、地方性法规、规章等规范性文件与宪法和法律相互冲突的情形不在少数，甚至法律也存在违宪的可能。而我们的冲突解决机制却没有有效地启动并发挥作用。人民监督员直接介入检察机关的办案环节，直接处理涉及各种与公民人身自由、人格尊严休戚相关的刑事案件，最有可能发现检察机关办理案件所适用的各种办案规范性依据是否存在与宪法和法律相违之处，是否存在相互之间的冲突及是否存在对公民基本权利的不当侵害之处，因而也是最有发言权的主体之一。通过向检察机关建议直至直接向全国人大常委会提出建议的方式，履行依法所担负的职责，对促进宪法的实施具有十分积极的作用。因而在宪法的实施过程中，人民监督员应当充分意识到此项职责应当是自身的一项重要职责，该职责当下就具有可操作性。

（4）观念条件。人民监督员制度要想获得真正卓有成效的实施，必须有深刻的观念的改变。首先，检察官要强化自己的宪法意识，主要是犯罪嫌疑人、被告人的基本权利保障意识和自觉接受人民监督员监督的意识；其次，人民监督员要强化自身行使监督权意识和保障案件当事人基本权利意识；最后，职务犯罪嫌疑人、被告人、受害人和社会公众也应当树立正确的权利观念，促进人民监督员制度功能的有效发挥。

2. 运行方式的分析。人民监督员制度的运行方式主要是指该制度在实施过程中采取的具体形式和具体程序。

从《规定》确立的程序看，较大程度地体现了公民参与的实效性与民主性。在针对具体案件人民监督员的产生方式上，采取由人民监督员办公室排序或随机抽取的方式，避免了个人指定的随意性；而案件承办人要全面介绍案情，说明法律适用情况的规定，是信息公开、保障公民知情权的关键环节，是人民监督员形成其监督意见的基础，在这一过程中，规定人民监督员经检察长批准可以讯问犯罪嫌疑人、询问证人、听取有关人员陈述和本案律师的意见，是公民直接参与司法过程的具体体现，相对于国外公民参与司法的一些做法，更具有超前性，体现了检察机关真诚接受监督、真正要下大力气改进工作的决心；而最后的表决意见在独立评议、无记名投票的基础上进行，按少数服从多数的原则形成表决意见，这无疑是传统民主的最佳表达方式，是公民通过直接参与执法过程监督和制约公权力行使的最有效途径，较好地体现了宪法的民主原则。但另一方面，现代民主又强调对少数人利益的保护，具体到案件中，就是避免多数人的非理性、盲目性的选择而造成犯罪嫌疑人、被告人基本权利的侵害，所以，检察机关自身必须清醒地意识到这一点，在作出各种决策的时候，严格依据宪法和法律把握好权利保护的尺度，做到主动接受人民监督和严格执法的有机统一，体现宪法的法治原则。

根据《规定》，对于人民监督员的表决意见，检察机关给予了相当程度的重视。如检察长不同意人民监督员表决意见的，"应当"提请检察委员会讨论决定；而多数人民监督员对检察委员会决定有异议的，"可以"要求上一级检察机关复核，上级检察机关"应当"复核并及时反馈结果。此外，人民监督员还可以应邀列席检察委员会会议。我们认为，这种程序设置较好地体现了人民监督员监督权利的充分发挥，在现阶段是合理可行的，而施行的效果在很大程度上取决于人民监督员整体参与的积极性和个人的素质，取决于人民监督员和检察机关之间有无规范之外的实体制约和利害关系。只要把握得好，这种看似体制内的监督所发挥的积极作用是不可低估的。

（四）人民监督员制度的改进和完善

目前，对人民监督员制度的质疑主要集中在以下几个方面：在一定程度上干扰了检察权的独立行使；缺乏法律依据；人民监督员的代表性不足；难以做到日常性和经常化，监督作用无法有效发挥；监督程序的刚性不足，效力不充分；效率和公正的矛盾突出等。客观地讲，上述某些质疑是有一定道理的。人民监督员制度作为一种新生事物，就是要在各种评议和质疑当中，才能得到理性的论证、务实的改进和良好的发展。

作为一项宏大的系统工程，人民监督员制度从宏观制度架构到许多细节问题都有值得论证和改进之处，本文仅从宪法学角度提出几点改进建议。

1. 制度地位的法律化。任何具有很强操作性的制度仅有宪法上的依据是不够的，其法律地位的不确定性往往容易引发诸多问题，只有将其具体化、法律化，才真正有助于宪法的实施。目前，全国人大可以先通过修订人民检察院组织法和刑事诉讼法等基本法律，对该制度作出原则性的规定，肯定其法律地位。对于一些运行中的具体环节与规则，可授权最高人民检察院作出具体规定；也可以在基本法律作出原则性规定的前提下，由各地结合本地方特点制定地方性法规。

2. 监督范围的扩大化。将监督范围仅限于检察机关自侦案件的宪法依据是不足的，从长远看容易引发宪法争议。虽然目前在试点阶段对监督范围作出一定限定是必要的，但这个过程不宜太长。要有计划、有步骤、分阶段地逐步放开，使检察权行使的更多方面能够置于人民监督员的监督之下，使更多公民的基本权利能够通过这一制度的实施得到保障和救济。

3. 选任标准的专业化。要增强人民监督员的监督效能，更好地体现该制度的宪法价值，有必要对人民监督员的选任标准作出改进。在指导思想上要由"突出广泛代表性，兼顾专业性"转变为"突出专业性，兼顾代表性"。从一定角度讲，强调体现宪法的民主性与强调体现对基本权利保障的切实有效性两种价值之间有时也会存在冲突，我们认为，后者是更为核心的价值，也是前者的目的所在。此外，对一些地方片面强调让人大代表当人民监督员的做法应当予以抑制，这种做法虽可能有一时之效，但从长远角度看，却混淆了人大监督与人民监督的性质，将使两者都受到损害，无益于宪法秩序的稳定。

4. 监督程序的规范化。要使监督程序真正体现出宪法的民主原则，有必要进一步使之规范化，保障人民的有效参与。一方面，人民监督员办公室要单独设置，并制定规范的工作规则。另一方面，要完善被监督案件的表决和确定程序，适当增强人民监督员的监督效力。如可规定"对于人民监督员以三分之二以上绝对多数票通过的第一次表决意见，检察长一般应予确认，对于人民监督员以绝对多数票通过的第二次表决意见，上级检察机关一般应予批准，特殊情况除外。"这就从规范层面上更加重视了作为公民基本权利的监督权的发挥与实现。

5. 监督保障的多元化。结合宪法关于人民参加国家事务管理途径的多样性，以及一切国家机关要依靠人民群众支持、接受人民群众监督的自觉性的规定，有关国家机关应积极采取措施，为人民监督员制度的有效实施提供多元化保障。目前应尽快着手做的是：有关机关应尽早出台全国性规定，保障该项制度运行必要的经费来源，并制定专门的规章，管好、用好此项经费；检察机关应当给人民监督员提供必要的办公场所；健全对人民监督员的言论和人身保障机制；建立对不向人民监督员提供翔实资料的内部责任追究制度；为人民监督员购置必备的法律工具书和参考资料，组织培训等，以使宪法的原则性规定落到实处。

6. 刑事被告人权利的宪法化。结合国外宪政发展的历史经验，从长远角度看，宪法文本有必要将刑事领域中的无罪推定、任何人不得自证其罪、任何人不得因同一行为受双重危险等原则加以明确；规定犯罪嫌疑人、被告人在刑事调查不同阶段有要求人民监督员、人民陪审员、律师介入并获得帮助的权利，促进相关制度的架构和完善，体现现代法治的文明。

总之，在弘扬宪法精神、推进依法治国的时代主旋律之下，人民监督员制度是具有生命力的。理论界和实务部门有必要对此坚定信心，立足现实开展工作，抓好主要矛盾，找准矛盾的主要方面，认真务实地解决宪法实践中出现的各种具体问题，使这项制度更好地发挥其保障公民基本权利的积极作用，更好地为人民服务。

十、人权关怀下的羁押制度 *
　　——评隋光伟博士著《现代羁押制度的理论与实践》

　　在现代宪政制度的发展过程中，人权价值的维护是国家和政府存在的目的，同时也是法治追求的基本价值趋向。随着民主与法治理念的发展，传统的宪政观念发生了变化，如何在宪政与民主价值的相互冲突与融合中实现人权的价值已成为法学界普遍关注的重要问题。人权是价值形态、规范形态与现实形态相统一的概念体系，其社会价值涉及社会生活的各个领域。对罪犯人权的保护是现代法治的基本要求，也是衡量人权保障水平的重要标志。隋光伟博士著的《现代羁押制度的理论与实践》一书，从现代人权的基本理念与宪政的视角，系统地研究了人权关怀下的羁押制度存在的基础与具体运作形式，提出了具有重要学术价值的观点，是一本具有重要学术创新的学术著作。

　　第一，本书对人权与羁押制度关系做了系统的学理分析。作者认为，羁押作为一种刑事诉讼的强制性措施，其目的和功能在于保障刑事诉讼活动的正常进行，是保证侦查、起诉、审判及执行的重要措施，具有诉讼目的性。羁押是一种人身强制性措施，是针对人身自由的最严厉的措施，与其他针对物质（财产、住宅等）的强制措施相比，由于关系公民的基本人身

---

　　* 本部分内容摘自隋光伟：《现代羁押制度的理论与实践》一书的序言。

权利而具有某种特殊性。羁押是在刑事案件终结前采取的措施，与有罪判决生效后的监禁（自由刑的执行）有本质的区别。从宪法角度看，罪犯是享有宪法权利的主体，除依法被限制的权利外，其他权利受法律保护。现代宪政视野中的人权应把目光转向少数人利益的保护，特别是处于羁押状态下的特殊主体宪法权利的保护。作者在本书中系统地论证了人权价值在羁押制度结构与运行过程中的功能。提出，在现代法治体制下，贯彻无罪推定原则，犯罪嫌疑人和被告人都是法律上无罪的人，在尚未受到审判及作出有罪判决以前，仅因涉嫌犯罪而剥夺其人身自由，具有侵犯公民人身权利的不合理性和危险性，而且与诉讼当事人抗辩权及诉讼均衡原则要求相对立。要与刑事诉讼正当性与公正性原则要求相一致，必须严格加以限制，只能作为不得已的例外性措施，而不能作为一般性原则。

第二，本书在学术理念的确立和论证过程中保持学术的开放性视角，把羁押制度的分析置于人权保障的基本框架中，突出了作者的人文关怀与宪政精神的追求。作者从尊重人性、保障人权的基本立场出发，注重理想与现实相结合，为实现和贯彻现代刑事法治原则精神和宪法原则要求，对现实制度的缺陷与不足进行检讨和反思。对现实制度的分析中，作者保持了客观的学术立场，没有简单的肯定或否定，而始终以学术理性对待社会生活中的法律问题。面对社会转型时期出现的新的社会问题，作者在比较研究的基础上，对制度设计的现实性、合理性和可行性进行了研究，对历史中形成并在现实中存在的羁押法律制度的本质、功能及司法实践问题进行了较为客观和全面的分析和概括。如前所述，本书作者思考羁押制度问题的基本出发点是人权价值的保护与人权文化，试图将人权理念体现在羁押制度的各个方面。

第三，本书将羁押问题置于价值与事实、理念与现实关系之中，较系统地提出了研究羁押制度的基本思路，并以经验与事实为基础，阐明了羁押制度所蕴涵的各种价值体系。本书论题广泛、资料丰富，思想性、理论性和实务性较强，思路清晰、观点鲜明、论证深入具体，能够切中要害问题，紧密联系实际。2004 年修改后的宪法把"国家尊重和保障人权"写入宪法，表明国家价值观的深刻变化。羁押制度能否充分地体现人权是羁押制度获得正当性与合法性的基础，也在一定程度上成为评价人权发展水平的指标。

第四，本书的重要学术贡献还在于对当今联合国法律文件相关规定和主要代表性国家的羁押法律制度的文本和具体运作情况进行了系统梳理和介绍，并以比较方法对现行法律规定的羁押涵义、原则、要件、程序以及各国相关法律的价值取向和发展趋势等基本问题进行了系统分析和论证，从实践中提炼了现今理论研究和司法改革的成果，对我国羁押制度现状与发展提出了具有重要学术价值的具体建议。特别是作者提出的有关完善羁押制度的具体立法建议，对有关部门的决策具有重要的参考价值。

第五，一本著作的学术价值表现在不同方面，其中最重要的评价指标是学术创新。创新是学术的生命，没有独立的学术风格和学术主体性就不能推动学术研究的发展。当今世界，随着"知识的大爆炸"，出书已成为大众化的社会现象。如何在学术的大众化与专业化之间寻求平衡，突出学术特色是学者们需要思考的重要问题。本书作者从事检察工作近 20 年，并且长期担任领导职务。作为熟悉检察工作实际的检察官，该书作者在理论与实际的结合中对羁押制度的基本理论问题进行了深入的思考，提出了许多富有创新的学术观点。当然，在本书中我们可以看出作者在价值与事实之间徘徊时的思考和困惑，但看到的更多的内容是严肃的学术思考和法治理想的追求。在本书中作者重要学术观点和创新表现在：

（1）论证了羁押制度的双重性功能。羁押是以国家的强制力为后盾的，刑事司法本身的强制性和与之相随的刑罚暴力性决定了羁押在实现社会安全与秩序等法律价值的同时，是以损害犯罪嫌疑人或被告人的自由为代价的。羁押是最为严厉的一种强制措施，使用不当不仅直接侵害公民的人身权利，而且很容易造成严重后果。但羁押又是保证刑事诉讼进行、实现国家刑事追诉职能必不可缺少的手段。

（2）作者认为，现代羁押法律制度是一个完整的系统，应充分体现现代法治精神。现代羁押的目的和功能在于保全嫌疑人或被告人，进而保障诉讼的顺利进行。羁押是一种独立的诉讼措施，不能成为侦查的强制手段，更不能成为实体上的惩罚。防卫社会、预防将来犯罪的发生，并非刑事侦查及追求的任务，所以现代诉讼意义上的羁押制度应当排除预防性羁押。

（3）较系统地论证了被羁押人权利的性质与保护体系。作者认为，在刑事诉讼过程中，被羁押人所享有的诉讼权利属于公民的基本权利，具有防御的性质，是针对公共权力而存在。面对强大的公共权力，国家要积极履行人权保障的义务，切实保护被羁押人的法律权利。

（4）当代世界各国都在国际公约的要求下，从各自国情出发建立各具特色的羁押制度。作者认为，在保护被羁押人人权方面国际社会存在着共识，但在具体保护形式与程度等方面各国的制度是多种多样的，总体来看各有长处，也都存在一定差距和不足。许多国家在履行保障人权的国际义务和实现羁押制度现代化过程中经历了曲折的过程，即使在当今世界，特别是在针对恐怖、暴力、毒品、有组织犯罪十分猖獗的形势下，如何实现保障人权与维护公共利益之间的平衡，仍存在尖锐的矛盾和冲突。

（5）我国刑事羁押制度独具特色，但由于建立及发展时间较短，与国际标准和国外先进国家相比存在许多不同。目前存在着决定权力分散、决定方式简单、羁押时限制度不完整、审查控制和权利救济不健全、替代措施与司法保障机制不完备等问题，在一定程度上影响了诉讼效率和权利保护机能的发挥，应当按照现代刑事法治原则和国际标准的要求，结合国家发展的现状逐步加以改造和完善。

本书的另一重要特色是遵循学术规范、学术论述全面、分析有深度，既有重大理论问题的论述，也有实践问题的关注；既有价值的探索，也有对策性问题的研究；既有现实问题的理论分析，也有对未来发展的预测性研究。目前，我国法学界的一些学者虽关注了人权与羁押问题，但整体性和系统性的研究成果并不多见。隋光伟博士的学术著作在一定程度上填补了国内同类研究领域的空白，并对进一步完善我国的羁押制度提供了一定的理论成果，并将产生一定的实践价值。基于上述理由，我郑重推荐该书。

第三部分
检察制度与宪法实施

一、法院、检察院和公安机关的宪法关系研究 *
——以宪法第 135 条的规范解释为中心

我国现行宪法第 135 条规定："人民法院、人民检察院和公安机关办理刑事案件，应当分工负责，互相配合，互相制约，以保证准确有效地执行法律。"现行刑事诉讼法第 7 条也作了相同规定。宪法第 135 条不仅涉及法院、检察院和公安机关之间的权限界定问题，在实践中，该条的运作状况对三机关的职权和职能进而对公民权利保障产生了实质影响。对于三机关关系在理论与实践上的体现，尤其是对该条的核心内容——"分工负责，互相配合，互相制约"，此前学术界已有较多探讨，观点见仁见智，也有不少争议。需要指出的是，过去的讨论侧重于刑事诉讼法的角度，然而三机关关系本质上体现为国家权力的配置和运行，这毋宁是一个宪法问题。如果不以宪法价值和宪法规范为根据，那么对三机关关系的讨论很难形成令各方信服的共

＊ 本部分内容刊载于《法学研究》2011 年第 3 期，原题目为"法院、检察院和公安机关的宪法关系"，系与于文豪合作撰写。

识，对三机关关系的调整也无法从根本上获得正当性与合理性。

本文以制度演进历史为脉络，力图还原三机关关系的演变历程，并从宪法规范中找寻合乎立宪主义原理的三机关关系演变逻辑。本文论述包括六部分内容，第一部分考察第 135 条写入宪法之前的法院、检察机关和公安机关的现实关系，时期是 1949 到 1978 年间；第二部分考察该条写入宪法的背景与过程；第三部分从宪法文本出发，对该条的核心内容——"分工负责，互相配合，互相制约"的内涵做出符合宪法价值与立宪精神的阐释；第四部分检讨"分工负责，互相配合，互相制约"的宪法原则在实践中的运作状况；第五部分讨论三机关关系的应然状态，对如何以宪法为依据规范三机关关系提出建议；第六部分是结语。

（一）法院、检察机关[1]和公安机关的关系：1949～1978

在法律规范的层面上，最早对法院、检察机关、公安机关三机关相互关系作出规定的是 1979 年刑事诉讼法第 5 条和 1982 年宪法第 135 条。但在上述条款成为文本规范之前，实践中三机关已经形成了比较明确的关系准则。从新中国政权建立之初，到"文革"结束，三机关的现实关系随着政治形势的变化而屡有变迁，同时也呈现出一定的规律性。

1. 三机关分工、配合与制约关系的初步形成。1949 年 9

---

〔1〕 新中国成立后，根据《中央人民政府组织法》的规定成立了最高人民检察署。1954 年宪法和人民检察院组织法颁布之后，"检察署"逐渐改称"检察院"。新中国在建立检察机关之初以移植苏联模式为主，但沿用了国民党政府时期的称谓：清宣统元年十二月二十八日（1910 年 2 月 7 日）颁布的《法院编制法》模仿法国和日本的模式，在各级法院中建立了检察制度；民国二十一年（1932 年），国民党中央政治会议议决，将《法院编制法》改为《法院组织法》（1935 年正式实施），各级检察机构设于法院内，实行审检合署制，取消了北洋军阀所设置的各级检察厅，最高法院内的检察厅的名称改为检察署。

月 27 日中国人民政治协商会议第一届全体会议通过的《中央人民政府组织法》第 5 条规定："中央人民政府委员会组织政务院，以为国家政务的最高执行机关；组织人民革命军事委员会，以为国家军事的最高统辖机关；组织最高人民法院及最高人民检察署，以为国家的最高审判机关及检察机关。"第 18 条规定："政务院设政治法律委员会、财政经济委员会、文化教育委员会、人民监察委员会和下列各部、会、院、署、行，主持各该部门的国家行政事宜：……公安部；……政治法律委员会指导内务部、公安部、司法部、法制委员会和民族事务委员会的工作……"根据上述规定，政务院、最高人民法院、最高人民检察署均为中央人民政府之下的国家机关，分别行使最高行政权、最高审判权和最高检察权，三者在国家机关体系中的地位是并列的、平行的和同等的。公安部是政务院的组成部分，受政务院的领导，同时接受政务院政治法律委员会的指导。因此，在法律地位上，最高人民法院、最高人民检察署的地位高于政治法律委员会，后者的地位又高于公安部。

在新中国的国家机关体系中，法院、检察机关和公安机关通常被视为政法机关的共同组成部分，三机关的职能有所分工，但工作目标是一致的："法院、检察、公安机关，是人民民主专政的重要武器"[1]，"人民司法工作的当前主要任务，是镇压反动，保护人民……人民司法工作的任务，是惩罚犯罪，保护善良"[2]，"大家同是一个重大的总任务——巩固人民民主专政，保障共同纲领所规定的政治、经济、文化等日益

---

〔1〕《中共中央关于镇压反革命活动的指示》（1950 年 10 月 10 日），载中共中央文献研究室编：《建国以来重要文献选编》（第 1 册），中央文献出版社 1992 年版，第 422 页。

〔2〕 政务院《关于加强人民司法工作的指示》（1950 年 11 月 3 日），载中共中央文献研究室编：《建国以来重要文献选编》（第 1 册），中央文献出版社 1992 年版，第 452 页。

健全与发展，由新民主主义走向社会主义道路"[1]。这些决定了三机关必须通过密切配合的工作方式共同打击阶级敌人，完成巩固政权的革命任务。事实上，三机关并不需要具有严格的分工关系，与其说分工是它们的职能定位，不如说分工仅仅是完成共同工作任务的一种方式而已。比如，1950 年 7 月 26 日至 8 月 11 日，在由司法部、最高人民法院、最高人民检察署、政务院法制委员会四机关联合召开的第一届全国司法会议上，时任政务院副总理、政务院政治法律委员会主任的董必武讲道："在这次会议中，有四个机关准备作报告，这些报告，虽由个别同志来作，但报告的内容，都是经过这些机关的司法工作者共同商讨了的，并不是哪一个报告就是代表哪一个机关的意见，而是共同的意见。"[2] 这段讲话表明，各机关之间的分工负责并不是首要的，甚至不一定要有明确的分工，重要的是服从和服务于中心工作，协调一致、相互配合地完成共同任务。

新中国成立之初，由于阶级斗争形势复杂，三机关以配合为主的工作方式具有一定的现实合理性。在 1950 年 3 月至 1951 年 10 月开展的镇压反革命运动中，"人民公安机关、人民检察机关和人民审判机关，在全国人民积极支持下协同一致向反革命分子进行了不断的剧烈的斗争，肃清了很大一部分公开的暴露的反革命分子，使人民民主专政更加稳固，社会秩序更加安定。"[3] 这次镇压反革命运动结束后，紧接着开展了"三

---

[1] 李六如：《人民检察的任务及工作报告大纲——在全国司法会议上的报告》（1950年 8 月 6 日），载闵钐编：《中国检察史资料选编》，中国检察出版社 2008 年版，第 508 页。

[2] 董必武：《要重视司法工作》（1950 年 7 月 26 日），载《董必武法学文集》，法律出版社 2001 年版，第 42 ~ 43 页。

[3] 最高人民检察院检察长张鼎丞 1955 年 7 月 22 日在第一届全国人民代表大会第二次会议上的发言。这是最高人民检察院第一次向全国人民代表大会报告工作。

反"、"五反"运动，三机关又重点打击了行贿、偷税漏税、盗骗国家财产、偷工减料、盗窃国家经济情报等抗拒社会主义国营经济的领导、削弱国营经济的行为，巩固了新政权的经济基础。事实证明，这种以分工为基础、以配合为原则的工作方式，体现了服从、服务革命目标的关系安排，有助于高效率地打击敌人、教育群众、发展生产。对此，时任最高人民法院院长的董必武的一段讲话具有代表性，"1953 年 4 月第二届全国司法会议在决议中，就强调提出司法工作必须为经济建设服务的方针。党的总路线提出后，也就更明确了这个方针。在这个方针的指导下，我们人民司法工作的锋芒，是通过各种审判活动，配合公安和检察工作，镇压危害国家安全和破坏经济建设的反革命分子和间谍、特务分子，打击不法资本家和贪污盗窃分子；同时通过工矿企业中的责任事故案件的处理，加强对职工群众的守法教育。"[1]

在"分工"和"配合"的同时，"制约"也是三机关关系中多次被强调的内容。1956 年，刘少奇在中共八大政治报告中指出："我们的一切国家机关都必须严格地遵守法律，而我们的公安机关、检察机关和法院，必须贯彻执行法制方面的分工负责和互相制约的制度。"[2] 中共中央 1954 年的一份文件也明确表示："检察机关和法院、公安机关、人民监察委员会之间，既要有明确的分工，又要在工作上互相配合，互相制约……"[3]

〔1〕 董必武：《司法工作必须为经济建设服务——在中国共产党全国代表会议上的发言》（1955 年 4 月 5 日），载中共中央文献研究室编：《建国以来重要文献选编》（第 6 册），中央文献出版社 1993 年版，第 138～139 页。

〔2〕 刘少奇：《在中国共产党第八次全国代表大会上的政治报告》（1956 年 9 月 15 日）。

〔3〕 《中共中央批转〈第二届全国检察工作会议决议〉及高克林〈关于过去检察工作的总结和今后检察工作方针任务的报告〉》（1954 年 6 月 12 日），载中共中央文献研究室编：《建国以来重要文献选编》（第 5 册），中央文献出版社 1993 年版，第 275 页。

对于三机关的分工、配合和制约关系，时任最高人民法院院长的董必武从规范和技术的角度作了非常精辟的描述，"检察、法院、公安机关是分工负责，互相制约，共同对敌。检察院是监督机关，不管哪一级官犯了法，它都可以提出来。公安机关维持社会秩序，它特别注意同反革命作斗争。公安机关捕人，要经检察院批准，没经批准就逮捕人，是违法的。检察院本身没有判决权，人逮捕起来以后（有些轻微的刑事案件，也可以不捕人），就要侦查，如果认为应该判刑，就向法院起诉。判刑或不判刑是法院的职权。法院在审判过程中如果认为需要捕人时也可以捕人。法院审判不合法，检察院可以抗议；公安部门发现法院判错了，可以经过检察院来抗议。这叫做分工负责、互相制约。"[1]

不难发现，在法院、检察机关和公安机关分工、配合与制约的工作关系之中，配合是首要的，分工是为了更好的配合，"好比一个工厂的三个车间，三道工序"[2]；制约是次要的，制约的方式是按照法律的规定推进程序，根本目的是为了实现法律的规定，从快打击反革命和犯罪分子。"这种互相配合而又互相制约的司法制度，可以使我们避免工作中的主观性和片面性，保证正确有效地惩罚犯罪，并防止错押、错判现象，保护人民的民主权利。"[3] 对于巩固政权、保卫社会主义建设事业的安全来说，这种工作关系提高了打击敌人的效率，维护了

〔1〕董必武：《在军事检察院检察长、军事法院院长会议上的讲话》（1957 年 3 月 18 日），载中共中央文献研究室编：《建国以来重要文献选编》（第 10 册），中央文献出版社 1994 年版，第 150 页。

〔2〕1979 年 7 月 27 日，彭真在全国检察长工作座谈会、全国高级人民法院和军事法院院长会议、第三次全国预审工作会议上的讲话。参见孙谦主编：《人民检察制度的历史变迁》，中国检察出版社 2009 年版，第 284 页。

〔3〕《加强检察工作保障国家建设》（社论），《人民日报》1954 年 5 月 21 日。

社会秩序的基本稳定。

不过，在宪法和法律文本中，三机关的这种关系并没有得到任何体现，[1] 而主要依靠文件、政策和领导人讲话、指示的方式予以调整，这并不利于保持各机关的独立地位，无法建立起稳定持续的相互关系，也无法实现设想中的互相制约，最终可能会以公平为代价。事实上，"文革"之后的形势证明了这一点——公安机关一家独大，逐渐形成了以公安机关为主导地位的权力运作形式，脱离了必要的合宪性调整，不但互相制约不复存在，连分工、配合也已荡然无存。

2. 公安机关的优先地位。在前引文件和讲话内容中，三机关的排列顺序是颇为不同的，有的称作"人民公安机关、人民检察机关和人民审判机关"，有的称作"法院、检察、公安机关"，还有的称作"检察机关和法院、公安机关"和"检察、法院、公安机关"。这种排序看起来不够统一，但无论是"公检法"、"法检公"还是"检法公"，一个不可回避的事实是，公安机关在其中具有特殊重要的优先地位。

例如，前引中共八大政治报告将三机关的顺序表述为"公安机关、检察机关和法院"。作为执政党的重要文件，八大报告中的排序应当是非常慎重的。在三机关中突出公安机关的地位，尽管在法律上不符合国家机关体系的逻辑关系，但在当时

---

〔1〕 1950年和1951年，《人民日报》曾以"答读者问"的形式，分别就最高人民检察署、人民监察委员会、法制委员会的关系和人民法院、人民检察署、人民监察委员会的关系作出说明。参见《最高人民检察署、人民监察委员会、法制委员会三者的关系怎样》，载《人民日报》1950年4月16日；《人民法院、人民检察署、人民监察委员会的分工和关系问题》，载《人民日报》1951年3月30日。这表明，当时人们对审判机关、检察机关、行政机关的职能、定位并不清楚，实践中将各种权力混同的认识也很常见，加上公权力往往要围绕和服务于政治中心来开展工作，这加剧了人们认识上的模糊感，同时也体现了强调明确分工的必要性和重要性。

的历史条件下具有现实的合理性。如前所述，新中国成立之初，阶级斗争还在较大范围内存在，社会治安形势比较严峻。"为了肃清残余的敌人，镇压一切反革命分子的反抗，破坏反动的秩序，建立革命的秩序"[1]，公安机关理所当然成为巩固政权的重要依靠力量，而检察机关和审判机关则充分按照"互相配合"的要求从速起诉、从速审判，共同打击反革命分子。在进行社会主义改造、建立社会主义经济关系时期，三机关依然面临"斗争"的革命任务，只不过"斗争的任务已经变为保护社会生产力的顺利发展"[2]。检察机关和审判机关均需为经济建设服务，而公安机关主动打击犯罪的性质使它成为案件的"发现者"、"生产者"和"提供者"，自然拥有主动、积极的优势地位。

关于执政党对三机关工作性质和地位的认识，有一个细节值得关注。1953年2月19日召开的"政府各部门向中央请示报告座谈会"要求："今后政务院各委和不属于各委的其他政府部门一切主要的和重要的工作均应分别向中共中央直接请示报告"，其中，"政法工作（包括公安、检察和法院工作），由董必武、彭真、罗瑞卿负责"。[3] 当时，董必武为政务院副总理兼政法委员会主任，彭真为政务院政治法律委员会副主任、党组书记，罗瑞卿为公安部部长、政务院政治法律委员会副主任、公安部队司令员兼政委。在排列董必武、彭真、罗瑞卿的先后顺序时，体现了职务高低的原则。然而在排列三项政

〔1〕 刘少奇：《在中国共产党第八次全国代表大会上的政治报告》（1956年9月15日）。

〔2〕 刘少奇：《在中国共产党第八次全国代表大会上的政治报告》（1956年9月15日）。

〔3〕 《政府各部门向中央请示报告座谈会》（1953年2月19日），载姜华宣、张蔚萍、肖生生编：《中国共产党重要会议纪事（1921—2006）》（增补本），中央文献出版社2006年版，第218页。

法工作时，却没有体现与各位负责人工作领域的对应关系，比如罗瑞卿是全国公安工作的最高负责人，但并没有把"公安"置于"检察和法院"之后，董必武在1954年9月接任最高人民法院院长，但法院工作位列最后。可能的合理解释是，当时对三机关的排列顺序是以其工作的重要性为依据的。比如董必武担任最高人民法院院长之后，在一次会议发言中表示："党中央号召公安、检察、法院和一切国家机关，都必须依法办事。"[1] 这种公安优先的排列顺序，一定程度上反映了政法工作当时面临的形势与执政党对三机关工作性质和地位的认识。

公安机关的优先地位不但体现为在三机关中的突出地位，还体现为它对法院、检察机关职权的取代，特别是对检察机关职权的多次取代。在政法系统中，曾长期存在着"大公安，小法院，可有可无检察院"的局面。早在1951年秋冬举行的全国编制工作会议上，决定精简国家机关时，便提出让检察机关"名存实亡"，只保留名义，不设机构，不配备干部，工作由公安机关兼办。1951年12月，政务院下达《关于调整机构紧缩编制的决定（草案）》，规定公、检、法三机关合署办公。实践中，三机关合署办公的形式五花八门，但主要是公安机关兼办检察机关的工作。例如，1952年吉林省人民检察署与吉林省公安厅合署办公，省检察署的检察业务交由公安厅各处执行，只留了3名干部办理内勤、管理文档和有关政策研究工作，"借

---

[1] 董必武：《进一步加强人民民主法制，保障社会主义建设事业——在中国共产党第八次全国代表大会上的发言》（1956年9月19日），载中共中央文献研究室编：《建国以来重要文献选编》（第9册），中央文献出版社1994年版，第270页。

以起到监督作用"[1]。这次"合署办公"是新中国历史上的第一次检察机关"取消风"。后来,最高人民检察署党组"向毛泽东报告,中央政法党组书记、政务院董必武也向毛泽东反映此问题,陈述检察机关的作用和必要性。毛泽东决定保留检察机关。但检察署机构的建设暂时放慢了步伐。"[2]

1958 年"大跃进"期间,三机关分工负责、相互制约机制再次被抛弃,实行"一长代三长"(公安局局长、检察长、法院院长一长代行三长的职权)、"一员顶三员"(公安局预审员、检察院检察员、法院审判员一员代行三员的职权)的做法。有的地方干脆将三机关合并为政法公安部,有的将检察机关并入公安机关,成为后者所属的法制室或检察室。在 1958 年 6 月 23 日至 8 月 20 日最高人民法院和司法部联合召开的第四届全国司法工作会议上,这些做法被作为先进经验加以推广。[3] 在 1959 年 10 月 26 日到 11 月 13 日最高人民检察院召开的全国检察业务工作会议上,还提出以"支持第一,制约第二"原则取代三机关"分工负责、互相监督、互相制约"关系的要求。

1960 年秋,国家机关再次精简,进一步推动三机关合署办

---

〔1〕 参见孙谦主编:《人民检察制度的历史变迁》,中国检察出版社 2009 年版,第169 页。

〔2〕 孙谦主编:《人民检察制度的历史变迁》,中国检察出版社 2009 年版,第 172 页。另外,据时任最高人民检察署党组成员、研究室副主任的王桂五回忆,此次检察机关"取消风"出现时,检察长罗荣桓告诉诉党组书记、常务副检察长李六如要将此事报告毛泽东主席,并说要多给毛主席写报告。随后,李六如口述、王桂五记录,给周恩来总理写了一封信,从国家制度和实际工作两方面说明设置检察机关的必要性。王桂五用钢笔把信抄好后,李六如又用毛笔在信上加了几句话。后来,毛主席决定保留检察机关,这样才刹住第一次"取消风"。参见王松苗、王丽丽:《六问六答:检察史上的名人名事》,载《检察日报》2009 年 7 月 13 日。

〔3〕 参见孙琬钟主编:《中华人民共和国法律大事典》,中国政法大学出版社 1993 年版,第 539 页。

公，强化公安机关的职权。10 月 21 日，公安部部长、人民武装警察部队司令员兼政委谢富治主持下的中央政法小组会议向中共中央提出了公检法三机关合署办公的报告。11 月 11 日，中共中央发出《关于中央政府机关精简机构和改变管理体制的批复》，决定公安部、最高人民检察院和最高人民法院三机关合署办公，由公安部党组织统一领导，从而在司法体制上否认了 1954 年宪法确认的司法独立原则和党的八大所确认的公检法分工负责和互相制约的制度。但在刘少奇、彭真等领导人的过问下，中央政法小组会议三天后撤销了三机关合署办公的决定，谢富治为此作了检讨。

1966 年"文化大革命"爆发，"砸烂公检法"成为一种破坏性的行为与标志。"1967 年'一月风暴'以后，各地人民法院、人民检察院机关被砸烂，人民法院、人民检察院相继被'群众专政指挥部'、军事管制委员会、人民革命委员会保卫组所取代，人民司法工作陷于瘫痪。"[1] 1967 年 8 月 7 日，已于两年前升任国务院副总理并仍兼任公安部部长的谢富治在公安部全体工作人员大会上讲话，煽动"砸烂公、检、法"。经谢富治授意，1968 年 12 月 11 日，最高人民检察院、最高人民法院、内务部的军代表和公安部领导小组联合提出了《关于撤销高检院、内务部、内务办三个单位，公安部、高法院留下少数人的请示报告》，报中共中央和毛泽东，毛泽东批示"照办"。这事实上取消了检察机关。

"文革"期间，整个国家法律秩序陷于瘫痪，军队接管了包括政法工作在内的若干重要工作。"从 1967 年初开始，中共

---

〔1〕 沈德咏主编：《中国特色社会主义司法制度论纲》，人民法院出版社 2009 年版，第 208 页。

中央决定介入地方的'文化大革命',实行'军管'……到 1968 年上半年,全国公、检、法均被'军管'或者派驻军代表。"〔1〕法院的审判职能由公安机关的军管会下属的"审判组"代为履行,实际上使法院沦为公安机关的附庸,检察机关更是直接被宣布撤销。"军管"使得三机关不正常但却异常牢固地结合在一起,成为强有力的专政工具,所造成的后果也殊为严重,尤其突出的是,"公安机关的权力无限膨胀,犹如脱缰野马,肆意妄为。"〔2〕

从 1970 年开始,"四人帮"主导宪法修改,试图在国家根本法中取消检察机关的独立地位,强化并扩大公安机关的权力范围。在 1970 年 2 月 15 日的宪法修改小组会上,康生提出检察机关的职权由公安机关行使,他提出,现在的"立法、司法、行政是分离的,但实际情况是统一的,这是最大的矛盾",解决办法就是要"立法、司法合一",由"公安机关行使检察院的职权"。〔3〕在此后进行的讨论中,宪法草案中取消检察机关的内容一直未予改变。最终,1975 年 1 月 17 日四届全国人大一次会议修正通过的宪法第 25 条规定:"检察机关的职权由各级公安机关行使。"由此,公安机关取代检察机关的事实得到了国家根本法的确认。

3. 三机关共同受政法主管部门的领导。在新中国成立最初几年,三机关较好地贯彻了分工、配合的工作原则。有分工、配合,就必然需要有对分工、配合的领导,否则难免出现职责不明、工作不力的状况。当时,承担这一领导职能的是政务院

---

〔1〕 张晋藩主编:《中国司法制度史》,人民法院出版社 2004 年版,第 628 页。

〔2〕 沈德咏主编:《中国特色社会主义司法制度论纲》,人民法院出版社 2009 年版,第 115 页。

〔3〕 参见韩大元主编:《新中国宪法发展 60 年》,广东人民出版社 2009 年版,第 148 页。

和党组织。

1950 年，政务院在《关于加强人民司法工作的指示》中指出：各级人民政府应定期听取司法机关的工作报告，各级人民司法机关在各级人民政府指导帮助和有关部门密切配合之下，应组织力量，加速案件审理的期限，坚决革除国民党法院所遗留的形式主义和因循拖延的作风。积极提高审案的质量，同时应广泛进行法治的宣传教育工作，严格纠正违法乱纪现象的发生。不论政府机关、公务人员和人民，如有违法之事，均应受检察机关的检举。[1]

根据《中央人民政府组织法》的规定，行政机关、审判机关和检察机关都是人民政府的组成部分，因而该指示要求司法机关、检察机关接受人民政府的指导并向其汇报工作，这是合乎法律规定的。但问题在于，政务院仅为"国家政务的最高执行机关"，它并没有权力代替中央人民政府对与其平级的司法机关、检察机关发出指示。类似的行政机关兼理司法机关、检察机关职能的情形，在新中国成立初期是一种常见的现象——行政权、司法权、检察权并没有严格的界分，对各自的独立性也没有清晰的认识。实际上，司法机关、检察机关和公安机关一样，都被视为行政机关的一个职能部门。例如，1950 年 7 月 14 日政务院第 41 次政务会议通过《人民法庭组织通则》，1952 年 3 月 21 日政务院第 129 次政务会议通过《关于"五反"运动中成立人民法庭的规定》，1952 年 3 月 28 日政务院第 130 次政务会议通过《关于"三反"运动中成立人民法庭的规定》——政务院以制定组织法规和直接做出行政命令的方式建

---

〔1〕 政务院《关于加强人民司法工作的指示》（1950 年 11 月 3 日），中共中央文献研究室编：《建国以来重要文献选编》（第 1 册），中央文献出版社 1992 年版，第 453 页。

立起人民法庭，然而建立隶属于法院系统的人民法庭本该是司法机关或者最高权力机关权力范围内的事情。还需要指出的是，建国初期，审判活动和司法行政是分立的，最高人民法院并非全国法院管理的枢纽，法院的行政事务都是由司法部管理的，比如第一次司法改革就由司法部牵头进行，与最高人民法院没有直接联系。[1] 对此，1954 年人民法院组织法第 14 条规定："各级人民法院的司法行政工作由司法行政机关管理。" 1979 年人民法院组织法保留了这一条款，直到 1983 年 9 月 2 日六届全国人大常委会第二次会议修改该法时才删去。

根据《中央人民政府组织法》第 18 条的规定，政务院设政治法律委员会，其职能是"指导内务部、公安部、司法部、法制委员会和民族事务委员会的工作"。1949 年 10 月 21 日，政治法律委员会正式成立，主任为政务院副总理董必武，副主任为彭真、张奚若、陈绍禹（王明）、彭泽民，委员包括最高人民法院院长沈钧儒、副院长吴溉之、张志让，最高人民检察署检察长罗荣桓、副检察长李六如，公安部部长罗瑞卿等。在政治法律委员会中，法院、检察署的最高负责人仅为委员，这种政治构架实际上使政治法律委员会有能力领导最高人民法院和最高人民检察署的业务工作。1952 年 11 月，公安部部长罗瑞卿由政治法律委员会委员升任副主任，这使得公安机关有权力对法院、检察署的工作产生实质性的影响，并对其工作进行"指导"。这种组织架构既是 1951 年公安机关取代检察机关风潮的体现，也为此后公安机关权力的不断强化埋下了制度或者

---

〔1〕 参见侯猛：《中国最高人民法院研究——从司法的影响力切入》，法律出版社 2007 年版，第 45 页。

体制上的伏笔。

在政务院成立政治法律委员会之后,董必武建议省以上人民政府也建立政治法律委员会,"其工作主要有以下四点:指导、布置、监督和检查民政、公安、司法、法院、检署等部门的工作;负责各部门的互通声气,互相帮助的工作;在统一领导下,政法各部门能通力合作;政法各部门的力量不一致,应相互照顾,相互靠拢一点。"〔1〕 1951 年 5 月 11 日,彭真在向政务院第 84 次政务会议作的报告《关于政法工作的情况和目前任务》中明确讲道:"为了适应目前的需要,保证各项工作任务的完成,应在省级以上人民政府逐步建立政治法律委员会(专署、县人民政府有必要又有条件时可在适当首长主持下设立政法联合办公室),负责指导与联系民政、公安、司法、检署、法院、监委等机关的工作,并处理相互间的组织与工作关系。"〔2〕 随后,1951 年 5 月 31 日,政务院、最高人民法院、最高人民检察署发布《关于省以上政府建立政法委员会的指示》,省级以上人民政府的政治法律委员会随之建立起来。这种组织架构直到 1954 年宪法颁布、政务院改组为国务院并撤销政治法律委员会之后才告终止。

通过将法院、检察署负责人吸收为政治法律委员会委员的方式,政务院具备了影响三机关日常业务和工作方式的能力与途径。同时,党组织同样拥有领导三机关的权力,中共中央在一份文件中就明确要求:"各省、市党委和各级政法党组必须

---

〔1〕 胡盛仪:《试论董必武关于加强政权建设的思想》,载孙琬钟、公丕祥主编:《董必武法学思想研究文集》(第 5 辑),人民法院出版社 2006 年版,第 244 页。

〔2〕《关于政法工作的情况和目前任务——一九五一年五月十一日政务院政治法律委员会彭真副主任向政务院第八十四次政务会议的报告,并经同次会议批准》,载《江西政报》1951 年第 Z2 期。

在典型试验时，抓紧领导，统一指挥这些部门，根据我们的实际情况，参照苏联的经验，研究规定这些部门之间的工作关系和工作制度。"[1]

党对政法工作的领导是一个长期的传统和特色。"党领导司法的制度起源于根据地时期特定的历史背景之中"[2]，党委负责解决法律争议、批准司法判决，形成了稳定的工作模式。1952 年 6 月至 1953 年 2 月，新中国成立后的首次司法改革牢固地确立了党对司法工作的领导权，全面确立了政法合一、非职业化和群众路线的司法传统，在当时的历史条件下这一体制发挥了一定作用，但在客观上也造成了负面影响，如"片面强调群众路线，轻视司法的程序和规律"[3]；"清洗旧法人员的结果，与其说是'铲除了资产阶级旧法观点最后的据点'，不如说是排除了实行人治主义在司法机关最后的障碍。[4]"由于司法改革负作用的不断显现，到 1957 年，法律界人士对司法改革的结果开始提出批评，引起了颇为强烈的反响。[5]

为加强对国家各项工作的领导，1958 年，中共中央决定采

---

〔1〕《中共中央批转〈第二届全国检察工作会议决议〉及高克林〈关于过去检察工作的总结和今后检察工作方针任务的报告〉》（1954 年 6 月 12 日），载中共中央文献研究室主编：《建国以来重要文献选编》（第 5 册），中央文献出版社 1993 年版，第 275 页。

〔2〕参见徐显明：《司法改革二十题》，载《法学》1999 年第 9 期。

〔3〕李龙主编：《新中国法制建设的回顾与反思》，中国社会科学出版社 2004 年版，第 123 页。

〔4〕铁犁、陆锦碧：《一场有缺陷的司法改革——建国以来若干法学界重大事件研究（十三）》，载《法学》1998 年第 6 期。

〔5〕东吴大学法学院院长杨兆龙教授最早提出批评："过去司法改革是有一定收获的。可是改革的结果，将大批非党的司法工作者（尤其是审判人员）调出司法机关之外"，"有些领导他们的党员审判员或审判长等却有时既不懂法律，而中文水平又很低，甚至连独立写判决书的能力都没有。"参见杨兆龙：《法律界党与非党之间》，载《文汇报》1957 年 5 月 8 日。上述意见具有广泛的代表性，随后发表的公诸报刊的众多批评，举出了大量具体的事例，证实了问题的严重性和普遍性。参见铁犁、陆锦碧：《一场有缺陷的司法改革——建国以来若干法学界重大事件研究（十三）》，载《法学》1998 年第 6 期。

取"分线领导"、"分兵把口"的领导方式,在每一条路线上设一名主管书记,直接对应政府的职能部门。同年 6 月 10 日,中共中央发出《关于成立财经、政法、外事、科学、文教各小组的通知》,这些小组直接隶属于中央政治局和书记处,"大政方针在政治局,具体部署在书记处"〔1〕。党的政法领导小组全面负责政法工作,党组织成为国家政法机关的直接的、统一的和最高的领导者。

党的政法领导机构经历了多次形式上的变化。在 20 世纪 60 年代三机关合署办公时期,公安部党组领导最高人民法院和最高人民检察院的工作,"司法机关系统基本上处于瘫痪状态,从逮捕到审判,均由党委或政法党组决定,司法机关由宪法上的国家机关变为一切听从党指挥的党委的执行机关。"〔2〕"文革"期间,党政机关受到全面冲击,"公检法"被砸烂,政法领导小组也停止工作。那一时期,法院、检察院、政法领导小组均名存实亡,出现了只有公安机关存在的状态,政法工作的最高领导者是革命委员会。1978 年,党的政法领导小组恢复办公,1980 年 1 月 24 日成立了中央政法委员会并延续至今,恢复和发展了对政法工作的领导权和领导方法。

4. 三机关之间关系的总结。综观 1949 年新中国成立到 1978 年这段历史,在现实与制度发展中,法院、检察机关和公安机关逐渐形成了一定的权力格局和相互关系的规则,奠定并影响了新中国政法制度的基础与发展方向。由于国家发展的阶段性和政治形势的变化,有些规则尚未体现为宪法或者法律条款,但通过文件、政策和领导人讲话、指示等制度载体,同样

---

〔1〕 参见李海文:《中共中央书记处的由来及职权》,载《党史博览》2006 年第 9 期。

〔2〕 韩大元编著:《1954 年宪法与中国宪政》,武汉大学出版社 2008 年版,第 383 页。

具有现实的有效性：

（1）在法律规范层面，三机关的职权是互相分开的，并不存在谁高于谁、谁领导谁的问题。在分工、配合和制约关系中，配合是主要方面，分工与制约从属于互相配合的要求，并共同服务于打击阶级敌人、维护人民当家作主地位的崇高使命。由于缺乏有效的互相制约，"强调公、检、法三家在对敌专政方面的统一性而忽视它的相互监督、相互制约性，使得政法机关向着单纯的专政机关进一步发展。"[1]

（2）尽管公安机关在法律位阶上低于法院和检察机关，但由于现实发展和政治形势的影响，它在三机关中实际上具有显著的优先地位，甚至在很长一段时期内具有领导法院和检察机关的权力，以致后者可有可无。在政治发展不正常时期，公安机关因其职能的重要性而成为政治斗争的重要工具，不但严重冲击了国家机关体系，而且"严重地影响了司法的权威性和规范性，破坏了司法审判的法制秩序，新中国的法制建设误入歧途"[2]。

（3）在国家政治领导体制中，三机关要共同接受政法主管部门的领导，既包括政治领导、组织领导，也包括具体业务上的直接领导。这一关系虽然没有宪法和法律上的规定，但却是实践中一条极为重要的原则和规则。

（4）由于三机关之间的分工、配合和制约关系缺乏明确的法律规范，并且由于政治与司法之间关系不够清晰，政治形势对法律制度的影响过于强大，甚至屡屡突破宪法的规定，这导致司法权力运行秩序混乱，互相制约失灵，不但使国家发展陷

---

〔1〕　张晋藩主编：《中国司法制度史》，人民法院出版社 2004 年版，第 624 页。

〔2〕　沈德咏主编：《中国特色社会主义司法制度论纲》，人民法院出版社 2009 年版，第112 页。

入低谷，更使人民权利受到伤害。而这也成为此后宪法修改所要吸取的沉重教训，成为现行宪法中写入三机关关系条款的历史背景与重要原因。

（二）"分工负责，互相配合，互相制约"条款的形成过程与入宪

1. "互相配合，互相制约"的提出。分工负责、互相配合、互相制约的原则最早见诸于法律，是 1979 年的刑事诉讼法，但在该法颁布之前，这一原则的雏形已经在党的文件中出现了。1953 年 11 月 28 日，最高人民检察署党组向中共中央报送《关于检察工作情况和当前检察工作方针任务的意见的报告》，由董必武、彭真主持的中央政法委员会党组同时提出一份建议中央批准该报告的报告，其中就写明了"互相配合、互相制约"的原则："法院、公安、检察署通过一系列的互相配合、互相制约的比较完善的司法制度的保证，错捕、错审、错判的现象就减少到极小的程度。"这份建议报告颇为详尽地阐述了"互相配合、互相制约"的含义：……在苏联，刑事案件的起诉一般首先是由检察署进行侦查，检察署认为可以起诉的才向法院提出公诉，由法院依法审理。如法院对检察署起诉的案件认为证据不足或未构成判刑条件时，也可发还检察署请其重新侦查或宣告无罪（在预审中是裁定不起诉）。检察长如对法院的裁定不同意时，可以提出抗议，由上一级法院作最后裁定。需要开庭审判的案件，被告人又有辩护律师，而法院在进行审判时一般又系由审判员集体（在一审案件中有陪审员）负责进行审判。同时检察署对法院所判决的案件如认为不妥当时，还可以提出抗告。苏联的检察署与公安机关在工作上也是有密切配合的。公安机关逮捕罪犯时，须经检察长事先同意或在逮捕后 24 小时内报告检察长，检察长接到通知后，于 48 小

时内以书面形式批准拘禁或撤销拘禁。公安机关对案件侦查结果，如认为需要起诉的，其起诉书须经检察长同意，或将案件移送检察署侦查，决定起诉或不起诉。如公安机关对检察长的处理不同意时，可提出抗议，由上级检察署决定。[1]

1954 年 3 月 12 日，中共中央批准上述报告，并转发县以上各级党委。同年 6 月，中共中央在批转另一份报告时进一步指出："由于检察机关和法院、公安机关、人民监察委员会之间，既要有明确的分工，又要在工作上互相配合、互相制约；各省、市党委和各级政法党组必须在典型试验时，抓紧领导，统一指挥这些部门，根据我们的实际情况，参照苏联的经验，研究规定这些部门之间的工作关系和工作制度。"[2] 1956 年 9 月 15 日，刘少奇在中共八大政治报告中再一次强调"贯彻执行法制方面的分工负责和互相制约的制度"。

根据前引 1953 年 11 月 28 日中央政法委员会党组的报告中的阐述，"互相配合、互相制约"原则是根据苏联刑事诉讼制度移植而来的。但是，"在苏俄的传统上，并没有一个像中国的公安机关（尤其是安全机关的职能也包含在公安机关之中的时候）那样相对集中统一的侦查机关（检察机关成立后，开始从事职务犯罪的侦查）。"[3] 因而，这一原则的提出并不是对苏联刑事诉讼制度的机械照搬，而是在部分借鉴学习的基础上做出的创造性调整，其根据是中国的客观现实情况与法律体制的特点。根据最高人民检察署首届党组成员、原最高人民检察

---

〔1〕 孙谦主编：《人民检察制度的历史变迁》，中国检察出版社 2009 年版，第 284 页。

〔2〕 《中共中央批转〈第二届全国检察工作会议决议〉及高克林〈关于过去检察工作的总结和今天检察工作方针任务的报告〉》（1954 年 6 月 12 日），载中共中央文献研究室编：《建国以来重要文献选编》（第 5 册），中央文献出版社 1993 年版，第 275 页。

〔3〕 孙谦主编：《人民检察制度的历史变迁》，中国检察出版社 2009 年版，第 285 页。

院党组成员、研究室主任王桂五的回忆，"互相配合、互相制约"原则是彭真的秘书李琪提出来的。李琪是研究哲学的。"互相制约"一词，是借用斯大林在《联共党史》第四章辩证唯物主义和历史唯物主义中关于事物之间的互相关系、互相制约的提法而来的。实际上，在苏联司法制度中并没有互相配合、互相制约的原则。当时提出这一原则实质上是"托苏建制"，正如中国历史上的"托古改制"一样。这一原则的提出，形成了我国司法制度的一个特色。当时，彭真同志曾称赞了李琪，后来为党的八大文件所采用，现在已成为宪法原则之一。[1]

　　检察机关地位和权力的不同是我国与苏联司法制度方面的一个重要区别。在苏联，检察机关的地位是殊为突出的。苏联1936年宪法第113条规定："苏联总检察长对于所有的部和这些部所属的机关以及每一个公职人员和苏联公民是否严格遵守法律，行使最高检察权。"苏联1977年宪法第164条规定："一切部、国家委员会和主管部门、企业、机构和组织、地方人民代表苏维埃执行和发布命令的机关、集体农庄、合作社和其他社会组织、公职人员以及公民是否严格和一律遵守法律，由苏联总检察长及其所属各级检察长行使最高检察权。"同时，1936年宪法第117条和1977年宪法第168条第1款均规定："各级检察机关独立行使职权，不受任何地方机关的干涉，只服从苏联总检察长。"

　　由苏联两部宪法的规定可见，苏联各级检察机关行使的检察权一直是"最高"的，包括四个方面的主要内容："对执行

---

〔1〕　王桂五：《互相配合、互相制约的由来》，载《王桂五论检察》，中国检察出版社2008年版，第429页。

法律的一般监督，对侦查机关和预审机关执行法律的监督，对法院在审理刑事案件、民事案件和行政案件时遵守法制情况的监督和对剥夺自由场所执行法制情况的监督。"[1] 苏联检察机关具有两种监督职能，即"一般监督＋法律监督"，既监督全社会，如企业和其他社会组织遵守法律的情况，也监督包括法院和警察在内的所有国家机关实施法律的情况，因而在国家权力体系中具有突出重要的地位。在法律监督方面，苏联检察机关对侦查和预审机关的监督是绝对的、单向的，并且有权指挥侦查，而对于审判机关，检察机关有权监督法院的审判活动，甚至可以对已经生效的判决指令重新审判。

与苏联相比，我国检察机关的权力范围和效力层级要小于前者，特别是对公安机关的侦查监督方面。尽管我国1954年宪法也赋予检察机关"一般监督"的权力，但是"互相配合，互相制约"原则使法院特别是公安机关有能力对检察院形成制约，这在一定意义上抬高了公安机关在国家机关中的地位，相应降低了检察院的地位。并且，在取消检察机关一般监督的职权后，检察机关的地位相应降低，而公安机关在监督民众守法方面的权力则事实上得到了扩张，法院在审判上的自主性也得到了加强。

2. "分工负责，互相配合，互相制约"的入宪。宪法之所以明文规定法院、检察院和公安机关的"分工负责，互相配合，互相制约"关系，很大程度上是出于对"文革"期间无法无天沉痛教训的深刻反思和弥补。三机关缺乏合乎制度逻辑的制约关系，相互关系的紊乱使得司法制度成为政治运动的工具

---

〔1〕 〔苏〕B. H. 库德里亚夫采夫等：《苏联宪法讲话》（删节本），刘向文译，群众出版社1983年版，第230页。

和代价。尤其是"文革"期间,"砸烂公检法"的潮流泛滥,"造反派"采用"群专群审群判"来代替司法机关依法办案,宪法和法律被束之高阁。"1979年最高人民法院工作报告中指出:据统计,'文化大革命'期间判处的反革命案件中,冤错的比例一般占40%左右,有些地区竟达60%或70%,数量之大,比例之高,后果之严重,是新中国成立以来仅有的。"[1]

1978年宪法首先恢复了检察院的设置,重新强调了三机关"互相配合又互相制约"的工作原则。叶剑英在1978年宪法修改报告中指出:鉴于同各种违法乱纪行为作斗争的极大重要性,宪法修改草案规定设置人民检察院。国家的各级检察机关按照宪法和法律规定的范围,对于国家机关、国家机关工作人员和公民是否遵守宪法和法律,行使检察权。在加强党的统一领导和依靠群众的前提下,充分发挥公安机关、检察机关、人民法院这些专门机关的作用,使它们互相配合又互相制约,这对于保护人民,打击敌人,是很重要的。[2]

1979年7月1日,五届全国人大二次会议审议通过刑事诉讼法,其直接蓝本是1963年中央政法小组拟订的《刑事诉讼法草案(初稿)》[3]。在《刑事诉讼法草案(初稿)》中,由于"三机关分工负责、互相制约"等诉讼指导原则"在以后各章的许多条文中都有所反映",如果"在第一编第一章中规定就显得过于抽象而且难免重复,适用援引也不方便",因而

---

[1] 沈德咏主编:《中国特色社会主义司法制度论纲》,人民法院出版社2009年版,第114~115页。

[2] 叶剑英:《关于修改宪法的报告——一九七八年三月一日在中华人民共和国第五届全国人民代表大会第一次会议上的报告》,载《人民日报》1978年3月8日。

[3] 《刑事诉讼法草案(初稿)》的完整文本,参见闵钐编:《中国检察史资料选编》,中国检察出版社2008年版,第424页。

《刑事诉讼法草案（初稿）》中并没有用相应的条文加以集中规定。[1] 1979 年刑事诉讼法在立法指导思想上延续了 60 年代的模式，但在诉讼指导原则的规定方式上作了改变，其第 5 条明确规定："人民法院、人民检察院和公安机关进行刑事诉讼，应当分工负责，互相配合，互相制约，以保证准确有效地执行法律。"对于三机关的具体职责分工，该法第 3 条第 1 款规定："对刑事案件的侦查、拘留、预审，由公安机关负责。批准逮捕和检察（包括侦查）、提起公诉，由人民检察院负责。审判由人民法院负责。其他任何机关、团体和个人都无权行使这些权力。"这是我国法律首次明确规定三机关"分工负责，互相配合，互相制约"的关系原则，并具体规定了各机关的主要职责，不但是对三机关地位和职能的高度重视，而且体现出以法制方式调整三者关系的执政理念。

需要指出的是，在刑事诉讼法通过之前，中共中央曾多次提出司法机关的独立性问题。1978 年 12 月 22 日通过的中共十一届三中全会公报指出，"检察机关和司法机关要保持应有的独立性"[2]。这一表述延续了"文革"之前对这两类机关的称谓，并高度强调了它们的独立性，这在以往党的文件中殊为罕见。1979 年 7 月 1 日五届全国人大二次会议通过刑事诉讼法之后，中共中央于 1979 年 9 月 9 日发出《关于坚决保证刑法、刑事诉讼法切实实施的指示》，指出："今后，加强党对司法工作的领导，最重要的一条，就是切实保证法律的实施，充分发挥司法机关的作用，切实保证人民检察院独立行使检

---

〔1〕《关于刑事诉讼法修改情况的说明》（1963 年 4 月 13 日），载冈钐编：《中国检察史资料选编》，中国检察出版社 2008 年版，第 449 页。

〔2〕《中国共产党第十一届中央委员会第三次全体会议公报》（1978 年 12 月 22 日），载《人民日报》1978 年 12 月 24 日。

察权，人民法院独立行使审判权"，决定"取消党委审批案件的制度"。从该指示可以看出，执政党对检察机关、审判机关的独立性、工作的专门性和不同国家机关之间关系的认识更为深入。

在上述制度和认识背景下，1982 年宪法修改时将"分工负责，互相配合，互相制约"上升为宪法条款，首先便是基于对不同国家权力性质的正确认识。彭真在 1982 年宪法修改草案的报告中讲道："我们的国家可以而且必须由人民代表大会统一地行使国家权力；同时在这个前提下，对于国家的行政权、审判权、检察权和武装力量的领导权，也都有明确的划分，使国家权力机关和行政、审判、检察机关等其他国家机关能够协调一致地工作。"[1] 这一报告体现出的思想是，在人民代表大会制度下，国家权力可划分为行政权、审判权、检察权和军事权，不同类型的权力之间既有分工，又要"协调一致"，根本上从属于最高权力机关。

另外，将"分工负责，互相配合，互相制约"原则写入宪法，体现了对审判权、检察权、侦查权的权力属性的定位。侦查权是从属于行政权的一种具体权力，在刑事诉讼中，行政权突出表现为侦查权的行使。宪法之所以突出侦查权的地位，是因为在刑事诉讼活动中，对行政权的监督制约最为重要的就是对侦查权的监督制约。将侦查权与审判权、检察权并列，体现了宪法对行政权对公民权利保障产生影响的高度关注，将监督制约侦查权的要求提升到了根本法的层面。

将"分工负责，互相配合，互相制约"原则写入宪法，保

---

〔1〕 彭真：《关于中华人民共和国宪法修改草案的报告》（1982 年 11 月 26 日），载中央文献研究室编：《十二大以来重要文献选编》（上），人民出版社 1986 年版，第 155 页。

证了三种权力的相互独立性，体现了宪法在处理三机关关系时具有的稳定性特点。实际上，在 1982 年宪法修改过程中，曾有将检察职能归司法部行使，并由司法部长担任总检察长的设想。[1] 如果这一设想成为宪法条文，那么三机关关系将呈现另一种格局。但最终，1982 年宪法保留了检察院的独立设置。而在是否写入三机关关系条款时，有一种观点认为，刑事诉讼法已经对这一原则作出了规定，宪法没有必要重复规定。宪法修改委员会没有采纳这一意见，而是认为，将这一原则上升为根本法，"对于加强社会主义法制，保证准确有效地执行法律、维护公民的合法权益，都有重要的意义，这是我国司法工作中长期行之有效的一项好经验，因此应以根本法的形式加以确认。虽然这一原则在刑事诉讼法中也有规定，但写到宪法中就更加强调了它的重要性和意义。"[2]

（三）"分工负责，互相配合，互相制约"的规范结构

"分工负责，互相配合，互相制约"是我国调整法院、检察院和公安机关关系的基本准则，它既是一个法律条款，也是一个宪法条款。对于三机关关系的理解和调整，虽然不同部门法的研究具有不同的视角，但由于宪法对三机关关系已经作出了专门规定，因此必须在认识上回归到宪法规定和宪法精神上来，从宪法文本中寻找具有直接意义的依据。宪法的主要价值就在于通过制约公权力的行使，保障公民基本权利的实现，宪法第 135 条规定的核心意义也在于此。因而，理解"分工负责，互相配合，互相制约"条款的规范含义应当以宪法关于公权力制约的精神为基础，寻求合乎立宪主义原理和现代人权保

---

〔1〕　参见许崇德：《中华人民共和国宪法史》（下卷），福建人民出版社 2005 年版，第 527 页。

〔2〕　肖蔚云：《我国现行宪法的诞生》，北京大学出版社 1986 年版，第 81～82 页。

障理念的解释，突出以"制约"为核心的权力关系体系。

1. "分工负责"表明地位的独立性和权力的有限性。理解"分工负责"的含义，可以从两个层面展开：

（1）"分工"，意味着三机关有不同的权力范围，三机关互相独立，各司其职，不能混为一谈。在1979年刑事诉讼法颁布之前，三机关曾有多次合署办公，检察机关甚至多次被取消，"公检法"被砸烂，那是严重违背"分工负责"要求的错误行为。但由于当时并没有在法律和宪法层面明确这一原则，因而缺少合法性与合宪性审查的文本基础。现行宪法规定了审判机关、检察机关和行政机关的独立地位，它们的性质是由宪法所确定的，也是受宪法保障的。宪法之所以要设立法院、检察院和公安机关，乃是基于对三机关权力性质的不同认识，通过各自功能的发挥来保障人权，而不是以一个机关取代另一个机关。审判权、检察权和侦查权具有专属性，只有职责明确，相互之间不越位、不错位、不缺位，三机关才能够在相对独立的制度环境中发挥功能。当然，绝对的、泾渭分明的权力划分是难以实现的，但是至少不能过度渗入异种属性的权力，否则不利于完整、忠诚地履行宪法和法律赋予的职责，也就无所谓互相配合，遑论互相制约。

（2）"分工基础上的负责"，意味着三机关要在各自权力范围内承担宪法和法律责任，权力的范围是有限的。如就检察机关而言，其法律监督不是一般监督，而要以尊重法院的宪法地位为前提，维护审判工作的独立性。同样，检察机关也不应直接介入公安机关的侦查活动中。在1996年刑事诉讼法修改前，法院和检察院的管辖范围、立案分工不够明确，曾存在管辖范围交叉、职责不明的现象。如该法第142条第2款规定了检察院的免于起诉权："对于犯罪情节轻微，依照刑法规定不需要判处刑罚或者免除刑罚的，人民检察院可以作出不起诉决定。"这是法律赋予检察官的一项自由裁量权，实际上使得检察院获得了部分刑事审判权，但从程序上还缺乏应有的制约，也限制甚至剥夺了被告人的一些诉讼权利。在实践中，法院单方面限制检察院抗诉权或者法律监督权范围的做法也不符合宪法的规定和原则。由公安机关单方面决定采取或变更取保候审、监视居住、拘留等强制措施，是对当事人权利作出的实体决定，超越了侦查权的应有范畴。总之，"分工负责"要求所分之工合乎宪法原则和司法规律，行使公权力时体现地位的独立性和权力的有限性。

2. "互相配合"体现的是工作程序上的衔接关系。互相配合以分工负责为前提。由于分工负责体现了三种权力相互独立的要求，互相配合体现的便应当是以独立为基础的工作程序上的衔接关系。

（1）三机关的配合是互相的，不存在谁迁就谁、谁服从谁的问题，它们共同服从且只服从于宪法和法律。由此，这种配合不是说公安机关提请批捕，检察院就要作出同意决定，也不是说检察院起诉什么，法院就要判决什么，更不是一些人认为的公检法三家"流水作业"，而主要体现在三机关办案过程中针对一系列程序性问题的衔接。至于所谓的"流水作业"，一方面，从三机关权力运作的过程上看，"流水作业"的形态的确是存在的，但"流水作业"并非工作原则，而只是程序进展的外观而已；另一方面，"流水作业"体现的是司法效率的要求，但其前提是遵守宪法和法律、尊重和保障人权，即"公平优先，兼顾效率"。

（2）三机关互相配合的目的是实现国家权力运转的有效性，而不是互设障碍、故意刁难，更不是没有原则的片面、随意配合。在宪法原意上，互相配合的前提是遵守法律规定、遵守宪法原理。以这一准则检视，那种以打击犯罪为目的的联合办案虽然并非完全不可取，但必须维护分工与制约的宪法精神，严格履行法定职责，避免重蹈公安机关一家独大的覆辙。现实中存在的一些法院、检察院、公安机关联合发布通知、规定等工作方式体现了互相配合的要求，但应当注意发布通知、规定的方式及其内容的合宪性问题，避免出现不同权力之间的错位。例如，2010 年 6 月 13 日最高人民法院、最高人民检察院、公安部、国家安全部、司法部联合发布的《关于办理死刑案件审查判断证据若干问题的规定》就存在不完全符合权力逻辑的疑问。根据宪法的规定，案件的判断权专属于审判机关，只有法院才能对定罪量刑进行判断，只有法院才能认定被告人是否能够判处死刑。对死刑案件的证据进行严格审查，其前提是该案件属于死刑案件，而一个案件能否成为死刑案件，只有法院才有判断的权力，因而只有法院才有权力出台该规定。但这一规定的发布主体还包括检察机关、公安机关、国家安全机关、司法行政机关，这意味着上述四机关都有权力首先判断该案件属于死刑案件，继而有义务适用该规定。显然，这在权力属性上是不妥当的，而在执行时导致的悖论则是，要么该四机关不执行该规定，要么执行规定但却违背了只有审判机关才拥有定罪量刑权力的国家权力配置原理。实际上，严格审查证据并不仅仅是对死刑案件的要求，而应该是对所有刑事案件的共同要求。

3. "互相制约"是三机关关系的核心价值要求。互相制约是三机关关系的核心，正确把握这一原则有助于从根本上协调三者的关系。

权力制约的原理是中外共通的，只不过我国国家权力之间的制约是以人民代表大会制度为基础和背景的。在人民代表大会制度之下，不同国家权力之间存在分工关系。在宪法文本中，只有现行宪法第 135 条明确出现了"制约"的表述，这显然是制宪者慎重考虑的结果。尽管"互相制约"的规范结构中包含着提高公安机关的宪法地位的某些因素，使其在刑事司法过程中有制约检察机关和审判机关的可能，但是公权力之间的制约是受宪法价值约束的，即以维护公民基本权利为价值取向。宪法第 33 条第 3 款规定："国家尊重和保障人权。"人权条款是"互相制约"关系的宪法规范指引，即通过合宪、合法和有效的制约，防止权力滥用，确保审判权、检察权、侦查权的规范、公正行使。如果某种制约方式不利于或者侵犯了维护公民基本权利，那么这种制约方式要么是无效的，要么是违宪的。

互相制约之所以是处理三机关关系的核心，还在于如果没有这种制约功能，所谓的分工负责就失去了意义，互相配合也会严重变质。制约本身不是目的，根本目的在于通过制约来保障法律适用的公正性，从而体现保障公民权利的宪法价值。在文义上，"互相"一词体现了双向而非单向制约关系，即"每一机关都对其他机关形成一定制约，同时它也成为其他机关制约的对象"[1]。对"双向制约"可以作出多种解释，符合宪法原理的理解是，双向并非制约权能上的等量齐观，而应强调不同机关制约效力的不均等性，以避免制约效果的互相抵消；双向亦非三机关以数学上"排列组合"的方式建立直接制约关系，而应强调制约的递进性，即检察院主导制约公安机关，法

---

〔1〕 沈德咏主编：《中国特色社会主义司法制度论纲》，人民法院出版社 2009 年版，第 228 页。

院主导制约检察院，法院主导三者的制约关系。三机关之间的职能关系"不应当是平行的，而应当是起伏的——侦查实施者对检察监督者呈伏势，而检察相对于决定起诉命运的审判呈伏势（否则无以确立审判的权威）"[1]，处于制约顶端的是审判机关。

如果说在建国初期，以配合为主、制约为辅的关系模式有助于高效地打击阶级敌人和敌对势力，那么在"剥削阶级作为阶级已经消灭"[2]之后，阶级斗争的范围和方式都应当相应调整。尤其是中国共产党实现由革命党到执政党、建设党[3]的角色转变后，在构建和谐社会、加强社会建设的新的时代背景下，强化三机关之间的有效制约，从而体现"以人为本"的价值功能，应当成为历史和现实的必然。

4. "分工负责，互相配合，互相制约"原则的一般性。宪法规定，"分工负责，互相配合，互相制约"是三机关在"办理刑事案件"时所要遵守的要求。这是否意味着该原则仅适用于三机关的刑事司法关系？对此，有必要作更广泛意义上的理解，尤其在涉及检察院与法院之间的关系的时候。在民事、行政诉讼制度中，检察院对法院具有制约关系，其法律支撑分别体现为民事诉讼法第 14 条"人民检察院有权对民事审判活动实行法律监督"和行政诉讼法第 10 条"人民检察院有权对行政诉讼实行监督"。由此可见，检察院对法院的法律监督并非仅限于刑事诉讼，它还可以对民事、行政案件提起抗诉，并且

---

〔1〕　龙宗智：《评"检警一体化"兼论我国的检警关系》，载《法学研究》2000 年第 2 期。

〔2〕　现行宪法"序言"第 8 自然段。

〔3〕　党的十六大报告（2002 年 11 月 8 日）指出："我们党历经革命、建设和改革，已经从领导人民为夺取全国政权而奋斗的党，成为领导人民掌握全国政权并长期执政的党；已经从受到外部封锁和实行计划经济条件下领导国家建设的党，成为对外开放和发展社会主义市场经济条件下领导国家建设的党。"

对法官在各类案件审判活动中是否廉洁公正也具有监督权。因此，不管是何种诉讼类型，都需要有合理的权力分工、配合与制约关系，"分工负责，互相配合，互相制约"原则适用于民事诉讼和行政诉讼具有合理性。

"分工负责，互相配合，互相制约"是处理法院、检察院、公安机关关系的一般性原则，而不仅仅适用于刑事司法活动中，这一判断具有合宪性基础，表现在以下几个方面：（1）按照体系解释的方法，根据宪法第129条"检察院是国家的法律监督机关"的规定，检察院的法律监督权具有专门性，"法律监督的机关只能是检察机关而不是其他机关"〔1〕，对于法院适用法律作出裁判的行为，检察院有权进行监督。（2）按照目的解释的方法，司法审判权具有最终判断的性质，这种最终性既体现在个案裁判的过程中，也体现为对提出供裁判案件的国家机关行为的评价上。对于公权力机关来说，司法的职能就是审查公权力行为的合法性及合理性，因为必须维护法院的终局地位。（3）按照历史解释的方法，在立法背景上，在宪法第135条颁布之前，我国历次宪法修改中都没有涉及三机关的分工、配合、制约关系，世界其他国家的宪法中也没有类似条款〔2〕，更没有对法院、检察院与公安机关（警察机关）关系的规定。现行宪法之所以明确写入此条，一个突出的历史背景是"文革"期间"无法无天"、"砸烂公检法"的沉痛教训。而"办理刑事案件"的表述，并非是对该原则适用范围上的限制，毋宁表明应强化刑事案件中的权力制约，特别是对公安机关的

---

〔1〕　韩大元：《关于检察机关性质的宪法文本解读》，载《人民检察》2005年第13期。

〔2〕　经查阅世界各国宪法有关法院、检察机关的规定，包括朝鲜、越南、古巴、苏联等社会主义国家在内，均未找到类似条款。参见肖扬主编：《各国宪法关于司法体制的规定》，人民法院出版社2003年版。

制约。

总之，"分工负责，互相配合，互相制约"原则是一个完整的逻辑和规范体系，分工负责体现的是宪法地位，互相配合体现的是工作模式，互相制约体现的是核心价值。"分工负责，互相配合，互相制约"不是一种内部循环结构，也不是三机关权力的平分秋色，而是突出三机关各自职权的独特性，体现出两种服从关系：在价值理念上，效率服从于公平，配合服从于制约；在工作程序上，侦查服从于起诉，起诉服从于审判。

理解"分工负责，互相配合，互相制约"的规范含义，还需从整体上把握宪法第 135 条的内涵，特别是该条最后一个分句"以保证准确有效地执行法律"的功能与意义。首先，"以"字在该句中是一个动词，其含义应当理解为"用来"或"目的在于"，换言之，三机关的分工、配合和制约是手段，"准确有效地执行法律"是目的。其次，该分句具有判断标准功能，即以是否做到了"准确有效地执行法律"作为判断三机关关系合宪与否的形式标准。换言之，"准确有效地执行法律"与"分工负责，互相配合，互相制约"之间是一种理由关系（reason–based relation），前者对于形成和调整三机关关系具有导向和制约作用。再次，该分句可被视为开放条款，蕴含了塑造和实现公民权利的可能。一般来说，公民难以判定三机关是否做到了分工、配合和制约，而它们是否准确有效地执行了法律，则相对容易观察，公民藉此能够实现对三机关工作的批评监督权。如果说第 135 条是一个开放的结构，那么最后一个分句就是塑造和实现公民权利的入口。

（四）"分工负责，互相配合，互相制约"的实际运作模式

1. 三机关配合与制约关系的具体体现。宪法规范的特点是具有最高性、包容性和概括性，其根本法地位需要在法律的具体化过程得到体现。宪法第 135 条亦然，它对三机关关系的规定是原则性的，需要以法律的形式将其落实为具有可操作性的制度体系，尤其是互相配合、互相制约等一系列程序性问题方面。对此，刑事诉讼法在重述宪法第 135 条的基础上，详细规定了三机关在办理刑事案件中的配合与制约关系，主要体现在以下两个方面：

（1）公安机关与检察院的关系：①公安机关在侦查过程中，逮捕犯罪嫌疑人时需经检察院批准；检察院对公安机关侦查终结的案件，进行审查并决定是否起诉；检察院有权对公安机关的侦查活动是否合法进行监督。②公安机关对检察院不批准逮捕和不起诉的决定如有不同意见，有权要求复议，还可提请上级检察院复核。

（2）检察院与法院的关系：①法院对检察院起诉的案件，如果认为事实不清、证据不足，可以退回检察院补充侦查；如果认为有违法情况，应当通知检察院纠正。②检察院监督法院的判决和审判活动是否合法，如果认为审判活动有违法情况，可以提出纠正意见；如果发现一审判决或裁定确有错误，应当向上级法院提出抗诉。

可以发现，立法者将刑事司法程序不同阶段的支配权分配给公、检、法三机关，希望它们在完成各自工作的基础上密切配合，以实现打击犯罪、保障人权的目的，同时通过一定的制约机制，尽量避免出现错漏。三机关只要各司其职、恪尽职守，便能良好地完成法律赋予的职责。

2. "分工负责，互相配合，互相制约"在实践中的异化。

然而，立法者的良好愿望未能在实践中得到充分体现。比如就分工而言，法律规定的是程序阶段式的结构，"每一阶段都只有一个拥有决定权的机关，其他机关的权力（权利）都很小，由此确立每一阶段的权威主导机关，并且充分相信其道德上的自律，能秉公办案，无需其他机关进行制约，进而通过多层次的阶段递进认识，摒除认识上的不足，保证案件真相的发现，从而最终作出公正裁决。"[1] 然而，有时公安机关实际拥有的权力大大超过检察院和法院，秉公办案的道德自律亦不能对程序违法构成有效制约，这导致分阶段推进的程序演变成为侦查中心主义，条块分割般的明确分工不正常地结合成一体化结构，分工负责的意义大打折扣。当出现证据方面的疑问时，检察院或法院本应提出质疑，实践中却是三机关共同商讨如何淡化问题，甚至掩盖问题。而在配合和制约方面，问题也并不少见。

（1）异化了的分工、配合与制约关系，不可避免地导致冤假错案频频发生。下面以两起典型错案为例：

①佘祥林案[2]。1994 年 4 月 11 日，湖北省京山县发现一具女尸，公安机关认定该女尸系被佘祥林杀害的妻子张在玉。1994 年 10 月 25 日，荆州地区中院一审以故意杀人罪判处佘祥林死刑，剥夺政治权利终身。1995 年 1 月 6 日，湖北省高院复核此案后发现存在八个疑点问题，裁定撤销原判，以事实不清、证据不足为由将此案发回荆州地区中院重审。荆州地区中院遂将此案退回湖北省检察院荆州地区检察分院，检察院随后再诉，中院再次退查。在此期间，湖北省行政区划调整，京山

---

[1] 叶青、陈海峰：《由赵作海案引发的程序法反思》，载《法学》2010 年第 6 期。

[2] 有关案情，参见《人民日报》2005 年 4 月 8 日、《瞭望东方周刊》2005 年 4 月 14 日。

县划归荆门市管辖，原湖北省检察院荆州地区检察分院遂将此案邮寄至京山县政法委。

1997 年 10 月 8 日，荆门市政法委组织召开由市、县两级公、检、法三部门主要负责人参加的案件协调会，因省高院提出的问题中有三个问题无法查清，决定对佘祥林案"降格处理，判处有期徒刑"。会议同时决定，先由京山县检察院向京山县法院提起公诉，如果佘祥林不服一审上诉，则由荆门市中院维持。1998 年 6 月，京山县法院以故意杀人罪判处佘祥林有期徒刑 15 年。佘祥林上诉后，荆门市中院承办法官发现该案证据存在问题，要求退卷。但由于协调会已经确定结果，当年 9 月，荆门市中院裁定驳回上诉，维持原判。

2005 年 3 月 28 日，被佘祥林"杀害"11 年之久的妻子张在玉突然现身。2005 年 4 月 1 日，佘祥林出狱，此时他已被羁押 3995 天。

②赵作海案[1]。1999 年 5 月 8 日，河南省商丘市某村发现一具男尸，公安机关认为该男尸系该村村民赵振裳，此前与其斗殴的同村村民赵作海有重大嫌疑，遂于次日对后者刑事拘留。但由于无名男尸身份并不能完全确定，且赵作海在审查起诉环节推翻原供，商丘市检察院以"证据上存在重大缺陷"为由，两次将案件退回柘城县公安局。

2001 年，全国展开刑案清理超期积压专项检查活动，柘城县公安局试图再次向检察机关移送此案。当年 7 月，当地政法委、公安机关、检察机关和法院召开联席会议，认定该案尸源问题没有确定，仍不具备审查起诉条件。因该案拖延时间大大超过法定期限，2002 年八九月间，公安机关将该案提交商丘市

---

〔1〕　有关案情，参见《新京报》2010 年 5 月 11 日、《法制日报》2010 年 5 月 13 日。

政法委研究。市政法委召集公、检、法三部门主要负责人召开协调会，要求商丘市检察院20日之内必须诉至法院。在尸源仍然不明的情况下，2002年11月11日，商丘市检察院提起公诉。同年12月5日，商丘市中院一审以故意杀人罪判处赵作海死刑，缓期二年执行，剥夺政治权利终身。判决作出后，赵作海未提出上诉。2003年2月13日，河南省高院裁定核准一审判决。

2010年4月30日，"被害人"赵振裳出现。2010年5月9日，河南省高院召开新闻发布会，宣告赵作海无罪。

（2）异化的关系结构。在上述两起典型错案中，三机关之间虽然存在分工，但在监督制约的有效性方面存在严重缺陷，其关系结构可以简要总结为以下图示：

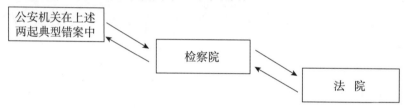

①公安机关强大的侦查权未能得到有效约束。公安机关担当着刑事司法程序启动者的角色，也是维护社会治安的重要机关。在重大刑事案件发生后，公安机关承担着极大的侦查压力，尤其在"命案必破"、"从重从快"等要求下，面对破案与线索匮乏的矛盾，加之追求高破案率的绩效评价标准，公安机关只得采取各种可能的途径讯问犯罪嫌疑人。在外部监督失灵的情况下，出现刑讯逼供几乎是必然的。这一点几乎是所有错案的共同特征。在上述两案中，不但两位犯罪嫌疑人自己多次声称曾遭受公安机关的刑讯逼供，他们的家人和证人也受到同样对待：佘祥林的哥哥和母亲因对证据问题提出质疑而分别

被关押41天和9个多月，天门市3位农民因提出可能证明佘祥林无罪的证据而被以"作伪证"名义关押多日；赵作海前妻被公安机关羁押近1个月，要求指认赵作海杀人，与赵作海有暧昧关系的杜某也称被逼供。可以说，公安机关强大的侦查权未能得到有效约束，这成为错案频发的直接原因。

②检察院对公安机关的制约能力有限，甚至弱于公安机关对检察院的制约。除了将案卷退回公安机关补充侦查之外，检察院对公安机关似乎没有更有效的监督制约机制。而对于检察院的退卷行为，公安机关可以要求复议，还可以提请上级检察院复核。如果在法定期间内未能获取新证据或出现其他法定事由，公安机关应当撤销案件，释放犯罪嫌疑人。但在实践中，公安机关往往不愿意主动撤销案件，而是反复要求检察院复议、复核，最后的结果要么是不了了之，要么通过其他途径向检察院施加压力，最终接受案卷并提起公诉。赵作海案便是如此。赵作海从被拘留到一审错判前后历时37个月，累计羁押时间超过1000天，但根据刑事诉讼法的规定，犯罪嫌疑人从刑事拘留到终审判决，最长羁押时间总计不会超过602天。事实上，检察院以退卷的方式制约公安机关，对于打击犯罪、保障人权而言效果并不理想，"有的基层检察院与公安机关沟通顺畅，案件能及时退回公安机关处理。大部分则比较棘手，公安机关不愿意退回处理。有的不起诉案件，公安机关还反复要求复议、复核。"[1] 这使得检察院的退卷行为演变成延缓纠正公安机关错误羁押的缓兵之计。

③法院的地位相对"虚弱"，缺乏作出无罪判决的能力。

---

〔1〕 广州市人民检察院课题组：《关于撤诉案件和无罪判决案件的调查报告》，载《中国刑事法杂志》2003年第5期。

在三机关办案流程中，审判既是最后一个环节，也是避免错案发生的最后一道防线。但在上述两起案件中，一审法院对于移送起诉的案件都作出了有罪判决，二审法院有时能够提出证据上的质疑，但基本都是采用发回重审的方式，而不是直接改判无罪。法院之所以未将案件退回检察院，一方面是基于对检察院的信任，另一方面是对检察院法律监督权的顾虑，同时也包括公安机关通过各种途径施加压力的原因。这导致的情形是，只要检察院坚决起诉，那么法院除了作出有罪判决，别无选择。而检察院之所以坚决起诉，一个重要的原因是公安机关施加的压力。如赵作海案从公诉到作出一审判决仅经过 20 多天，法院全部采信了公诉人的意见，而公诉人的意见其实就是公安机关的意见。对于重大刑事案件，法院往往难以完全依照自己的判断作出判决，即便认为存在证据问题，在检察院坚持起诉的情况下，法院最稳妥的处理方式是疑罪从轻，而非疑罪从无。这种诉讼模式"体现了公安机关主导刑事司法所带来的必然结果，也恰恰体现了法院甚至检察机关的妥协"[1]，因为法院一旦判决犯罪嫌疑人无罪，就说明检察院和公安机关办错案了，将会影响三机关间的合作关系。甚至在案件被办成"铁案"的情况下，连"疑罪"都不存在。在自身制约能力不足的情况下，法院采取"留有余地"的判决方式已属不易。

④不可忽视的一点是，有些地方的政法委对于三机关的业务工作进行过多的"协调"，造成三机关的制约关系失去了意义。在政法委的职能中，极为重要的一项是"督促、推动大要案的查处工作，研究和协调有争议的重大、疑难案件"。实践

---

〔1〕 陈瑞华：《留有余地的判决——一种值得反思的司法裁判方式》，载《法学论坛》2010 年第 4 期。

中，一些地方政法委采取调阅、批示、讨论和协调案件的做法，不但未维护三机关的分工、配合与制约关系，反而将本应各自独立运行的三项工作主题不恰当地结合在一起，致使三机关行使职权时的专业性和独立性受到影响。有的地方政法委甚至直接介入案件的具体侦查、起诉和审判过程，特别是以"案件协调会"的方式统一三机关的认识，代替法定机关作出判断，将党对司法工作的政治领导与应当由专门机关负责的具体业务工作混为一谈。这既不符合宪法和法律的要求，也违背了党章规定的"党必须在宪法和法律的范围内活动"的原则。在上述两起错案中，被告人都是在当地政法委组织召开案件协调会之后被定罪量刑的。

（五）法院、检察院和公安机关关系的合宪性调整

从近年出现的典型冤假错案的分析来看，宪法和刑事诉讼法规定的"分工负责，互相配合，互相制约"原则并没有落到实处。主要原因可归纳为两个方面：（1）一些地方和部门片面强调配合，淡化分工负责和互相制约，如"公检法联合办案"使不同性质的公权力混合在一起，削弱了制约的程序意义，对公民权利的保护容易出现纰漏。（2）三机关在配合与制约环节中存在冲突。造成问题的原因是多方面的，有立法方面的疏忽，有检察机关本身的多重角色变化，还有各自部门利益和人员观念、素质及体制等方面的问题。在分析这一问题时，有些学者认为应归咎于"分工负责，互相配合，互相制约"，认为互相配合的工作方式扭曲了检法关系，违背了审判中心主义，破坏了法院的司法权威。有学者甚至直截了当地表示应废除之，"该原则之废除只是时日问题，与其迟迟不废，不如早早

废除"[1]。笔者认为，在启动宪法修改程序或者解释之前，宪法的规定是必须得到尊重的，况且这一原则既未根本上违背权力配置逻辑，也具有合理调整三机关关系的制度空间，反映了人民代表大会制度下国家权力分工与制约的基本原则。问题的关键不在于是否和如何废除这一条款，而在于立足中国司法制度的历史和时代背景，切实落实宪法的精神和原则，并根据社会生活的变化，通过宪法解释的方式不断完善这一制度，使三机关的现实关系体现出完整的合宪性。

1. 法检关系：强调法院的独立性和检察院监督的程序性。在建国初期的司法实践中，法院和检察机关的关系并没有得到特别的重视，它们与公安机关一道作为打击犯罪的"刀把子"。在1982年宪法和刑事诉讼法、人民法院组织法、人民检察院组织法颁布或修订之后，法院和检察院的关系才得到了较为清晰的规范。在法检关系中，检察院主要有三种权力：公诉权，即直接向法院提起公诉和支持公诉；抗诉权，即对判决和裁定向上一级法院提出抗诉；监督权，即检察院对法院审判活动是否合法实行监督。另外，检察长还可以列席本级法院审判委员会会议。而法院对于检察院的制约主要体现为，对于主要事实不清、证据不足或有违法情况时，法院有权将案件退回检察院补充侦查，或通知检察院纠正。

以上关系表明，检察院对法院的制约途径相对较多。有些学者认为这影响了法院审判的独立性，建议弱化法律监督，主要观点有：（1）主张取消检察机关对审判活动的法律监督，因为检察机关对审判机关的法律监督破坏了法院的独立性，影响了法院裁

---

[1] 陈岚：《我国检警关系的反思与重构》，载《中国法学》2009年第6期。

判的权威性;[1] （2）主张进行根本性的司法权力配置改革，革除检法并列的体制，将检察机关合并到司法部，由司法部长兼任总检察长，取消检察机关对审判活动的法律监督;[2] （3）主张改变检察机关"法律监督者"的地位，使其不再同时承担司法监督和刑事追诉这两项相互矛盾的诉讼职能;[3] （4）主张改变目前的检审关系，至少要限制检察机关的法律监督权，只能对法官个人的违法违纪行为进行监督，在审判结束后进行事后监督。[4] 反对的观点则认为，检察机关对法院审判活动的监督不但不应取消或限制，反而应当进一步加强。[5]

在监督取消论者看来，检察院监督制约法院意味着检察院的地位高于法院，检察官成为"法官之上的法官"，容易导致检察院对案件的过分干预，无法保证裁判终局和审判独立，损害了司法权威。而在监督强化论者看来，检察院具有侦查和证据优势，能够防止和纠正可能出现的错误裁判，督促法院纠正已经出现的审判程序和结果上可能出现的不公正，并且在当前司法腐败比较严重的背景下尤应加强监督制约，以维护司法的廉洁和权威。

上述两方面的观点看起来是对立的，但也有一些共性，即都着眼于实现司法公正，维护司法权威，在论证逻辑上也都试图从司法的内在规律出发。问题的关键不在于是否应对法院进

〔1〕 参见郝银钟：《评"检诉合一"诉讼机制》，载《法制日报》2006 年 8 月 3 日。

〔2〕 参见崔敏：《论司法权力的合理配置——兼谈检察制度改革的构想》，载信春鹰、李林主编：《依法治国与司法改革》，中国法制出版社 1999 年版，第 368 页。

〔3〕 参见陈瑞华：《从"流水作业"走向"以裁判为中心"——对中国刑事司法改革的一种思考》，载《法学》2000 年第 3 期。

〔4〕 参见孙谦主编：《检察理论研究综述（1999—2009）》，中国检察出版社 2009 年版，第 45 ~ 46 页。

〔5〕 参见孙谦主编：《中国检察制度论纲》，人民出版社 2004 年版，第 94 页；朱孝清：《中国检察制度的几个问题》，载《中国法学》2007 年第 2 期。

行监督——任何一种公权力都必须有监督。尽管审判权应当满足消极性、被动性、终局性等要求，但没有制约就没有纯洁的权力，没有监督就没有公正的司法，这一点，古今中外概莫能外。无论是职权中心主义还是当事人中心主义，司法审判都无法脱离社会关系和国家权力运行的具体背景而超然存在。在我国宪政体制中，检察机关是国家专门的法律监督机关，法律监督权是检察机关行使的独立的国家权力。在现行宪法颁布之前，新中国的历部宪法均没有明确规定检察院的法律监督权。而在现行宪法文本中，"法律监督"一词仅出现一次，即第129 条规定检察院的性质是"国家的法律监督机关"，"监督"一词（含"法律监督"1 次）则出现 17 次之多。在有关人民代表大会及其常委会职权的规定中，宪法都是使用"监督"而避免使用"法律监督"。由此推断，从制宪原意来看，制宪者有意将法律监督权明确授予检察院，并与其他监督权予以区别。检察院监督法院的审判活动是符合宪法规定的制度安排，不能轻易取消。

在刑事司法程序中，检察院和法院通过独立履行法定职责，以实现国家刑罚权。检察院是侦查、起诉阶段的主导者，法院在审判和执行中具有决定权。检察院的首要职责是提起公诉，但这只是表明被告人具有犯罪的嫌疑，是否构成犯罪和如何定罪量刑，则由法院审查和判断。检察院有权对法院审判活动进行法律监督，其前提是维护审判独立和司法公正。在尊重宪法的前提下，有必要引入"监督回避原则"。第一种回避是本案回避，即检察院在监督法院时，不能直接就自身公诉案件的审判过程进行监督，即监督机关应当是另一检察院。如确实存在错判、枉法裁判等情形的，由上级检察院提出抗诉。第二种回避是实体问题回避。检察院对法院的监督制约是在司法程序中进行的，换言之，检察监督权应当是一种程序性权力，不能对法院的实体判断进行实体性监督，不能就法院审判中的问题作出实体性决定，否则会与分工和制约原则构成冲突。在一般意义上，检察院的法律监督不仅是程序性的，也包括实体问题，但在诉讼中，检察院对法院的监督则存在着严格的界限。检察院有权监督审判活动是否合法，但是应当维护法院审判独立，重点监督审判的程序性问题和判决的执行，而不能作出实体决定交由法院去理解和执行。将检察院的法律监督权定位于程序性权力并非降低法律监督的实际效力，而是有助于厘清二者的宪法地位，体现程序性权力的交涉性与反思理性优势。

需要指出的是，现实中出现最多和更为根本的问题不在于是否维护检察院的法律监督，而在于行政权等其他公权力对审判活动的直接干预，以及借助法律监督这一表面上合法的通道对司法独立的间接干预。宪法和法律规定的审判独立、检察独立和法检二者间分工、配合与制约关系与中立、独立、公开等司法规律并不抵触。分工负责的意义在于地位的独立性和权力的有限性，互相配合体现的也是工作程序上的衔接关系，之所以会出现"一体行政有透过检察体系不当影响司法独立的可能"[1]，原因恰恰在于没有彻底贯彻分工负责原则，遑论落实互相配合与互相制约原则。在这种情况下，即便将"以追诉为中心"的刑事诉讼模式改造为"以司法裁判为中心"的模式，也是舍本逐末、本末倒置。

2. 检公关系：强化分工、独立基础上对公安机关的制约。强化侦查监督是检察职权完善和发展的方向。在检察院与公安机关的关系中，应当强调的是，检察权和侦查权是两种互相独立的、不同属性的公权力，二者不存在谁替代谁的问题。公安

---

〔1〕 林钰雄：《检察官论》，法律出版社 2008 年版，第 85 页。

机关的侦查权本质上属于行政权,检察权不能介入侦查权的实体运行,处理两者关系应当严格按照宪法的规定和精神,保持明确的分工、独立地位和监督制约关系。

检察权是由我国宪法规定的一种基本国家权力,具有独立的内涵和特征。根据宪法和刑事诉讼法、人民检察院组织法的规定,检察权的具体内容包括法律监督权、部分案件侦查权和公诉权。检察院的部分案件侦查权与公安机关的侦查权在性质上有所不同。检察院的侦查权要有具体、明确的法律授权。刑事诉讼法第18条第2款规定:"贪污贿赂犯罪,国家工作人员的渎职犯罪,国家机关工作人员利用职权实施的非法拘禁、刑讯逼供、报复陷害、非法搜查的侵犯公民人身权利的犯罪以及侵犯公民民主权利的犯罪,由人民检察院立案侦查。对于国家机关工作人员利用职权实施的其他重大的犯罪案件,需要由人民检察院直接受理的时候,经省级以上人民检察院决定,可以由人民检察院立案侦查。"上述犯罪侵犯的是国家机关的正常活动和社会公众对国家机关工作人员职务活动客观、公正性的信赖,检察院自行侦查的目的是监督法律的实施,维护公务行为的廉洁性和合法性。从这个意义上可以认为,此类案件的侦查权是法律监督权的体现,是基于法律监督权而派生出来的,而公安机关的侦查行为则是一种行政行为,两者的权力来源和性质有所不同。

但是,对检察院享有的侦查权并非没有调整的必要。首先,尽管检察侦查与公安侦查的权力来源不尽相同,但它们所侦查的标的,即犯罪构成的客体,具有一致性和不可分性。换言之,国家工作人员的职务犯罪与非职务犯罪行为都属于犯罪,本质上都侵犯了人民权利和国家管理秩序。其次,从权力制约的角度来说,检察侦查受到的监督制约是内部的,即只在检察院内部进行监督，缺乏外部的、独立的有效监督。再次，从平等原则上讲，以犯罪嫌疑人是否具有国家工作人员的身份为标准，将案件侦查权分别交由检察院和公安机关，并不符合平等的逻辑。因此，以加强权力监督制约为目标，将检察院对职务犯罪的侦查权交由公安机关行使具有合理性，有助于厘清检察权的内涵与范围，使检察院集中精力强化法律监督，尤其是强化对公安机关的制约。

在检察院和公安机关的关系中，分工负责是前提，在此基础上才能强调制约关系。有些学者倡导"侦检一体化"或"检警合一"体制，即由检察院领导和指挥公安机关的侦查工作，必要时甚至可以直接指挥、领导侦查工作，在自侦案件中可以要求警察辅助自己侦查案件，甚至提出，"将刑事司法警察从公安机关中剥离出来，按照检警一体化的原则，受检察机关节制。"[1] 主要理由有：（1）检警两机关共同承担控诉职能；（2）符合打击犯罪的共同目的，有利于提高打击效率，符合诉讼规律；（3）检察机关指挥警察具有专业优势；（4）检警作为一方参与诉讼有利于构建三角状的诉讼机构，能够使法院成为诉讼活动的主导，也可以促进侦查人员出庭等程序的完善。[2]

〔1〕 陈兴良：《诉讼结构的重塑与司法体制的改革》，载《人民检察》1999 年第 1 期。

〔2〕 参见陈兴良：《诉讼结构的重塑与司法体制的改革》，载《人民检察》1999 年第 1 期；陈卫东、郝银钟：《侦、检一体化模式研究——兼论我国刑事司法体制改革的必要性》，载《法学研究》1999 年第 1 期；吴观雄：《侦控体制与侦审关系改进疏议——兼对公检法之间分工负责、相互配合、相互制约关系的检讨》，载《犯罪研究》2002 年第 6 期。我国台湾地区也有类似的观点，如认为应由检察官作为犯罪侦查的主导者，指挥并监督司法警察，以有效监控警察滥权，检警间上命下从的将兵关系应予继续或加强。参见林钰雄：《检察官在诉讼法上之任务与义务》，载《法令月刊》1998 年第 10 期，第 11 页。但也有不少学者持反对观点，认为应加强司法警察的侦查权，体现权责分明的程序要求，因为事实上大多数案件都是警察调查及搜集证据明朗后才移送检察官。参见林山田：《刑事程序法》，五南图书出版公司 2000 年版，第 163 页；黄朝义：《检察关系》，载《月旦法学教室》2003 年第 8 期，第 79 页。

在刑事司法过程中，侦查权和检察权的行使大多体现为一种配合、合作的关系，这种制度设计力图完整地获取和及时地固定符合法定要求的重要证据，提高侦查取证的效率，某种程度上也能使犯罪嫌疑人尽快实现"获得审判的权利"。但是，将侦查权一揽子式的划归检察院所有，则在根本上削弱了公安机关的独立地位，同时检察院也渗入了行政机关的色彩，这与它们的宪法定位是不相符合的。其次，检察院和公安机关关系过度亲密，会消弭检察院对公安机关的监督能力，公安机关的违法行为很难如设想的那样得到及时纠正，同时，在提起公诉之前，犯罪嫌疑人的权利将难以得到保障，只能寄希望于审判救济，而后者并不能担负如此复杂的重任。萨维尼曾言："警察官署的行为自始蕴藏着侵害民权的危险，而经验告诉我们，警察人员经常不利关系人，犯下此类侵害民权的错误。检察官的根本任务，应为杜绝此等流弊并在警察行动时赋予其法的基础，如此一来，这一新的创制（指检察官）才能在人民眼中获得最好的支持。"[1] 之所以创设检察机关，主要目的就是希望其切实履行制约侦查权、保障人权的客观义务。因此，一体化模式可能有利于指控犯罪，但不利于人权保障。着眼于宪法确定的检察院和公安机关之间的分工负责关系和保障人权的法治原则，在处理两者关系时必须坚持各自的相对独立性，在此基础上强化检察院对公安机关的制约。

3. 法公关系：建立法院对公安机关的有效制约。在我国，公安机关是具有武装性质的专门机关，兼有治安行政权和刑事侦查权。这两类权力有所区别，前者是在日常行政管理过程中

---

〔1〕 林钰雄：《检察官在诉讼法上之任务与义务》，载《法令月刊》1998 年第 10 期，第 11 页。

出现的，以各种行政法为主要法律依据，服务于治安管理职能；后者是在刑事司法过程中出现的，以刑事诉讼法为主要法律依据，服务于指控犯罪职能。公安机关的刑事侦查权到底属于司法权[1]还是行政权[2]，或者是一种独立的权力[3]，学术界也有不同的看法。宪法文本也没有明确"侦查"和"司法"的概念，仅提到了"司法行政"，但它属于行政权范畴，与"司法"并不相同。但不可否认的是，司法的本质是判断，核心环节是审判，核心机关是法院，而侦查的本质是执行，这与司法有本质上的差异。如果要证成侦查是中国式司法的组成部分，理论上也将面临诸多难题。在立法、行政和司法三权分工或分立的语境中，公安机关的刑事侦查权难以定位于司法权的范围内。

界定刑事侦查权性质的意义在于排除公安机关拥有裁断权的可能。法律、法规授予公安机关的某些职能本质上不应由其行使。如对于"游手好闲、违反法纪、不务正业的有劳动力的人"，公安机关可以自主决定采取劳动教养措施，剥夺其人身自由 1～3 年，并可决定延长 1 年。这严重超越了其刑事侦查、社会管理的执行性质，是对司法裁断的僭越。又如对精神病人作出强制医疗决定，根据刑法第 18 条的规定，强制医疗人员触犯刑法、涉嫌犯罪，经法定鉴定程序确认属于无刑事责任能力的精神病人时，由政府在必要的时候强制医疗。实践中，公安机关主导鉴定并作出强制医疗决定，也构成对人身自由的不

---

〔1〕　参见杨宗辉：《论我国侦查权的性质——驳"行政权本质说"》，载《法学》2005 年第 9 期。

〔2〕　参见陈永生：《论侦查权的性质与特征》，载《法制与社会发展》2003 年第 2 期；但伟、姜涛：《论侦查权的性质》，载《国家检察官学院学报》2003 年第 5 期。

〔3〕　如认为公安机关的行政权与侦查权应统一于警察权之下。参见刘方权：《"两面一体"：公安行政权与侦查权关系研究——基于功能的分析》，载《法学论坛》2008 年第 4 期。

当限制。

严格来说，法院和公安机关之间不存在组织法意义上的"互相配合，互相制约"关系，部门法中也没有法院和公安机关相互制约的具体规定。尽管公安机关可以因为违法而成为案件当事人，但在这种诉讼法律关系中，公安机关取得诉讼主体资格并非因为组织法上的职权规定。在实然层面上，法院和公安机关的配合关系主要体现为通过检察院公诉行为的联结来行使职权，制约关系主要是借助作为法律监督机关的检察院来实现的。

根据宪法和人民法院组织法的规定，法院是"国家的审判机关"，"人民法院依照法律规定独立行使审判权，不受行政机关、社会团体和个人的干涉"。公安机关是行政机关，无权对法院的审判活动进行任何程序的或者实体的制约。因而，在法院和公安机关的"互相制约"方面，只可能体现为法院对公安机关的制约。但是，在我国刑事司法中，公安机关往往具有优先于法院、检察院的地位，有时形成了实际上凌驾于两机关之上的事实。并且，由于公安机关和检察院在权力性质上具有一定的相似性，如果出现检察监督运行不力的情况，公安机关势必成为刑事司法活动的主导者，是否立案、是否采取强制措施、采取何种强制措施、采取强制措施的期间多长以及如何变更强制措施等对人身自由产生直接影响的行为，公安机关都能够自主决定，甚至能对法定程序作出任意的、扩张的解释。

长期以来，我国刑事司法领域形成了以侦查为中心的司法观，未来应当实现向以审判为中心的模式转变。"只有树立以法院为中心的司法观，侦查机关在办案时，才能够规范办案程序，完善取证方法，严格按照法官认证标准展开证据的搜集工作，做到实体公正与程序公正并重。"[1] 西方国家在正当法律程序、司法终局理念或司法一元主义理念的指导下，普遍建立起对侦查行为的审查制度。"正当法律程序或司法一元主义的适用范围，显然不仅限于人身自由，而应及于一切应受宪法保障的基本人权；也不限于刑事处罚，而应及于一切基本人权之限制或剥夺。简言之，非经过司法之事先审查，行政权不得直接实现剥夺或限制人民基本权利的行为，就是司法一元主义的要旨所在。"[2] 在司法一元主义理念之下，只有法院才有权力审问和处分犯罪嫌疑人或罪犯的权利。在有些国家，这还成为一种宪法制度，如德国基本法第 19 条第 4 款规定："其权利受到公共权力侵犯的任何人，都可以要求法院对侵犯进行审查。"美国宪法修正案对正当法律程序的规定更加全面，实践中也解释和发展出大量的程序规则。尽管我国宪法和法律尚无这方面的明确规定，但是从"互相制约"原则出发，特别是将"国家尊重和保障人权"写入宪法之后，进一步丰富了对公安机关制约的方式和力度，充分实现对人权的尊重义务和保障义务，符合宪法的规定和精神，也符合现代司法审查的理念。

目前，公安机关在刑事侦查过程中，有权采取刑事拘留、监视居住、取保候审、逮捕、搜查、扣押等限制和剥夺公民人身自由等基本权利的措施。有学者称其为"程序性裁判"，认为"在刑事审判前阶段，凡是涉及剥夺、限制公民人身自由、财产、隐私等权益的事项，无论其性质如何，都应当纳入司法裁判权的控制范围，而不应由那些行使侦查、起诉权的机构来

---

　〔1〕　沈德咏主编：《中国特色社会主义司法制度论纲》，人民法院出版社 2009 年版，第153 页。

　〔2〕　李念祖：《打破"司法一元主义"的概念孤寂》，载《司改杂志》2001 年第 31 期。

实施。"[1] 的确，能否采取上述措施，其决定权应当归属法院，公安机关只应保留申请权和执行权，这也理顺了公安机关职权中的若干具有"准司法性"的权力，有利于优化司法职权配置，保障当事人基本人权。当前，有必要尽快建立司法令状制度、公安机关出庭作证制度，进一步完善非法证据排除制度。

由于审判是刑事司法程序的最后步骤，也是保障人权的最后一环，因此法院应当具有强有力的制约能力。就法院对公安机关的制约而言，应当体现程序性和实体性两方面特征：一方面，这种制约是在刑事司法程序中进行的，是通过正当法律程序实现的；另一方面，法院可以对刑事侦查手段作出实体判断，但判断的事项、标准、后果等要有法律的明确规定，避免违背司法的消极性与被动性特征。

4. 回归宪法文本，实现从"公检法"到"法检公"的转变。在刑事司法程序中，公安机关负责拘留和侦查，检察机关负责审查起诉和提起公诉，法院负责审判，三机关"流水作业"，依法"从重从快"惩办刑事犯罪分子，体现出工具主义和功利主义的强烈色彩。例如，在 1979 年刑事诉讼法实施后不久发表的一份材料中，就体现了三机关密切配合、打击犯罪的卓有成效："今年 1 至 9 月，公安机关提请批捕的人犯，经检察机关审查，决定不批捕的占提请批捕人犯总数的 4.5%。公安机关认为其中罪该逮捕而且有逮捕必要，向检察机关提出复议、复核意见的 9 名，经检察机关重新审查后又决定批准逮捕 5 名。检察机关在工作中发现一些罪该逮捕而未提请逮捕的

---

〔1〕 陈瑞华：《问题与主义之间——刑事诉讼基本问题研究》，中国人民大学出版社 2003 年版，第 33~34 页。

犯罪分子，经向公安机关提出建议后，又批准逮捕了。公安机关提请审查起诉的案件，经检察机关审查，决定免予起诉的占审查数的 3.8%，决定不起诉的占审查数的 1.5%，两项合计占 5.3%。""人民法院对于人民检察院提起公诉的案件，依法进行制约。人民法院判决的公诉案件，免予刑事处罚的占判决公诉案件数的 0.84%；宣告无罪的占 0.15%。如人民检察院提起公诉的杨某某奸淫少女案，经人民法院审查并请有关部门鉴定，确认被告人是精神病患者，不应负刑事责任。人民检察院对于人民法院作出的判决是否有错误，也进行了审判监督。对于判决畸轻、畸重的 5 起案件，依法提出了抗诉，人民法院都作了改判。"[1]

根据这份材料提供的数据，检察院对公安机关提请批捕案件的批准率为 95.5%，对提起审查起诉案件的起诉率为 94.7%，法院对检察院起诉案件的有罪判决率为 99.01%。而在另一份统计[2]中这几个数据更高：检察院对公安机关提请批准逮捕的批准率为 97.7%，法院对检察院起诉案件的有罪判决率为 99.6%。

三机关发挥集体优势，联手打击犯罪，提高起诉和定罪判决的比例几乎是必然结果。这种刑事司法构造体现了侦查中心主义的要求，检察院和法院都要围绕公安机关"生产"出的案件进行"深加工"，后者的职能弱化成保证这些案件符合法律规定的外观要件，而怠于有效地对公安机关行为是否合法、是否侵犯人权的监督和审查，更无法形成严格的制约关系，刑事

---

〔1〕　世友：《北京市公检法三机关发挥互相制约的作用，提高了办案质量》，载《法学杂志》1980 年第 3 期。

〔2〕　参见张国庆：《论刑事诉讼中公、检、法三机关的关系》，载《洛阳大学学报》1994 年第 3 期。

司法程序的自我纠错功能难以发挥。诸如"严打"这类运动式执法最大的问题就在于一味强调配合、合作，缺少监督、制约，导致打击面过宽、过大、定罪量刑标准不一等弊端，损害了法治的连续性和稳定性。

改善刑事司法结构、优化司法职权配置，应着力改变公安机关过于强大的"超职权主义"，建立以法院为核心、保障人权的"法检公"司法体制。在新中国宪法发展史上，法院的地位长期弱于公安机关，这既不符合理论逻辑，也不符合党的政策，更不符合宪法的规定。而在现实中，缺乏制约的侦查行为必然违背法定程序，片面追求破案率和结案率，导致刑讯逼供难以根本上得到遏制，冤假错案多次出现，犯罪嫌疑人甚至普通公民的权利无法得到保障。以公安机关为主导的刑事司法结构根深蒂固，甚至在三机关关系的表述上，最常用的都是公安机关排列第一的"公检法"称谓。这一表述虽然形象地描述了三机关办案的先后次序，但混淆了宪政体制上的主次轻重。实际上，宪法规定的排列次序是法院、检察院、公安机关，这种规定方式具有合乎逻辑的宪政内涵，应当强调遵守宪法文本的意义。法院是国家审判机关，在保障人权方面具有不可替代的地位。构建符合宪政理念的"法检公"关系，强化法院的宪法地位，强化司法对侦查行为的审查，具有现实的必要性和紧迫性。

在"法检公"关系中，不可忽视的问题是，法院、检察院和公安机关要接受政法主管部门的领导，当前是接受各级党委政法委员会的领导。政法委具有支持和监督政法各部门依法行使职权、研究、指导政法队伍建设和政法各部门领导班子建设等职能，政法委对三机关的领导职能应当定位于政治领导、思想领导和组织领导，即对政治意识、政治路线、党的政策的理解、执行方面的领导，而不能直接干预三机关具体的案件侦查、起诉和审判等业务工作。

从 2003 年以来，我国一些地方出现了较大规模的政法委书记兼任公安局长的领导方式，同时出现的另一种方式是，政法委书记虽不兼任公安局长，但担任公安机关的党委书记。[1] 无论是在业务上还是在组织上领导公安机关，政法委书记的兼任都使公安机关的地位得以提高，甚至具备了指挥本级法院、检察院的能力。支持这种政治组织模式的直接理由是便于公安机关打击犯罪，维护和保持安定团结的社会局面，但其消耗的制度成本和付出的信任代价也是难以估量的。当公安局长以政法委书记的身份统管政法工作时，检察院的法律监督权无从发挥，法院也容易接受政法委书记的"协调"，法院、检察院的独立和能力空间都极为有限，这种情况下，案件的最终裁判结果很有可能取决于公安机关特别是兼任公安局长的政法委书记的意图。值得肯定的是，从 2010 年开始，这种兼任方式已经开始发生重要调整，[2] 约有半数的省级政法委书记不再兼任公安厅（局）长职务，这有可能形成今后一个时期的发展趋势。从权力逻辑和我国宪制体制上讲，政法委直接领导法院、检察院、公安机关的方式还有进一步调整的必要和空间。

（六）以宪法为基础稳步推进司法体制改革

法院、检察院和公安机关的关系是我国宪政体制中的基本问题，涉及司法职权配置、司法程序运行和司法独立等基本制

---

〔1〕　参见申欣旺：《被协调的正义》，载《中国新闻周刊》2010 年第 11 期。

〔2〕　《南方都市报》2010 年 3 月 16 日报道，中国大陆 31 个省区市中，4 个直辖市的公安局长不再由政法委书记兼任，在其他 27 个省区中，已经有 13 个省区的政法委书记不再兼任公安厅长。《南方都市报》2011 年 5 月 4 日报道，目前全国共有 22 个省市区政法委书记不再兼任公安厅（局）长，而一年前这一数字是 14 个，仍由省级政法委书记兼任公安厅长的 9 省区分别是安徽、河北、甘肃、江西、湖北、广东、云南、贵州和宁夏。

度，对于维护人民根本权益、保障社会和谐具有重要意义。宪法第135条对三机关关系作出明确规范，既是对新中国成立后长期实践经验的总结，也是对宪政发展规律的客观反映。"分工负责，互相配合，互相制约"原则是我国一项重要的宪法原则，符合立宪主义原理和权力运行的逻辑，具有规范上的稳定性和效力上的最高性，其核心是在三机关分工明晰、地位独立的基础上，通过互相配合、互相制约的制度设计，以实现准确有效执行法律、保障人民权利的目的，其核心在于建立合乎宪法价值的、行之有效的互相制约关系。

实践中，三机关关系出现了一些违背宪法精神的情形，如职责不甚清晰、地位不够独立、受其他机关影响过大以及无法建立有效的制约关系等。"分工负责，互相配合，互相制约"原则没有得到严格、准确的遵守，导致了一些冤假错案，影响了社会和人民对司法的信任，对司法权威造成了极大伤害。造成问题的原因是多方面的，但违背宪法规定、未能以宪法精神为指导开展司法工作是一个重要原因。当前，司法体制改革的目标是规范司法行为，建设公正、高效、权威的社会主义司法制度，其核心在于调整司法职权配置，加强权力监督制约，促进司法独立。司法改革应当在宪法框架内进行，解决司法的体制性、机制性、保障性障碍，并在宪法这一共同价值观基础上稳步推进。

坚持党对司法工作的领导是"我国司法在政治上的最大特色，也是我国司法始终不可动摇、始终不可放弃的特色"[1]。推进司法体制改革，对三机关关系进行合宪性调整，必须坚持

---

〔1〕 虞政平：《中国特色社会主义司法制度的"特色"研究》，载《中国法学》2010年第5期。

党的领导。党对司法工作的领导主要是政治领导、思想领导和组织领导，维护三机关的独立地位和切实有效的配合、制约关系，并不是直接干预案件的侦查、起诉和审判过程。加强和改进党对司法工作领导方式，应当切实维护宪法的最高性、根本性和有效性，在宪法和法律的范围内活动，以合宪、依法的方式解决司法体制中的问题。

二、论检察制度在宪法实施中的作用*

——纪念 1982 年宪法颁布 30 周年

通过 30 年的实践，1982 年宪法（以下简称 82 宪法）所包含的精神、价值正逐渐成为整个社会的基本共识，成为国家社会中的核心价值。中国法治发展正处于向依宪治国、依宪执政转型的阶段。对 30 年前颁布的宪法价值，尤其是对其发挥的功能，应该给予充分的肯定。如果我们站在客观、历史和理性的立场，无法否认 82 宪法为中国社会发展与改革带来的积极影响。82 宪法实施所取得的功效，离不开检察制度所发挥的积极作用，检察制度的宪法功能是宪法实施中的重要环节，检察制度之所以能够推动宪法理念在全社会的落实和贯彻，也正是因为检察制度建立于宪法基础之上。在纪念 82 宪法颁布实施 30 周年时，根据 82 宪法文本的精神、原则和规定，考察检察机关的宪法地位、检察制度改革与发展的合宪性基础以及对宪法实施的作用，有助于进一步明确未来检察制度改革的基本方向，有助于充分发挥检察制度在维护社会主义法制统一和维护宪法权威中的重要作用。

（一）宪法定位与检察制度的合宪性

宪法的基本功能是限制公权力，保障人权。为了实现这一

---

* 本部分内容刊载于《人民检察》2012 年第 21 期，系与柴华合作撰写。

功能，宪法建构国家体制，包括国家权力体系，以保证公权力的行使保持合宪性。在"文革"对民主法制建设和社会主义事业进行了严重的破坏之后，人民检察院于 1978 年修改宪法时得到恢复。叶剑英当时对恢复人民检察院的目的做了一番说明，他是从保障法律得到各个国家机关的遵守、保障人民不受非法逮捕、不受非法定罪等方面来强调恢复检察机关的重要性。他强调要发挥检察机关与公安机关、人民法院之间互相配合、相互制约的关系，拘捕必须严格遵守法定程序，审判必须以事实为依据、以法律为准绳。从一般监督到专门监督，从上下级检察机关监督关系到领导关系等体制的变化也适应了国家体制的发展需要。这说明，检察制度自"文革"动乱后的重新确立，是吸取了"文革"的经验教训，为了健全国家机关的设置，保障法律得到遵守，以便更好地保障人民不受非法逮捕、非法定罪，具有鲜明的宪法的人权保障功能。因此，根据这个目的，1979 年的人民检察院组织法在列举检察机关的五项职权时，就包括了对侦查机关、审判机关以及执行机关的监督权，围绕对公民人身自由权的保障，以批准逮捕权监督侦查机关、以公诉和抗诉权监督审判机关、以职务犯罪侦查权监督执行机关。这样以 1978 年宪法、人民检察院组织法为依据，恢复了检察制度，也初步建立了对公民人身自由的保护机制，成为中国人权保障体系的重要组成部分。

1980 ~ 1982 年修改 1978 年宪法时，强调了对公民基本权利的保障，特别是对人身自由与人格尊严的保障。与前三部宪法相比，现行宪法第 37 条第 3 款和第 38 条都是新增的禁止性规定，这表明我国已经总结并吸取了"文革"的教训。同时，在国家机构的组织方面，现行宪法第 135 条规定了人民检察院和公安机关、人民法院之间的"分工负责，互相配合，互相制约"的关系，进一步强调、明确了1978年恢复检察机关的根本目的，并为了这种目的的实现，在1978年恢复检察制度的基础上进一步规定人民法院、人民检察院与公安机关三机关的关系以求强化这一"制度性保障"。[1]

因此，从82宪法的制度设计看，建立检察制度的重要目的是实现宪法功能，特别是保障公民人身自由和人格尊严不受侵犯。而落实对公民基本权利的保障，是由人民检察院监督国家机关对法律的遵守与正确适用，特别是在办理刑事案件中正确处理其与人民法院和公安机关的宪法关系中得以实现。

根据我国的宪政体制和宪法文本的规定，宪法第129、130、131、132和133条共同构成检察制度存在的宪法依据。在理解这些规定时，应当遵循宪法的原意与目的论解释原则，深刻地理解宪法在何种意义上成为检察制度的基础。比如，在检察机关的属性上，检察机关是国家的法律监督机关，而不是地方政府的法律监督机关，这是检察机关的国家性。30年宪法实施中，检察机关坚持检察权的国家属性，并把检察权的国家性与人民性相结合，保持了宪法定位。

从1979年和1983年对人民检察院组织法的两次修改的背景以及检察实践看，突出了对检察机关"国家属性"的强调，它"表明立法者力图让检察机关摆脱地方的不当干预，确保检察权功能的充分发挥"[2]。结合现有的法律规范，从人事任免权来看，检察长除了由本级人大选举和罢免之外，还须由上级

---

〔1〕　宪法第135条规定的三机关的关系可以被认为是制度性保障，原因在于从历史来看，它以保障公民人身自由和人格尊严为根本目的，而且基于宪法的根本法地位，其第135条所确立的原则，即使是法律也不能将其变更。

〔2〕　韩大元：《地方人大监督检察机关的合理界限》，载《国家检察官学院学报》2011年第1期。

检察长报同级人大常委会批准，而且省级人大常委会可以根据省级检察长的建议，撤换下级检察院的检察长。[1] 这些都体现了检察机关的国家性。从职权的法律依据来看，检察机关的职权依据均是由全国人大及其常委会制定的法律，都属于国家立法，而不是地方立法。地方权力机关行使一定范围内的地方立法权，也只能就"中央立法的实施予以规定，而不可能为检察机关创设新的权力"[2]。从这个意义上说，决定检察机关职权的，是中央立法机关，而不是地方立法机关，这也是检察机关国家性的体现。另外，根据人民检察院组织法第 20 条的规定，地方人民检察院设立的机构，要与最高人民检察院保持一定的对应关系。在机构设置上的一定程度的对应性，也能体现检察机关的国家属性。虽然法律同时规定了各级检察机关对其同级人大及其常委会负责并报告工作，但不能以此否定检察机关的国家性，它是宪法授权的结果，并不表明其权力的地方性。

另外，检察机关的法律监督也是一种专门的法律监督，不同于一般意义上的法律监督。检察机关的权力来自于全国人大依据宪法所进行的授权，因而这种法律监督权是第二层次的、有限的权力。人民代表大会制度的前提是由人民代表大会统一行使国家权力，在这个前提下，宪法对国家的行政、检察、审判和武装力量领导权都作了明确的划分，使这些国家机关能协调一致地工作。[3] 全国人大只保留了宏观意义上的法律监督权，相应的法律监督手段也限于人事任免、审议工作报告、质

〔1〕 人民检察院组织法第 10 条、第 22 ~ 26 条。

〔2〕 检察机关的职权，主要都属于立法法第 8 条所列的国家立法保留事项，因而地方立法机关通过立法为检察机关创设新的权力的可能性，几乎是不存在的。这也是地方人大在发挥自身的监督功能、规范检察机关的法律监督活动时所应遵守的限制。

〔3〕 参见彭真：《关于中华人民共和国宪法修改草案的报告》，载《中华人民共和国国务院公报》1982 年第 20 期。

询等权力。检察机关行使的是专门的法律监督权，针对危害国家安全的犯罪、职务犯罪、侦查过程以及法律的正确适用，以诸如侦查、批捕、起诉、抗诉等专门的法律手段予以监督，以保障国家法制的统一。这是一种专门的监督，而不是一般意义上的法律监督。

总之，宪法规定检察制度的根本目的在于要求检察机关履行宪法保障基本人权、维护法制统一、控制公权力的职能，实现国家核心利益。"文革"时期，法制遭到严重破坏，公民的基本权利被肆意践踏。宪法吸取了历史的经验教训，恢复检察机关，并赋予其专门监督其他国家机关严格依照法律履行职责的权力，特别是监督公安机关的侦查活动以及人民法院的审判活动，保障公民不受非法逮捕、不被非法定罪。正是在强调保护公民人身自由不受非法限制、人格尊严不受侵犯的意义上，宪法是检察制度建立与发展的基础。

（二）宪法基本原则与检察制度

如前所述，宪法是检察制度发展的出发点和落脚点。因为检察机关的全部权力来自于宪法，来自于全国人大依据宪法所作的授权。检察机关的一切法律监督活动及其改革、发展，都要以宪法为基础，都不能脱离宪法的精神、原则和具体规定。宪法自 1982 年颁布以来，经历了四次修改，共计 31 条修正案，其中宪法确定的基本原则对检察制度的发展和完善提出了更高的要求。比如宪法修正案第 13 条的社会主义法治原则，[1]以及修正案第 24 条的人权原则。[2]

法治即依法治国，国家机关应当依据法律行使职权。检察

---

〔1〕 即现行宪法第 5 条第 1 款。

〔2〕 即现行宪法第 33 条第 3 款。

机关所行使的法律监督权同样受到社会主义法治原则的约束，有其法定的范围和相应的法定手段，并促使其与人民法院、公安机关始终保持正确的宪法关系。检察机关要根据法律履行职责，其职权的行使有特定的范围，所采取的手段、方法要与法律规定相一致，要与法律所反映的宪法精神、理念相一致。人民检察院组织法不但限定了法律监督活动的范围，[1] 而且还限定了检察机关行使法律监督权的具体手段，即批准逮捕、公诉、抗诉等特定的手段。而检察制度的发展、完善应以既有的宪法、法律规定为基础，不能为了追求"创新"、"改革"就忽视有效的法律规范。

检察制度落实社会主义法治原则集中表现在诉讼监督制度和检察权的监督制约制度上。诉讼监督制度主要是检察制度在侦查监督、量刑建议方面作出的改革创新，它有助于制约侦查机关的侦查活动，监督刑事立案，规范审查批捕，并以量刑建议来辅助对人民法院量刑的监督，既打击犯罪、维护社会秩序，又监督公安机关、人民法院行使职权的行为，保障法律的正确适用。检察权的监督制约制度则主要表现在人民监督员制度、检务监督制度，这些制度对规范和约束人民检察院履行职权的行为起到了较好的作用，有利于推动检察机关依照法律的规定和权限，并对已有的法定机制和程序加以完善，以便更好地符合法治原则对检察机关法律监督工作的要求。[2]

国家尊重和保障人权为国家机关设定了明确的宪法义务，即以尊重和保障人权为其目的。根据尊重和保障人权原则，国家机关在行使职权的过程中，不得违背这一目的。检察机关在

---

〔1〕 参见人民检察院组织法第5条。

〔2〕 参见林贻影：《中国检察制度发展、变迁及挑战——以检察权为视角》，中国检察出版社2012年版，第143～227页。

依据法律行使职权时，也应当考虑尊重和保障人权原则对法治原则的指导作用，以保障人权为法律监督工作的根本目标。

尊重和保障人权是所有国家机关的宪法义务。即使没有法律的具体规定，国家机关在行使职权的过程中，也应当自觉考虑这一宪法义务对其职权的指导作用。如同行政行为以公共利益为目的一样，即使没有法律对行政行为的具体限制，行政行为也应以公共利益为固有的限制。[1] 上述检察制度所取得的改革与发展，也正是以宪法中的人权保障原则为目的的。监督刑事立案、审查批捕、审批延长羁押期限等对侦查机关的监督，正是为了保障公民的人身自由不受非法限制以及人格尊严不受侵犯，而决定是否公诉、提出量刑建议以及抗诉等对人民法院审判活动的监督，则有利于保障公民不受非法定罪、非法判刑。人民监督员制度以及检务监督制度则从内部规范法律监督权的行使以及提高法律监督权行使的效果，从而有助于诉讼监督方面的改革能够更好地发挥作用。这一切都以保障公民基本权利为目的——特别是不断加强对宪法第 37、38 条公民基本权利的保障。2012 年全国人大修改刑事诉讼法，将"尊重和保障人权"写入刑事诉讼法第 2 条，并修改证据制度、强制措施制度和辩护制度，完善侦查程序、审判程序和执行程序，这些都凸显出加强人权保障的立法宗旨和立法理念。[2] 检察机关作为国家的法律监督机关，应当根据刑事诉讼法的规定，进一步平衡人权保障与惩治犯罪的价值取向，将保障人权的宪法理念进一步体现到法律监督的工作中。

---

〔1〕 〔德〕汉斯·J. 沃尔夫、奥托·巴霍夫、罗尔夫·施托贝尔：《行政法》（第 1 卷），高家伟译，商务印书馆 2007 年版，第 323~324 页。
〔2〕 冀祥德主编：《最新刑事诉讼法释评》，中国政法大学出版社 2012 年版，序言第Ⅱ-Ⅴ页。

（三）检察制度的改革与宪法实施

宪法实施为检察制度的改革与发展设定了宪法基础，而检察制度的改革与发展，对于宪法实施产生了推动作用，丰富了宪法实践的内涵。宪法是国家的根本法，宪法规范对于整个法律体系而言具有原则性、基础性，宪法为整个法律体系的效力提供了根本的依据，其所包含的精神和价值，需要在法律等规范中逐层地得到体现和贯彻落实，这样才能将宪法所承载的价值推广到社会生活中，使之成为公民的基本共识，维护和完善基本共识。

在宪法成为社会基本共识的基础上，我国也可以实现国家治理与社会治理方式的创新。检察机关的职责正是监督法律的遵守和执行情况，保障法律在全国得到正确、统一的适用。因而检察制度的改革及其发展对于实施法律进而贯彻宪法的精神、原则，有举足轻重的作用。虽然检察机关的法律监督不同于权力机关的监督，也不行使一般监督职能，但从其属性与功能看，也担负着维护宪法权威的重要职责和功能，有义务预防和解决各种违宪现象。

从宪法与检察制度关系看，无论是侦查监督，还是量刑建议，都表明检察机关的核心工作是实现宪法中的法治原则以及保障人权原则。特别是在打击刑事犯罪过程中，检察机关负责审查和监督侦查机关的侦查活动，就是否批准逮捕以及是否向审判机关提起公诉等事项作出决定。对审判机关作出的民事、行政和刑事判决，检察机关都有权提起抗诉，对审判活动形成一种监督。2011 年，检察机关对应当立案而不立案的，督促侦查机关立案 19786 件；对不应当立案而立案的，督促撤案 11867 件；对应当逮捕而未提请逮捕、应当起诉而未移送起诉的，决定追加逮捕 36976 人、追加起诉 31868 人。落实审查逮

捕阶段讯问犯罪嫌疑人、听取律师意见制度，对侦查中的违法
情况提出纠正意见 39432 件次；对认为确有错误的刑事裁判提
出抗诉 5346 件；对刑事审判中的违法情况提出纠正意见 8655
件次。[1] 检察机关的上述职权的有效行使，有助于贯彻法治、
保障人权等宪法原则和理念，有利于法律的正确适用。宪法第
135 条 "分工负责，互相配合，互相制约" ——突出了法治和
人权保障的宪法价值，"互相配合" 是程序上的衔接关系，"分
工负责" 体现了三者之间的宪法地位，而 "互相制约" 则体现
了它们相互关系的核心要求。[2] 检察机关在办理刑事案件的过
程中，依据宪法的精神和原则，把握其在与审判机关、公安机
关相互关系中的宪法定位，合理调整 "分工、配合和制约" 的
关系，突出 "制约" 功能，有利于正确适用法律、维护法制统
一，保障人权，将宪法理念融入到检察机关工作之中。

又如，2010 年 7 月 29 日，最高人民检察院通过了《关于
案例指导工作的规定》，并于 2010 年 12 月 31 日印发了第一批
指导性案例。[3] 案例指导制度是为了规范检察机关行使法律监
督权的过程，包括认定事实、采信证据、法律适用以及规范裁
量权的行使等行为，对指导性案例的范围、产生程序等问题作
出规定。它旨在保障法律得到正确、统一的实施，维护司法公
正。这也是检察机关根据宪法精神，落实宪法的平等原则与公
正原则，结合法律监督工作的实践作出的重要举措。检察案例
指导制度的实施，对法律监督工作中法律的统一适用有积极的

---

〔1〕　参见《2012 年最高人民检察院工作报告》，http：//www. spp. gov. cn/site2006/2012 –
03 – 20/0001838388. html，最后访问于 2012 年 10 月 20 日。

〔2〕　韩大元、于文豪：《法院、检察院和公安机关的宪法关系》，载《法学研究》2011
年第 3 期。

〔3〕　参见《最高人民检察院关于印发第一批指导性案例的通知》（高检发研字〔2010〕
12 号）。

作用，从而对实施宪法、保障人权也有积极作用。同时，这也是不同于西方判例法的一项彰显中国特色的宪政制度,〔1〕具有一定的创新性。

此外，根据全国人大议事规则和立法法的规定，最高人民检察院拥有议案提出权〔2〕、法律解释要求权〔3〕，对这些权力的进一步充分行使，也是检察机关加强法律监督、提高法律监督能力，并促进宪法实施的重要途径。

在我国的法律体系之中，通过法律的具体化，对贯彻、实施宪法起到了一定的作用，但仍有一些法律、法规的规定违反宪法。检察机关是国家的法律监督机关，负有维护国家法制统一的职责。由检察机关的性质所决定，检察官在日常的工作中，易于发现可能不符合宪法精神的法律规定，也有义务积极履行立法法规定的职权，把法律、法规冲突提交最高人民检察院，由它向全国人大常委会提出违宪、违法审查要求权。这是启动和完善我国宪法监督体制的重要制度与程序，但迄今为止没有得到有效行使。因此，有必要提高检察机关对宪法重要性的认识，这两种权力都有进一步发挥的必要性和制度空间，有助于提高宪法实施的实效性，有助于通过检察制度的具体实践，落实宪法精神，维护法律秩序的统一。

（四）宪法发展与检察制度展望

检察制度未来的发展方向，应当是立足宪法定位，以人权保障的理念为目标，以维护国家法制统一为使命，监督人民法院、公安机关等国家机关依照法律行使职权，推进法治国家的

---

〔1〕 参见黄亚英：《构建中国案例指导制度的若干问题初探》，载《比较法研究》2012年第2期。
〔2〕 全国人大议事规则第21条。
〔3〕 立法法第43条。

建设。通过检察制度宪法功能的发挥，使宪法中的人权保障、权力分工、互相监督的原则精神成为整个社会的基本共识，以实现中国社会治理方式的转型。

毫无疑问，党的十八大以后中国将加快建设法治国家的进程，依宪治国将成为国家治理的基本形式，国家治理将进入宪法治理的新阶段。检察机关作为宪法规定的法律监督机关，有必要认真总结30年来的发展成就、经验与挑战，从宏观上思考中国检察制度发展的总体战略。

在依宪治国的背景下，检察机关始终以宪法为基础，履行宪法赋予的职责，加强对其他国家机关依法行使权力的监督，保障公民的基本人权。同时，也要明确权力的宪法边界，既要监督其他机关的权力，也要自觉地接受宪法的制约，完善自我权力制约的机制，始终保证改革与发展的合宪性基础。

必须承认，30年宪法实施中，我们在"法检公"权力关系上，没有充分发挥权力之间相互"制约"的功能，造成了一些冤假错案。因此，检察机关在履行职权的过程中合理调整其与其他国家机关的关系，在分工负责的基础上，强调权力行使的制约和监督功能，实现国家权力的有效配合，不能一味在强调配合的情况下损害权力分工、制约的价值；坚持权力的边界，强化检察机关的国家属性，不能以"扩权"作为改革的目标。

总之，30年来检察机关以宪法为基础推动了法治发展，今后也需要继续以宪法为基础，强化人权保障理念，维护国家法制统一，通过宪法维护国家的核心利益，推进中国特色社会主义检察制度的发展和完善。

三、检察机关要服务大局 *

[**主持人**]　　如何理解"保持经济平稳较快发展"是2009年全党全国经济工作的首要任务，也是检察机关服务大局的首要任务？

[**韩大元**]　　大家知道，曹建明检察长是我国法学界知名教授，在学术上很有造诣。他在全国检察长会议上的讲话内容丰富、意蕴深刻。把全党全国经济工作的首要任务作为检察工作的首要任务，核心内容就是检察机关如何为经济平稳较快发展提供强有力的司法和法律监督保障，其重点就是突出检察机关的角色定位和功能。在我看来，讲话和2009年检察工作的总体思路，以及关于服务大局，保持经济平稳较快发展的部署有三个特征。一是定位准确。把"服务大局"的功能具体转化为法律监督的具体活动之中，准确定位了经济平稳较快发展中检察机关的特殊功能。"大局"首先指中国特色社会主义事业，包含着党和国家的核心利益，关系到人民利益的实现。对检察机关而言，服务大局是一个综合性的概念，不仅仅涉及经济建设中的司法保障，同时也涉及政治建设、文化建设和社会建设，不能理解得太狭隘了。二是问题意识突出。在提出具体思路和措施前，分析了发挥检察机关功能的环境与条件。经济平稳较快发展面临新的挑战，突出表现在社会矛盾更加凸显、刑事犯罪总量仍在高位运行、反腐败斗争现实严峻、诉讼活动中执法不严现象严重等。同时，对检察工作中存在的问题分析也是非常客观和中肯的，如执法观念不适应、法律监督能力不适应、体制和机制不适应、队伍整体素质不适应等。三是法律和政策界限明晰。讲话提出依法保障经济平稳发展中需要正确处

---

　*　本部分内容根据2009年1月22日笔者在人民检察杂志社座谈记录整理而成。

理的法律与政策界限，既坚持法治原则，也强调执法面临的新问题，提出"一要坚决，二要慎重，务必搞准"的基本工作思路，为各地检察机关的工作提供了统一的依据。如慎重使用查封、扣押等措施，不能因为执法不当给企业的正常生产经营活动造成负面影响等。

基于以上分析，我认为，检察机关为保持经济平稳较快发展，实现服务大局的基本途径就是严格依照宪法和法律履行法律监督职能。检察机关不能脱离本职工作搞所谓的"服务大局"，不能把严肃的服务大局工作庸俗化，不能简单地认为直接为企业做些事情，甚至"促进"招商引资、直接参与生产就是服务大局。

[**主持人**] 检察工作如何与党和国家中心工作协调同步，促进经济社会发展？

[**韩大元**] 我国检察机关在国家机关中的定位与权力行使直接来源于宪法的规定，集中表现在三个方面：一是宪法第129条规定："中华人民共和国人民检察院是国家的法律监督机关"；二是宪法第131条规定："人民检察院依照法律规定独立行使检察权，不受行政机关、社会团体和个人的干涉"；三是宪法第135条关于人民法院、人民检察院和公安机关在办理刑事案件中应当"分工负责，相互配合，相互制约"的规定。党和国家中心工作具体体现在宪法法律中，检察机关的宪法地位是正确定位检察工作与党和国家中心工作关系的前提。宪法规定了人民检察院的"国家性"，就是说，检察机关必须为党和国家的中心工作服务。宪法强调人民检察院是国家的法律监督机关，强调其"国家性"。这表明检察机关行使权力代表了国家，是以国家的名义履行职责。检察院是国家的检察院，而非地方的检察院。因此，服务大局，为党和国家中心工作服务是

检察机关国家性的必然要求。再者，从国家权力配置层面分析，检察权的本质属性是法律监督权，是一种独立的国家权力形态，与整个国家活动有着直接的密切关系，是国家权力运行机制的重要组成部分。具体而言，检察权在国家权力配置体系中是第二层级的范畴。全国人大及其常委会居于最高国家权力机关和立法机关的双重角色，立法权融于更高的监督权当中，客观上优位，属于第一层级，而审判权与行政权、检察权等处于第二层级。因此，从中国宪法体制的基本性质和要求看，各级检察机关必须接受同级人大的监督，对同级人大负责。人大是民意的代表机关，服从并严格执行国家法律是实现国家意志的重要体现。总的来说，我国的检察制度是一项有着鲜明本国特色的司法制度。它的基本功能是保障人权、维护国家法制统一，在构建社会主义和谐社会和服务大局的进程中正发挥着越来越重要的作用。

一些地方检察机关为更好地服务大局进行了一些探索是必要的、积极的，但我想补充的是，地方检察机关在探索如何服务大局过程中，一定要注意防止出现地方保护主义。因为体制和机制等方面的原因，有些地方党委和政府不顾国家发展的大局，追求不当的地方利益，对地方发展局部利益的判断往往被看作"大局"，往往会影响检察机关服务大局的实践。这一点应当引起关注。在我看来，相对于党和国家的大局来说，地方没有特殊"大局"，不能把大局无限具体化，否则会造成"大局"的庸俗化。各地检察机关在服务大局过程中一定要立足于检察机关的"国家性"，不能把地方检察机关理解成为地方利益服务的"地方的检察机关"。

[**主持人**]　如何理解检察机关要充分发挥打击、预防、监督、保护的职能作用，和为维护改革发展稳定大局的"五个

着力"？

[韩大元]　在"五个着力"中有没有一个核心问题？我认为有一个核心着力点，那就是着力维护司法公正。其理由：一是司法公正是社会公平、正义的标志，是社会主义公平价值体系的基础。二是司法公正是公众最为关注和期待的，也是"司法为民"原则的具体体现。三是在目前社会转型期，公权力和私权利冲突十分突出，而在司法领域这一矛盾表现得尤为尖锐，通过司法公正，促进公权力和私权利之间的和谐，有利于和谐社会的构建。四是司法公正与经济发展、农村改革、保障民生、国家安全与和谐稳定之间存在着密切关系，即通过司法公正，可以维护社会主义市场经济的基本规则，保护社会主体的积极性；农村改革的核心问题是农民权益的发展，而司法公正可以为保护农民的合法权益提供良好的环境；民生是社会建设的核心，而社会建设的发展依赖于司法公正原则；只有在社会公平、正义原则得到维护的社会中，才能构建和谐的社会形态，增强国力，维护国家安全。特别是在 2009 年社会矛盾日益突出和多样化的背景下，着力维护司法公正具有更为特殊的作用。五是最高人民检察院把"强化法律监督，维护公平正义"作为检察工作主题，具有鲜明的时代性、现实性，突出了司法公正维护者的地位与角色。

需要进一步说明的是，在"国家尊重和保障人权"已经写入宪法，成为国家的核心价值观与目标的情况下，把"打击"放在四项职能首位的思路似乎可以作一些变化，比如把人权保障放在"打击"前面，更能凸显人权价值观变化和核心地位，也能表明打击犯罪是手段，人权保护是目的的理念。

[主持人]　检察机关在服务大局过程中应当注意哪些问题？

[**韩大元**] 检察机关在服务大局的工作中，应结合检察机关的性质与功能，正确定位，通过检察机关的法定职权服务大局，回应公众对检察机关的新期待与新要求。

一是坚持检察机关的宪法定位，真正落实依照法律规定独立行使检察权的原则。由于审判权与检察权在我国是泾渭分明的两种国家权力，检察权与审判权独立行使原则在宪法文本上都有体现，检察权独立行使原则强调了检察权行使的专属性和相对性。专属性指行使检察权的主体身份是独立的，主要指检察院的独立，即在国家权力的分工中，检察权只能由人民检察院行使，其他任何机关不得行使。深刻认识检察权独立行使原则的相对性对于检察机关遵循宪法原则具有重要的意义。宪法第135条规定，人民法院、人民检察院和公安机关办理刑事案件，应当"分工负责，互相配合，互相制约"。这一原则体现了限制公权力的宪法原则。协调公检法机关之间关系，最重要的是以宪法关于公权力制约的精神为基础，构建以"制约"为核心的权力关系。互相制约是核心。所谓"互相"制约，指的是双向制约而不是单向制约关系。相互制约之所以成为核心问题，是由于没有这种制约，所谓的分工负责就失去了意义，相互配合也会严重变质，法律适用的公正性也将无从保障。制约本身不是目的，而在于通过制约以保障法律适用的公正性，最终体现保障公民基本权利的宪法价值。

二是在服务大局的工作中，强化法律监督。这里的"法律监督"，一方面可以理解为"法律监督权"，即检察权的强化，是相对于公民基本权利的保障而言的。另一方面可以理解为"法律监督能力"，是相对于检察官队伍的职业化建设而言的。"法律监督能力"是广义的司法能力的重要组成部分，在一定程度上也是十六届四中全会提出的"党的执政能力"在检察工作中的具体体现。另外，也可以理解为"正确履行宪法和法律赋予的各项职责，维护法律统一、正确实施的本领"。

三是强化检察机关维护宪法权威方面的功能，增强检察官的宪法意识。宪法意识是宪法理念的重要组成部分。对检察官而言，强化宪法意识是树立法治理念的重要一环。检察官对宪法精神与基本内容的理解、认同与情感形成了检察官的宪法意识，具体可分为权利保障意识、权利平等意识、权力行使的有限性意识和能动意识等。它们渗透在日常工作中，就是要强化对公民基本权利的保护，维护以宪法为核心的法律规则的统一，有效制约公共权力的行使，在办案中体现出宪法所追求的人权保障的根本价值。大量的宪法和法律争议存在于办案过程中，检察官有意识地发现和判断是启动法律程序、有效解决法律冲突的关键。

四是维护社会主义法制统一方面作用的强化。从现行宪法和法律规定看，检察机关虽不是典型意义上的违宪审查专门性机关，但在宪法和法律实施方面担负着特殊的使命，应强化维护社会主义法制统一方面的功能。如在促进违宪审查机制的运行方面，立法法第90条规定，最高人民检察院可以向全国人大常委会提出行政法规、地方性法规、自治条例、单行条例等相关法律文件的违宪、违法审查的要求，也可以提出法律解释要求。这两项权力是保障宪法和法律实施，消除法律冲突，以法治的方式解决社会矛盾的重要形式。如有效地行使这一权力，也可能在一定程度上缓解信访的压力。据我了解，自2000年立法法实施以来，最高人民检察院还没有行使过法律赋予的这一重要职权。因此，今后最高人民检察院在推动违宪审查制度有效运行方面应当发挥能动性作用。

此外，要进一步强化对司法解释的审查和控制，一方面加强对最高人民法院司法解释的监督，另一方面，也要加强对自身司法解释的自我监督。2006 年 5 月，最高人民检察院发布了《最高人民检察院司法解释工作规定》，在此基础上，为配合各级人民代表大会常务委员会监督法的实施，应进一步严格程序、规范内容，以保证司法解释的合法性与合宪性。

五是在为大局服务过程中，坚持法治原则，依法履行职能，不能以人治代替法治。第一，服务大局与有关检察制度和机制的改革有一定关系。我认为，凡涉及检察制度和机制的改革应当在宪法的框架内稳妥进行。检察制度本身存在的问题需要进行改革。但对检察制度进行的任何改革，其成败得失仍然取决于人民代表大会制度能否得到真正落实。严格以宪法为依据推动检察体制和工作机制的改革，对维护宪法权威，落实依法治国，从而最终保证检察体制改革的成功，具有十分重要的意义。在国家的根本政治制度没有作出重大变革、宪法和法律没有进行相关修改的情况下，对检察制度的任何改革都必须严格以宪法为依据，维护宪法规定的检察机关的地位。因为改革的目的是为了不断落实宪法对检察权的规定，使其实际运作更有效，而不是要突破宪法确定的国家政权结构和人民代表大会制度下的权力平衡机制。同时，改革要避免检察机关独自运作、孤军深入，忽视其他外在因素带来的各种影响的倾向，检察体制改革在内外两个方面都不可忽视。第二，在应对金融危机当中，检察机关既要发挥职能作用保持经济平稳较快发展，又要严格按照法律办事。有些地方的检察机关为促进当地企业发展，出台了一些政策措施，帮助企业解困。我认为，对于这些探索应当合理确定其权限。首先，面对严峻的经济形势，检察机关、法院和政府发挥的功能与角色是不同的，在法律和政策上应有所区别。审判权和检察权不能直接干预市场，应保持法律规定的基本角色与定位。其次，在经济形势严峻，社会矛盾突出，利益多元化时，检察机关更要严格依法办案，维护司法公正，使经济生活中的矛盾与冲突，通过公正的司法途径得到解决。再次，在帮助企业解困时，不能采取法律规定之外的措施，要合理平衡法制权威与维护社会稳定之间的关系，不能以"改革"、"解困"为由任意变通国家法律规定，以违背法律的形式维护所谓的"社会稳定"。最后，要始终以法治的立场思考和处理问题，防止以人治的方式推动法治。树立服务大局意识，正确处理检察机关的国家性和地方正当利益的关系，防止地方保护主义。

六是强化对检察权的自我制约机制，切实解决少数检察人员腐败现象。我发现，经媒体公布的有关检察系统腐败案件多发生于有领导职务者。按常理分析，检察官作为法律监督者，其本身被查办的风险性似乎相对小于其他公务员群体。但如果检察人员发生腐败，哪怕人数很少，就会在社会上引起较大反响，进而对检察机关整体形象造成较大损害，不利于检察职能发挥和服务大局积极成效的显现。

四、科学发展观与我国宪法实施保障[*]

概括而言，科学发展观既是法治建设的指南，反过来，法治建设有效地保证和规范科学发展观的贯彻与实施。在整个法律体系中，宪法居于重要地位，作为国家的根本大法，宪法实施是法治建设的基础，直接关系着国家基本政治架构的运作，也关系着公民基本权利的实现与保障。从本质上而言，科学发展观与宪法精神高度契合，深入贯彻落实科学发展观，必然要求严格遵守宪法，有效保障宪法实施。

---

[*] 本部分内容刊载于《中国党政干部论坛》2012年第12期。

（一）科学发展观与我国的宪法精神

胡锦涛同志在党的十七大报告中明确指出，科学发展观，第一要义是发展，核心是以人为本，基本要求是全面协调可持续，根本方法是统筹兼顾。与传统发展观不同的是，科学发展观科学回答了发展为了谁，发展依靠谁，发展成果由谁来共享的问题，对这一问题的回答，正是科学发展观的核心与本质，即以人为本。离开以人为本这一核心价值，科学发展观将成为无源之水、无本之木。

1. 以人为本的内涵与价值。科学发展观是以人为本的发展观，深刻理解以人为本，是正确认识科学发展观的关键。

（1）以人为本的人，是现实的人、个体的人，而不是虚拟的人、抽象的人。有一些哲学流派谈到"以人为本"，往往以抽象的人为出发点，仅把人看作为一种生物学意义上的存在，是完全脱离社会发展的虚无缥缈的人。与此形成对比的是，马克思反对把"抽象的人"作为研究的出发点，认为"我们的出发点是从事实际活动的人"[1]，他曾进一步指出，"全部人类历史的第一个前提无疑是有生命的个人的存在。"[2]

在宪法学的视野中，人应该是独立的、有尊严的、个体的人，与此相对立的是沦为客体的、没有尊严感的、附属于群体的人，宪法的目的旨在充分尊重与保障每个个体的主体性与尊严。在传统社会，人往往作为社会的附属而存在，在个人与国家的利益比较中，个人是无条件服从于国家的。因此，在价值排序上，往往只强调国家和集体的利益，而对正当的个人利益却没有给予必要的重视，形成了单纯以国家利益为核心的基本

────────────

〔1〕《马克思恩格斯全集》（第1卷），人民出版社1995年版，第30页。
〔2〕《马克思恩格斯全集》（第1卷），人民出版社1995年版，第67页。

价值观。当然，重视国家利益是应该的，它对于激发个人的奉献精神，凝聚人心具有重要意义，但过于绝对化必然带来对个人利益的侵犯，其弊端是显而易见的。因为在这样的价值观指导下，个人往往被置于客体地位，必然成为实现国家利益的手段和工具。一个简单的逻辑就是，任何社会都是由个人组成的，先有个人才有社会与国家。因此，在一个个体利益总是让位于集体与国家利益的社会中，国家的利益最终也会受到损害。

近代意义上宪法的产生，其根本目的就在于承认和尊重人的主体性，强调个体权利和利益的重要性。特别是近代社会以来，人民制宪的目的就在于，明确地划定政府与公民的界限，最大程度地尊重和保障作为个体的公民的基本权利。伴随着近代宪法的产生与发展，人真正成为有尊严的、独立的、宪法意义上的人。宪法上的人，具有抽象性与具体性的双重属性。一方面，抽象性意味着法律面前人人平等，不因人的性别、民族、种族、肤色、出身、财产状况等而区别对待，每个人在宪法的视野中都是无差别的人，因此是一种抽象意义上的人。另一方面，宪法上的人又是具体的，活生生的人。宪法根据现实条件而合理地区别一些人，如给予弱势群体予以特殊关照，这种关照是为了实现实质意义上的平等。不论抽象意义上的人，还是具体的人，宪法上的人是一种独立的作为个体的人。从我国宪法的发展来看，具有临时宪法性质的1949年《中国人民政治协商会议共同纲领》中，表述权利的主体时，使用的是"人民"和"国民"概念，而1954年宪法中，则使用"公民"的概念，具体规定其基本权利。"人民"这一概念是一个集体性概念，具有更多的政治性色彩，与敌人相对应；而"公民"这一概念则是一个个体性名词，具有法律意义。现行宪法同样使用了"公民"这一表述，而且在 2004 年宪法修正案中写入"人权"这一概念。人权中的人，首先是一种生物意义上的自然人，主体范围十分广泛，只要是人，即可享有人的基本权利，是人的主体性、个体性的充分展示。执政党提出"以人为本"的政治理念，而不是"以人民为本"，其意义就在于此。

（2）以人为本的实质就是要尊重和保障每个人的权利与自由。胡锦涛同志 2004 年 3 月 10 日在中央人口资源环境工作座谈会上讲话指出，"坚持以人为本，就是要以实现人的全面发展为目标，从人民群众的根本利益出发谋发展、促发展，不断满足人民群众日益增长的物质文化需要，切实保障人民群众的经济、政治和文化权益，让发展的成果惠及全体人民。"[1] 不论是人的全面发展、人民群众的根本利益，还是物质文化需要，都可以转化为法律上的权利问题，也即人民群众的"经济、政治和文化权益"的问题，而在权利体系中，最为重要的则是宪法所规定与保障的公民基本权利。

宪法的基本内容通常有两项，一是关于国家权力的组织与划分，二是公民基本权利的保障，而公民基本权利的保障又是宪法的核心内容与宗旨所在。1789 年在法国大革命中诞生的《人权宣言》宣称："凡权利无保障和分权未确立的社会，就没有宪法。"宪法划分公共权力并且加以规范、设定界限，目的是防止公共权力滥用、肆意侵害公民基本权利。宪法在把公共权力进行划分的同时，还把那些重要的、同时又最容易受到公共权力侵害的、人作为人应当享有的权利写进宪法当中加以保障。列宁曾经说过："宪法是一张写满人民权利的纸。"换句话说，宪法就是人民权利的宣言书，没有规定人民权利并加以保

---

〔1〕 胡锦涛：《在中央人口资源工作座谈会上的讲话》，2004 年 3 月 10 日。

障的宪法也就不成其为宪法。

我国宪法非常重视对公民基本权利的保障，特别是我国现行宪法为体现对公民基本权利的重视，改变了以往把"公民的基本权利和义务"放在"国家机构"之后的一惯做法，凸显了宪法的核心价值是保障人权的精神；宪法确认的公民基本权利的内容也较以前大大丰富，不仅把"国家尊重和保障人权"写入宪法作为公共权力行使的一般原则，而且增加了财产权保障的内容，从而使我国的公民基本权利体系趋于完善。

但是宪法所确认的公民基本权利只有得到公共权力的尊重和保障才有意义。立党为公、执政为民，归根结底体现在对待人民群众的具体权利和利益上。各级领导干部要高度重视和维护公民的基本权利以及人民群众最现实、最关心、最直接的利益，坚决纠正各种肆意侵害公民权利和损害群众利益的行为。要做到这一点，领导干部必须学习宪法知识、认真领会宪法的精神实质，并用以指导具体工作实际，这样公民基本权利的实现才有切实的保障。

（3）以人为本与宪法的精神。宪法发展的逻辑基础是人的尊严与权利的保障，即人是宪法发展的基础。以人的尊严为基础构建应然和实然的宪法世界，宪法的正当性、合理性价值都建立在人的尊严基础之上，宪法的精神就是尊重和保障人的尊严与权利。由于国家性质不同，不同的国家有不同的宪法制度，但宪法作为人类治理国家的共同的经验，客观上也存在一定共性。所谓宪法精神指的是，宪法存在的社会意义和表现出的活力，通过人们的思维活动和一般心理状态得到具体化。宪法精神的内涵就是，以人权保障为核心价值的思想、原则与规则。它要回答为什么人类需要宪法，需要什么样的宪法，宪法给人类生活带来什么？具体而言，宪法精神具体表现为公平的精神、平等的精神、自由的精神与宽容的精神。概括而言，人的尊严、价值的尊重与保障是现代宪法的基本精神。因此，宪法的核心命题是限制公共权力，保障基本人权。宪法的基本价值是，权力来源于宪法，宪法高于权力，宪法控制权力。

科学发展观是以人为本的发展观，它强调以人为本，克服了传统"以物为本"发展观的局限，把人的发展和利益的实现看作是发展的最终目的和强大动力，强调在发展中不仅重视物的增长，而且特别重视人的全面发展，把提高人的生活福利，拓展人的发展空间，维护人的基本权利作为经济和社会发展的终极目的。长期以来，我们仅仅强调物质文明与精神文明的发展，直至后来提出了政治文明的概念，与其他两种文明成为一个社会均衡协调发展的基本指标。这也意味着，在发展过程中，我们逐渐回归人的利益的实现这一根本目的上来。从宪法学的角度讲，政治文明是一个与民主法制建设紧密关联的概念。如果说物质文明与先进生产力相联系，与工业革命和科技文化相联系，精神文明与先进文化相联系，与文艺复兴和人文精神相联系，那么可以这样认为，政治文明与民主法制的进步相联系，与社会主义宪政和法治文化相联系。

改革开放 30 年以来，民主法制建设不断取得进展，"民告官"的行政诉讼制度、国家赔偿制度的确立和运转，立法民主化、依法行政、司法改革和进步，以及权力制约和公民宪法权利的保障，直到依法治国写进宪法，依法治国与党的领导、人民当家作主并列为民主政治的有机部分，宪法与政治生活的关系越来越密切。科学发展观和以人为本的提出，更是将宪法与科学发展观在尊重和保障人的尊严与权利这一最大共识下统一起来，毫无疑问，宪法的逻辑与精神将越来越广泛和深入地进入社会生活的各个领域。

总之，科学发展观的核心是以人为本，以人为本的实质是尊重和保障人的尊严与权利，而这一点与宪法的基本精神相一致，深入贯彻落实科学发展观，也就意味着必须保障宪法实施，将宪法的精神落实于现实政治与社会生活中。

2. 科学发展观与宪法实施的价值。建国之后，我国共颁布了四部宪法，现行宪法即 1982 年宪法，颁布至今也已近 30 年。总结四部宪法的经验与教训可以发现，凡是尊重宪法权威，保障宪法实施的情况下，社会就能稳定运行，公民基本权利就能得到较好保障；反之，宪法没有权威，宪法无法实施或者不能实施的情况下，社会秩序将无法维持，公民基本权利就会遭受肆意侵夺，民主法制价值就会受到随意践踏。从内容上看，现行宪法是一部制定良好的宪法，是一部符合科学发展观的宪法。但是，宪法所承载的内容，宪法所追求的精神，都有赖于宪法的有效实施。可以说，宪法的生命与价值就在于它的实施。

2002 年 12 月 4 日，胡锦涛同志在首都各界纪念现行宪法公布施行 20 周年纪念大会上的讲话中指出，20 年来宪法实施的重要意义有四点：第一，宪法保障了我国改革开放和社会主义现代化建设；第二，宪法促进了我国的社会主义民主建设；第三，宪法推动了我国的社会主义法制建设；第四，宪法促进了我国人权事业和其他各项社会事业的发展。这四点是国家领导人对宪法实施的充分肯定，也是宪法实施的重要意义。从宪法学的角度而言，宪法实施的价值主要表现为以下两点：

（1）人权保障。上个世纪 70 年代末，我国的现代化进程重新启动，法制建设也得以重新起步，而首当其冲的便是对"文革"宪法的反思与废止。1982 年宪法恢复了 1954 年宪法的部分先进理念，奠定了其后 20 余年来宪政秩序的基本框架。

随着市场机制的引入，1982年宪法与社会迅速转型的现实之间出现了一些矛盾，因此对其进行了四次修改。但是，宪法前三次修改都侧重于经济方面内容的修改，例如无论是1988年宪法修正案对私营经济合法性，以及土地使用权转让正当性的承认；还是1993年宪法修正案正式宣布实行社会主义市场经济，都是围绕经济的发展，为市场经济的确立扫平障碍而展开的修宪运动。即使是1999年的修宪将法治宪法化，依然是这种修宪逻辑的自然延伸，经济层面的进步需要政治层面的保障与巩固。而2004年的修宪则呈现出一种使宪法回归其本来使命的努力，国家尊重和保障人权写入宪法，私有财产权保护也写入宪法，推动了宪法的社会转型。

毫无疑问，人权保障条款的确立，将成为评价一切公权力的一项重要尺度。我国宪法专章规定了公民基本权利，但是依然特意将"人权"这样一个曾经充满争议的概念写入宪法，这表明了人权与宪法的特殊关系，以及国家政治理念的转型。"国家尊重和保障人权"的宪法表述，蕴藏了深刻而丰富的意义。尊重人权，就必须坚决摒弃怀疑、抵触、反对人权的形形色色的错误思潮，牢固确立以人的尊严和价值、权利和自由为本位的现代宪法观。保障人权，就必须完善和发展宪法实施机制，将宪法规范具体落实到实际社会生活中，使之成为真正意义上的最高法。

人权保障是宪法的核心内容，反过来，宪法也是人权保障的主要方式。人权是一类特殊的道义权利而属于所有人，对人权最严重的侵犯往往来自国家。因此，从洛克开始，他们对国家和政府总是采取谨慎的态度，为个人权利划定一条明确的界限，以防止国家和政府超出界限而破坏个人自由。而划定个人自由与国家之间界限的使命理所当然交由宪法来完成，因此，早期的人权主要通过宪法制约国家权力得以实现，人权与国家之间的紧张关系得到了宪法的承认和维系。宪法就是在人权与国家权力之间充当一个中立的裁判员的角色，维持二者的平衡关系，既保障国家权力合法运行，也保障公民基本权利的实现。

（2）维护宪法秩序。宪法具有多重性质，如作为社会共同体基本价值体系的宪法；作为规范法律的"法律的法律"。宪法的一个重要功能就是，作为最高法，它是其他一切法律的依据与基础。因此，宪法实施可以确保其他法律符合宪法原则与精神，确保整个法律体系的完整与统一。法律体系是按照一定原则与标准建立起来的法律规范的有机整体，反映了一个国家法治发展的状况与实际水平。一般意义上讲，法律体系具有统一性、稳定性、程序性与开放性的特点。根据 2008 年 2 月发布的《中国的法治建设白皮书》，我国的法律体系包括七个门类、三个层次。七个门类是：宪法及宪法相关法、民商法、行政法、经济法、社会法、刑法、诉讼和非诉讼程序法。三个层次是指，以宪法为统帅，法律为主干，包括行政法规、地方性法规、自治条例和单行条例等规范性文件。每一个部门法按照其原则和特点，又分为若干具体的法律部门。目前共有 330 多件有效法律，7000 多件地方性法规，600 多件自治条例和单行条例。这样一个庞大的法律体系的统一性主要依靠宪法实施。法律体系不统一，不仅可能由于立法技术，也有可能因为立法权的滥用，而宪法的重要功能之一就是维护国家法制的统一与权威性。

前资本主义时期，国家权力也包含着立法、行政与司法等权力因素，但就象征与实力而言，行政权显著地处于主导地位，甚至可以认为，国家权力基本上就是行政权力。近代以来，随着分权理论的成熟与实践，以议会为主要载体的民主政治确立了立法权的功能和地位。在以英国为代表的议会制国家中，议会主权原则成为国家政权的最高原则，立法权曾经历了无上荣光的"议会至上"的时代。在那个时代里，议会处于"至上"和"万能"的地位，英国议会立法权几乎无所不能，"在天上和人间，没有一件事是议会不能做到的"。它"除了不能把女人变成男人或者把男人变成女人外，在法律上什么都能做"。

实际上，任何一种权力都存在着滥用的潜在危险，权力越集中越庞大越容易出现滥用，权力越与资源配置和利益安排相关联越容易滋生腐败。由于立法本身就是配置资源和安排利益的过程，立法权与其他权力相比较与资源配置和利益安排关联最密切，因而也难以根除立法领域的权力滥用的可能。假设立法权滥用的潜在危险成为现实，完全可以套用一句流行的话，行政权和司法权的专横和武断不过弄脏了水流，而立法权的滥用则败坏了水源。[1] 尽管立法权较之行政权和司法权异化的现实表现单一，但就权力滥用的危害而言，却比其他两权有过之而无不及。

法律体系呈金字塔形，宪法位于塔顶，具有最高地位和最高效力，其法律审查的功能可以确保建立和维系法律体系的基本秩序。法律体系呈何种情形取决于宪法权威、立法观念、立法权限、利益导向等因素。法律不尊重宪法，立法观念水平参

---

〔1〕 学界大都将司法权视为最后的国家权力和法治的最后一道防线，并将司法腐败喻为"污染了水源"般的腐败。英国哲学家培根也曾言："一次不公的（司法）判断比多次不平的举动为祸尤烈。因为这些不平的举动不过弄脏了水流，而不公的判断则把水源败坏了。"参见培根：《培根论说文集》，水天同译，商务印书馆1983年版，第193页。但是比较而言，评析立法权、行政权、司法权腐败程度及其危害，将立法权的滥用与"败坏水源"相联系，似乎更合乎一般逻辑。

差，立法权限杂乱无章以及立法过程中的不正当利益的驱使，必然导致法律体系紊乱、法律规范冲突，破坏法律体系的一体化。突出宪法的法源性质和根本法地位，发挥宪法在立法中的支配和统率作用，维持法律领域的基本秩序，是实现立法统一性和宪法秩序的根本保障。

（二）我国宪法实施的现状

1. 宪法实施保障制度的类型。宪法实施是将宪法文本落实到社会生活、国家政治生活中的一套观念和制度，这是一个含义极为广泛的概念。从广义而言，一切国家机关、组织和公民个人遵守宪法、自觉执行宪法规定的活动都可以视为宪法的实施。为保障宪法实施，现代国家一般都通过特定的机关经由特定程序监督宪法的实施，这便是宪法实施的保障制度。这也是狭义的宪法实施制度的含义。因此，宪法实施与宪法实施保障制度、宪法监督制度均具有相同的内涵。综观世界各国宪法，宪法实施保障制度的主要类型有：

（1）普通法院模式。这一模式下，普通法院通过司法程序对正在审理的各类案件涉及的法律、法规等规范性文件的合宪性进行判断，如认为违宪可以宣布该规范在本案中无效。由司法机关负责保障宪法实施的体制起源于美国。1803 年，美国联邦最高法院在审理马伯里诉麦迪逊一案的判决中明确宣布：违宪的法律不是法律；阐明法律的意义是法官的职权，从而开创了由联邦最高法院审查国会制定的法律是否符合宪法的先例。这一制度因此也被称作司法审查制度。自美国确立司法审查制度以来，很多国家纷纷效仿美国这一模式，建立了普通法院违宪审查的制度。据不完全统计，包括美国、加拿大、墨西哥、阿根廷、巴西、澳大利亚、日本等国家在内至少有 60 多个国家采用这一体制。尽管这些国家具体制度设计有所不同，但是基本模式是一样的，即都由普通法院在审理具体案件过程中，审查所适用的法律、法令是否违反宪法。如果经审查确认违宪，则在本案中不予适用这一违宪的法律。由于这些国家多是判例法国家，因此违宪判例实际上相当于废止了违宪的法律。

司法审查制度的特点在于：第一，法院通过违宪审查权的行使，有效地制约了立法机关与行政机关的权力行使，维持了一种权力的分立与制衡机制。第二，法律的合宪性争议往往是只有在具体案件的争议中才能充分展现出来。而且，通过具体案件来审查法律的合宪性，使得宪法审查更为经常化，强化了宪法至上的观念。第三，严格的司法程序可以保障宪法争议解决的公正性，独立的司法机构在一定程度上成为人权的最大保障。

（2）专门机关模式。由专门设立的宪法法院或者宪法委员会之类的机构，依据一定程序审查法律、法规及命令等规范性文件的合宪性。最为典型的代表是法国的宪法委员会和德国的宪法法院模式。由专门机关负责保障宪法实施的体制起源于1799年法国宪法设立的护法元老院。根据规定，护法元老院有权撤销违反宪法的法律。欧洲大陆基于类似的政治、经济与文化传统，宪法实施制度基本都采用了德国的宪法法院模式。而法国则设立宪法委员会，由宪法委员会来监督和保障宪法的实施。宪法委员会的审查模式下，各项法律、议会两院的内部规则在颁布之前，均应提交宪法委员会审查，以裁决其是否符合宪法。这也是宪法委员会模式的优势所在，对法律进行事前审查，保证了生效法律的合宪性。

而在德国的宪法法院制度下，宪法法院的职权范围十分广泛，既可以对法律法规进行抽象审查，也可以审查具体法律法规的实施，还可以审查政党违宪案件、公民个人提起的宪法诉愿案件，等等。这种模式的优点在于，既能受理宪法控诉，保护公民基本权利，又能行使抽象审查权，兼具了议会审查与普通法院审查的优点。目前实行宪法法院制度的国家主要有德国、奥地利、意大利、挪威、希腊、西班牙、葡萄牙等40多个国家。

（3）立法机关模式。立法机关监督制是指由立法机关负责监督宪法实施的体制，强调议会的民意代表机关的功能。由立法机关负责保障宪法实施的体制起源于英国。英国长期奉行"议会至上"原则，认为议会是代表人民的民意机关，是主权机关，因此立法权不受限制，这就使得其他国家机关不可能监督议会制定的法律，而只能由议会自己来监督。议会通过日常的立法和修改法律的活动来维护宪法的基本原则不受普通法律的侵犯，法律与宪法原则的一致性。英国是不成文宪法国家，宪法和法律在效力、制定和修改程序上没有什么区别，实行新法优于旧法的原则。因此，与其说是新制定的法律违宪，不如说宪法性文件已经不合时宜，而为新法所取代。

1918年俄罗斯社会主义联邦苏维埃共和国宪法是世界上第一部社会主义宪法，也是社会主义国家中第一部规定由作为最高权力机关的代表机关来监督宪法实施的宪法。这一制度的理论基础是社会主义国家的议行合一制度。最高权力机关不仅行使立法权，而且还负责法律的执行，行政、司法机关皆由其产生。司法机关无权对最高权力机关制定的法律进行挑战，只能忠实地执行权力机关制定的法律。

我国根据人民代表大会制度，建立了具有中国特色的宪法监督制度。根据宪法规定，由全国人大及其常务委员会行使监督宪法实施的职权。宪法序言明确规定宪法作为根本法的地位，为宪法监督体制的运作提供了统一的基础。在宪法监督的政治保障方面，宪法规定了执政党遵守宪法的义务，同时党章规定了"党必须在宪法和法律范围内活动的"原则，要求党组织和党员模范地遵守宪法，使宪法实施具有稳定的政治基础。中国共产党作为执政党领导人民制定宪法，同时也负有遵守宪法的义务。因此，我国的宪法实施保障也属于立法机关模式。从世界范围来看，由立法机关行使宪法审查权的国家并不多，主要是英国、新西兰、比利时、中国、古巴、朝鲜、越南等国家。

2. 我国宪法实施的基本制度。如前所述，在人民代表大会制度下，全国人大及其常务委员会行使监督宪法实施的职权，并在此基础上，构建了规范性文件的监督体系，这是中国特色社会主义宪法监督制度的重要内容。

根据宪法和立法法的规定，全国人民代表大会有权改变或者撤销全国人民代表大会常务委员会不适当的决定，包括不适当的法律。全国人民代表大会常务委员会有权撤销国务院制定的同宪法、法律相抵触的行政法规、决定和命令，有权撤销省、自治区、直辖市国家权力机关制定的同宪法、法律和行政法规相抵触的地方性法规和决议。国务院有权改变或者撤销各部、各委员会发布的不适当的命令、指示和规章，有权改变或者撤销地方各级国家行政机关的不适当的决定和命令。县级以上的地方各级人民代表大会有权改变或者撤销本级人民代表大会常务委员会不适当的决定。县级以上地方各级人民代表大会常务委员会有权撤销本级人民政府的不适当的决定和命令，撤销下一级人民代表大会的不适当的决议。县级以上的地方各级人民政府有权改变或者撤销所属各工作部门和下级人民政府的不适当的决定。全国人民代表大会及其常务委员会对一切违宪行为进行监督，同时，上级国家机关对下级相应国家机关也能

352

进行监督。

同时，在宪法实施中建立了统一的备案审查制度，为国家法制的统一提供了有效保障。如宪法第 100 条规定："省、直辖市的人民代表大会和它们的常务委员会，在不同宪法、法律、行政法规相抵触的前提下，可以制定地方性法规，报全国人民代表大会常务委员会备案。"第 116 条规定，自治区的自治条例和单行条例报全国人民代表大会常务委员会批准后生效。自治州、自治县的自治条例和单行条例报省或者自治区的人民代表大会批准后生效，并报全国人民代表大会常务委员会备案。现行宪法规定的备案或批准制度，有助于宪法监督机关在备案或者批准过程中，及时发现和解决违宪问题。

为了进一步规范有关法规的备案审查制度，2000 年颁布立法法以来，先后制定了《规章制定程序条例》（2001 年）、《法规规章备案条例》（2002 年）等。《规章制定程序条例》对规章的备案机关的审查程序作出具体规定，并赋予特定主体违法审查的建议权。如第 35 条规定，国家机关、社会团体、企事业组织、公民个人认为规章同法律、行政法规相抵触的，可以向国务院书面提出审查的建议，由国务院法制机构研究处理。《行政法规、地方性法规、自治条例和单行条例、经济特区法规备案审查工作程序》对有关全国人大常委会法工委法规备案审查室工作程序做了具体的规定。据统计，2008 年一年共接收报送备案规范性文件 475 件，受理公民、组织提出审查建议 86 件。

3. 我国当前宪法实施中存在的问题。近些年来，中国社会急剧变化，经济、政治以及文化都经历着前所未有的转型。随着社会的变迁，越来越多的宪法问题浮出水面，上至公共权力活动，下至普通民众的生活。这既为加强宪法实施带来契机，也为宪法发展带来挑战。

（1）宪法的实践性需要进一步加强。归纳近些年出现的一些宪法问题，主要有两种类型：

①关于公共权力活动领域的宪法事例。宪法的直接目的就在于规范与控制国家权力的运行，在社会日益纷繁复杂的背景下，各种国家权力在运行中出现了一些新情况新问题，其中有相当一部分涉及宪法。如果不能从宪法层面妥善解决，则可能造成深刻的社会矛盾。以下列举几个宪法事例分析：

早在2001年，沈阳中院的工作报告未通过人大审查，就引起社会强烈关注。听取工作报告，这是各级人大监督法院、检察院的主要方式。但是根据宪法第128条、第133条的规定，最高人民法院、最高人民检察院对全国人大及其常委会负责，地方各级人民法院、检察院对产生它的国家权力机关负责。在宪法中并没有规定报告工作制度。而在实践中，各级司法机关都会向产生它的权力机关报告工作，这已经成为一种惯常做法，是否构成宪法惯例值得研究，听取工作报告的合法性源于监督法、人民法院组织法、人民检察院组织法、全国人大议事规则等法律。也有学者基于宪法并未规定报告工作制度，而质疑这些法律中有关条款的合宪性。由于缺乏明确制度，或者有关这些内容的宪法解释尚未启动，工作报告未通过的结果并不明确。由谁承担责任、承担什么样的责任都不明确。

类似的例子还有，2006年10月24日，在郑州市十二届人大常委会第二十四次全体会议上，郑州市政府有关负责人作了《〈关于解决城乡弱势群体看病难、看病贵问题〉代表议案办理情况的汇报》，但这份报告在表决中未获通过。政府专项工作报告被人大常委会否决，这一事例涉及宪法体系中的权力机关与行政机关的关系，特别是权力机关如何监督的问题。

又如，2007 年 9 月，湖南省十届人大常委会第二十九次会议听取和审议了湖南省人民检察院检察长何素斌提请的"关于提请不批准任命许庆生同志职务的议案"，会议决定不批准任命许庆生的郴州市人民检察院检察长职务。此前，许庆生已经在郴州市两会上被任命为郴州市人民检察院检察长。根据宪法第 101 条的规定，地方各级人大有权选举或者罢免本级人民检察院检察长。选出或者罢免检察长，须报请上级人民检察院检察长提请该级人大常委会批准。湖南的这一事例提出了一个新问题：上级人民检察院检察长能否否决下级人大选举产生的检察长人选？宪法文本对于上级检察院检察长权限的规定是"提请"，是否可以"决定是否提请"，并不明确。这就需要恰当理解并解释宪法中有关检察机关体制的规定，以及宪法第 101 条的含义。

②涉及公民基本权利的宪法事例。近年来这类事例日渐增多。宪法的根本目的就在于尊重和保障公民基本权利。基本权利与一般的法律权利不同，宪法基本权利的重要功能，一是其他法律权利的源泉，二是衡量法律等规范性文件合宪性的标准。相对而言，事关法律权利的案例非常多，而事关宪法基本权利的事例却较少为公众所知，这既与我国宪法的实施状况有关系，也与人们对基本权利的认识有关。但是，近些年来，越来越多有关基本权利的事例涌现，使人真实地感知到了宪法的存在与运行和宪法与人们生活的密切关系。

例如，2007 年 10 月，山东淄博市淄川区举行的县乡两级人大的换届选举中，采取了城乡按照相同人口比例原则对代表名额予以分配。这一事件引起了广泛关注与争议：支持者认为此举体现了宪法中的平等原则，代表了选举法的修改方向；反对者则认为此举本意虽好，但却是一种违反选举法的违法行为，其意义有限，不值得过多提倡。根据宪法的规定，任何公民在法律面前一律平等，平等原则显然涵盖公民的选举权，而选举法针对我国具体情况，如城乡结构问题，规定按照农村每一代表所代表的人口数 4 倍于城市每一代表所代表的人口数的比例选举人大代表。这就涉及在现在国情下，选举法如何与宪法协调的问题，以及如何切实保障公民的平等权。

又如，这些年不断出现的"同命不同价"的问题。2005年底，重庆市发生一起车祸，3 名搭乘同一辆三轮车的花季少女不幸丧生，两个城市女孩各得到了 20 多万元赔偿，而另一位农村户口的女孩所获赔偿只有 9 万元，不及前者的一半。其他地方也出现过类似的案例。其中的法律症结在于 2003 年发布的最高人民法院《关于审理人身损害赔偿案件适用法律若干问题的解释》第 29 条的规定：死亡赔偿金按照受诉法院所在地上一年度城镇居民人均可支配收入或者农村居民人均纯收入标准，按 20 年计算。根据国家统计局公布的统计数据，以 2008 年为例，全国城镇居民人均可支配收入为 15781 元，农村居民可支配收入为 4761 元，据此计算，城乡居民死亡赔偿金可相差 22 万余元。而这还仅仅是全国的平均数字，在有些地方，城乡收入差距更大，因此而导致的公民死亡赔偿金差距也就更大。宪法中确认和保障的公民的平等权，如何在实践中得到实施，是一个值得关注的问题。

近几年在城市拆迁过程中引发了诸多社会问题和法律问题。如轰动全国的 2007 年重庆"史上最牛钉子户"的案件。根据宪法规定，公民合法的私有财产不受侵犯。国家为了公共利益的需要，可以依照法律规定对公民的私有财产实行征收或征用并给予补偿。根据城市房地产管理法的规定，国家在特殊情况下，根据公共利益的需要，可以依照法律程序将国有土地提前收回。土地管理法第 58 条确认了几种可以收回土地的情形。因为收回土地，必然动摇建立于其上的房产，这就涉及在现今土地所有制下，公民合法房产如何保护，以及对公民财产权的限制问题，核心的问题是如何理解宪法文本所规定的"公共利益"。

（2）宪法意识尚显淡薄。宪法实施与宪法意识密切相关。宪法意识是公民宪法知识、宪法思维方式、宪法情感、宪法心理、宪法观念多方面内容的总称。宪法意识的形成具有缓慢性、长期性等特点，因而对宪法运行的影响更为持久与隐蔽。宪法实施不仅需要制度的支撑，更需要宪法意识深入人心，在民众与国家权力执掌者之中树立牢固的宪法理念。因为，宪法实施首先不是一套技术，而是一套价值与理念。技术是权宜的，不能触及人心。一套缺乏价值与理念支撑的技术体系即便能够保证宪法运行良好，但是也不能将之贸然称之为宪法实施。因为宪法实施的最终目的是构建一种公共生活，或者说为一种群体的生活方式提供一种合理性。所以，宪法意识对于宪法具有重要的意义。

不可否认，随着法治建设的展开，公民法律意识，包括宪法意识逐渐增强，但是究竟能达到何种水平，是一个值得调查和研究的问题。中国人民大学宪政与行政法治中心，曾经组织过三次有关宪法意识的调查。调查结果显示，公民宪法意识有一定程度的增强，但是仍然比较淡薄。

如 2007 年关于公民宪法意识的调查，在"与公民日常生活最为密切的法律"是什么法律的问题中，76% 的被调查者回答为民法，3% 的人选择是刑法，7% 的人回答为行政法，只有

10%的人回答是宪法。可见在不少人心中，宪法与公民生活距离遥远，甚至没有什么关系。

2008年专门针对公务员进行过调查。在与上述问题类似的一个问题中，公务员的回答颇具代表性。在"日常工作中经常适用的法律是什么"的问题中，选择刑法的人数最少，仅有13.7%的人单选或者多选中含有这一项。选择宪法的人次少，为13.8%。其次分别为民法通则、行政处罚法。选择人数最多的是其他法律，占到了33.8%。这从某个角度也说明了宪法实施的现状。

在"认为宪法作用是什么"的问题中，28.1%的人认为是保障人权，9.3%的人认为是限制国家权力，59.1%的人认为是规定国家基本制度。大部分公务员认为宪法的作用是规定国家制度，这一选项是一个较为平实的回答，不容易看出选项背后的宪法观念差异，因为任何国家的宪法都具有这一功能。但是，保障人权和限制国家权力的回答，体现了近现代以来一种普遍的宪法理念，更接近宪法的本质属性。所以，我们看到大部分公务员对宪法的认识仍未上升到宪法的本质上，对宪法的认识仍局限于其客观作用，而没能理解宪法背后的历史与逻辑。

在"人权在哪年的宪法修改中被写入宪法"的问题中，只有38.5%的人回答正确，可见人权入宪远未被人充分关注。

为了了解公务员的宪法意识，我们在问卷调查中还设计了这样一个问题，"对某地政府为卖淫女免费提供安全套的做法怎么看待？"调查显示，48.9%的人认为，卖淫女同样享有生命健康的权利，政府行为值得提倡，28.1%的人反对政府这种行为，认为它无异于鼓励卖淫，约有14.9%的人觉得政府这种行为无可厚非。几年前，某地政府为卖淫女免费提供安全套的行为曾经引起轩然大波，受传统观念的影响，不少人认为这一行为无异于鼓励卖淫嫖娼。但是，如果客观与理性地看待这一问题，我们必须承认，无论何人，政府都必须予以平等的保护，每一个人都享有平等的生命健康权，包括从事性交易的人群。政府保护他们的生命健康，也是保护社会公众的生命健康，这与打击卖淫嫖娼违法行为并不矛盾。从调查结果来看，已经有48.9%的人认可这一行为，但是仍有不少人反对这种行为。

在"您认为依法治国首要的任务是什么"的问题中，26.7%的人认为是依法治官，68.1%的人认为是依法治理社会事务，3.1%的人认为是依法治民，还有2.1%的人不清楚。依法治国尽管写入宪法，但是它的涵义却并未因为入宪而固定下来。尤其是在依法治国提出之初，依法治省、依法治县、依法治村等话语应运而生，依法治国被如此的逻辑演绎得逐渐偏离其本来的涵义。不论如何理解，我们认为如果没有执政党的依法执政，没有立法机关的依法立法，没有政府及其部门的依法行政，没有司法机关的司法公正，缺少上述任何环节，"依法治国，建立社会主义法治国家"的命题都无法成立。归纳起来，对于依法治国的理解不外乎依法治官、依法治理社会事务、依法治民。依法治官或者说将公权力纳入法律的框架，使得权力服从于法律，是依法治国的本质所在。当然，依法治国同时也具有依法治理社会事务的含义。但是，如果权衡二者的话，依法治官应该是最重要的任务。

调查结果显示，对于依法治国首要任务的理解，仍然存在不小的偏差。只有26.7%的公务员选择了依法治官，而大部分选择为依法治理社会事务。尽管这样的回答并没错，但是，在二者比较中选择后者而不是前者，可以看出回答者在理解依法治国这个问题上的价值立场。而且仍然有 3.1% 的公务员选择的答案为依法治民，这种理解实际上与依法治国的本质涵义相悖。依法治理社会事务与依法治民都是对传统法制的理解，而非对依法治国，建立社会主义法治国家的理解。

我们做的这几次调查研究，以及国内其他相关调查研究都表明，目前，公务员的宪法知识的普及程度还不够，如对宪法修改内容、人权公约等基本知识的了解情况不尽如人意，回答正确率偏低。宪法思维方式也尚未成型，在某些类似问题的回答上前后摇摆不定。总体来看，宪法意识还比较淡薄，这也是我国当前宪法实施的障碍之一。

（3）宪法审查机制尚不完善。宪法实施最重要也是最主要的内容就是宪法审查，即依据宪法审查法律、法规等规范性文件的合宪性。应该说，以宪法为基础，以立法法为主要内容的规范性文件审查制度已经基本建立。但是总体来看，这套机制运转并不是很畅通，宪法实施状况不理想。从根本上来说，我国的宪法审查机制不够完善是宪法实施状况不理想的根本原因。

①宪法审查主体不明确。不论是采取何种宪法审查模式，宪法审查制度有效运行的国家，都有一个共同点，即必须由某个机构专司违宪审查职能。在我国，根据宪法的规定，全国人大及其常委会监督宪法的实施，明确了全国人大及其常委会的宪法审查主体的地位。但是，除了全国人大或者全国人大常委会可以撤销违宪的法律、行政法规、地方性法规和自治条例、单行条例之外，国务院、省级人大及其常委会、省级人民政府都享有一定的撤销权或者改变权。对同一法律文件的审查，往往有多个机构同时拥有审查权。例如，对省、自治区、直辖市人大常委会的地方立法，全国人大常委会和省级人大甚至国务院都有实际的审查权。看起来，多头审查更为周延，但人人负

责实际上往往是人人不负责，没有专门的宪法审查机构，是宪法实施的一大障碍。

②宪法解释权与改变权、撤销权不统一。根据宪法规定，宪法解释权由全国人大常委会行使，但是在规范性法律文件的审查体系中，其他机构也享有一定的改变权、撤销权。问题是，没有宪法解释权，如何判断规范性文件是否违宪，又如何能够进一步行使其改变或者撤销不适当的规范性法律文件的权力呢？从宪法原理来看，宪法审查必然与宪法解释联系在一起，在单一主体有权解释宪法的前提下，其他主体进行的合宪性或者合法性审查只能虚置。

③宪法审查程序不健全。严格的程序是一项制度发挥实效的关键。在我国，宪法审查在什么情况下启动，以什么方式提起审查，向哪一个机构提起审查，依据什么方式、在多长期限之内进行审查，审查结果如何执行等，这些程序要么缺乏，要么规定不完善。目前，主要在宪法、立法法、法规规章备案条例中有这些程序的规定，但是还不够完善。例如，根据立法法第 90 条的规定，其他国家机关和社会团体、企业事业组织以及公民认为行政法规、地方性法规、自治条例和单行条例同宪法或者法律相抵触的，可以向全国人民代表大会常务委员会书面提出进行审查的建议，由常务委员会工作机构进行研究，必要时，送有关的专门委员会进行审查、提出意见。2003 年，三位博士曾依据该条，以公民个人的名义，就国务院颁布的《城市流浪乞讨人员收容遣送办法》的合宪性，向全国人大常委会法制工作委员会提出审查建议书。但是因为立法法规定的程序过于原则，使得该条没有发挥实际作用。

（三）我国宪法实施的完善

胡锦涛同志曾经就如何完善宪法实施明确提出几点要求：

第一，加强宪法宣传教育，提高全体人民特别是各级领导干部和国家机关工作人员的宪法意识和法制观念。第二，健全宪法保障制度，确保宪法的实施。第三，坚持党的领导，党的各级组织和全体党员都要模范地遵守宪法，严格按照宪法办事。[1]这几点无疑是推动宪法实施的关键，其中尤以执政党模范遵守宪法为重中之重。总的来看，完善我国宪法实施，主要需要解决以下几个问题：

1. 现行宪政框架是宪法实施的基本背景。综观世界各国的宪法实施制度，无不是与其本国的历史背景、政治体制、文化传统相联系。完全照搬西方的宪法审查制度，不仅理论上行不通，而且实践中也存在诸多困难。譬如德国当初曾考虑移植美国的司法审查制度，后来很快"水土不服"，最终选择了宪法法院制度。中国的宪法实施，必须考虑中国的宪政体制与本土资源。在我国宪法所确立的基本的宪政框架内，即人民代表大会制度的架构下，宪法实施保障制度才可能确立并顺利运行。脱离这一基本背景，任何形式的所谓"先进的"宪法审查制度，都不可能建立起来。

2. 执政党依宪执政是宪法实施的关键。党的十六大报告提出："坚持依法执政，实施党对国家和社会的领导。"明确提出执政党应该依法执政的理念。2004 年 9 月 15 日，胡锦涛同志在首都各界纪念全国人民代表大会成立 50 周年大会上发表讲话，指出：依法治国首先要依宪治国，依法执政首先要依宪执政。之后党的十六届四中全会又提出"依法执政是新的历史条件下党执政的一个基本方式"，并把"依法执政"作为加强党

〔1〕 胡锦涛：《在首都各界纪念现行宪法公布施行 20 周年纪念大会上的讲话》，新华社 2002 年 12 月 4 日。

的执政能力建设的总体目标之一确立下来。从党的重要文献和党的领导人的讲话中不难看出，作为执政党的中国共产党，正在把法治的理念引入执政活动之中，体现了中国共产党与时俱进的品格。这对于增进党执政的正当性基础、规范公共权力运行、保障公民权利的实现无疑有重要的意义。

（1）依宪执政与依法执政的关系。依宪治国和依宪执政理论的提出是中国共产党作为执政党不断探索执政规律的历史经验的总结，同时标志着执政党执政理念与执政方式的转变。

所谓依宪执政，就是指执政党依据宪法的规定、宪法的精神和原则治国理政，按照宪法的逻辑思考和解决各种社会问题，汇集利益、表达要求、制定政策。依法执政和依宪执政具有共同的理论基础，二者的关系表现为：

①依宪执政是依法执政的前提和基础。"依宪执政"之"宪法"与"依法执政"之"法"，就规范的性质而言，都属于区别于道德、习惯等的法规范。因为宪法是法，具有完整的法的属性，因此广义的"依法执政"是指依法规范执政活动，其中包括依宪法执政。从狭义上来看，宪法和法律是处于不同效力位阶的规范。即宪法在一个国家法律体系中的效力具有最高性，它是法律的立法基础；法律的效力来源于宪法，其地位低于宪法。法律的内容不得同宪法相抵触，否则不具有效力。因此，依宪执政是依法执政的前提和基础。

②在"依宪执政"与"依法执政"的统一中"依宪执政"居于核心地位。实现"依法治国，建设社会主义法治国家"的目标，党既要"依宪执政"，又要"依法执政"，二者互为表里，都是党执政的基本方式。我们在实践中既要坚持两者的统一性，同时也要分析两者在性质、功能与表现形式上存在的区别，确立依宪执政的基本理念与目标。

首先，依宪执政是执政党活动的基本依据与基础。在现代政党制度下，执政党获得执政基础的基本途径是确立依宪执政的理念，并把执政党的奋斗目标与宪法原则结合起来，不断巩固合宪性基础。

其次，执政党的一切活动都在宪法和法律范围内进行。执政党在执政活动中可以规定适用于党内的各种规范，以调整党内活动。如根据 1990 年 7 月公布的《中国共产党党内法规制定程序暂行条例》，党内可以制定各种法规，其名称为党章、准则、条例、规则、规定、办法与细则等。该条例第 2 条第 2 款规定，党章是最根本的党内法规，其他党内法规是党章有关规定的具体化。但包括党章在内的所有党内法规应遵循的原则之一是"遵守党必须在宪法和法律范围内活动的规定，不得与国家法律相抵触"。党章规定的"党必须在宪法和法律范围内活动原则"是作为党内最高法规的党章的基本原则，同时也是宪法最高法律效力在党内法规体系中的具体表现。换言之，与宪法和法律相抵触的党内法规是无效的。而判断党内的法规是否与宪法和法律相抵触的根本标准是宪法规范，即已形成的宪法规范是确定的、统一的尺度。

再次，执政党执政活动的有效性与宪法权威性是相统一的。中国共产党领导中国人民制定宪法和法律，又领导人民执行宪法和法律。因此，宪法和法律是党的主张和人民意志相统一的体现。宪法具有最高权威，法律得到实施，就意味着执政党的领导具有有效性，表明其执政能力的提高。如果宪法没有权威，法律得不到认真实施，执政党的执政也就失去了社会基础，无法实现执政的基本目标。执政党执政能力的高低与宪法实施的社会效果是密切联系在一起的。

最后，在合宪性与合法性统一中提高执政党的执政能力。

　　如果已经有法律将宪法规定具体化，则执政党的党员通过合法途径进入各国家机关担任公职，此时其行使权力遵循的是"职权法定"原则，即按照法律的授权履行职责，也就是要"依法执政"。如果法律尚未把宪法规范具体化，或者已有立法随形势的变化已不适应社会发展的需要，执政者需要制定政策补充立法缺漏，此时政策形成的根据是宪法的规定、原则和基本价值，即应该"依宪执政"。由于我国的法治建设起步时间比较晚，很多法律、法规没有制定出来；快速的社会转型又使有些已经制定出来的法律规范很不完善；再加上现代社会，国家事务、社会事务纷繁复杂，并非制定法律就能解决，诸多情况就为执政党的政策形成留下了一定的制度空间，同时也使"依宪执政"成为一种常态。

　　（2）通过依宪执政推动宪法实施。随着依法治国进程的发展，执政党的宪法意识有了提高，依宪执政开始成为执政党自觉的行动。但由于历史和现实的原因，执政党的宪法意识与执政活动的基本要求相比还有不少的距离，有些党组织和党员干部不遵守宪法的现象是比较严重的。近年来，在社会生活中出现的一些违宪现象不仅影响了宪法实施，同时给党的形象带来了损害。因此，在强化依法执政观念时，我们必须高度重视宪法在依法执政中发挥的重要作用，理顺宪法与执政党活动的关系，为宪法实施创造良好的环境与条件。为此，需要从以下几个方面入手：一是应从建设社会主义法治国家和巩固执政党执政基础的高度重视宪法作用，在全党普及宪法知识；二是切实提高运用宪法思考和处理问题的能力；三是在党内建立法规体系合宪性的审查机制，保证党内法规的统一性与权威性；四是推进党的决策活动与决策程序的法治化，切实落实"党在宪法和法律范围内活动原则"。

3. 发挥国家机关在保障宪法实施中的作用。宪法的规定主要是靠各级国家机关及其公务员去执行的，因此进一步贯彻执行宪法，保障宪法实施，最重要的就是要使一切国家机关严格依照宪法的规定行使职权，防止国家机关及其公务员滥用权力，并保证国家各项工作都依照宪法和法律进行。

（1）各级人大及其常委会要以宪法作为日常立法的基础和依据，做到不仅在立法权限和程序上符合宪法的规定，而且使立法在内容上与宪法不相抵触，更重要的是，要把宪法的原则和基本精神贯穿和体现在法律和法规的具体内容之中，科学合理地规定公民、法人和其他组织的权利与义务、国家机关的权力与责任。如果立法机关制定的法律、法规与宪法相抵触或违反宪法的原则和基本精神，不仅可能导致承担其制定的法律和法规被撤销的违宪责任，更严重的是损害了宪法的尊严和法制的统一，阻碍依法治国的实现。因此要不断提高立法质量，更好体现宪法的基本原则和精神。

（2）国家行政机关及其公务员要严格依照宪法规定行使职权。依法行政是依法治国的基本要求，而依法行政的核心则是行政机关必须在宪法授权的范围内行使职权，按宪法规定的组织、职能和程序管理国家事务和社会、经济事务。现行宪法确立了各级国家行政机关的性质、地位及其与其他机关的关系。各级国家行政机关及其公务员只有依照宪法规定明确自己的性质和地位，才能正确处理同其他国家机关的关系，且不超越自己的职权。从总体上讲，行政机关是执行法律、法规的机关，而行政机关首先要执行宪法，在行政管理中体现宪法的基本精神，自觉维护宪法的权威。现行宪法确立了"国家尊重和保障人权"的基本原则和我国公民广泛的政治、经济、文化和社会方面的权利，是公民的"权利保障书"。行政机关应自觉接受人民的监督并切实保障公民的基本权利。如果行政机关没有切实保障反而侵犯了公民的基本权利，甚至以言代法、以权压法，就会极大损害宪法的尊严。同时，要明确宪法的许多规范具有直接的法律效力，如果行政机关公务员在工作中认为"宪法不是法"或者觉得宪法离行政机关很远，办事时想不到宪法，或者认为宪法对行政机关没有直接约束力，这些都是错误的认识。

（3）各级审判机关、检察机关要按照宪法规定行使国家审判权和检察权。司法工作是社会公正的最后一道防线，能否做到公正司法，对于树立宪法权威、保证宪法实施至关重要。尽管目前司法机关在办理具体案件时主要适用的是法律、法规，但宪法确立的公民在法律面前一律平等和各项公民基本权利，审判机关、检察机关依法独立行使审判权、检察权，不受行政机关、社会团体和个人的干涉，公开审判等重要原则，具有直接的法律效力，对司法工作具有重要指导作用。这就要求审判机关、检察机关不仅要更好地履行宪法和法律赋予的审判和法律监督职责，还要牢固树立宪法意识，切实捍卫宪法权威，如在制定司法解释时坚持在宪法允许的范围内进行；坚决捍卫宪法所规定的国家的根本制度、体制以及公民的基本权利，强化尊重和保障人权的观念，将尊重和保障人权的原则贯穿于执法办案的各个环节；进一步增强群众观念，努力转变作风，切实解决群众告状难、执行难、赔偿难、刑讯逼供、超期羁押、错案不纠、司法不公等问题，落实司法为民的要求，切实维护社会公平和正义。

4. 重视公务员特别是领导干部执行和遵守宪法的作用。认真执行宪法、拥护并模范遵守宪法，是公务员法规定的成为公务员的基本条件和公务员必须履行的首要义务。公务员自身所处的地位，也决定了其必须学好、用好宪法，因为，宪法确认民主制度，解决了公务员手中的权力来源问题；宪法规范公共权力的运行，为公务员行使权力设定了界限；宪法保障公民基本权利，为公务员行使权力确立了基本目标；宪法具有最高法律效力，是各级公务员行使权力的根本准则；宪法是立法和决策活动的基础，遵守宪法能够保证公务员的决策活动具有正当性。

公务员在执行和遵守宪法的过程中，一是要树立正确的宪法理念。现代宪法的核心精神是授予和规范公共权力运行以保障公民基本权利的实现。执行和遵守宪法就是运用权力增进社会福祉、维护社会公共利益、保障公民权利的实现。各级公务员应按依宪执政、依宪治国、依宪行政的要求约束自己的行为，按照宪法设定的权力范围、确立的原则行使公共权力。二是要理论联系实际。三是要培养宪法意识。有无宪法意识，直接关系到公务员特别是领导干部在实际工作中能否忠于宪法、遵守宪法和维护宪法。特别是在我国经济、政治、文化体制等诸多方面都需要改革的情况下，公务员特别是领导干部养成宪法意识具有特别重要的意义。四是要树立宪法思维，提高运用宪法的能力。我国正处于转型时期，各种矛盾和纠纷出现是在所难免的，但只有在宪法的框架内对这些矛盾予以解决，才能合理地协调各种利益关系，实现建设和谐社会的基本目标。宪法应当成为公务员处理复杂社会问题的最高准则。

5. 建立健全保障宪法实施的监督机制。监督宪法实施，是维护宪法尊严、保障宪法实施的重要制度。按照我国宪法的规定，全国人大及其常委会监督宪法实施，地方各级人大及其常委会在本行政区域内保障宪法的遵守和执行。这种宪法实施监督制度体现了全国人大是最高国家权力机关、代表人民统一行使国家权力的制度设计，是符合我国国情的。近年来，全国人大及其常委会不断加大宪法实施监督力度，对发现的不符合宪法和法律的问题，及时纠正，有力地维护了法制统一。当然，为进一步维护宪法尊严、保障宪法实施，必须进一步健全和完善宪法监督机制，使宪法实施监督机制进一步制度化、规范化、程序化。胡锦涛同志在《首都各界纪念中华人民共和国宪法公布施行二十周年大会上的讲话》中指出："实行依法治国的基本方略，首先要全面贯彻实施宪法；全面贯彻实施宪法，必须健全宪法保障制度，确保宪法的实施；要抓紧研究和健全宪法监督体制，进一步明确宪法监督程序，使一切违反宪法的行为都能及时得到纠正；全国人大及其常委会，要从国家和人民的根本利益出发，在立法过程中充分保障宪法规定的公民的自由和权利，要切实担负起监督宪法实施的职责，坚决纠正违宪行为。"

6. 提高全民族的宪法意识。宪法序言宣示：全国各族人民、一切国家机关和武装力量、各政党和各社会团体、各企业事业组织，都必须以宪法为根本的活动准则，并且负有维护宪法尊严、保证宪法实施的职责。因此，全国各族人民，一切组织和个人，不仅是遵守或执行宪法的主体，也是维护宪法尊严、保障宪法实施的主体。而维护宪法尊严、保证宪法实施，不仅是国家机关的应尽职责，同时也是广大公民的神圣义务。现行宪法以体现人民共同意志、维护人民根本利益、保障人民当家作主为本质特征，因此能够为广大人民所自觉掌握和遵守。人民群众是保证宪法实施的伟大力量，只有当全体人民熟悉宪法、掌握宪法的基本原则和精神，运用它来维护自己的宪法权利，并监督一切组织和机关严格遵守和认真执行宪法时，宪法实施才有深厚广泛的社会基础，宪法尊严才能深入人心。为了维护宪法尊严，除了提高全民族的宪政意识和宪法观念外，公务员特别是高级公务员还应作出表率。

7. 加强党对宪法实施工作的领导。对执政的中国共产党而言，维护宪法尊严和保障宪法实施，是一项重大的政治原则问题。

1954 年 6 月 14 日毛泽东在《关于中华人民共和国宪法草案》的讲话中提出：草案由全国人民代表大会通过以后，全国人民每一个人都要实行，特别是国家机关工作人员要带头实行，不实行就是违反宪法。刘少奇在《关于中华人民共和国宪法草案的报告》中指出："中国共产党是我们国家的领导核心。党的这种地位，决不应当使党员在国家生活中享有任何特殊的权利，只是使他们必须担负更大的责任。中国共产党的党员必须在遵守宪法和一切其他法律中起模范作用。"

进入新时期以来，党中央充分认识到了宪法作为国家的根本法以及保证国家统一、民族团结、经济发展、社会进步和长治久安的法律基础的地位，高度重视各级公务员学习宪法、遵守宪法和维护宪法的重要性。胡锦涛多次强调，依法治国首先要依宪治国，依法执政首先要依宪执政。宪法是党的主张和人民意志相统一的体现。全党同志、全体国家机关工作人员和全国各族人民都要认真学习宪法、遵守宪法、维护宪法，保证宪法在全社会的贯彻实施。党的十七大提出，全面落实依法治国基本方略，加快建设社会主义法治国家，加强宪法和法律实施，各级党组织和全体党员要自觉在宪法和法律范围内活动，带头维护宪法和法律的权威。2007 年 12 月 25 日，胡锦涛同志在同全国政法工作会议代表和全国大法官、大检察官座谈时，进一步提出政法工作要"始终坚持党的事业至上、人民利益至上、宪法和法律至上"的重要观点。总之，加强党对宪法实施工作的领导，坚持党在宪法和法律范围内活动，对实现全党全国各族人民意志的统一、维护宪法尊严、保障宪法实施，具有重大和深远的意义。中国共产党及其党员要在遵守宪法中起模范作用，并同广大人民团结在一起，为宪法的实施而积极努力。

五、刑事诉讼法修改对检察制度的影响*

检察机关的职权主要体现在刑事诉讼活动中，由此，检察职能的发挥与刑事诉讼法的完善程度密切相关。修改后的刑事诉讼法对检察机关的职权进行了细化、明确，对检察机关行使职权的方式进行了改革，进一步推动了检察制度的发展与完善。此次刑事诉讼法修改对检察制度的影响主要表现在以下三个方面。

（一）人权入法对检察机关提出了新的要求

本次刑事诉讼法修改的一个亮点是，在第 2 条增加规定"尊重和保障人权"条款，作为刑事诉讼法的一项基本任务。这是"国家尊重和保障人权"宪法条款第一次在部门法中的落实。由于刑事诉讼程序中人权受到侵犯的危险与后果最大，因此，在刑事诉讼法中重申这一原则是极为必要和重要的。

在我国，检察机关作为宪法规定的"国家的法律监督机关"，无疑负有通过对法律实施的监督保障"尊重和保障人权"宪法原则予以实现的根本职责。为此，检察机关行使各项职权，应当以尊重和保障人权为前提和目标。首先，检察机关自

---

*　本部分内容根据 2011 年 9 月笔者在国家检察官学院举办的"刑事诉讼法修改学术研讨会"上的发言整理而成。

己要做到不侵犯人权，并积极地保障人权。但目前在检察机关直接受理案件的侦查中，仍存在刑讯逼供的现象。为此，检察机关必须严格执行讯问过程实行全程同步录音录像的制度，最高人民检察院应当进行各种形式的检查，确保这一制度得到严格的实施，并建立追责机制。其次，检察机关还要切实采取监督措施，防止、纠正公安机关侦查程序中侵犯人权的现象。针对公安机关的讯问程序，检察机关应当研究落实具有实效的同步监督机制，强化对羁押场所的监督。检察机关负有审查批准、决定逮捕之责，实践中存在着过度适用逮捕措施的现象。为此，检察机关必须严格逮捕审查程序，严格执行逮捕的必要性条件，大幅度降低逮捕的人数，以改变目前存在的高逮捕率现状。

（二）检察机关行使职权的程序更为丰富

修改后的刑事诉讼法完善了检察机关对刑事诉讼活动实行法律监督的各项规定，实现了检察机关监督职能的具体化。包括明确了检察机关对诉讼违法行为审查纠正、对非法取证行为调查核实、对指定居所监视居住决定和执行的监督、对死刑复核程序的监督、对刑罚变更执行的同步监督等职权。如刑事诉讼法第 47 条规定，辩护人、诉讼代理人认为公安机关、人民检察院、人民法院及其工作人员阻碍其依法行使诉讼权利的，有权向同级或者上一级人民检察院申诉或者控告。人民检察院对申诉或者控告应当及时进行审查，情况属实的，通知有关机关予以纠正。第 55 条规定，人民检察院接到报案、控告、举报或者发现侦查人员以非法方法收集证据的，应当进行调查核实。第 73 条规定，人民检察院对指定居所监视居住的决定和执行是否合法实行监督。第 115 条规定，当事人和辩护人、诉讼代理人、利害关系人对于司法机关及其工作人员的违法行为，有权向该机关申诉或者控告。对处理不服的，可以向同级人民检察院申诉；人民检察院直接受理的案件，可以向上一级人民检察院申诉。人民检察院对申诉应当及时进行审查，情况属实的，通知有关机关予以纠正。检察机关应当充分利用这些具体的程序规定，更为充分地行使检察监督职权，强化检察机关的职能作用。

检察机关诉讼职权的行使程序也发生了一定的变化，有利于诉讼职权的良性运行。如改革审查批准逮捕程序，增加了讯问犯罪嫌疑人与听取辩护律师意见环节，明确了检察机关对逮捕后羁押必要性进行后续审查的义务。再如，刑事诉讼法第170条规定，人民检察院审查起诉过程中，辩护人、被害人及其诉讼代理人提出书面意见的，应当附卷。这对于提高检察机关审查起诉的质量具有积极意义。

（三）宪法体制下检察职权的完善

我国宪法规定了检察机关的法律监督者地位，在刑事诉讼法充实检察监督职权的基础上，检察机关在刑事诉讼中应当实现更全面的法律监督，尤其是对容易侵犯人权的侦查活动的监督。宪法已经规定了检察机关对逮捕的审查程序，此次刑事诉讼法修改还进一步完善了逮捕审查程序。而对于搜查、扣押、监听等措施，宪法以及刑事诉讼法尚没有建立检察机关的审查监督机制。为了切实保障公民的宪法权利不受侵犯，实现对侦查权的全面监督，对于关系公民住宅、财产权、隐私权的搜查、扣押、监听等强制处分，应当建立非经检察机关审查批准不得采用的原则。可以说，这也是刑事诉讼法修改对宪法体制下检察制度的发展与完善提出的新要求。

刑事诉讼法的此次修改，是贯彻实行法治与保障人权两项宪法原则的结果。对于刑事诉讼法修改所取得的进步，宪法也应当予以关注。我国政府于 1998 年 10 月签署加入了联合国《公民权利和政治权利国际公约》，但全国人大常委会至今尚未批准。刑事诉讼法的此次修改，即是为我国批准《公民权利和政治权利国际公约》所做的一项准备工作。此次刑事诉讼法修改，明确规定了"不得强迫任何人证实自己有罪"原则，这就扫除了批准公约的一大障碍（不过刑事诉讼法仍然保留了"犯罪嫌疑人对侦查人员的提问，应当如实回答"的条款，二者之间是否存在矛盾是值得研究的）。在一些国家，将"不被强迫自证其罪原则"写入宪法，并在刑事诉讼法中明确规定犯罪嫌疑人、被告人享有沉默权。因此，我国应当建立宪法与刑事诉讼法之间的良性互动关系。

六、以宪法第 126 条为基础寻求宪法适用的共识[*]

2001 年齐玉苓案的"批复"出台后，曾在学术界引起了广泛的学术争鸣。学者们围绕基本权利与民事权利、受教育权与人格权、宪法司法适用的性质与方法、宪法功能与违宪主体、宪法解释权与法院审判权界限、人权的第三者效力等问题进行了多视角的学术探讨。笔者记得，在 2001 年召开的宪法学年会上学者们围绕"批复"对我国宪法适用的利弊进行过严肃的学术讨论。虽然学术观点不同，但无论是肯定者还是批评者，大家都有一个基本共识，即尽管"批复"存在一些"瑕疵"，但作为个案给宪法学研究与教学带来了值得探讨的新课题，特别是对推动基本权利的宪法救济，探讨宪法与审判权的关系以及扩大宪法的社会影响方面起到了一定的促进作用。2008 年 12 月 18 日最高人民法院废止"批复"又为我们重新审视"批复"的宪法价值，进一步理性地思考与此有关的宪法文

---

[*] 本部分内容刊载于《法学》2009 年第 3 期。

本、宪法原理与宪法实施提供了契机与素材。[1]

笔者认为，有关中国宪法适用问题的探讨应该以宪法文本与宪法规定的宪政制度为基础，只有在文本基础上我们才能寻求共识，推动宪法制度的发展。但回到宪法文本，寻求文本依据时我们仍然面临如何了解文本的含义与界限的问题。尤其是，在既没有宪法解释的传统，又没有宪法解释实践的背景下，理解文本内涵时容易出现分歧。如何理解我国宪法第126条中的"依照法律"是深入讨论"批复"时值得认真探讨的问题之一。

（一）宪法第126条是如何形成的

任何宪法文本的形成都具有特定的历史背景与文化因素，对特定宪法条款的规范分析首先需要挖掘历史的元素。在我国，有关法院依照法律进行审判的原则形成于革命根据地时期。当时，一些宪法性文件规定了法院审理案件的原则问题，如1946年的《陕甘宁边区宪法原则》首次将司法机关作为重要部门加以规定，[2] 其中有"各级司法机关独立行使职权，除服从法律外，不受任何干涉"的规定。1949年《中国人民政治协商会议共同纲领》没有具体规定司法权的行使，只规定要建立"人民司法制度"，"人民和人民团体有权向人民监察机关或人民司法机关控告"。

1954年宪法在法院职权上，首次规定了"中华人民共和国

---

〔1〕　笔者认为，根据《最高人民法院关于司法解释的规定》，最高人民法院有权制定、修改和废止"批复"，但行使废止权时应说明理由。此次废止的20多部批复中，大部分批复的废止都注明理由，如"情况已变化，不再适用"，"与物权法有关规定冲突"、"已被物权法及新的司法解释所取代"等，但对齐玉苓案只写"已停止适用"，没有废止理由的具体说明。笔者认为，考虑到此"批复"产生的社会影响和所承载的社会关注，废止时应该说明理由，否则容易引起社会和学界不必要的猜疑与争议，更容易误导法院的审判活动。

〔2〕　许崇德主编：《中国宪法》，中国人民大学出版社1998年版，第96页。

最高人民法院、地方各级人民法院和专门人民法院行使审判权"（制定过程中经历了由"司法权"到"审判权"的广泛争论[1]）；在审判原则上，宪法第78条明确规定"人民法院独立进行审判，只服从法律。"这一条是1982年宪法第126条的最初的规范渊源。本条最初规定在中国共产党中央委员会宪法草案第71条中，其表述是："各级人民法院独立行使职权，只服从法律。"在1954年6月14日中央人民政府委员会第30次会议通过的《中华人民共和国1954年宪法草案》第78条中这一条款改为"人民法院独立进行审判，只服从法律。"在第一届全国人民代表大会第一次会议上讨论宪法草案时有些代表曾提出将草案的第78条改为"各级人民法院以服从法律的精神，独立进行审判。"或改为"各级人民法院以法律的精神独立进行审判，不受任何国家机关的干涉。"当时，也有代表建议将"只服从法律"改为"只服从宪法和法律"，意图是强调司法审判中突出宪法作为审判依据的作用。但在1954年正式颁布的宪法第78条沿用了原草案的内容，并没有吸收修改意见，对这一条并没有进行文字上的任何修改。[2]

1975年宪法和1978年宪法取消了审判独立原则，极大地弱化了法院的宪法地位。伴随1979年人民法院组织法的出台与1982年宪法的修改，1954年宪法关于独立审判原则被全面恢复。现行宪法第126条继承了1954宪法第78条的基本精神，将审判独立原则表述为"人民法院依照法律规定独立行使审判权，不受行政机关、社会团体和个人的干涉"。为什么做这样的调整？曾参加1982年宪法修改工作的肖尉云教授认为，当

---

〔1〕 韩大元编著：《1954年宪法与新中国宪政》，湖南人民出版社2004年版，第168~171页。

〔2〕 韩大元编著：《1954年宪法与新中国宪政》，湖南人民出版社2004年版，第380页。

时有人觉得 1954 年宪法的用语不够准确，像 1954 年宪法那样规定人民法院只服从法律是不确切的，有点绝对化。关于这一条的含义，他的解释是：审判权只能由法院依法行使，别的任何机关都不能行使审判权。他特别强调，"不受行政机关、社会团体和个人的干涉，这句话规定得比较适当。"[1]

（二）如何解释"依照法律"的规范内涵

1954 年宪法颁布后，学术界曾围绕第 78 条的内涵进行过讨论，试图挖掘该条款所隐含的独立审判原则的价值与法律功能。有学者认为，这一条规定了独立进行审判的原则，认为"我们国家的法律是以工人阶级为领导的全体劳动人民利益的意志的反映，人民法院只服从法律来独立地进行审判"[2] 也有学者认为，这一条规定的意义是"人民法院审理案件时，不受任何外来干涉，只是根据它所认定的事实，依照法律进行判决"。[3] 从学者们的解释看，"只服从法律"中的"法律"指全国人民代表大会制定的国家法律，不包括其他规范。"依照法律"的意义在于，法院在审判时独立进行工作，不受其他国家机关、人民团体和他人的干涉。当时，在理解与解释这一条时也有人担心"只服从法律"是否与党的领导相矛盾？对此，人大版教材的解释是：实行这个原则当然不是说人民法院可以是一个"独立王国"，可以脱离人民的监督，更不能因为实行这个原则，使人民法院的审判工作与接受中国共产党的领导和

---

[1] 肖蔚云：《论宪法》，北京大学出版社 2004 年版，第 548 页。

[2] 楼邦彦：《中华人民共和国宪法基本知识》，新知识出版社 1955 年版，第 156 页。

[3] 李达编：《中华人民共和国宪法讲话》，人民出版社 1956 年版，第 198 页。在中国的制宪史上，仅有 1946 年的《中华民国宪法》对"法律"作出明确界定。该法第 170 条规定，"本宪法所称之法律，谓经立法院通过，总统公布之法律。"

监督对立起来。[1] 但到了 1957 年以后，这一原则实际上没有得到实施，在"文化大革命"时期处于虚置状态。

1982 年宪法颁布后一些学者围绕第 126 条中的"法律"是否包括宪法、法律的范围与结构以及在宪法解释学上的意义等问题进行了探讨。如有学者把"依照法律规定"解释为"按照法定程序并正确适用法律"[2]，审判工作贯彻独立审判原则的实质就是一切服从法律，严格依法办事，即人民法院在其职权范围内的活动必须独立进行，对行政机关、团体和个人保持应有的独立性，而对国家法律则必须绝对服从。[3] 从解释学的角度看，当时的理解侧重于法定程序意义（即形式意义的法律），而国家法律是法定程序的基础。到了 20 世纪 90 年代后随着宪法实践的发展，宪法与司法关系，特别是法院能否适用宪法的探讨成为学术界的新动向，宪法在审判活动中的作用引起了学术界的广泛关注。

在我国，对宪法第 126 条"法律"的范围，学者们的观点是不一致的。如有的学者认为，宪法第 126 条中的"依照法律规定"六个字中，"法律"二字是狭义的，不包括宪法在内，[4] 并解释为法院不能将宪法作为司法适用的依据。但也有学者在主张狭义法律时将宪法包括在其中，认为"这个法律是狭义的，具体指宪法、人民法院组织法、刑事诉讼法、民事诉讼法、行政诉讼法等。[5] 也有学者把"依照法律"解释为广

---

〔1〕 中国人民大学法律系国家法教研室编：《中华人民共和国宪法讲义》（1964 年），中国人民大学出版社 1964 年版，第 240 页。

〔2〕 许崇德主编：《中国宪法》（修订本），中国人民大学出版社 1989 年版，第 304 页。

〔3〕 许崇德主编：《中国宪法》（修订本），中国人民大学出版社 1989 年版，第 305 页。

〔4〕 童之伟：《宪法适用应依循宪法本身的路径》，载《中国法学》2008 年第 6 期。

〔5〕 蔡定剑：《宪法精解》，法律出版社 2004 年版，第 402 页。

义上的法律，包括法律、法规等，[1] 认为是一种客观的规范体系。

从宪法学说史的发展看，宪法文本上"法律"一词的解释是一直有争议的难题。在德国，从 19 世纪 30 年代开始，形成了形式意义与实质意义的"双重法律概念"理论，积累了宪法解释的经验与学理基础。所谓实质意义的法律一般包括法规（Rechtssatz），其内容的解释上又分为"社会的限定设定规范"、"一般抽象的规范"与"自由、财产侵害规范"。法规的一般表现形式是法律。在法国，传统的法律概念形成于《人权宣言》的颁布，当时只有经过宪法程序由国会通过的形式意义上的法律才能具有法律效力。但到了第三共和国以后，只承认形式意义法律的观念受到批判，也有学者主张承认客观存在的实质法律，从无限制的形式法律向依据立法管辖而受限制的法律概念的转变。在日本，围绕宪法第 76 条第 1 款的解释形成了丰富的学术传统。其学说的争论可追溯到明治宪法时代。在明治宪法下，对宪法文本中的"依照法律"的基本理解是"根据议会制定的法律（经帝国议会协赞和天皇裁可程序的国法）"。[2] 在解释学上，围绕宪法上的"依照法律"形成了三种学说；一是诉讼程序法律说，即用形式意义的法律来规定法院裁判活动的程序，一度成为明治宪法时代的通说。二是裁判标准说，即法律是作为裁判依据的标准，不仅包括形式意义上的法律，而且包括法规的一般内容，最初由美浓部达吉提出，

---

　〔1〕　有学者把"依照法律"分为两层含义：一是法律为人民法院独立行使审判权提供保障；二是法院在审判活动中以全国人大及其常委会制定的实体方面的法律。见许安标、刘松三：《中华人民共和国宪法通释》，中国法制出版社 2003 年版，第 328 页。
　〔2〕　〔日〕须贺博志：《依照法律行使司法权的含义》，载《国民主权与法的支配》，成文堂 2008 年版，第 379 页。

到了昭和时代逐步被人们普遍接受。[1] 他认为，作为裁判标准的"法律"不仅仅指形式意义上的法律，同时也包括命令、条约等成文法规以及习惯法等，其理论基础是立法与司法概念的本质是"依照法律"。[2] 三是职务态度说。认为裁判官司法行动应采取的方法应该是，只受宪法和法律的约束，不能以政令、规则、处分规定裁判官的司法行动[3]，其目的是维护司法独立的价值，从多元价值中判断审判活动中的法律范围。这是日本学术界的最新研究动向。须贺博志以"双重法律概念"的学说为前提，主张"法官受拘束的法律只是国会制定法"，强调形式法律在裁判过程中的意义。[4] 在韩国，围绕第130条规定的"依据宪法和法律——进行裁判"的原则，也出现了不同的学术争论，通说是裁判标准说。认为，法官在裁判中只受宪法和法律的拘束，以保证司法独立原则的实现，法官行使裁判权要依据宪法和法律。所谓受宪法和法律拘束指的是，法官根据宪法规范和法律进行裁判，除法之外不受其他规范的约束。这里的宪法不仅包括宪法典，而且包括宪法惯例，这里的法律指实质意义上的法律，表明一种法规范体系。法官进行审判活动时，应依据合宪的法律，不受违宪法律的约束，当然法官本身不能进行独立的违宪判断，应把有争议的法律或条文提请宪法法院进行审查，并根据宪法法院的决定再决定是否继续进行

---

〔1〕〔日〕须贺博志：《依照法律行使司法权的含义》，载《国民主权与法的支配》，成文堂2008年版，第407页。

〔2〕〔日〕须贺博志：《依照法律行使司法权的含义》，载《国民主权与法的支配》，成文堂2008年版，第408页。

〔3〕〔日〕须贺博志：《依照法律行使司法权的含义》，载《国民主权与法的支配》，成文堂2008年版，第417页。

〔4〕〔日〕须贺博志：《依照法律行使司法权的含义》，载《国民主权与法的支配》，成文堂2008年版，第382页。

裁判活动。这种违宪审查的二元化体制有利于保证法官在行使职权时遵守宪法，实现司法独立。也就是说，尽管设立了宪法法院，但与普通法院做了职能上的分工，普通法院的法官都有权也有义务对个案中适用的法律的合宪性进行判断，但没有最终决定权。因此，法律规定了法官提请宪法审查要求的制度。

（三）宪法第126条中的"依照法律"是否一律排斥宪法

在"批复"的学术讨论中第126条的"依据法律"的内涵以及是否包括宪法是学术分歧比较大的问题之一。笔者曾采用法律的形式与实质意义的双重概念结构来分析这个问题，主张尽可能用实质意义的概念进行解释，力求运用宪法解释的方式扩大法律的内涵，为审判权的行使提供宪法和法律基础。笔者对这一问题的基本学术观点并没有变化，但在论证命题与方法的合理性方面存在着认识上的局限性。如在强化法院在宪法实施中功能与法律文本之间的冲突中倾向于实证主义的分析框架，没有系统地对文本进行类型化的分类。如单纯的法律概念的双重性理论无法合理地解释中国宪法文本中的宪法和法律关系，现实的需求不一定获得文本的支持。在进行学术反思的基础上，我们需要以综合的研究方法分析"依照法律规定"范围与具体运用原则，因立足于我国宪法文本，既要考虑文本形成的历史环境，同时也要考虑文本价值内涵与外在功能问题。

1. 中国宪法文本上"法律"一词的含义是十分丰富的，向来有颇多的争议，有的时候是作为法律整体形式来出现，有的时候仅仅以国家法律形式出现。也就是说，"法律"一词在同一个宪法文本中的含义是不尽相同的。同样的"依照法律规定"、"依照法律"等表述也可能有不同的内涵。如现行宪法第2条第3款的规定，人民依照法律规定，通过各种途径和形式，管理国家事务，管理经济和文化事业，管理社会事务。第10

条第 4 款规定，土地的使用权可以依照法律的规定转让。这些条款中的法律明确表示要保障这些权利，具有规范体系的性质。有的时候"法律"内涵涉及主体和义务性的情况。如现行宪法第 55 条第 2 款规定，依照法律服兵役和参加民兵组织是公民的光荣义务。第 56 条规定，中华人民共和国公民有依照法律纳税的义务。这里涉及公民的基本义务，按照立宪主义原则，有关调整征兵、征税方面的法律必须强调法律的"形式性"，由国家法律统一规范，其目的是限制国家权力，保障公民的权利。还有一种情况是有关以国家作为主体的条款，如第 10 条第 3 款规定，国家为了公共利益的需要，可以依照法律规定对土地实行征收或征用并给予补偿。第 13 条第 2 款规定，国家依照法律规定保护公民的私有财产权和继承权。这里的"依照法律"客观上起到对国家权力的一种限制，既有程序上的限制，也有职权上的限制，即包括实质与形式法律的意义。基于上述理解，"依照法律规定"内容的分析要从"法律"词汇的总体文本脉络中把握，进行分类研究。

2. 从法律渊源和立法体系看"依照法律规定"。法律的渊源通常指法的外在表现形式，我国的法律渊源一般包括宪法、法律、行政法规、地方性法规、自治条例和单行条例等。司法解释是否属于法律渊源是值得讨论的问题。既然宪法是法律渊源中的首要渊源，在"依照法律"的解释上不可能完全排斥宪法。有关基本权利和基本义务以及国家机构的职权等只能由宪法和法律来设定，但也可以由行政法规等形式将宪法的规定具体化。在这里，宪法作为法律体系中的最高法律，保障权利的享有或权力的行使，限制国家权力的行使，为制定下位法提供了依据，下位法对此进行具体化。同时宪法也对这种法律具体化过程进行控制，使法律保持合宪性的状态。

宪法是一个完整的价值体系，它并不因被法律具体化的程度而受到影响，它始终拘束其适用者。在解决现实的具体争议时，虽然经常运用的是普通法律，但这只是宪法的自我"谦抑"，这时法律一般也是符合宪法的合宪性审查方式来适用宪法。但并不等于说只能适用普通的法律，而不能运用宪法。宪法上的基本权利被普通法律具体化之后，该法律又符合宪法，这时就不存在基本权利被侵犯的问题，存在的只是普通法律权利案件而已。在这种意义上需要区分宪法问题和法律问题、宪法救济和法律救济之间的界限。在宪法的规定没有被具体化的时候，法院要受到基本权利的直接拘束，可以援引宪法，但不能对宪法问题作出直接的司法判断。如法院不能在判决书中对宪法规定的基本法律与法律之间的效力问题作出具有司法性质的判断。[1]

3. 从审判权的来源看"依照法律规定"。审判权来自于何处？从审判权来源看，只有宪法和法律才能赋予法院审判权，而审判权的首要来源是宪法，审判活动本身是宪法和法律实施过程的一个环节。由于宪法赋予法院审判权，"依照法律"自然包含着法院要遵循宪法约束的原则。比如，根据宪法序言的规定，宪法是法院审判活动的根本准则；法院负有维护宪法尊严、保证宪法实施的职责。如果"依照法律"时只讲形式的法律，认为若根本法的条款没有通过法律被具体化，就不可以约束法院，那么根本法的最高法律效力又如何体现？法院如何维护宪法尊严、保证宪法实施呢？人民法院组织法第3条规定，人民法院的任务之一是通过审判活动保护公民的人身权利、民

---

〔1〕　详见韩大元：《全国人大常委会新法能否优于全国人大旧法》，载《法学》2008年第10期。

主权利和其他权利。法官法第 7 条第（一）项也明确规定，法官应当严格遵守宪法和法律。法院受宪法约束，审判权既来自于宪法，又以宪法为依据。但基于宪法和法律具有不同功能，法院审理案件时首先以法律为依据，遵循宪法与法律的界限，区分"规范性的法律"和"具体的用于裁判案件的法律"[1]，在承认合宪性原则的前提下，使法官用于具体裁判的案件中适用形式法律。[2]

或许有人问，如在宪法文本中明确写"依照宪法和法律规定，独立行使审判权"，是不是意味着宪法的司法适用具有文本上的依据？如果只写"法律"，不写"宪法"，是不是意味着审判活动不以宪法为依据？其实，从宪法解释学的角度看，文本上是否写"依据宪法"并不是判断宪法司法适用的唯一标准。在宪法文本中，表述"依照法律"的形式是多种多样的，要根据本国的宪政体制具体作出判断。以亚洲国家宪法为例，至少有三种模式：一种模式是，宪法文本上同时规定"依据宪法和法律"，如韩国宪法第 103 条"法官根据宪法和法律，凭其良心独立审判"；日本宪法第 76 条第 3 款规定："所有法官以良心独立行使职权，只受本宪法及法律的约束"；塔吉克斯坦宪法第 87 条规定："只服从宪法和法律"。第二种模式是，规定行使审判权（司法权）时只依照法律，如朝鲜宪法第 140 条、泰国宪法第 190 条、菲律宾宪法第 14 条等。第三种模式是，虽规定"依照法律"，但依照法律的合宪解释原则，对法律本身的适用仍然起控制作用。整个裁判活动中法官对宪法问题的理解与判断是不可避免的，作为规范意义上的宪法始终存

---

〔1〕 陈金钊：《法律渊源：司法视角的定位》，载《甘肃政法学院学报》2005 年第 6 期。

〔2〕 参见陈金钊：《法律渊源：司法视角的定位》，载《甘肃政法学院学报》2005 年第 6 期。以合宪性原则作为前提是作者的观点。

在于法院的审判活动之中。

4. 从不同的诉讼类型看"依照法律规定"。法院的审判活动要遵循宪法规定的基本原则,但在不同诉讼活动中对"依照法律的"的形式与要求是不同的,不能将"依照法律规定"中的"法律"一律解释为"狭义"法律。如刑事诉讼法、民事诉讼法采用"依照法律规定"的提法,明确审判的依据是"法律",而行政诉讼法则表述为"依法独立行使审判权",把"法"作为审判的依据。[1] 按照通常的理解,"法"的范围是非常广泛的。同时其第52条规定:"人民法院审理行政案件,以法律和行政法规、地方性法规为依据。地方性法规适用于本行政区域内发生的行政案件。人民法院审理民族自治地方的行政案件,并以该民族自治地方的自治条例和单行条例为依据。"这就说明,至少在行政审判中,依据的法律不限于"狭义"法律。《最高人民法院关于司法解释工作的规定》(以下简称《规定》)第5条规定,"最高人民法院发布的司法解释,具有法律效力。"这一条款明确规定了人民法院在审判中可以把"司法解释"作为审理依据,扩大了"依据法律"的范围,使"司法解释"具有"法律效力"。[2]

在刑事审判中,法院适用的法律应以"狭义法律"为标准,严格限制法律内涵,遵循"罪刑法定主义"原则。这一

---

〔1〕 在行政诉讼法试拟稿中,曾有"规章与行政法规相抵触,适用行政法规;行政法规与法律相抵触,适用法律"的规定。这就暗含着赋予人民法院审查和评价行政法规和规章合法性的权力。后来,正式立法删去了这一规定,说明立法机关不准备授予人民法院此种司法审查权。但正式颁布的法律在关于法律适用的规定中,对规章使用了"参照"一词,仍暗含着赋予法院对规章一定的审查权的意思。姜明安:《行政诉讼法学》,北京大学出版社1993年版,第44页。

〔2〕 司法解释是否具有"法律效力",是什么性质的"效力"是值得研究的课题。至少在《规定》中最高法院自我宣布"司法解释具有法律效力"是缺乏正当性与合法性,给法律概念的理解带来了不确定性。对此笔者拟在另一篇论文中专门讨论。

点，1955 年最高人民法院"批复"中禁止把宪法作为"定罪量刑"依据是有积极意义的，客观上起到保护公民基本权利与限制国家权力的作用。[1] 在民事审判中，"依据法律"的标准与范围的确定具有更大的灵活性与弹性，"依据法律"的范围不能限于"狭义"法律，不仅包括实质性的制定法，必要时也可以采用习惯法等，要根据具体个案选择法律。如宪法有明确列举的基本权利，经当事人"穷尽法律救济程序"而无法得到救济时，法院可以援引宪法原则或条文阐述救济的根据，用宪法保护民事权利。尽管"齐玉苓案的批复"存在原理上的"瑕疵"，但在当时的环境下，不以宪法名义进行保护，对当事人来说获得救济的可能性是比较小的。通过宪法拓展民事责任的保护范围，使宪法文本上的基本权利得到具体落实是"齐玉苓案的批复"的积极作用之一。在笔者看来，在批复中写"依据宪法规定所享有的受教育的基本权利"的表述尽管是"多余的"，但不能简单理解为侵犯了"全国人大常委会的宪法解释权"，因为这种表述不属于严格意义上的宪法解释，只是重申宪法文本的规定。之所以说"多余"，就是受教育权是基本权利宪法已作出明确规定，最高人民法院没有必要在"批复"中再作出"说明"，只回答如何保护问题就可以了。最高人民法院于 1986 年曾作出"关于人民法院制作法律文书如何引用法律规范性文件的批复"，对法律、行政法规、自治条例和单行条例等的引用作了具体规定，如"对国务院各部委的命令、指示和规章，凡与宪法、法律、行政法规不相抵触的，可在办案

---

〔1〕《南方周末》2009 年 1 月 15 日，"援引宪法打官司的历史缘何终结"报道中蔡定剑也认为，对公民的权利要予以保护，对国家权力则应限制。最高法院 1955 年关于刑事案件中不能引用宪法判案的批复体现的就是这种宪法原理。对于公民的权利剥夺必须依据具体的法律严格行使，否则就会造成国家权力滥用。

时参照执行，但不要引用。最高人民法院提出的贯彻执行各种法律的意见以及批复等，应该贯彻执行，但也不宜直接引用。"从这一批复中能否得出宪法在审理民事案件时制作的法律文书中被排斥？这一规定首先与《规定》是直接冲突的，《规定》第27条规定，"司法解释施行后，人民法院作为裁判依据的，应当在司法文书中援引。人民法院同时引用法律和司法解释作为裁判依据的，应当先援引法律，后援引司法解释。"一方面规定"不宜直接引用"，另一方面又要求"作为裁判依据的，应当在司法文书中援引"，根据"后法优于前法"的原则，1986年的"批复"是无效的。即使有效，也不能从中得出排斥宪法的结论，因为"命令、指示和规章"作为"参照"的前提是"与宪法和法律"不相抵触，而是否符合宪法、法律的选择权由法官行使，法官的选择中自然包括合宪性、合法性的判断。可见，法院在审理案件时有义务对低位阶的法是否符合高位阶的法进行判断。法院依照实质法律进行判断是一个问题，实质法律之间的效力等级是另外一个问题。

5. 从宪法文本的界限看"依照法律规定"。根据宪法规定的人民代表大会的根本政治制度，法院是行使审判权的机关，而审判权在国家权力配置中属于第二层面的范畴，第一层面是国家权力机关统一行使国家权力，法院的审判权从属于最高权力机关，应严格遵循宪法文本的界限。具体表现在：

（1）尽管宪法是法院审判活动的依据，但具体的审判活动通过具体法律来调整，无须适用宪法，更不能直接以宪法为依据作出判决。如前所述，由于宪法和法律功能的不同，通常法律问题应该通过法律途径解决。当然，"人民法院审查具体行政行为不直接以宪法为依据并不意味着人民法院的审查可以离开宪法，可以不考虑和顾及宪法的规定……人民法院审查行政机关具体行政行为的合法性，就包含着审查该行为的合宪性，因为法律、法规是对宪法的具体化。"至于某一具体法律、法规是否符合宪法，人民法院不能作出发生法律[1]效力的评价和判断，但人民法院在审查具体行政行为时，认为某一具体法律、法规有违宪情况，它可以报请最高国家权力机关加以审查和确认。宪法虽然不是人民法院司法审查的直接标准，但它应该是司法审查的最高标准、最终标准。因此，从广泛的意义上讲，作为司法审查依据的法律，可以认为也包括宪法。

（2）法院在审理案件时，针对个案认为有必要时，可以援引宪法条文，但在不同诉讼类型中应遵循不同的原则与方法，不受"司法解释"的约束，需要确定具体援引的技术、程序与方法。

（3）宪法和法律的解释权主体是全国人大常委会，这一点是不可逾越的法律界限，但在审理活动中也需要法官具有宪法意识，对案件所适用的法律、法规等的合宪性进行必要的判断，如有违宪之嫌的法律、法规，应提交给最高人民法院，由最高人民法院再向全国人大常委会提出审查或解释的要求。如果最高人民法院和最高人民检察院积极运用法律赋予的这一职权，有可能在一定程度上避免"法律问题宪法化"现象，能够为法官的审理活动提供确定性的规则，既维护国家宪政体制，同时有利于在法律框架内推进中国违宪审查制度的发展，也有利于减轻法院在宪法问题上承受的不必要的政治或社会压力。

总之，从建设法治国家的基本原则看，法治首先是规则之治，必须以法律文本为基础。对文本的"批判性思维"不利于推进法治进程。当然，也需要从宪法实施的实践出发，充分发

---

〔1〕 姜明安：《行政诉讼法学》，北京大学出版社 1993 年版，第 183 页。

挥法律解释、宪法解释的功能，在立法理性与司法理性之间寻求合理平衡，倡导学术民主，以理性、宽容和开放的姿态积极探索适合中国宪政体制的宪法适用机制，使"全国人大常委会切实履行解释宪法的职能，对宪法实施中的问题作出必要的解释和说明，使宪法规定更好地得到落实"。[1]

七、宪法理念与检察制度改革*

面对纷繁复杂，变化万千的现实世界，面对广大人民群众对公正的渴求、对权利保障的呼唤，面对提高国家整体管理效能的需要，司法改革的潮流正在奔涌前行，检察制度的改革已成为这一潮流的重要组成部分。切实履行法律监督职能，推进检察工作的创新发展，为社会提供公正、效率和有质量的法律服务，是全社会和检察机关共同的期盼，是各级检察机关面临的共同课题。但改革的过程不是在宣纸上随意挥毫泼墨，不中意再转而重来的练笔，改革的每一项举措都牵动着千千万万公民的根本权益，牵动着社会方方面面的稳定与安宁。既然崇尚法治、构建和谐社会是我们所追求的目标，那么，在检察制度的改革中，尊重宪法的权威、用宪法的思维和视角去分析和解决实际中遇到的各种具体问题，无疑有助于我们明确改革的方向，避免盲目性，少走许多弯路。在此意义上，宪法是能够让我们始终保持头脑清醒和冷静的崇高信仰，也是让我们把握好检察制度改革分寸与火候的最佳标尺。

（一）检察制度的改革是大势所趋

1. 检察制度改革的重要性和紧迫性。主要体现在以下几个

＊　本部分内容摘自《中国检察制度的宪法基础》，中国检察出版社 2007 年版，第 433 ~ 443 页。

〔1〕　胡锦涛在纪念宪法施行 20 周年大会上的讲话，载《十六大以来重要文献选编》（上），中央文献出版社 2005 年版，第 74 页。

方面：

（1）建设社会主义法治国家，必须高度重视检察机关在整个法律运行体系中独特作用，提高其法律监督能力。"依法治国，建设社会主义法治国家"已经被写进宪法，而法治的基本精神就在于通过科学的立法和切实有效的执法活动规范和制约国家权力的行使，保障社会成员的合法权益，体现法律的价值与尊严。检察机关是我国宪法明确规定的法律监督机关，在当前人民代表大会制度下有着其独特的存在意义和巨大的作用，这就是监督法律的执行，维护法律的尊严。检察机关绝非单纯意义上的公诉机关，而是同时承载着对审判活动的监督、对职务犯罪的调查、对刑罚执行活动的监督等多项职能的专门机关，它们共同组成了宪法赋予检察机关的法律监督权力（检察权），通过检察机关在执法实践中能动作用的发挥，形成了人们对检察机关法律监督能力的评价。检察制度改革的核心问题，就是增强检察机关的法律监督能力，防止出现"有法律而无法治"的现象，这是中国当前法治建设的当务之急。

（2）检察机关法律监督职能的发挥存在的问题较多，不尽如人意。这是检察制度改革的直接动因。目前存在的主要问题有：①人权保障的宪法理念还没有很好地树立起来。虽然"国家尊重和保障人权"已经被写入宪法，但在有些地方检察机关工作人员中，对犯罪嫌疑人、被告人、服刑人员的人身自由、人格尊严等表现形式的宪法基本权利的保障没有引起足够的重视，滥用职权、执法简单粗暴的现象时有发生，甚至个别地方还出现了冤假错案，反映出检察人员主观方面存在的问题。②在执法环节上存在监督不力，各项监督职能的发挥程度有偏差等情况。如重刑事诉讼监督、轻民事行政诉讼监督，对实践中出现的所依据的法律、法规的不统一，甚至与宪法相抵触的现象没有发挥出法律监督机关应有的能动作用等。③地区执法状况的不平衡。受地方经济、政治、人文等因素的影响，执法环境呈现出多样化。检察机关普遍反映遇到的外部干预多，受限制大，宪法关于"人民检察院依照法律规定独立行使检察权，不受行政机关、社会团体和个人的干涉"的规定很难在实践中得到落实。

可见，对检察制度实施改革已是大势所趋，2004年12月，党中央出台了《中共中央关于司法改革的意见》，为检察制度的改革提供了重要的指导依据。检察制度的改革不是一蹴而就的，它涉及从国家管理体制到检察机关内部等多个环节，必须充分考虑中国的国情，以宪法为基础，在合宪性前提下逐步推进，才能确保改革的成效。既要防范出现盲目夸大和照搬国外经验，无视宪法的规定，南辕北辙，另起炉灶，引发宪法危机；也要防止闭门造车，多次反复，增大消耗的现象；更要防止只停留于口头，在观念和制度层面沿袭旧弊、裹足不前的情形。从检察机关自身而言，我们主张不宜过分强调司法积极主义，在现有规则之外提倡刻意标新立异，操之过急，欲速而不达，各种决策的定位和倾向应趋于审慎；要在增强检察人员的责任心，强化法律监督实效上下功夫，突出宪法的权威性，确保宪法秩序的稳定，通过改革让广大社会成员真正信仰宪法，信任检察机关的法律监督能力。

2. 检察制度改革的主要内容。检察制度的改革是一项多方位、多角度的系统工程，在理念上，必须明确检察机关作为国家法律监督机关的特有的宪法地位，必须明确检察权不同于立法权、行政权、审判权的独有的自身价值，在具体制度上可以归结为以下三类：

（1）改进检察机关的外部关系。这方面改革以落实宪法规定的检察机关依法独立行使职权为宗旨，主要体现在以下几个方面：①在人大与检察机关的关系上，通过全国性立法统一规范各级人大对检察机关的监督，使之真正限定在宪法的框架内。2006 年 8 月十届全国人大常委会第二十三次会议通过的各级人民代表大会常务委员会监督法，对各级人大常委会监督权的行使作出了明确规定，该法第 4 条规定："各级人民代表大会常务委员会按照民主集中制的原则，集体行使监督职权。"在监督的具体方式和途径上，突出了针对性和实效性。监督权的集体行使原则避免了以往一些地方人大常委会搞"个案监督"所带来的诟弊，各级人大常委会今后要不断完善监督的具体环节，如对于检察机关的监督，一般应当进行事后监督，尽量采取以会议决议方式对检察机关提出质询、建议或意见。②在检察机关与行政机关的关系上，有的学者主张将检察机关的经费预算和财务管理上收中央财政统一管理，由最高人民检察院具体负责实施，这种主张具有一定的现实可行性。有的学者提出跨越现行行政区划设置检察机关，使地方人民检察院在经费、人事方面彻底摆脱地方的干预，这种设想如果作为今后检察制度改革的努力方向有其科学性，但实施的难度可想而知。有的学者主张根据目前我国的国情和司法实践的需要，在不改变现有的地方检察机关设置的情况下，可以考虑以各大地区为单位设立最高人民检察院分院，从而有效缓解最高人民检察院的工作负担和压力，使其可以更好地强化对下级检察机关的管理，并集中精力办理一些有典型性的大案要案。这种主张也具有一定合理性，可以作为阶段性的措施。③在检察机关与人民法院的关系上，加大对法院审判活动的监督与查处法官职务犯罪力度，制定并具体落实对民事、行政案件审判活动监督的措施和方法，探索和提倡行政公益诉讼，进一步规范检察机关自身在诉讼领域司法解释权的运用，不断增强对人民法院司法解释等抽象性文件的监督，保证全国性法律的统一贯彻与执行。④要理顺执政党的专门机关对检察机关的领导和监督关系。

（2）改进检察机关的内部关系。主要分为两方面内容：①强化上下级检察机关之间的领导关系。这同时也是落实宪法对此的专门规定。要在具体措施上逐步加大上级检察院对下级检察院的领导权，淡化"协管"的提法。上下级之间的"垂直领导权"主要包括编制和人事管理权、财物管理权和业务管理权三个方面。要探索由最高人民检察院在全国人大划拨的编制和经费预算范围内，对下级检察机关进行管理的模式，探索下级检察院的检察官由上级检察院直接进行任命的途径，必要的时候打破行政区划设置检察院，从而在措施上确保人民检察院依法独立办案。当然，这些设想必须在充分论证、条件成熟的基础上稳妥施行。②检察机关内部领导体制问题，进一步推行主诉、主办检察官制度，规范检察委员会的职能，规范内部的个人问责制和错案追究制，保证检察官既能独立办案又做到权责相统一。

（3）检察机关法律监督职能的优化配置。检察权的构成具有多元性和行使的主动性的特点，同样是履行法律监督职能，检察机关身兼职务犯罪调查权、公诉权、诉讼监督权、刑罚执行监督权等数种重要权力的具体行使，厚此薄彼或不分缓急轻重都是不可取的，这就要求检察机关内部的职权划分必须科学合理。实施各种职权的内设机构之间既要分工明确又要协调配合。检察长的"一长负责制"与内部领导体制中的民主集中制的关系要理顺；部门负责人在保障办案人员行使职权的独立性的前提下，就内部管理事宜向检察长负责，检察长个人对同级人大和上级检察机关负责；检察机关的各种经费支配、人员待遇也要根据具体工作的性质、工作量、风险程度和实际效果而有所区别；减少内部岗位的频繁调配，保证办案人员的专业性。

此外，实行人民监督员制度也是检察制度改革的重要内容之一，它通过引入有组织性的外部监督力量，解决了检察机关自侦案件长期缺乏有效外部监督的问题，是现代司法民主化的要求，也是宪法关于人民群众以多种形式参与国家管理及公民享有多种意义上的监督权规定的具体落实。目前对此应加以完善的主要方面有：制度地位的法律化、监督范围的标准化、人民监督员的专业化、监督程序的规范化、监督保障的多元化以及刑事被告人权利的宪法化等。

3. 检察制度改革的根本目标。从直接目的上讲，检察制度的改革就是要适应法治国家建设的需要，通过一系列的举措，实现检察权各项职能的合理配置，增强检察机关的法律监督能力，在有中国特色社会主义理论和科学发展观的指导下，使检察机关在创建和谐社会进程中发挥出部门优势和特色，为国家政权的巩固、经济的发展、社会秩序的稳定和国家的长治久安发挥积极作用。而就根本目标而言，我们认为，检察制度改革就是要使宪法的价值得以体现，就是要使检察机关的权力运行、权力规制回归到宪法的基本价值和精神上来，其最终目标与宪法所规定的"依法治国、建设社会主义法治国家"的目标是相统一的。大致可归结为：

（1）实现宪法的人权保障价值。实施宪法，实现公民权利的有效保障是宪法所追求的核心价值。人权保障的现实化程度已成为评价一国法治的基本标志。如何将"纸上的人权"转化为现实中公民实际享有的宪法权利，则有赖于宪政实践的多种努力，检察机关在其中发挥着独特的和极为重要的作用，它对人权保障的保障价值可以从三个方面体现出来：①通过执行法律，打击犯罪，对广大公民的人身、财产安全给予保障。②在具体的办案环节中，对作为职务犯罪嫌疑人、被告人、服刑人员等少数群体的人身自由、人格尊严等给予保障。从宪法上讲，对这类极易受到公权力直接伤害的少数群体的保障具有更为特殊重要的意义。③发现据以执行的各类规范性文件可能违法或违宪而对公民的基本权利造成侵害时，或是执法过程中遇到尚未被法律法规具体化的宪法基本权利受到侵害时，依照立法法等相关法律的规定采取措施使之得以纠正。

（2）实现宪法的权力制约价值。权力制约也是宪法固有的价值之一，其根本目的是更好地保障公民的基本权利。检察机关作为承载法律监督职能的专门国家机关，有权依据宪法和法律对有关国家机关及其工作人员行使职权的合法性实施监督，这是宪法配置检察权的应有之义。检察机关的权力制约价值突出体现在对职务犯罪案件查处的广泛性以及对法院、公安、刑罚执行机关在诉讼、执行环节予以监督的专门性上。同时，宪法还专门明确了在刑事案件中，检察机关与人民法院和公安机关要分工负责、互相配合、互相制约，以此形成的严密的监督链条。

（3）体现宪法的民主原则和法治原则。民主原则与法治原则是宪法所具有的两项基本原则。民主原则在强调尊重多数人的意志，又要保障少数人权益的同时，主张要促进民众以多种形式参与国家管理的现实性和公权力行使的公开性；法治原则强调立法的明确性，法律执行的平等性与执法主体行使职权的独立性。显而易见，在检察制度的改革中，人民监督员制度、主诉（办）检察官等制度的实行，就是为了更好地体现宪法的上述原则。

4. 检察制度改革的实现条件。包括以下几个方面：

（1）改善执政党的领导方式。检察制度改革的成败与执政党的领导紧密相连。宪政秩序的形成与维护离不开一定的政治权威的存在。在中国目前的条件下，维护宪法秩序有效运行的责任，很大程度上是由执政党承担的。中国共产党是中国居于领导地位的政党，也是唯一能够把科学的发展观贯彻到绝大多数社会成员的意识和社会实践中去的政治力量，保持共产党的政治权威是中国能有序地建设宪法秩序的根本条件，也是有中国特色的宪政道路的集中体现，因而党的十六大报告指出"宪法和法律体现了党的主张和人民意志的统一"，我国宪法的序言也确认了中国共产党的领导地位，党以何种方式领导对检察制度的改革将产生直接的影响。党对检察机关的领导在总的方式上体现为政治上、思想上、组织上的领导，在具体环节上表现为通过专门的党务机关和检察机关内部党的组织进行。党和国家领导人多次在不同场合强调，党必须在宪法和法律的范围内活动；党员和干部特别是领导干部要成为遵守宪法和法律的模范。实际生活中不乏一些地方党委以不适当的方式干预检察院办案的现象；理论界也有不少针对政法委、纪检委行使职权时与检察权相交叉的种种评议。党的领导对检察工作的方方面面发挥着实质性作用，改善党的领导方式对检察制度的改革无疑会产生积极的影响，推动和促进各项改革目标的实现。

（2）增进宪法保障制度自身的权威性。建国至今，新中国的宪法发展经历了波荡起伏的巨大转折，宪法本身的权威也经历了血与火的考验，典型的表现就是"文革"期间人民检察院、人民法院等宪法确立的机关被无端地"砸烂"。前事不忘，后事之师。检察机关是监督法律的执行、维护法律尊严的专门机关，只有宪法的权威性得到切实保障，检察制度的改革才会顺利进行，同时才会更加有益于维护宪法的权威。在宪法保障方面，目前存在的问题既有宪法和法律本身在制度方面规定的不完备、可操作性不强的因素，也有权力机关与其他相关机关本身没有切实发挥作用的主观因素。胡锦涛同志在纪念宪法公布施行 20 周年大会上专门强调了"全面贯彻实施宪法，必须健全宪法保障制度"，从完善宪法规范和促进宪法实施两方面入手，健全违宪违法审查等项制度，提高宪法自身的权威，对促进检察制度的改革进而反作用于促进宪法权威的维护都是十分重要的。

（3）检察官的宪法意识与公民对宪法认知程度的提高。检察官对宪法精神与基本内容的理解、认同与情感形成了检察官的宪法意识，这种意识渗透在平时的工作当中，就是要强化权利保障意识，学会以宪法的视角分析问题、解决问题，用人权保障的价值时刻警示自己的言行，在办案中体现出以人为本，对人的基本权利的尊重；就是要强化自己的业务学习，使自己有能力运用娴熟的法律知识切实有效地保障公民的权利。社会公众法律意识的提高对检察制度的改革同样具有积极的促进作用，这是社会文明进步的表现，也是检察制度改革取得成效的基础。

（4）人权保障的国际化趋势对中国法治进步的积极影响。随着改革开放的不断深入，中国融入国际社会的进程越来越快。近年来已先后加入了多项国际人权公约，最具代表性的就是《经济、社会、文化权利国际公约》和《公民权利和政治权利国际公约》（前者已经全国人大常委会正式批准在国内生效）；中国业已成为 WTO 的成员国。检察机关面临着如何应对这种国际化的潮流，确立中国检察机关在国际社会的良好形象。这种状况的存在对检察制度的改革将产生积极而深远的影响。

（二）检察制度改革的重心是提高检察机关的法律监督能力

党的十六届四中全会通过的《中共中央关于加强党的执行能力建设的决定》，对加强党的执政能力建设作出了全面部署。最高人民检察院适时地提出了将"强化法律监督，维护公平正义"作为检察工作的主题，并鲜明地提出了要"加强法律监督能力建设"，这一提法是对党的主张在检察机关的进一步贯彻和落实。"法律监督能力"与以往所讲的"法律监督职能"有所不同，一是它把重心放在了检察机关自身，突出了从内部挖掘潜力，提高法律监督的本领；二是强调了宪法在法律监督能力建设中的作用，表明检察机关的法律监督权力是"宪法和法律赋予的"，而检察机关实施法律监督的目的之一在于维护法律的统一正确实施。

1. 宪法是提高法律监督能力的出发点和落脚点。宪法确立了检察机关是国家的法律监督机关的宪法地位，并规定了"人民检察院依照法律规定独立行使检察权，不受行政机关、社会团体和个人的干涉。"当谈及法律监督能力建设时，其实就是指检察机关应当如何运用好检察权，更好地强化国家法律监督机关的地位。法律监督能力的评价体系突出表现在检察权行使的方式、产生的作用等方面。而作为国家权力配置的一个重要组成部分，检察权的来源及其行使目的是讨论提高法律监督能力时所必须首先审视和认清的问题。

（1）讲宪法是法律监督能力的出发点，就是指检察权首先源自于宪法，是人民作为制宪者通过宪法和法律的形式赋予检察机关行使的。在人民代表大会制度下，检察权是与行政权、审判权、军事权相平行的独立的权力，它们共同由宪法所创设，同时又共同接受作为最高国家权力机关的全国人民代表大会的监督。强调这一点的意义在于，在加强检察机关法律监督能力建设的过程中，各种改革措施和制度设计必须严格以宪法为依据，检察权的行使方式的改进及其作用的发挥不能偏离宪法规定的原则和精神。

（2）讲宪法是法律监督能力的落脚点，就是指行使检察权的直接目的正是为了促进宪法的实施，以实现宪法所蕴含的人权保障的核心价值。在实际工作中，检察机关通过行使职务犯罪的侦查权、公诉权、诉讼监督权和执行监督权等具体权力，对其他机关行使公共权力产生制约，对一部分涉嫌犯罪公民的权利予以法律上的限制，而其最终目的还是保护公民的基本权利。法律监督能力就是在此过程中体现出来的。所以，在提及正确处理打击犯罪和保障人权的关系时，笔者认为从宪法价值角度讲，保障人权是第一位的，打击犯罪是第二位的，虽然两者在一定的条件下能够统一，但出现冲突时应当分清主次。检察权行使的归宿应当是促进宪法规定的公民基本权利的保障和实现。

2. 合宪性是衡量法律监督能力的基本标准。任何公权力的行使都是有界限的，法律监督能力的发挥同样要遵循必要的标准。由于检察权的行使首要的是必须具有合宪性，其次要具有合法性，因此，宪法自然成为判断检察机关法律监督能力高低优劣的基本依据。贾春旺检察长将"法律监督能力"概括为"履行检察职能，打击刑事犯罪，维护社会稳定的能力；依法打击、预防职务犯罪，促进廉政建设的能力；正确处理群众诉求，化解矛盾纠纷，促进社会和谐的能力；敢于监督、善于监督、规范监督，促进严格执法和公正司法的能力；强化自身监督和制约，严格、公正、文明执法的能力"五种能力，这五种能力的每一方面都有必要建立相应的宪法评价机制。

（1）履行检察职能，打击、预防刑事犯罪，维护社会稳定的能力。社会治安秩序构成宪法秩序的一部分，一方面社会稳定是衡量检察机关检察权行使的参考因素，另一方面在打击犯罪中对刑事被告人、犯罪嫌疑人权利的保障应当成为重要考虑因素。

（2）依法打击职务犯罪，促进廉政建设的能力。这一能力在体现宪法权力制约价值的同时，同样更要注意体现权利的保障价值。

（3）正确处理群众诉求，化解矛盾纠纷，促进社会和谐的能力。宪法规定了一切国家机关和国家工作人员必须经常保持同人民的密切联系，倾听人民的意见和建议，接受人民的监督等，正视宪法民主原则和价值的反映；同时，宪法规定了公民享有广泛意义上的监督权（批评、建议、控告、申诉等）和请求权，检察机关有义务发挥自身能动性，从宪法的高度注重落实上述权利。

（4）敢于监督、善于监督、规范监督，促进严格执法和公正司法的能力。宪法规定了人民法院、人民检察院和公安机关办理刑事案件，应当分工负责，互相配合，互相制约，以保证准确有效地执行法律。不仅对人民法院和公安机关，对其他公权力机关也要强化监督，但必须把握好检察机关独立行使职权原则的相对性，同时，各种法律监督行为应以人权保障为最高目标。

（5）强化自身监督和制约，严格、公正、文明执法的能力。这是宪法的法治原则对检察机关提出的必然要求，也是实现人权保障价值必须着力改进的环节，它是直接影响和决定其他四种能力发挥效果的最关键的能力。

3. 强化人权保障的宪法理念是提高法律监督能力的核心。

在执法过程中，检察机关的工作人员应当牢固树立人权保障的宪法理念，真正做到"权为民所用，情为民所系，利为民所谋"。随着我国法治建设的发展，"国家尊重和保障人权"已经被写入宪法，人权保障的宪法理念理所应当成为检察机关工作人员宪法意识最为重要的组成部分。检察机关法律监督能力的提高，关键在于观念的改变，这是整体执法能力、执法水平提高的先决条件，而人权保障宪法理念的培养与强化，则是重中之重。

强化人权保障的宪法理念，除了通过执行法律，对公民的宪法基本权利予以普遍性保护外，最需要强调的是针对职务犯罪嫌疑人、被告人、服刑人员的人身自由、人格尊严等表现形式的宪法基本权利的保障，这是检察权行使的核心价值。当然，对于同样作为少数群体的刑事案件受害人的基本权利也不容忽视。

强化人权保障的宪法理念，就是要求检察机关工作人员在平时的工作当中，要学会用宪法的视角分析法律问题，用人权保障的价值警示自己的言行，在办案中体现出以人为本，对人的基本权利的尊重；就是要强化自己的业务学习，使自己有能力以娴熟的法律知识对公民的权利切实、准确地加以保障，充分体现宪法所追求的价值。

此外，有必要提一下检察机关在保证法律的统一方面的作用。检察机关本身就是具有法律监督权的机关，维护法律的统一、保障宪法的实施是其当然的职责。众所周知，我国的一些法规、规章等规范性文件存在与宪法、法律相冲突之处，立法法也规定了最高人民检察院可以向全国人大常委会提出书面违宪违法审查要求，检察机关工作的特性使其比较容易发现某些规范性文件是否违宪或违法，是否侵害了公民的基本权利，但至今未见有所进展，这一点也应当成为今后检察机关加强自身法律监督能力建设的一个重要方面。

（三）树立以宪法意识为核心的社会主义法治理念是检察制度改革的思想保证

最近，党中央号召在全国政法系统开展社会主义法治理念教育，这是加强政法队伍思想建设，推进社会主义法治进步的重大举措。社会主义法治理念的基本内涵可以概括为依法治国、执法为民、公平正义、服务大局、党的领导等五个方面。依法治国是法治的核心内容，执法为民是法治的本质要求，公平正义是法治的价值追求，服务大局是法治的重要使命，党的领导是法治的根本保证。这五个方面相辅相成，体现了党的领导、人民当家做主和依法治国的有机统一。笔者认为，这些要素是我国宪法所明确规定的基本精神，也是社会主义宪法意识的重要组成部分，其基本要素在宪法文本中都有体现。因此，可以在一定程度上说，社会主义法治理念的核心就是宪法至上的理念，在宪法意识形态领域突出表现为权利保障意识和权力有限性意识。确立社会主义法治理念的重心，就是要树立社会主义的宪法意识；以社会主义法治理念指导实践，就是要把正确的宪法意识贯彻到具体法律工作当中。对从事法律监督工作的检察官而言，强调宪法意识更是具有特别重要的意义。

1. 宪法意识在检察官群体的法律实践中的体现。检察官对宪法精神与基本内容的理解、认同与情感形成了检察官的宪法意识，这种意识渗透在日常工作中，就是要强化对公民基本权利保护的意识，强化维护以宪法为核心的法律体系一的意识以及对公权力有效制约的意识，在办案中体现出宪法所追求的价值。大量的宪法争议存在于办理案件过程中，检察官有意识的发现和判断是启动法律程序、有效解决争议的关键。检察机关对公民基本权利的保障主要从三个方面体现出来：（1）对于已经通过法律法规具体化的基本权利，检察机关在法律监督过程中，通过主动适用法律法规使这些权利得到维护，在此意义上，法律的实施就是宪法得到了实施。（2）在办案过程中遇到没有被法律法规具体化的基本权利，或者在多数人实现权益的过程中少数人的基本权利受到了明显侵害的情形时，及时作出司法解释或通过法定渠道促进立法等途径实现对公民基本权利的保护。（3）在办理案件适用法律的过程中，对可能侵害公民基本权利的法律法规等规范性文件作出辨别，通过各种合法的方式最终纠正违宪违法的规范性文件。可见，在执法活动中，检察官的宪法意识对维护人权、实现社会正义具有举足轻重的影响。检察官法第8条规定的检察官的义务有：严格遵守宪法和法律；履行职责必须以事实为根据，以法律为准绳，秉公执法，不得徇私枉法；维护国家利益、公共利益，维护自然人、法人和其他组织的合法权益；等等。对法律职业群体的法治理念，党和人民提出了更高、更严格的要求。

2. 在检察官中培育宪法意识和社会主义法治理念。笔者认为，应当着重从以下三个方面加强引导，讲求实效：（1）以增强宪法意识为中心，大力开展社会主义法治理念教育。在检察官群体中开展社会主义法治理念教育，应当以树立正确的宪法意识为中心，让广大检察官把对党的领导、人民当家做主和依法治国等观念的感受和理解切实融入到宪法和法律知识的学习当中，融入到法律实践工作当中。要在检察官群体中有意识地进行宪法思维的训练，培养宪法思考能力，使他们能够从宪法的视角分析法律问题，作出理性判断，从而以正确的宪法意识指导实践，彰显社会主义法治理念。（2）结合不同岗位的特点强化职业道德建设，搞好本职工作，是构成社会主义法治理念的重要组成部分，必须常抓不懈。最高人民检察院 2002 年制定了检察官道德规范，对检察官提出了"忠诚、公正、清廉、严明"的四项基本要求。由于检察机关的职能多样、岗位多样，履行不同的法律监督职责的检察官要根据自身工作特点恪守职业道德。（3）积极开展社会主义荣辱观教育，促进反腐倡廉。胡锦涛同志提出的"八个为荣、八个为耻"的观点在全社会引起强烈共鸣。其中的"坚持以热爱祖国为荣、以危害祖国为耻"、"以服务人民为荣、以背离人民为耻"、"以遵纪守法为荣、以违法乱纪为耻"、"以艰苦奋斗为荣、以骄奢淫逸为耻"等提法与检察官的法治理念息息相关。在全社会开展社会主义荣辱观教育中，检察机关也需要抓住自身特色。不仅要筑牢检察官道德防线，还要通过宪法意识的培养，使检察官能够更好地运用宪法和法律的武器捍卫社会正义，努力为人民服务。要做好以上三个方面的工作，在具体操作环节上，应通过不断改进和完善各类学习培训制度、考评考试制度、经验交流和研讨制度、表彰和惩戒制度以及内部外部监督制度等来逐步推进。笔者此处仅提两点具体建议：一是增加国家司法考试中宪法知识的考察比重，以促进法律职业入门者宪法意识的培养和提高；二是检察机关自身以及纪检监察部门、新闻舆论部门要加强对检察官业外活动的约束和监督，以促进检察官树立良好的社会形象。在"依法治国，建设社会主义法治国家"进程中，树立宪法意识是形成检察官法治理念的重要方面。而社会主义法治理念与宪法意识的形成，对检察机关规范执法行为，促进检察制度的改革具有特别重要的意义。

总之，我国目前的人民检察制度，是一定历史条件下的产物，也是被实践证明了的行之有效的制度。它经过我国宪法的确认，到今天已经具有了坚实的宪法基础，成为有中国特色的社会主义宪政体制的重要组成部分。作为司法体制改革的一个重要领域，检察制度的改革涉及对宪法和法律的修订与完善，涉及从观念、体制到具体运作程序方面的诸多难题，涉及多个部门、多个环节的协同运作，需要下大力气获得多方面的支持与配合。司法体制改革要在党中央的统一领导下部署和开展，同时发挥各级检察机关自身的能动性、创造性，不断取得阶段性的成果。2006 年 5 月，中共中央下发了《关于进一步加强人民法院、人民检察院工作的决定》，明确规定检察机关是司法机关，要不断加强检察机关的法律监督职能。该文件为今后的改革指明了方向。2006 年 8 月，十届全国人大常委会第二十三次会议通过了监督法，对各级人大常委会依法履行监督职能作了进一步规范和强化，人大的监督职能与检察机关的法律监督职能在宏观、具体层面的有效发挥与协调，对于促进和完善国家的法治建设具有极为重要的意义。可以说，检察制度的改革正面临着前所未有的良好机遇。检察机关自身要牢固树立宪法理念，维护宪法和法律的权威，在党的领导下科学决策、公正执法，切实保障公民的基本权利。我们深信，中国特色的检察制度是充满希望的。

法治是每一个法律人的精神信仰，也是一种人生追求。法治国家是宪法所提出的崇高目标，是每一个法律人所期冀的理想。检察制度的改革就是建设社会主义法治国家进程中的重要组成部分，是每一个法律人值得为之奋斗的宏伟事业。世界各国的检察体制都是各具特色的，并无单一的规律可循，中国人要相信自己，立足于本国的实践，利用好本土的资源，借鉴国外的有益经验，使我国的检察体制成为多彩的世界法律制度中的一束奇葩，充分显示出社会主义制度的特色和优越性。这项进程虽非易事，但也绝不是雾里看花。无论是法学界、实务界的专业人士还是各行各业的其他工作者，都应当为此而努力。让宪法成为全社会最高的信仰，每个人的生命、价值与尊严得到实现，只有这样，我们才有充分的理由说，我们实现了法治。

八、《宪法解释程序法》的意义、思路与框架*

（一）制定《宪法解释程序法》的必要性

1. 宪法解释功能的基本要求。宪法解释是探求宪法规范客观内涵的一种活动，其目标在于追求解释的合理性、正当性与宪法秩序稳定性价值。由于宪法规范与宪法条文具有模糊性、抽象性、开放性与广泛性等特点，几乎所有的宪法条文都需要通过宪法解释的活动作出客观的说明，达到宪法规范现实化的目的。探求宪法规范内涵的意义在于客观地认识宪法现象，在各种社会问题中寻求宪法的价值，其实质在于：一方面是对宪法问题的发现，另一方面是对宪法问题的判断与决定。通过经常性的宪法解释，可以统一人们对宪法规范的认识，确立与扩大宪法价值体系的共同基础，为宪法运行机制的完善提供合理的基础，使宪法在持续性与变化中满足开放性价值的实现。通过宪法解释活动可以以生动、具体、生活化的形式普及宪法理念与知识，使人们在日常生活中能够感受到宪法价值，树立维护宪法价值的信念。对社会主体而言，修宪活动所带来的利益与解释活动所带来的利益是不尽相同的，宪法解释活动更有助于人们在实际利益关系中感受宪法、认识宪法、运用宪法。

具体而言，社会转型时期宪法解释的功能主要在于：宪法解释有助于多元价值的协调与平衡；有助于通过有说服力的宪法解释解决社会生活中可能出现的冲突；有助于通过宪法解释

---

* 本部分内容刊载于《浙江社会科学》2009 年第 9 期。

形成社会共同体意识与共识，建立社会的核心价值体系，为形成社会最低限度的价值体系提供条件；有助于在全社会普及宪法知识，推动宪法规范的社会化；有助于合理地确定个人利益与公共利益的界限等。

在社会生活中分析宪法解释功能时我们需要回答什么是宪法的问题，即宪法解释问题最终归结到对宪法本身的价值认识上，在解释活动中我们经常被各种价值关系所困惑，会面临各种不同的价值判断。由于时代的变迁，宪法本身的内容也在变化，于是产生不同的解释内容与方法。不同的社会环境孕育不同风格的宪法，同时产生不同形式的宪法解释制度，宪法价值的普遍性与宪法解释技术的多样性是相统一的，应允许不同的宪法解释规则与技术的存在。一个国家宪政生活中的宪法事实反映了社会政治、经济与文化传统，反映了本国社会结构的基本特点。因此，在宪法解释过程中需要从多样化的视角解释与认识宪法，建立有助于解释本国宪法现象的解释理论与规则。

2. 宪法解释是护宪者神圣而不可推卸的使命。1982 年宪法先后修改了四次，在一定程度上适应了政治和社会的发展。但并不是所有的问题都必须经过宪法修改才能弥合宪法规范与社会现实之间的缝隙，解释宪法也是一种重要的途径。解释宪法与修改宪法相比，更为灵活，更有利于节约立法成本，更有利于维护宪法的稳定性和权威性。而且，修改宪法很大程度上只是宪法适应社会生活的变化，并没有充分体现出宪法调整、控制社会的效力；而宪法解释则既包含着发展宪法并使其适应社会发展的功能，也包含着实施宪法并使宪法发挥调控社会的功能。

同时，宪法作为国家根本法的性质要求建立起包含宪法解释制度在内的多样化的宪法实施制度，而不是仅仅让宪法被动地适应社会生活的变化。何以维护宪法的权威？只能系于加强宪法的稳定实施，解释宪法，发挥宪法的实际功效。当然，当某些宪法条文或制度无法通过解释宪法获得正当性基础的时候，也需要修改宪法。但即便是修改了宪法，仍然需要宪法解释制度，使修改之后的宪法真正运作起来，而不是形同具文。宪法不仅仅具有确认的功能，更重要的是具有调整的功能。实际上，民众对宪法的信仰来源于宪法的有效实施。

3. 加强宪法解释是依宪执政的基本要求。在宪法解释问题上，执政党的认识有个逐步发展的过程。早在 1954 年宪法制定过程中，一些学者曾提出能否赋予全国人大常委会解释宪法的职权，当时直接参与制宪过程的田家英对此作了答复。他认为，宪法与法律不同，宪法是根本法，不应当有关于内容方面的解释。关于宪法的解释问题，一种是广义的，如对不懂的地方加以解释，这可由全国人民代表大会常委会委托一个机关来进行，是为了学习和教育。另一种是关于内容的解释，这对宪法来说是不应该的。一般法律是可以解释内容的，但此种解释本身就成为法律。宪法内容的解释，就是修改和补充问题，这已有了规定，所以不必另作规定（美国宪法是弥补破绽的宪法，但原条文并不多)[1]。当时，我们对宪法解释的基本认识是：对宪法规范的不确定性可以通过宪法修改等方式解决，不必通过宪法解释，宪法内容的解释是不应该的，也是不必要的。基于这种认识，1954 年宪法只规定全国人大常委会"解释法律"。

1975 年 1 月 17 日第四届全国人民代表大会第一次会议上

---

〔1〕 田家英在"宪法草案座谈会"上的解答报告。中共浙江省委宣传部 1954 年 6 月 8 日。

通过的中华人民共和国宪法第 18 条以列举与概括结合形式规定了全国人民代表大会常务委员会的 7 项职权，同样没有规定"解释宪法"的职权。

1978 年 3 月 5 日由第五届全国人民代表大会第一次会议通过的中华人民共和国宪法第 25 条以列举与概括相结合的形式规定了全国人民代表大会常务委员会职权有 13 项，其中第 3 项赋予了"解释宪法和法律，制定法令"的职权。这是新中国宪法首次赋予全国人民代表大会常委会"解释宪法"的职权。

1982 年 12 月 4 日第五届全国人民代表大会第五次会议上通过的中华人民共和国宪法第 67 条以列举与概括相结合的方式规定了全国人民代表大会常委会 21 项职权，其中第 1 项秉承 1978 年宪法继续赋予了"解释宪法，监督宪法的实施"的职权，其特点是：同时行使解释宪法与解释法律的职权；1978 年宪法中"监督宪法和法律的实施"职权只有全国人民代表大会才具有，而 1982 年宪法则把"监督宪法的实施"的职权同时赋予全国人民代表大会常委会；在文本的表述上，将"解释宪法"与"监督宪法的实施"规定在同一个条文之中，体现了宪法实施的动态性与宪法解释的实践性，突出了全国人民代表大会常委会作为中国宪法解释主体的地位。

考察 1982 年宪法实施以来的历史可以发现，中共中央一直都十分关注如何发挥宪法解释的功能问题，在不同的历史环境与背景下，提出发挥宪法解释功能的问题，但学术界对此没有引起足够的重视。

1993 年，中共中央在《关于修改宪法部分内容的建议的说明》中指出："这次修改宪法不是全面修改，可改可不改的不改，有些问题今后可以采取宪法解释的方式予以解决"。同时认为，"必要时可以对社会主义市场经济的具体内核作出宪法解释"。1999 年，李鹏同志在"修改宪法征求意见座谈会"上亦指出："修改宪法事关重大，这次修改只对需要修改的并已成熟的部分内容进行修改，可不改和有争议的问题不改。宪法赋予全国人大常委会解释宪法的职权，因此有些问题将来可以通过全国人大常委会关于宪法的解释来解决。"[1] 2002 年 12 月 4 日，胡锦涛同志在首都各界纪念宪法公布施行 20 周年大会上的讲话中指出："全国人大及其常委会……要切实担负起监督宪法实施的职责，坚决纠正违宪行为；要切实履行解释宪法的职能，对宪法实施中的问题作出必要的解释和说明，使宪法的规定更好地得到落实。"2004 年 9 月 15 日，胡锦涛同志在纪念全国人民代表大会成立 50 周年会议上指出：依法治国首先要依宪治国，依法执政首先要依宪执政。全党同志，全体国家机关工作人员和全国各族人民都要认真学习宪法，遵守宪法，维护宪法，保证宪法在全社会的贯彻实施。2007 年 10 月 15 日，胡锦涛同志在党的十七大报告再次强调要"加强宪法和法律实施……维护社会主义法制的统一、尊严、权威"。

可见，党的领导人在不同时期针对宪法实施，提出了重视宪法解释的问题，"依宪执政"、"依宪治国"开始成为执政党的基本理念。但有关重视宪法解释的主张始终未能上升为国家意志，转化为法律。不仅没有宪法解释的具体实践，也没有进行宪法解释方面的立法，使宪法解释权始终处于"虚置状态"。为了维护宪法的尊严，保障社会主义法制的统一，规范解释宪法的活动，制定《宪法解释程序法》这一部专门法律是非常有必要的。

4. 落实宪法规定的全国人大常委会"解释宪法"职权的

---

〔1〕《人民日报》1999 年 2 月 2 日。

客观要求。从宪法文本看，我国宪法第 67 条对全国人大常委会"解释宪法"职权只作了概括性规定，无法从文本中直接推定解释宪法的程序或依据。由于宪法规定得过于概括，一旦开始进行宪法解释就会遇到主体和程序的不确定性问题，即如何进行解释活动缺乏文本的具体依据。因此，有必要通过《宪法解释程序法》把宪法解释工作的各个环节具体化，使宪法解释有法可依，保证宪法解释的规范性与科学性。

5. 宪法解释理论发展的客观需要。尽管宪法学界对我国宪政体制下能否启动宪法解释有不同的认识与看法，[1] 但在建立宪法解释与宪法修改并重的宪法运行机制问题上取得了一定的共识。经过近几年的宪法解释理论研究，已初步建立了宪法解释的基本范畴、方法论体系，可以为宪法解释的实践提供必要的理论支持。

（二）宪法解释程序的类型与特点

宪法解释程序植根于各国的宪法审查制度与司法程序中，不同法域的宪政框架与司法传统决定了宪法解释程序的多样性。总体来看，与宪法审查制度的类型相联系，宪法解释程序大致可以分为抽象型的解释程序与案件型的解释程序。

1. 抽象型宪法解释程序及其特点。抽象型宪法解释程序以法国为代表。由于采行不同于欧陆其他国家的宪法委员会制度，法国宪法审查模式主要是一种抽象型审查。如根据法国宪法第 61 条的规定，各项组织法律在颁布前，议会两院的内部

---

〔1〕 国内研究大多围绕宪法解释主体这一问题展开，试图通过论证其他主体的宪法解释权，特别是法院的解释权，从而为中国宪法解释的启动提供条件。如王磊：《试论我国的宪法解释机构》，载韩大元：《现代宪法解释基本理论》，中国民主法制出版社 2006 年版；范进学：《宪法解释主体》，载《中国法学》2004 年第 6 期；周伟：《我国宪法解释机关研究》，载《公法研究》2005 年第 1 期。

规则在执行之前，均应提交宪法委员会审查。各项法律在颁布之前，应由共和国总统或者两院中任何一院的议长提交宪法委员会审查。这一宪法审查制度决定了宪法解释并非因宪法案件而启动，由于缺乏具体纠纷的佐证，宪法解释就是一种纯粹的文本推理过程。因此，法国宪法解释程序的特点主要表现为：（1）书面程序的特点。宪法解释由宪法委员会委员书面进行，这一过程中没有当事人参与，更没有其他国家司法审查中的言辞辩论。尽管宪法审查过程中，"不排除非正式地口头交换意见的可能性，特别是通过电话方式或通过某些公务员听证的方式。但这些方式都无法形成正式的文件，更不能被作为法定方式而援引适用"。[1]（2）宪法解释程序的封闭性。根据法国宪法委员会机构设置法第 20 条的规定，宪法委员会应当作出一个理由充足的决定。该决定应当在政府公报上公开。但是，宪法委员会决定作出的过程是否公开，并没有明确。从实践中来看，宪法委员会无论庭审报告还是程序文件都不得公开。从委员会受理案件到裁决的宣布，这一过程原则上是秘密进行。因此，法国的宪法解释就是在一个封闭的程序中进行，排除了听取社会公众与其他利害关系人意见的可能性。[2]

2. 案件型宪法解释程序及其特点。案件型的宪法解释程序以美、德等国为代表。尽管美德两国的宪法审查制度不同，前者是典型的司法审查，后者是欧陆型的宪法法院制度，但是二者的共同之处在于，将宪法解释置于争议性宪法案件的解决过程之中，宪法解释既是纠纷解决的必要手段，也是纠纷解决的结果。司法性是这类宪法解释程序最为明显的特点。如德国联

〔1〕 胡建森主编：《世界宪法法院制度研究》，浙江大学出版社 2007 年版，第 625 页。
〔2〕 2008 年法国宪法修改中虽然规定了个人的违宪审查权，但没有改变法国宪法委员会的基本体制与功能。

邦宪法法院法第 25 条规定，如无相反规定，联邦宪法法院应当基于口头答辩决定案件，除非所有当事人明确表示不同意这样做，显然这与法国宪法委员会书面审理的特点不同。一般司法程序的原则，如公开原则、言词辩论原则、回避原则等，在这些国家的宪法审查程序中均有体现。一些国家的宪法解释程序甚至直接准用普通司法程序。如德国宪法法院法第 17 条明确规定，除本法规定的程序之外，宪法法院还可以类推适用其他程序法。而美国联邦最高法院的宪法审查程序主要准用民事诉讼法（the Civil Procedure Rules）和美国最高法院规则（Rules of the Supreme Court）。[1]

法官正是在这种两造对峙的司法程序中，通过案件的审理解释宪法，解释结果也成为案件判决的依据。而且，更为重要的是，宪法解释的正当性，在很大程度上正是源于这套程序的运行。正如有学者指出的那样，合法性和说服力不是由法院或多或少自由选择的程序而充其量是由立法者事先尽可能准确地设定的程序所实现。其适用的规范越开放、越不确定和越宽泛，特别是在宪法方面是如此，法院就越需要有一个完整的诉讼程序规范，除非法院不应该和不必坚持其裁判是具有拘束效力的。[2]

3. 两类宪法解释程序的共同特点。尽管两类宪法解释程序存在较大差异，但是两者也存在一些共同的特点，主要表现为：

（1）宪法解释程序融于宪法审查过程。宪法解释是宪法适

---

〔1〕［美〕Judicial Review Handbook（third edition），Michael Fordham，Hart Publishing，2002，p. 34.

〔2〕［德〕克劳斯·施莱希、斯特凡·科里奥特：《德国联邦宪法法院——地位、程序与裁判》，刘飞译，法律出版社 2007 年版，第 65 页。

用的重要方式，甚至可以说是主要方式。当然，也不能将宪法解释的概念泛化，认为一切宪法规范的实践都是宪法解释，这其实是将理解与解释混为一体，尽管它也构成了广义上的宪法解释。即使从狭义上来理解宪法解释，即在一个具体的宪法争议中，需要通过明确宪法涵义来确定系争行为或者法律的合宪性，宪法审查过程中也存在大量的宪法解释。从某种程度上而言，宪法审查与宪法解释具有某种同一性，即宪法解释只存在于宪法审查过程中。因此，可以发现，各国的宪法解释程序就是宪法审查程序以及法官规则。

（2）宪法解释程序规范主要散见于各国宪法法院法之中。大部分国家的宪法中并未详细规定宪法解释程序，而主要通过宪法法院法或者一些法官规则予以明确，典型如美国，美国宪法甚至都没有规定宪法解释权的归属，实践中的司法审查主要依据普通法律程序和最高法院规则进行。其他实行宪法法院制度的国家大都有专门的宪法法院法，尽管各国宪法法院法的内容不同，但是从宪法解释的启动、运行到宪法解释决定的作出等内容不同程度地存在于各自宪法法院法之中。

（3）宪法解释程序都具有约束宪法解释恣意性的功能，这也是法律程序的一般功能，通过程序限制恣意，通过程序将结果予以正当化。但是，应当承认，宪法解释程序在限制宪法适用者的自由裁量权方面意义的有限性，因为宪法解释者尽管受到程序的约束，但是"不可能完全分离于关于对与错的实体性观念，也不可能完全等同于一场游戏或者辩论赛"[1]，"宪法

---

〔1〕 ［美］米尔伊安·R. 达玛什卡：《司法和国家权力的多种面孔——比较视野中的法律程序》，郑戈译，中国政法大学出版社2004年版，第152页。

文本自身留出了太多的想象空间"[1]，决定了宪法解释无论如何都是一种难以约束的过程。

（4）约束宪法解释恣意的方法还有宪法解释规则。宪法解释程序与宪法解释规则并不相同，宪法解释程序是宪法解释行为运行的方式、顺序、时限等规则，而宪法解释规则本质上是宪法解释方法，即宪法解释时需要遵循的考量因素，如文本、结构、历史、目的等。例如，我国台湾地区在司法院大法官审理案件法第 13 条中明确了宪法解释应考量的因素，而这一条是作为整个宪法解释程序的一部分而存在的。大部分国家的宪法解释程序规范中并没有解释规则的内容，宪法解释规则主要是作为一种法律思维而存在。

（三）草拟《宪法解释程序法》的总体思路

《宪法解释程序法》是一部关涉宪法实施和监督的法律，它能否得到有效实施，直接关系宪法的命运与未来发展走向。

1.《宪法解释程序法》是一部基本法律。之所以要立法而不是制定一部内部的议事规则，是因为解释宪法的活动涉及国家的根本法，其解释具有法律效力。更重要的是，解释活动并不是对内发生效力，而是会影响到国家权力的整体运行和公民基本权利的保障。故而，制定法律是妥当的。

2.《宪法解释程序法》的立法意图在于，既能让宪法解释有可能运作起来，又不会因为宪法解释给国家的法律秩序与社会生活带来不必要的影响。故而试拟稿对于提请解释宪法的条件、审议宪法解释的程序均作了较为严格的限制。

3.《宪法解释程序法》试拟稿的框架主要是按照解释宪

---

[1]　[美]劳伦斯·H. 却伯、迈克尔·C. 多尔夫：《解读宪法》，陈林林、储智勇译，上海三联书店 2007 年版，第 21 页。

法的过程而设计的。首先是请求解释宪法的提起，然后是宪法解释请求的受理、宪法解释案的审议，最后是宪法解释案的通过。

4.《宪法解释程序法》主要是一部程序法。草案中着重规定了解释宪法的程序，力图使各种规定具有较强的可操作性。当然，《宪法解释程序法》虽名为程序法，但也不可能不涉及一些实体的问题，例如，宪法解释的请求权、宪法解释的效力等问题。故而，试拟稿对一些问题没有严格区分程序和实体性因素，这也是宪法和行政法领域立法的普遍现象。

（四）《宪法解释程序法》的主要内容

《宪法解释程序法》试拟稿共分为 7 章 24 条。这里简单地作出说明。

1. 第一章"总则"。规定《宪法解释程序法》的立法目的，以及宪法解释应遵循的三大原则，即忠于宪法原则、人权与秩序原则、程序法定原则。具体内容包括：

（1）立法宗旨与依据。为了维护宪法的尊严，保障社会主义法制的统一，规范解释宪法的活动，根据宪法，制定本法。

（2）忠于宪法原则。解释宪法应当遵循宪法的规定和基本原则。

（3）人权与秩序原则。解释宪法应当尊重和保障人权，维护宪法秩序的稳定与和谐。

（4）程序法定原则。解释宪法应当依照本法规定的程序实施。

2. 第二章"宪法解释的主体与事由"。关于宪法解释的主体，重申宪法关于宪法解释主体的规定，并依据宪法的相关规定，具体规定全国人大常务委员会解释宪法的事由。同时，在这一章中还区分了依申请和依职权两种启动宪法解释程序的方式。对于前者，应适用本法后文中规定的较为复杂的程序；对于后者，也就是全国人大常委会自己认为需要解释宪法的，其程序只会有审议和通过两个步骤。

关于宪法解释的事由主要包括：（1）宪法的规定需要进一步明确具体含义的；（2）宪法实施中出现新的情况，需要明确适用宪法依据的；（3）法律、行政法规、地方性法规、自治条例和单行条例、规章等规范性文件可能与宪法相抵触的。

3. 第三章"宪法解释请求的提起"。规定提请解释的主体、提请解释的条件、提请解释的方式和宪法解释请求书等内容。

提请解释的主体是生活在宪法下的任何人，但是为了减轻全国人大常委会的负担，防止宪法问题的"大众化"现象，应将在不同情形下的各种主体有所区分，赋予其不同的请求效果，具体如下：（1）预防性解释的情形，也就是国家在立法时，对宪法规定有疑义的，请求解释，全国人大常委会应当受理。（2）抽象审查性解释，即虽然并没有个案的发生，但国务院、中央军事委员会、最高人民法院、最高人民检察院、省、自治区、直辖市的人民代表大会常务委员会，60人以上全国人民代表大会的代表或者一个代表团发现法律、法规等与宪法相抵触而提出请求的，应当受理。其他主体提出的，只能作为一种建议，全国人大常委会可以受理也可以不受理。（3）具体审查性解释，即人民法院在审理案件过程中发现法律、法规等与宪法相抵触的，应中止案件的审理，请求全国人大常委会解释，全国人大常委会应当受理。（4）个人请求的情形。原则上个人不得直接请求解释宪法，但在公民个人认为自己的基本权利受到国家机关和国家工作人员的侵害，穷尽所有的法律途径仍得不到救济时，可以向全国人民代表大会常务委员会提出解释宪法的请求。这种程序的安排类似于有些国家实行的宪法诉愿制度。

4. 第四章"宪法解释请求的受理"。规定接受解释请求的工作机构和决定解释宪法的相关主体与程序。这里区分了接收请求书、受理请求书、决定解释三种情形。由全国人大法工委负责接收请求书，对其进行形式要件的审查；由全国人大法律委员会进行实质审查，就是否需要解释宪法提出意见；最后由委员长会议决定是否要向全国人大常委会提请解释宪法。

（1）具体接收机构。宪法解释的请求由全国人民代表大会常务委员会法制工作委员会接收。收到解释请求后，法制工作委员会应予以登记、送达回执，并对申请人是否具有提请资格、宪法解释请求书是否符合要求作出初步审查。法制工作委员会应于10日内将符合要求的宪法解释请求书转交法律委员会；对于不符合要求的，法制工作委员会作出不予受理的决定并书面说明理由。

（2）请求的处理程序。全国人民代表大会法律委员会接受解释宪法的请求后，应在60日内就是否需要解释宪法提出意见。需要延长时日的，经委员长会议批准，可延迟30日。法律委员会认为没有必要解释宪法的，应予驳回，并将驳回理由书面告知提请解释的请求人。

（3）决定解释程序。全国人民代表大会法律委员会审查后认为确有必要解释宪法的，应当提出书面意见，提交全国人民代表大会常务委员会委员长会议讨论决定。委员长会议认为需要解释宪法的，应启动解释程序。委员长会议作出解释或不解释宪法的决定后，法律委员会应书面告知提请解释的请求人。

5. 第五章"宪法解释案的起草与审议"。规定如何起草宪法解释案以及如何对解释案进行审议。其中，为了增强宪法解释的科学性，规定了宪法解释咨询委员会，其具体的组成、任免程序等可以在详细论证之后再作规定。具体程序包括：（1）全国人民代表大会常务委员会设立宪法解释咨询委员会。（2）解释案的起草。经全国人民代表大会常务委员会委员长会议讨论决定需要解释的，由全国人民代表大会法律委员会征询宪法解释咨询委员会的意见，拟订宪法解释案。（3）解释案的初步审议。宪法解释案由全国人民代表大会法律委员会初步审议后，提交全国人民代表大会常务委员会，由委员长会议决定列入常务委员会会议审议议程。（4）解释案的提出。宪法解释案应在全国人民代表大会常务委员会全体会议召开之前的5日内印送常务委员会全体委员。宪法解释案应由全国人民代表大会常务委员会以会议的形式进行审议。全国人民代表大会法律委员会根据常务委员会会议的审议意见对宪法解释案修正后，可付诸表决。审议中仍有重大问题需要进一步研究的，由委员长会议提出，经全体会议同意，可以暂不付表决，交法律委员会和有关的专门委员会进一步审议。因各方面对解释宪法的必要性、可行性等重大问题存在较大意见分歧搁置审议满两年的，或者因暂不付表决经过两年没有再次列入常务委员会会议议程审议的，由委员长会议向常务委员会报告，终止审议该宪法解释案。

6. 第六章"宪法解释的通过与效力"。规定解释案的表决和公布程序，以及宪法解释在法律体系中的效力与地位。为了保证宪法解释的权威、提高宪法解释的合理性，试拟稿严格规定，要求全体委员的2/3以上的多数才能通过。宪法解释公布后，相关的法律、法规等应及时作出适当的调整。

7. 第七章"附则"。规定《宪法解释程序法》的生效时间。

（五）启动宪法解释程序需要解决的主要问题及路径选择

自1982年宪法颁布实施以来，对推动改革开放进程发挥了重要作用，但在实践中也面临着许多新问题、新课题。其中不可忽视的问题之一是对宪法解释制度的功能没有给予必要的关注，在实践中没有进行过严格意义上的宪法解释，[1] 更没有可以遵循的宪法解释程序。面对宪法规范与社会现实的矛盾，过去我们主要依赖于（或习惯于）修宪权的运用，未能在灵活的宪法解释制度中寻求解决问题的可行的方案。"重修改，轻解释"现象的存在从一个侧面反映了我们宪法思维方式的封闭性与教条性，同时也反映了"重现实需求，轻规范价值"的宪法思维模式。

1. 启动宪法解释程序需要解决的问题。主要有：（1）转变观念，把宪法解释纳入宪法运行总体过程之中。长期以来，一些学者把宪法解释简单地等同于宪法注释学，对宪法注释学的不正确认识在客观上带来了对宪法解释功能的怀疑。（2）在宪法运行过程中认真对待宪法文本的价值，以文本为基础建立解释宪法文本的技术与规则。（3）宪法规范生活化的进程缓慢，社会生活中宪法未能发挥充分的作用，由此造成社会生活对宪法规范需求的有限性，缺乏启动宪法解释机制的动力来源。（4）宪法解释机关应积极履行宪法赋予的宪法解释权，尽快摆脱宪法解释权的虚置状态。从各国宪政发展的基本经验看，当宪法规范与社会现实之间发生冲突时首先需要通过宪法解释的方法解决冲突，在穷尽宪法解释程序不能解决现实冲突时才能考虑宪法修改等其他方式。在宪政运行过程中制宪权、宪法解释权与宪法修改权是相互不能随意逾越的不同阶段的权

---

〔1〕 由于对宪法解释的认识不同，我国是否有宪法解释的实践一直存有争论。有人否认我国有宪法解释的实践，也有学者认为我国已经有若干次实质意义上的宪法解释活动，并列举了若干全国人大的决定，认为其属于宪法解释性质。见胡锦光、王丛虎：《论我国宪法解释的实践》，载《法商研究》2000年第2期。

力形态，具有各自不同的功能与要求。在这种意义上，宪法解释权功能的发挥程度不仅关系到制宪精神的实现，而且直接影响整个宪法运行的效果。

2. 启动宪法解释程序的路径。为了积极、稳妥地开展宪法解释活动，笔者认为可以采用"总体协调，分阶段演进"的路径，在现实发展需求与宪法文本价值之间寻求合理平衡，根据实际需求与可能选择启动宪法解释程序的契机，目前来看，启动宪法解释程序，较为稳妥与可能的路径是：

（1）全国人大常委会法工委法规备案审查室要积极履行审查法规的职责，可选择一些公众关注、具有一定"安全度"的个案进行审查，为宪法解释程序的启动积累经验与基础。

（2）根据法律发展的经验，适当引入"法律的合宪性解释"或"宪法一致性法律解释"等概念，通过立法和法律解释活动，在不违背宪法条文的前提下，对宪法条文的含义进行适合于社会发展需求的解释，以法律解释推动宪法解释的发展。我们可以总结预算法和香港特别行政区基本法的一些经验[1]，并进行理论研究。预算法对宪法规定的预算条款进行的解释具有一定的价值。[2] 香港特别行政区基本法是全国人大根据宪法制定的基本法律之一，但鉴于香港特别行政区基本法的特殊性，全国人大在通过香港特别行政区基本法的同时，还以大会

---

〔1〕 香港基本法实施以来，全国人大常委会对基本法进行过三次解释，分别是1999年6月22日关于居港权的解释，2004年4月6日关于基本法附件的解释，2005年4月27日关于补选行政长官任期的解释。这三次解释，引起了关注与争议。但是，从宪法解释的角度而言，三次解释方法日渐成熟，为启动我国的宪法解释积累了不少有益经验。

〔2〕 另外，立法法第88条第（一）项把宪法第62条第（十一）项"改变或撤销全国人民代表大会常务委员会不适当的决定"解释为"全国人民代表大会有权改变或撤销它的常务委员会制定的不适当的法律"。把"不适当的决定"解释为"不适当的法律"，进一步明确了撤销的对象，同时给宪法解释和法律解释带来了值得探讨的新课题。

决定的方式对香港特别行政区基本法的合宪性进行了特别的宣告。在《关于〈全国人民代表大会关于中华人民共和国香港特别行政区基本法的决定（草案）〉的说明》中，全国人大进一步指出，这一决定的作出是"为了进一步明确香港特别行政区基本法的法律地位"。

对于法律的合宪性，一般是在该法律中宣告"根据宪法，制定本法"。而全国人大却用一种新的方式对香港特别行政区基本法的合宪性作出了格外的声明。这一决定最初是为了说明，虽然香港特别行政区基本法规定香港特别行政区保持原来的资本主义制度，但香港特别行政区基本法并不与社会主义性质的中华人民共和国宪法相违背。这一决定同时也说明，对于香港特别行政区基本法的任何理解都必须以中华人民共和国宪法为背景，香港特别行政区基本法是合宪的，对香港特别行政区基本法的解释也必须是合宪的，香港特别行政区基本法的运行必须是在宪法框架下的。虽然本质上讲，合宪的法律解释是进行法律解释的一项原则，但与宪法解释有着密切的关系。

（3）在具备一定条件的前提下，全国人大常委会作为专门的宪法解释机关，可以选择与公众利益密切相关或者针对批准《公民权利和政治权利国际公约》时涉及的部分宪法条文进行主动解释，使宪法解释成为宪法实施的重要途径，为建立有效的宪法运行机制奠定良好的基础。

第四部分
检察时评

一、宪法·宪法意识·宪政[*]

宪法意识是人们对宪法精神与基本内容的理解、认同与情感。社会主体的宪法意识不仅体现人们对社会共同体价值体系的认同，而且体现宪法价值社会化的过程与效果。宪法意识是法律意识的重要组成部分，它可以是人们关于宪法方面的有明确观念的思想体系，也可以是人们关于宪法方面有浓厚感情色彩的心理感觉和态度、评价。宪法意识涉及社会各阶层有关宪法的价值观念，所以它可以是多层次的、多元化的。相对于成文宪法典而言，宪法意识可以说是一种观念上的宪法，对于制宪、行宪以及宪政的实现都具有重要的意义。

在上一个世纪，中国人花了 100 年的时间追求宪政的理想。如 1908 年颁布了《钦定宪法大纲》；1911 年颁布了《重大信条十九条》；1912 年颁布了《中华民国临时约法》等。新中国成立后，1949 年颁布了《中国人民政治协商会议共同纲

---

* 本部分内容刊载于《学习时报》2005 年 9 月 12 日。

领》，1954 年制定了新中国第一部宪法——1954 年宪法。时至今日，宪政追求已历时百年之久，但仍面临许多新的问题，宪政的理想与现实之间仍存在矛盾与冲突。其原因何在，值得深思。应该说，原因是多方面的，有制度层面的，也有观念层面的。民众的宪法意识是宪法实施的社会基础，而在社会基础方面，我们看到了中国近代立宪的悲剧因素。梁启超曾谓："然立宪之动机起自政府而不起自人民，则其结果必无可观者，此不可不熟查也。"孙中山先生在回顾制定《中华民国临时约法》时的政治局面与思想潮流的状况时说过一段意味深长的话，他指出：一国之趋势，为万众之心理所造成；若其势已成，则断非一二因利乘便之人之智力可转移也。他认为我国数千年专制之毒，深中乎人心，这是中国缺恨之点。故改造中国，就必须把民主共和国精神明确地用法律固定下来，才能使帝统为之斩绝，专制为之推翻。辛亥革命以后，北洋军阀层出不穷的毁法事件，使他认识到宪法之所以能有效力，全恃民众之拥护，假使只有白纸黑字之宪法，决不能保证民权，俾不受军阀之摧残。一个社会可以有宪法典而可能无良好的宪法实施环境。但任何宪政活动的背后，必然以深厚的宪法意识作为基础，真正的宪政活动在一个社会出现，是以宪法意识的充分存在为先决条件的。制定 1954 宪法时，由于历史与文化方面的原因，多数中国公民虽了解宪法的基本知识，但还不能全面地理解宪法的价值和基本理念。当时的宪法宣传主要围绕制宪意义、新中国的成立、人民当家做主的意义，对宪法、宪政的含义、内容、价值等基本问题却很少涉及。1954 年宪法的全民大讨论虽然很成功，但起到的作用具有一定的局限性，没有整体上培养起公民的宪法意识，更没有形成全社会普遍的宪法意志。立宪、行宪没有转化为公众内在的迫切要求与行为准则，宪法的实施更没有广泛的社会基础，这在一定程度上决定了宪法实施效果的不理想。近些年来，随着市场经济的实行、利益的分化，以及文化教育的发展，人们的权利意识、公民意识逐渐提高，宪法问题、涉宪案件频频出现，人民的宪法意识也逐步提高。由此，宪法也日渐受到重视和尊重，从最高国家权力机关到普通民众都或多或少地感觉到了宪法的实在价值。

中国近百年的历史表明，宪政与宪法意识的联系是紧密的。宪政是可操作的、具体的、有形的，宪法意识则是一种观念、感觉和心理状态，它深植于公众的意识之中，又作用于宪政活动。宪法意识在确立宪法的过程中起到了先导的作用，没有宪法意识为先导，没有建立起宪法意识的思想基础，宪政运动是不可能真正存在的，宪法意识是宪政活动的内在推动力。宪政精神是宪法意识的最高层次和理想境界，是尊重宪法、维护宪法、自觉遵守和实施宪法的风气和习惯，也可以说是尊重民主、维护民主、实施民主的风气和习惯。它是宪法实施不可缺少的环节，否则，宪法的最高法性质难以得到保障。宪法不应成为一种"富国强兵"的工具，而应逐渐成为一种实现人权和社会共同体核心价值的目标，成为人们信仰的对象。

宪法意识应该如何培养？要回答这一问题，首先要解决的一个问题就是宪法意识是谁的宪法意识。我们不能仅仅强调公民的宪法意识，还应该强调国家机关和公务员的宪法意识。宪法意识是各种宪法主体对宪法的体认和感悟。仅仅公民有宪法意识是不够的，还需要国家机关在其立法和执法过程中树立宪法意识，切实履行宪法所赋予的职责。国家权力是最难以驯服的，也是最应该首先具有宪法意识的。当然，从根本上来说，宪法实施的社会基础是公民的宪法意识。公民有了良好的宪法意识，国家机关也就不敢任意妄为，胡乱执法。宪法要得以顺利实施，主要取决于民众对宪法的信仰程度。公民的宪法意识可以说是宪法得以实施和实现的根本保障，是宪法力量的源泉。宪法意识何以产生，从总的方面来说，一方面要有对宪法切实的保障，另一方面各种宪法主体也要有对宪法的需求。没有宪法主体对宪法的诉求，就不会有宪法意识的产生。没有对宪法切实的保障，宪法意识纵然产生了，也会渐渐归于寂灭。

从世界的宪政发展史看，法治发达国家非常重视提高公民的宪法意识。一些国家专门设有宪法节，有的国家把宪法的颁布日作为纪念日，有的国家定期举办纪念活动。通过宣传，使人们认识到宪法是保护自己权利的一种最有力的武器。现在我国每年的 12 月 4 日被确定为"全国法制宣传日"。其中，宣传的重点就是宪法。但笔者认为这还是不够的，应设立一个专门的宪法节，把 12 月 4 日"全国法制宣传日"改为"宪法节日"，进行各种形式的宪法宣传活动，普及宪法知识与理念，提高公民的宪法意识。

要培养宪法意识，就必须普及宪法知识，让所有的公民对宪法都有所了解。宪法知识是建立宪法理念的基础，没有基本的宪法知识，就不可能形成宪法意识，就不可能按照宪法的基本原则和基本精神来办事。那么，如何普及宪法？基本的宪法知识是必不可少的。但是，在普及宪法知识中，不能过多强调国家政权与政治制度等问题，不能把宪法教育等同于"形势政治教育"，不能把宪法知识的普及变成"顺民"、"良民"教育。普及宪法的重点是权利普法、公民意识普法。什么是公民，公民享有哪些基本的宪法权利，他们如何行使这些基本的宪法权利，这些才是真正需要加强的宪法教育。基本的宪法规范虽然是宣传的基础，但是，宣传的目的不在于让公民记住某个具体的宪法条文，而是尽力使其具有一种宪法的意识，一种为自己的宪法权利作斗争的精神。

宪法知识只是形成宪法意识的一个基础，稳定的宪法意识是在社会实践中逐步形成的。宪法应该成为人们日常生活的行为规范，让人们在日常生活中可以感受宪法规范的存在与实际利益。为此，宪法需要走进公民的生活之中，为民众所熟悉、掌握和运用。我们需要在全社会进一步普及宪法知识，提高宪法意识和宪法素质，使宪法成为贴近百姓生活的规范。让人们充分认识到宪法到底能为他们带来什么、能给他们多大的实惠，这样人们才会对宪法有所诉求，才会在追求宪政的过程中实现宪法的精义。宪法需要社会化和生活化，这当中很重要的一点就是：宪法要走进诉讼领域，让宪法在说最后一句话的地方发挥其应有的作用。正所谓"有为才能有威"，权威是打出来的，而不是喊口号喊出来的。要树立宪法权威，要树立民众对宪法的信仰，必须要让宪法在保障公民基本权利方面发挥积极作用，让老百姓切实感受宪法的功能与宪法的价值。当社会生活中发生各种争议时，人们自然寻求包括宪法诉讼在内的各种救济途径。在现代社会中，宪法诉讼是保障基本权利、解决社会矛盾与冲突，特别是保护多数人统治下的少数人利益的最基本和有效的途径，也是宪政存在的基础。因此，宪法进入司法过程是宪政发展的基本要求，也是公民宪法意识形成的必由之路。

在培养国家机关的宪法意识和保障公民的宪法意识方面，国家权力机关首当其冲。国家权力机关一方面要加强宪政立法，以切实保障公民的基本权利，不得侵犯公民的基本权利；另一方面也需要加强自身宪法意识的培养，应该在立法过程中注意自己所制定的法律不得违反宪法，努力把握自身权力的宪法界限而不可逾越。应该说，近年来我国在公民基本权利方面的立法还是取得了不小的成就，但总体上还相对滞后，还有不少的基本权利是由国务院的行政法规予以保障和限制的。行政法规不能等同于全国人大的法律，需要尽快根据宪法和立法法的规定进行全国人大的立法，以切实保障公民的基本权利。另外，立法者还应转变立法观念，真正从政府管理立法转到权利保障上来。其他国家机关也应在具体的执法过程中提高宪法意识，忠诚于宪法，忠诚于宪法对人权的尊重和保障。

宪法意识的形成和发展，还需要法院在其中发挥保障的作用。没有司法的有效保障，宪法意识可能也只是空口白话，不能真正发挥其潜在的功能。一方面法院要为保障宪法的实施提供司法保障，另一方面法官自身也要树立宪法意识，在审判活动中真正贯彻宪法规范和精神的要求。宪法通过一定的形式进入司法领域，成为司法活动的基础，不仅宪法原则可以制约司法活动，而且宪法具体条文也要成为司法判断的基本准则。就目前而言，笔者认为首先在现有的宪政体制的框架内发挥已有制度的功能，确实保证宪法原则与精神在审判实际中的落实。为此，大力提高法官的宪法意识是推动宪法司法适用的基本途径。法官在审判活动中首先面对的法律是宪法，即如何对宪法负责，如何履行遵守和执行宪法义务。我国宪法、法官法对法官遵守宪法义务作了具体规定。随着法治的发展，社会生活中出现的大量的社会问题可能转化为法律争议，而法律争议又可能转化为宪法争议。在解决法律争议中司法发挥的功能是比较大的，法官在解决宪法争议方面发挥着越来越重要的作用。法官应具有基本的宪法知识。基本的宪法知识使法官能够认识到审判权的来源、行使审判权的目的与解决宪法争议的基本方法。法官要善于发现法律问题以及法律问题中的宪法问题，如在审理案件中发现可能违宪的法律或法规，应及时通过法定程序寻求解决问题的方法。法官有了宪法意识，在诉讼中具体实现着宪法的规定，体现着宪法的精神，人民也会从中获益，感受到宪法对他们自身利益的影响，感受宪法存在的真正价值。

可以说，宪政与宪法意识荣辱与共，息息相关。宪政需要宪法意识的基石作支撑，宪法意识也需要宪政的具体保障。宪法贵在实践，宪法的生命力在于在政治生活和社会生活中充分实现其价值，使宪法成为国家政治生活的最高准则，成为人们日常生活中实际感受到的生活规范和行为准则。有了尊重宪法的文明而有序的政治环境，有了体现宪法精神的健康而自由的社会生活，有了对宪法的共同信仰，宪政的实现就会获得更广泛的社会基础。

二、从若干事例谈公权力与私权利之间的价值平衡*

在建设社会主义和谐社会建设中，需要解决的基本矛盾是公权力和私权利之间的不协调。在有些公众的心目中，公权力与私权利之间似乎充满着矛盾与对立，很难体会到两者之间价值的平衡点。当两者之间出现冲突时，缺乏相互之间的信任，实际生活中存在不少认识误区。

从一般理论上讲，公权力来自私权利，是为私权利服务的，离开私权利的公权力是无源之水，无本之木。同时尊重公权力的合法性是私权利发展的基础，没有公权力的合理保障和支持，私权利也会失去发展的基础。特别是，在自由权和社会权价值并重的时代，公权力的适度干预是十分必要的。因此，对一个公民来说，公权力并不是可怕的存在物，它是私权利存在的基础，需要建立相互的信任关系。但为什么两者之间经常处于紧张关系呢？让我们看看近几年发生的一些事例。

---

* 本部分内容刊载于《人民日报》副刊《大地》2007 年第 12 期。

有一个事例大家是不会忘记的。2004 年有一篇《谁杀死了小女孩》的报道曾经震撼了我们每个人的心。一个叫李桂芳的母亲带着 3 岁的女儿生活，有一天，她在商场被怀疑偷拿洗发水，被当地派出所带走，后尿检时发现吸毒，被送往戒毒所。在派出所，这位母亲向民警说过几次，她家里有 3 岁的女儿，希望派出所跟她姐姐联系，让其照顾女儿。但派出所和戒毒所的民警没有及时打电话通知这位母亲的姐姐，过了 13 天以后，因为没有人照顾，小孩子在家里饿死了。当人们发现这个孩子的时候，她的尸体已经高度腐烂，身上爬满了蛆虫。最后检疫的结果显示，小孩是饿死的。面对小女孩的死公权力机关不应该深刻反思吗？还有类似的事例也发生在 11 岁小女孩的身上。一个 11 岁的小女孩，在放学回家后神秘失踪，亲人在多方寻找未果后，求助于派出所，并指证一个刑满释放分子与女孩的失踪有关，但派出所值班民警却以种种理由推诿，导致女孩失去了宝贵的获救机会。一天之后，女孩的尸体在这个嫌疑人的家中发现。母亲愤怒之下向检察机关投诉这名不作为民警。当然，这是由于公权力不作为而导致的公民权利受侵害的事例，至于以公权力作为形式造成权利损害的事例更是不胜枚举的。

公权力在法治社会中存在着严格的法律界限，宪法和法律对此作出了明确的规定，超越其界限必然对公民权利造成损害。比如，在延安的黄碟案中我们看到以"公共利益"的名义而进行的超越法定界限的警察权的活动，也许警察的出发点是好的，但对某些纯粹属于个人自治或隐私范围内的事情是否也要由公权力来调整，是值得认真思考的。在房屋拆迁过程中，公权力与私权利之间的矛盾是比较突出的。各国法律普遍规定，私有财产的保护并不是绝对的，为了公共利益可以对私有财产进行征收或征用，但其前提是合理的公共利益存在，同时要有严格的法律程序。但在一些房屋拆迁纠纷中，我们看到的是借公共利益之名，侵犯私权利的现象，以牺牲拆迁户利益为代价，换回个别企业或个人的商业利益。对私权的拥有者来说，公共利益是可以怀疑的，可以纠问"公共利益"的"正当性"基础。前几年，某城市曾发生城市规划与公民私权之间的冲突。为了迎接"第五届亚太城市市长峰会"，该城市花1.5亿元对整个城市进行"化妆"，有些房屋的所有者认为，房子的墙面该不该刷、由谁刷、怎么刷等不经市民同意，完全由政府说了算是不合适的。而政府则认为，对城市的规划与保持良好的形象是政府职责范围内的事情，政府有权决定涂色。这里提出的问题是，公权力与私权利之间如何保持合理的平衡？美化环境，制定城市发展规划当然是政府的职责，但政府权力的行使必须在尊重私权利的基础上才能获得合法性基础，否则以忽视私权利而带来的"公益"是苍白无力的。

在现实生活中，公权力往往以维护公共利益的名义进行活动，是以国家代表的身份出现的。但我们需要思考，公共利益本身是不是反映了公民的权利需求？是否是真正的公共利益？假的公共利益存在时如何判断？公共利益是基于社会共同体而确定的价值体系，是社会成员物质和精神需要的综合体，体现了社会、国家与个人之间的利益关系。一般意义上讲，公共利益不是个人利益的简单集合，也不是多数人利益在数量上的直接体现，它是社会共同的、整体的、综合性和理性的利益。凡是被纳入到公共利益范畴体系内部的利益是个体利益高度概括化的体现。因此，判断公共利益内涵时，不应仅仅考虑个体利益的正当需求，应在不同利益格局中选择利益综合体，维护公共社会的价值体系。同时，公共利益的价值理念是个人尊严的保护。现代国家宪法中普遍建立了公共利益与个人利益互相转化的机制，从个体价值的维护中不断获得正当性的基础。公共利益源于个体利益，同时为个体利益的实现服务。另外，无论是个体利益，还是公众共同的利益，利益的选择应在合理范围内进行，以合理性为基本条件。这种合理性的基本要求是：个体利益本身的合理性；个体利益向公共利益转化程序的合理性；个体和公共利益相互转化的合理性；公共利益评价体系的合理性等。如前所述，公共利益的价值基础是个体利益的保护，合理的公共利益为社会提供公平的社会价值体系，增进社会成员的政治与社会事务的参与，形成大家对社会基本价值体系的共识。确立公共利益存在的合理界限本身就是对可能出现的公权力滥用的一种制约。可见，基于公共利益而进行的公权力活动并不一定具有正当性，也要满足一定的要件。

当公权力以公共利益名义对私权利进行限制时，要具备实质要件、形式要件和程序要件。实质要件是指遵循宪法规定的限制基本权利的依据。形式要件是"通过法律的限制"，即基本权利的限制只能采用法律的形式。在宪法文本中出现的法律用语中，作为限制基本权利依据的法律应具有明确性与一般性。在我国，限制基本权利的法律应当是形式意义上的法律，即必须是全国人大和常委会制定并颁布的，否则缺少评价公共利益的形式条件。在符合实质和形式要件的前提下，还要满足方法和程序上的要求，如采用信赖保护、法律规定的明确性等条件。公权力活动是需要公共利益支持的，但它的基本出发点仍然是为公民个人权利的保护，脱离公民权利的公权力是缺乏合法性与正当性的。

在笔者看来，在未来的中国社会发展过程中，公权力与私权利之间的冲突是值得高度关注的社会问题之一。协调好两者的关系是双方的共同责任，我们不能把冲突的原因简单地归结到一方。但两者关系的主要矛盾在于公权力，即公权力要树立尊重私权利的基本观念，转变观念，把执法的价值趋向统一到"国家尊重和保障人权"的基本理念上。观念的更新是制度变革的基础。如2004年云南省某市政府规定，吸毒者可在当地的艾滋病咨询中心免费领取到清洁的静脉注射器，也可以免费得到毒品替代品。2004年某市政府推行给卖淫妇女免费提供100%安全套的政策，由此引发了社会秩序与卖淫妇女生命权保护问题的争论。有的学者认为，为了预防艾滋病政府推行使用安全套的做法体现了对公民生命负责的态度。但反对意见认为，政府的这种做法是"纵容、支持嫖娼卖淫"。笔者认为，反对意见是缺乏依据的，因为政府推行的政策本身体现了国家对所有公民生命权的尊重与保护，对国家而言保护生命权是一种宪法上的义务。正如有的学者所指出的，卖淫妇女和嫖客都是公民，政府在依法管理他们的同时，也尽心尽力地保护他们的健康和生命，这恰恰是承担起了政府对于全体公民的全面责任。政府依法保护社会个体的权利，客观上有利于保持和谐而稳定的社会秩序，有利于发挥社会个体参与社会生活的积极性。

2006年3月1日开始正式实行的治安管理处罚法的重要特点之一就是确立了限制和保障警察权的合理界限。但在具体的执法活动中，如何处理好两者的关系并不是一件容易的事情。前一段时间在某市发生的一个事例说明了这一点。公安机关对没有经过许可在路上摆摊的20多人，作出了拘留5天的处罚。所以报纸上就有一个讨论，未经许可摆摊是违反了相关的规定，但是能不能拘留？用这样一个限制公民人身自由的方式来解决这个问题合不合适？从大家的讨论中，可以窥见大家对公权力行使的某种担心。根据治安管理处罚法的规定，警察是有充分的自由裁量权的。当法律上没有明确解释"扰乱公共秩序"都包括哪些具体情形的时候，执法者有权对相关的条款进行自由裁量。但执法者在作出限制措施之前，是否需要考虑以下因素，如治安管理处罚法规定的"扰乱公共秩序"的本意是什么？它本质的内涵是什么？它有什么样的特征？它有什么样的要件等。

国家并不是空洞、抽象的存在物，国家是为了公民的利益而存在的。如果我们每个公民的权利都能得到保护，国家政权本身也会得到巩固和发展；没有群众权利保护的国家利益，是没有生命力的，也是空洞的。

2005 年开始有关部门实施了"中国党政官员中普及人权知识"的一个新工程。2005 年的 10 月份全国各地 32 个省、市、区、省会城市的地方单位政府的一些官员们，参加了第一次中国政府举办的"人权知识"的一个培训班。党政干部是行使公权力的，而他们所进行的所有的工作都与人权有着密切的关系。干部的人权观念和人权意识的强弱、能否尊重人权和严格依法行政，直接关系到广大人民群众利益的实现。因此，确立人权观念、普及人权知识是合理协调公权力与私权利之间冲突的有效形式之一。

三、《各级人民代表大会常务委员会监督法》贵在实践

《各级人民代表大会常务委员会监督法》（以下简称《监督法》）以宪法为依据，认真总结了我国地方人大常委会监督工作的经验，明确了各级人大常委会实施监督工作的原则、范围与程序，具有很强的可操作性。

从监督权的性质看，各级人大常委会的监督是国家权力机关对由其产生的国家机关的监督，这种监督体现了我国政治制度和国家体制的特点，具有鲜明的政治性。无论是每年一次的

听取工作报告，还是日常对法律法规实施情况进行的检查，以及对"一府两院"的询问和质询，都体现了这一性质。《监督法》对监督权功能的规定有新的发展，如规定"上级人大常委会有权撤消下级人大常委会不适当的决议、决定以及本级人民政府不适当的决定、命令"。这一规定表明，人大对政府工作实际上行使否决权，人大是否满意是评价政府工作的重要尺度。同时，这一规定完善了我国宪政体制下的权力监督机制，有利于保持权力机关在国家决策体系中的核心地位。从监督权的范围看，各级人大常委会的监督是对"一府两院"一般性工作的监督，而非个案监督。《监督法》从我国国情出发，将各级人大常委会的监督侧重点放在国民经济和社会发展规划的执行情况以及如何保障宪法、法律、法规的实施等一般性工作方面。如将述职评议规范为听取和审议专项工作报告，把有关主管干部的工作业绩和存在的问题寓于评议专项工作中；再如，在执法检查中，规定各级人大常委会通过听取报告、对执法活动进行检查等形式了解和掌握法律、法规实施的真实情况和存在的问题，督促执法机关开展工作，并不直接处理执法检查中发现的具体案件。从监督权的具体行使方式看，各级人大常委会的监督主要是一种事后监督。根据宪法的规定，人大常委会和"一府两院"都有自己的职权范围。即便对规范性文件的备案审查，按照《监督法》的规定，各级人大常委会也以事后审查作为一种主要监督方式。

《监督法》对各级人大常委会监督权的规定是比较全面、具体的，关键是如何具体落实的问题。笔者认为，应从观念、原则与程序三个方面思考《监督法》的实施问题。首先，转变观念，要从完善人民代表大会制度的高度认识《监督法》实施的重要性，把握《监督法》的基本精神与理念，准确理解人民代表大会制度下监督权的性质与功能。要树立监督者也受监督的观念，被监督者要主动接受监督的观念，消除监督工作中存在的抵触情绪。如《监督法》针对"两高"的有些司法解释与法律可能相抵触的现象，规定了司法解释违法审查制。这就要求"两高"在司法解释过程中进一步明确程序与范围，尊重立法机关的立法权限，保证司法解释的合法性。其次，严格按照《监督法》规定的法治原则行使监督权。坚持职权法定，不越权、不弃权。要处理好各级人大常委会行使监督权与支持"一府两院"依法行使职权的关系。既要做到依据宪法和《监督法》的规定，实现对"一府两院"的严格监督，同时又不代替人民政府依法行使行政职权，不代替人民法院、人民检察院处理具体案件，也不干预"两院"对具体案件的依法处理。明确各级人大常委会监督的目的在于督促人民政府依法行政，督促人民法院和人民检察院完善内部制约监督机制，纠正司法不公、司法腐败现象。再次，遵循法定程序，增强监督实效。《监督法》是一部关于各级人大常委会如何行使监督权的程序性规范，并不是授权法，因为宪法和地方组织法已经赋予各级人大常委会对"一府两院"工作的监督权。因此，在《监督法》实施过程中监督者要强化程序意识，提高监督能力，通过规范化、程序化的监督活动，为实施《监督法》营造良好的社会环境。

四、社会管理创新要依靠法律 *

社会管理创新是法治的具体化，法治是社会管理创新的保障。社会管理及其创新应当在法治的规范之下进行。社会

---

* 本部分内容根据 2012 年 7 月笔者在海口市召开的"社会管理创新与法治建设研讨会"上的发言整理而成。

管理需要法治化，法治需要丰富社会管理的内容。社会管理创新的重要目标是实现和谐社会。和谐社会绝对不是一个没有矛盾和冲突的社会，而是看社会有什么样的化解矛盾的机制。

当前社会，群众需求千差万别，利益主体日益多元化，利益关系错综复杂，社会问题各式各样，社会诉求机制不畅造成社会协调断裂，社会建设相对滞后造成社会控制整合相对不力，社会关系紧张导致群体性事件多发高发。要从源头上预防和降低社会风险，就要建立公众广泛参与的多维度的利益表达机制，为社会各阶层提供顺畅的利益表达制度平台，形成规范的对话、协商和处理问题的反应机制，立足于处置"第一时间、第一现场"，真正从源头上预防和降低社会风险。

在处理矛盾和问题时，应以民意为导向，最大限度地保障人民群众的知情权、参与权、表达权、监督权，使"维稳"的思路从"保稳定"转变为"创稳定"。

（一）社会管理创新不能突破法律

社会管理创新会建构新的社会管理机制和制度。其中，必然有一部分核心的和重要的机制、制度要求以法律的形式固定下来，通过法律的强制力保证社会管理新格局的长期稳定和有效。这时的社会管理创新，需要法律发挥制度保障的作用来巩固创新成果。

同时，社会管理创新既然是"创新"，就可能与现有法律制度中某些法律、法规存在冲突。这些法律、法规因社会情势变化而显得不合时宜，失去了价值指引的作用。那么，社会管理能否突破现行法律法规？

必须强调，创新不是刻意突破现有法律的界限，而是更好地维护法律、执行法律。社会管理创新应该在尊重法律的前提下进行，不能以法治的名义突破法治去搞所谓的创新。如果出现法律、法规滞后的情况，在它们被修改和废止前，社会管理创新不应以违法为代价而贸然进行。违法的创新行为也许能获得短期的效应，却腐蚀着法治大厦的基石，将损害整个法治建设事业。

所以，当社会管理创新与不合时宜的法律、法规发生冲突时，最合适的解决办法是，根据实际情况尽快修改或者废止上述法律，打通管理创新的法律通道，让具有正确价值取向的创新行为在合法的轨道上运行。只有这样，才能实现社会管理创新法律效果与社会效果的统一。

在具体工作中，还有一种习惯于以政策、具体办法或领导指示来变通执行法律、法规的倾向。这种情况是否符合法治的要求？这也许在特定情况下比较容易处理社会问题，但是严格来说，法治要求所有的公权力行为要有法律的授权，在法定职权范围内进行；同时行为方式、范围、幅度等，都要符合法律规定和法律的精神。

维护法治秩序的社会管理制度框架，其实质是要保障人民群众的权利，保障公民有正常的参与渠道。如果认为政策优先于法律，那就会使制度的稳定性、可预期性受到伤害，最终会损害法治的权威，根本上不利于建立稳定、和谐的社会共同体价值。

（二）社会管理不同于政府管理

我国建设法治国家的进程是采取政府推进型的法治建设模式。有人认为，加强社会管理就是扩张政府权力。这种看法是不符合社会管理创新的要求的。社会管理不同于政府管理。社会管理的一个重要功能是形成一个政府、社会与市场三者相辅相成的、系统的、完善的、健全的架构，而不是其中单一主体权力的无限制扩张。政府权力应当有宪法和法律的依据，而不能无限制地扩张，否则要承担违法责任。政府不可能包打天下，包揽所有社会管理事项，而是需要多元化的治理主体，把该由市场做的事还给市场，把该由社会做的事交给社会，清晰界定政府、市场和社会的职责，发挥好各自的作用。实践中有人还认为，社会管理创新的目的只是形成稳定的社会秩序。这种看法片面地理解了"秩序"这一理念在理念上还未彻底摆脱计划经济的痕迹。"秩序"表面上看起来是有良好的社会治安、稳定的社会环境。但是，形成社会稳定的方式和落脚点，应当在于保障人民群众的基本权益。在这样一个目标价值取向当中，应当强调公平、正义的重要意义，强调通过沟通、说服、协商推进工作的方式。因此，在当前建构社会管理体系的实际工作当中，要将维持社会秩序的理念转变到更深层的以维护和保障人民群众作为社会管理的核心价值上。社会管理要重视民众利益要求，民众合法的利益诉求应当得到认真对待和切实维护。现实中，之所以出现很多官民矛盾，一个重要原因是政府对民众的正当要求不闻不问，没有认真对待。表面上看，社会矛盾主要是利益问题，虽然多数可以通过经济手段化解，但其实质在于民众的基本权利没有得到起码的尊重和充分的保障。

实践中还有一种观点认为，随着经济的不断发展，当前的问题可以得到全部解决。但是现实是，我们现在的经济有了巨大的发展，社会问题不但没有减少，相反新的矛盾和问题却在不断增多，这说明了加强和创新社会管理的重要性，特别是改变传统的政府傲慢的工作方式，充分发挥社会协同、公民参与的作用，强调社会、公民、社会组织的共同参与。

对于民众的利益要求，政府应当认真对待，而不是敷衍甚至走过场。如果对民众的权利不当回事，即使民众的利益看起来没有受到直接损害，或者损害不大，其后果也是严重的。

社会和谐与社会稳定应当是一种正比例关系。社会管理的终极目标是使人民群众的合法权益得到最大限度的维护，使人人都享受和谐状态。创造和谐社会，就应当在法律范围内维稳，以保障人权为基点。

（三）社会管理创新要以人为本

民意体现的是大众的普通理性，反映的是社会上较多部分人的共同看法。在社会管理中，应当科学把握民意，正确看待民意，及时回应民意。一方面，社会管理归根到底是对人的管理，要以人为本，以民意为重要导向和工作重点。要最大限度地畅通社情民意渠道，顺应民意，保障民权，使社会管理决策真正符合人民群众的意愿和需求。另一方面，要慎重辨别民意。在网络环境下，发表言论比较自由方便，对于某些公共话题，民众的看法有时会被有意地引导。对此，要认真辨别。检验民意是否真实的一个基本标准是，民意是否符合人权保障的理念，是否维护人的尊严、公正、法治等基本价值观。不论媒体或网络体现的民意是否真实、合理，我们都要及时回应，而且要以开放的心态、宽容的心态去对待，切不可拖延不理，也不能上纲上线地妄加批评。

尊重民意不能舍弃司法的专业理性和公正执法，要在民意与司法专业理性中寻求合理的平衡。要以法治的方式，合法、合理地维护司法的公平、公正、权威，提高全社会的法治意识。

总而言之，以法治理念推进社会管理创新，需要以宪法为根本，社会管理服从法治框架，管理创新遵守法律规定。宪法体现了尊严、规则、法治等社会共同体的基本价值，是实现科学决策、民主决策的规范基础。在现代社会中，宪法一方面是国家基本法律秩序的基础，而另一方面又是公民的基本生活规范。宪法的核心精神是规范公共权力运行以保障公民基本权利的实现。宪法确认的公民基本权利是一种客观的价值体系，是整个法律秩序的价值判断的原则性规范，是公共权力所应追求的基本目标。

五、30 年宪法实践：从法治到宪治[*]

伴随着国人"富国强兵"的强烈愿望，宪法传入中国。2008 年，对于中国宪法学界来说，是特别值得纪念的一年：中国历史上第一部宪法性文件《钦定宪法大纲》颁布 100 周年，在拨乱反正中诞生的 1978 年宪法颁布 30 周年，改革开放 30 周年。

（一）30 年宪法历程，与改革开放同步前行

2008 年，中国宪法走过了百年历程，这也是中国重新确立宪法秩序的 30 年。30 年来，我国先后颁布了 1978 年宪法、1982 年宪法，并在 1988 年、1993 年、1999 年、2004 年四次修改宪法。以宪法为基础，中国基本形成了中国特色社会主义法律体系，逐步确立了人权观念，并极大地解放和发展了生产力。

中国宪法学的恢复和发展与 30 年的改革开放是同步进行的，改革开放最初的合法性基础源于 1978 年宪法，改革的一些制度和措施获得了以 1978 年宪法为基础建立的法律体系支撑。改革的价值要求尽快建立新的宪法秩序，并提供相应的理论支持，而宪法制度的确立和完善进一步推动了改革开放的进程。

1978 年宪法的颁布使社会生活重新进入由宪法规范调整的"宪法秩序"，并为国家体制完善、法律体系建立奠定了基础。

---

[*] 本部分内容根据 2012 年 12 月 2 日笔者接受《检察日报》记者采访记录整理而成。

"以 1978 年宪法为基础，全国人大制定了刑法、选举法、刑事诉讼法等 7 部重要法律。"特别是，在学者和公众的期待中与呼吁中，1978 年宪法恢复了被取消的检察机关，进一步完善了国家体制。中国宪法秩序的建立，为十一届三中全会实现伟大的历史性转折奠定了基础。

1982 年，随着改革开放的迅速推进，中国发生了深刻的变化，1978 年宪法的局限性凸显了出来，许多内容已经不适应当时的需要。1982 年 12 月 4 日，全国人大通过新的宪法，这部宪法一直沿用至今。

而此后四次修宪，进一步解放和发展了生产力。1988 年修宪，为"私营经济"正名，此次修宪，明确规定了私营经济在社会主义所有制结构中的地位，肯定了它的积极作用，对推动其进一步健康发展产生重要影响。1993 年修宪，可以说是为"富强"奋斗。此次修宪，继"私营经济"之后再为"市场经济"正名，明确表示社会主义也可以搞市场经济，中国政治、经济、社会各方面变革进一步深化。1999 年修宪，"依法治国"入宪，"法治"成为国家发展的重要标志。2004 年修宪，"三个代表思想"被写入宪法。

（二）30 年宪法实践，保障公民的自由和权利

在 30 年的改革开放中，宪法制度不仅承担了为社会转型提供合法性、正当性基础的使命，同时也在通过宪法制度的发展和完善更好地保障公民的权利和自由，使人成为具有尊严的个体。

"文革"的惨痛教训，赋予了中国宪法制度深深的"人性关怀"的印记，使得宪法发展的进程凸显了深厚的人权价值。尽管 1978 年宪法在指导思想、内容的规范化等方面仍然存在着严重的缺陷，但对于"文革"中走出来的人们，对于迫切期

待民主与自由的人们，它带来了希望。

1982 年宪法的一个突出特点是"人格尊严"条款载入宪法。此后的四次修宪的一个重要特点，就是如何保护公民的权利，实现公民更大的自由。只有人的权利得到保障，人的自由权得以实现，社会才能得到更大的活力。1988 年、1993 年两次修宪从财产权方面大大强化了公民权利，1999 年修宪确立了"依法治国"，2004 年更是直接将人权条款载入宪法。这四次修宪，使得个人面对国家的主体地位逐步提升，国家权威主义色彩逐步淡化。

四次修宪，最具有划时代意义的事件是 2004 年修宪突出了"以人为本"，使人权保障观念深入人心。此次修宪，"国家尊重和保障人权"载入宪法，这是中华民族文明史和中国人权发展史上的重要里程碑。2004 年人权条款入宪，长期沉寂在文本的基本权利开始走向实践形态，对我国的价值取向和人权观念产生了深刻影响，依宪治国理念逐渐成为社会共识。

（三）宪法实践的迫切诉求：建立宪法监督委员会

30 年来，宪政、宪法、人权、自由、权利等词汇成为大众化话语，宪法开始进入公民的生活。面对中国宪法发展的机遇与挑战，客观的反思或许更为重要。反思中孕育着中国宪法文化传统的继承和发展，更孕育着国人对于宪政的热切期盼。

在 30 年宪法实践中，中国宪法正视中国社会面临的现实问题，较好地消解了社会转型期出现的各种矛盾。以个案为先导，公众、媒体、知识分子与政府四种力量相互作用，形成合力，共同推进的中国宪法发展模式，使社会改革与变迁的内部冲突能够合理消解，避免了社会震动。这种中国特色的矛盾解决方式使我国改革保持了平稳推进，经济稳定向前发展。当然，在应对社会生活中有争议的个案、公众关注的社会热点以及化解公权力与私权利的冲突中，宪法也体现出理性和包容。

遗憾的是，制度创新付出了很高的代价，甚至是血的代价，如在孙志刚事件中，付出了个体生命消失的代价。如何让公民不付出血和生命的代价，过上更有尊严和体面的生活，这是我们后30年继续努力的方向。制度应该先行作出合理安排，避免此类鲜血和生命损失的悲剧再次上演。

宪法实践30年的今天，公民已经具有较高的宪法意识、法律意识和权利意识，但在一些地方，政府部门并没有按照规则办事、尊重私权，导致部分地区的一些民众冲击地方政府的现象。2008年，我国的一些地方出现了因公权与私权冲突而导致的群体性事件。有社会冲突并不可怕，这也是社会转型过程中的正常现象，但关键是要将这些矛盾合理地纳入到制度框架之内，并通过制度框架能够解决这些矛盾。如果把矛盾引入制度框架，通过一定的法律程序，就可以化解这些矛盾，并使公权与私权的冲突控制在一定的范围之内。

当前，在宪法实践中最重要的课题之一是进一步完善违宪审查制度。通过违宪审查制度，维护社会主义法制的统一，预防和解决各种法律规范性文件之间的冲突，保证国家政权的稳定，同时有效地保护公民权利。

我国的违宪审查制度已经初步建立，但没能够有效地运行起来，仍缺乏实效性。笔者认为，在完善我国宪法监督制度的各种方案中比较可行的途径是，全国人大设立宪法监督委员会，专司宪法监督，积极开展违宪审查。就目前而言，可以充分发挥全国人大常委会法工委法规审查室的功能，针对公众关注、有一定可操作性的个案，启动违宪、违法审查程序，真正落实立法法第90条的规定。这样既符合中国国情，也容易实现。当然，检察机关在完善违宪审查制度方面可以发挥更大的作用。在学习与贯彻科学发展观的今天，完善违宪审查制度，维护社会主义法制的统一具有特别重要的意义。

六、公众生活中的法治[*]

以发布蓝皮书的方式梳理回顾 2011 年对国家、社会和公民生活具有重要影响的法治事件，有助于我们从一个侧面了解法治发展的进程与民众的法治生活。这个活动从 2005 年开始一直坚持到现在，是对中国法治进程的一个客观、真实的记录，也是中国法治建设的一个缩影，是非常有价值的一项工作。

《2011 中国法治蓝皮书》"人物篇"收录了十位人物。从人物的记述中我们可以提炼出八个核心词：生命、公平、诚信、规则，而生命的价值与文化是贯穿在"人物篇"中的主题。郭美美、药家鑫、高晓松、马克昌、韩群凤、小悦悦、李阳、郑喜兰、赖昌星、李天一。

法治的进步往往是从一个个鲜活的个案与个人生活开始的。今年入选者中，有我们学界尊敬的马克昌教授和郑喜兰检察官。马克昌教授是富有学者良心与责任感，充满专业精神的学者，塑造了法学家的精神世界，特别令人敬佩的是他讲真话、追求真理的精神。郑喜兰检察官经受各种考验，作为共和国检察官，维护着宪法和法律尊严，认真做好本职工作，是全国检察官的楷模。无论是投身学术，还是从事司法实践，他们都以个人之力推动了中国的法治建设，赢得了人们的尊敬，同时给人们以法治的坚定信心。

在入选的事件中，也有令人感到悲伤的事情，绝望的母亲韩群凤照顾两个脑瘫的儿子 13 年，最终不堪重负将儿子溺死，

---

[*] 本部分内容根据 2011 年笔者在检察日报社召开的《2011 中国法治蓝皮书》发布会上的发言整理而成。

自己自杀未遂。这样的悲剧发生在我们的生活中，又一次呼唤我们对生命的关怀，给我们带来了太多的思考：如何才能使每一个人过上有尊严的生活？如何才能充分保障公民的生命权、健康权？宪法上的物质帮助权如何实现？社会保障制度如何完善？国家如何履行应尽的义务？

郭美美（高美美）名字似乎成为我们评价当今社会信任体系的个案，折射出社会公信力的脆弱，同时反映人们对红十字会体制的不信任。李天一无照驾车打人引发了社会对所谓"权二代"的批评，这些事件都提醒我们，法治建设首先是要树立社会诚信，尊重规则，对法律要有敬畏感。在法治社会中，不允许任何人有超越法律的特权，也不允许出现借慈善牟利的现象。在法治国家，任何违法的行为都要受到追究，赖昌星出逃12 年后被遣返回国，使这一案件得以最终解决，彰显了中国司法与法律的尊严。而社会名人高晓松醉驾入狱，也同样告诉人们，法律必须得到每一个人的遵守，而只有尊重法律，社会和个体才能寻求真正安全，个体才能得到社会的宽容和尊重。

药家鑫事件和小悦悦事件，给法律人提出了更深刻的问题，尊重生命的文化是文明和秩序的基础，也是政治权威的道德基础。我们需要思考司法判决应当如何回应民意？又会对社会产生怎样的影响？面对漠视生命价值的个案，法律人能做些什么？当生命的文化还没有成为社会主流价值观时，人们对生命会表现出冷漠。如何重新塑造尊重生命的社会价值观？这些都需要整个法律共同体去认真思索和回应。

在《2011 中国法治蓝皮书》"网络篇"的入选事件中，与微博相关的个案占了很大比例，一方面，网民与警方合力利用微博打拐、解救乞讨儿童，越来越多的政法机关和领导干部也开设微博；但另一方面，360 与金山公司之间发生了微博名誉侵权案，最近北京市也出台规定要求微博用户实名注册。这些事件的背后都存在着权利、自由与秩序之间的价值与事实问题。微博作为一种新兴的信息传播媒介，不仅关系到个人的言论表达，同时也深刻地影响着公共生活。从个人的角度，互联网、微博作为言论表达的新方式，当然受到宪法和法律的保护，但因为其不同于传统传播方式的特点，有时让我们在价值与事实、规范与现实之间徘徊。从政府的角度，微博问政已经成为政府与社会、与网民互动的一个重要途径，无论是微博打拐，还是政府开设微博，都值得肯定。微博，包括"我行贿了"这样的网站，都体现了公众参与的潮流。对这种新兴的言论表达方式，有时民众缺乏专业化，对此政府需要保持一定的宽容。如果包括微博在内的互联网媒介能够真正培养民众对公共事务的关注、推动公众参与、促进公民意识的形成，那么它们在中国就具有了更重要的意义与价值。

网络是新生事物，互联网领域中也出现了很多法律问题，但互联网世界的自由也同样受到法律的规制，并不因为网络的特性而有所不同。如果 QQ 号具有财产属性，那么就应当受到保护。利用网络吸毒贩毒、百度侵犯作家著作权、淘宝商城遭到中小卖家"围攻"，这些都是互联网时代出现的新问题，我们需要理性的思考与开放的理念，但在本质上，这些问题的最终解决必须通过法治的途径。

七、"十二五"规划的实施与检察工作的未来发展[*]

"十二五"规划提出了未来五年中国社会发展的基本目标与任务。其核心是在科学发展观的指导下，加快经济发展方式

---

[*] 本部分内容根据 2011 年笔者在国家检察官学院"十二五规划与检察工作学术研讨会"上的发言整理而成。

的转变，推动社会的平衡发展。从其理念与发展目标看，法治是未来五年中国社会发展中不可忽视的重要因素。检察机关作为国家的法律监督机关，担负着维护国家法制统一与保障人权的使命，面对未来五年中国社会的发展蓝图，我们需要认真思考检察机关在"十二五"期间新的发展理念与功能问题，更加突出国家属性，始终坚持法治理念，遵循法治原则。在整个"十二五"规划期间，检察机关在社会经济发展中的新理念与角色就是：

进一步树立"国家尊重与保障人权"的观念，以法律监督权为纽带，维护社会公平与正义，实现国家法制的权威与统一。

"十二五"规划强调了科学的发展，强调发展观念的转变。检察机关要实现科学发展的目标，首先要转变法律监督的正当性基础与执法理念问题，要回答检察权为谁服务的问题。在发展中不能盲目地提出为经济增长服务的口号，不能忽视经济增长背后存在的价值与政治道德问题。要防止滥用公权力的现象，平衡公权力与私权利之间的关系，要自觉地围绕人的主体性和维护人的尊严而开展工作，积极、主动地发挥对国家公权力的控制和对公民基本权利的保障的功能。

检察工作科学发展的前提是维护宪法权威，坚持法律监督权的宪法定位。首先，要正确把握检察权的"国家"属性。人民检察院代表国家行使权力，以国家的名义对法律的实施和遵守进行监督，地方各级人民检察院不是地方的检察院，而是具有国家属性的检察院。其次，要正确把握检察权的受限制性，检察机关的监督并不是面面俱到，事事监督。它的监督应当以是否危害国家利益为标准，只有发生了危害国家利益的行为，检察机关才予以监督。比如，在民事行政领域，虽然客观上有监督的必要性，但比其刑事领域的监督，其监督权是有限的，不能任意扩大监督范围。检察权的本质属性就是法律监督权，人民检察院是专司法律监督职能的国家机关。人民检察院的监督是法律意义上的监督，而非所有问题的监督；它的监督是针对具体案件的监督，而不是间接、宏观与抽象的监督。

在检察机关与其他国家机关的关系上，我们需要进一步转变观念，既要强调不同公权力之间的分工与配合，同时更要强调检察机关、审判机关与公安机关之间的相互制约，不能削弱公权力之间相互制约的功能。这种制约是"互相"制约，即是双向制约关系而不是单向制约，否则这只能是一个没有支点而严重失衡的跷跷板。检法之间相互制约是核心问题，没有这种制约，所谓的分工负责就失去了意义，相互配合也会严重变质，法律适用的公正性亦将无从保障。当然，制约本身不是目的，而在于通过检察权与审判权之间的制约来保障法律适用的公正性。解决权力冲突的关键在于正确理解宪法精神，始终把公民权利保障的价值放在首位。强调相互制约有助于体现权力监督的宪法精神，建立以制约为核心的三机关的关系。

当然，"分工负责、互相配合、互相制约"的宪法原则是一个完整体系，而不能孤立地理解。这一原则强调了法院和检察院各自的宪法地位，强调了各自的独立性，强调了法律监督权与审判权之间的合理协调和平衡。既不是因强调法律监督权而否定审判权的独立性，也不是强调审判权而否定法律监督权的实效性，力求在两者之间寻求一个合理平衡，努力保持两种权力的属性而又不失有效性。

检察理论研究是检察制度发展和完善的基础，没有理论研究成果，很难推动整个检察制度的稳步发展。2010年检察理论的研究成果是显著的，但仍有一些基本的理论问题没有得到解决，主要有：（1）对检察机关的宪法定位问题，仍缺乏系统化的理论论证，对中国宪法文本背后深刻的社会政治文化与政治制度的特点缺乏必要的认识，特别是对历史正当性与合法性关系没有进行合理的论证，对检察机关理论问题的探讨容易脱离宪政体制的基本框架；（2）面对侵犯公民基本权利的典型的冤假错案，检察机关没有从理论上深刻分析其原因，对因法律监督不力、缺乏制约而导致的一些个案缺乏系统的分析；（3）在检察制度的改革与法律稳定性的关系上，有些改革措施缺乏充分的理论论证，过分强调改革的现实需求，没有充分尊重法律稳定性的价值，特别是所谓地方检察工作的"创新"的论证严重不足，导致某些改革与法律之间的冲突，影响国家法制统一；（4）检察理论研究中，实务界与学术界仍存在相互脱离的现象，以问题为导向的综合的研究方法还没有得到广泛的运用。我们需要强调以问题为导向的研究方法，倡导研究思路的开放性，不能从本位主义出发。

根据规划的发展要求与法治发展的趋势，2011 年检察机关的工作机制建设和工作方法上，要注意协调国家公共利益与公民权利之间的关系，改变重国家利益轻个人利益的传统观念。检察机关维护国家利益是应该的，它对于激发个人的奉献精神、凝聚人心具有重要意义，但过于绝对化必然带来对个人利益的侵犯，个人往往被置于客体地位，必然成为实现国家利益的手段和工具。

同时，在工作机制创新方面，检察机关要探索如何强化上下级检察机关之间的领导关系，使领导关系成为具有实效性的制度，特别要探索完善检察长、副检察长、检察委员会委员的任免制度，强化上级检察院检察长与人大常委会相对独立的任免权，以维护检察机关作为国家法律监督权的权威性。

在工作机制方面，检察机关还要探索如何维护宪法权威与尊严的问题，积极发挥法律赋予检察机关的"违法违宪审查的要求权"与法律解释的要求权，及时预防与有效解决现实生活中大量存在的违宪问题，维护国家的基本制度、党的执政地位与社会主义核心价值观。

今年是中国特色社会主义法律体系形成年，形成不是完成式，实质上是进行式，完善法律体系的任务更加繁重，维护国家法律体系的稳定是检察机关的重要使命。为了在重大法治发展问题上掌握主动权，发挥宪法制度的优势，有必要在选择典型的个案，启动审查程序，对于完善中国宪法保障制度将产生积极的影响。

从世界法治发展的总体趋势看，不同法律制度、不同法系之间既存在相互融合，又保持着各自的传统与特色，多样性仍然是当代法治发展的基本特征。检察制度作为一个国家宪政制度的组成部分，反映着不同国家文化与法律传统，特别是宪政制度的特色。即使在经济全球化背景下，并不能改变检察制度与理论的多样性。因此，在发展和完善我国的检察制度时，我们应该坚持检察制度发展的中国模式，在宪法框架内推动改革，不能牺牲本国制度的传统与文化价值。当然，由于检察制度所担负的人权保障功能具有一定的共性，各国检察制度之间合理经验的相互借鉴是十分必要的。为了适应经济全球化的发展需要，我们需要以法治的思维，以开放的理念推动检察制度的发展，实现检察工作观念的几个转变：从规模型发展向质量型发展转变，注重制度运行的细节，提高制度运行的质量与失效性；从单一的规范型发展向综合型发展转变，强化检察机关监督的综合效应；从单纯的法律监督向宪法和法律监督功能的转变，切实履行维护宪法权威的功能；从"地方性"与国家性向以国家性为主导的运行机制的转变。

八、"两会"与检察机关*

[**记　者**]　　从历年"两会"的经验来看，"两会"代表、委员对检察工作的关注，令人印象深刻。从历史上看，检察机关参与"两会"，接受全国人大监督是我国政治生活的传统；从宪政原理上看，作为由人民代表大会产生的机关，检察机关自觉接受权力机关评议也具有法理上的正当性；从现实来看，检察工作经过"两会"的总结和评查，对检察工作也有很大的指导和促进作用。您如何评价"两会"在我国政治经济生活中的作用？

[**韩大元**]　　全国人民代表大会是代表人民行使国家权力的最高国家权力机关，是人民当家做主权利的重要形式；政治协商会议体现了参政议政、民主协商的特点，是我国政治生活中发扬社会主义民主的一种重要形式。在我国政治经济生活中，"两会"具有重要的宪政意义和现实功能。"两会"期间，通过充分发挥人民代表大会和政治协商会议的作用，凝聚民众的智慧，共同谋划国家发展大局，合理地协调不同地区、不同主体的利益，积极发挥公民对国家权力的监督功能，使"一切权力属于人民"的宪法原则成为人民身同感受的理念。

检察机关的地位、性质和组织方式是我国宪法规定和保障的。根据宪法，检察机关由人民代表大会产生，受其监督，对其负责。检察机关作为国家法律监督机关，履行着维护国家法制统一和维护人权的职责。

人民检察院作为被监督主体，是指其权力来自于权力机关的授权，要接受权力机关的监督，对权力机关负责。人民检察

---

*　本部分内容根据 2011 年 3 月"两会"期间笔者接受《检察日报》记者采访记录整理而成。

院作为依法履行宪法职责的主体，是依据宪法、刑事诉讼法以及人民检察院组织法等法律，享有职务犯罪侦查权、公诉权、诉讼监督权和执行监督权等权力，这些权力既有其界限，又有具体程序要求，要依法履行职责。人民代表大会对其进行监督，主要是监督其履行职责。

[记　者]　从历年来高检院提请全国人民代表大会审议的工作报告中可以看出，1995 年之前每年的工作报告仅对过去一年的工作加以总结汇报，但是，自 1996 年开始至今，工作报告的内容发生了细节上的变化。其中不仅包括对过去一年工作的总结，还增加了对当年检察工作的展望和规划，针对这种检察机关向全国人大报告工作的态度和方式上的变化，您作何评价？

[韩大元]　人大对检察机关的监督是全面的、整体的监督。全国人民代表大会既听取过去一年工作的总结，又听取对当年检察工作的展望和规划，说明检察机关在对权力机关负责、受权力机关监督方面，有了更深入的认识。工作报告是人大监督检察机关工作的重要形式，也是社会各界了解检察机关活动的有效平台。当然，具体报告哪些内容？如何提高报告内容的客观性与实效性？为了提高报告质量，近年来高检院在听取各方面意见的基础上，对报告的内容、形式等方面做了改进。比如，在工作报告中对过去工作的总结力求客观、准确，对存在的问题没有回避，不仅指出问题，同时分析存在问题的原因。同时，增加当年工作规划，既有基本工作思路，也有具体措施。其意义主要在于，在具体实施工作计划以前，能够及时地接受人大代表的监督，对不合理的工作计划或者措施可以进行必要的调整，以更好地发挥检察机关的法律监督作用。这种做法体现了宪法第 133 条的理念和人民检察院组织法第 10

条规定的基本原则。

[记 者] 按照惯例，检察机关在"两会"上以工作报告的形式接受监督，体现了检察机关产生于人大，对其负责，受其监督的宪法架构。如何有效地加强与"两会"代表、委员的交流，让代表、委员在知情、了解的基础上对一年的检察工作加以判断，并结合自身体会和经验作出评价是检察机关会前的核心工作。每年"两会"前，检察机关都会就检察院工作报告的内容征求部分人大代表的意见和建议，这已成为检察机关一项必做的功课。与此同时，会议中各级检察机关也需要随时接受代表、委员的咨询和质疑，积极地做出回应和解释工作，这些都反映了检察机关积极参与"两会"，渴望与代表交流对话的良好愿望。"两会"上，检察机关应该以什么样的心态对待广大代表对最高人民检察院工作报告作出的表决结果？人大代表又应当以何种标准来正确评价一年来的检察工作？与西方通过立法权对司法权加以控制的模式相比，这种由国家权力机关直接评价司法机关工作的优势在哪里？

[韩大元] 人民代表表决工作报告是人民代表依照宪依和法律规定履行职责的体现，也是人大监督的重要形式。因此，对检察机关来说通过工作报告的形式接受监督是宪法和法律的要求，是否认真准备工作报告，是否认真对待代表对工作报告的意见和建议，关系到检察机关对宪法和法律的尊重。在"两会"前、"两会"中以及"两会"后检察机关积极、主动地听取人大代表、政协委员等的意见对树立检察机关接受监督的意识是有一定作用的。但具体做法上，也需要注意法律界限，如"两会"前听取意见不一定都是具有法律意义的，需要把握听取意见的形式与分寸。在"两会"中，代表对报告提出的意见、批评甚至质询、询问等是具有法律意义的

监督，检察机关应该按照法律程序接受监督。对一些因不了解检察机关的工作而提出的批评，也要耐心地听取意见，做好必要的解释工作，不能要求代表提出的建议、批评都准确。我们应该尊重代表对同一个问题提出的不同意见，甚至是完全不同的看法。

近年来，"两高"工作报告表决结果是大家比较关注的，表决结果反映了人民群众和代表对检察机关工作的满意度，但它只是评价方式之一，不是唯一的方式。投票毕竟是代表的自由的判断，不能排除一些代表对检察机关工作判断上的非理性或者不客观的看法。因此，对表决结果，检察机关应该保持平常的心态，不能主观上人为地期待高通过率，也不能把表决结果作为对检察机关工作自我评价的唯一标准，应该实事求是地对待表决的结果，虚心接受各种批评和质疑。

与西方对司法机关的控制方式不同，我国宪法规定由国家权力机关直接评价、监督司法机关的工作。以美国为例，总检察长是由总统提名经国会同意后任命的司法部长兼任总检察长，国会虽能在任命时发表意见和弹劾，但根据最高法院关于总统对高级行政官任免权的判例，总统也可以随时将其免职，重新提名。因此，美国的总检察长在涉及总统、高级行政官的违法犯罪方面的作用是不能高估的。因此，美国的联邦检察机关，隶属于以总统为首的行政机关。而我国的检察机关与国务院、人民法院是平级的，只对人大负责。人大直接评价检察机关的工作，能督促检察机关对与之平级的行政机关、审判机关进行监督，显示了权力机关对检察机关的监督作用。这样的制度优势是西方国家的国会所没有的，它们虽能弹劾检察官，但是由于不能使其摆脱对行政权的隶属地位，自然无法使其真正做到独立行使权力。

[记　者]　　司法是社会公平正义的重要保障。作为法律监督机关，检察工作具有较强的司法专业性，需要检察官以法律专业的技术理性对案件或者相关问题作出客观公正的判断。"两会"代表和委员在对检察工作作出评价时一般依据的是社会理性，这种评判视角上的区别会对评价结论产生怎样的影响？检察机关如何通过"两会"这个平台进一步展现自身形象，提升司法公信力和权威性？

[韩大元]　　在我国，代表和委员不是专职的，他们来自于群众，会议结束后又回到工作岗位，平时工作中接触大量的社会实践，对社会生活和民众生活状态有切身的感受。因此在讨论工作报告或者评价检察机关工作时，一般依据的是社会理性，社会理性重视的是社会作为一个整体如何能够存在并发展，因此，社会理性关注的是制度和法律的具体实施状态，而检察官由于职业的要求，对具体的规则、方法有更多的、更专业的关注和强调，这与代表和委员的评判视角是不太一样的。代表和委员关注的是宏观的制度和法律，检察官更注重的是具体的案件及其处理程序和方法。两者之间是有距离的，可能会导致有些代表和委员对报告的不理解，甚至是质疑。特别是在司法缺乏公信力、人民群众对司法腐败普遍不满的现实状态下，更凸显了社会理性判断的比重。为了缩减这种评判视角的差距，检察机关应该将法律制度背景和具体的程序、方法结合起来，使其技术理性处于社会理性的范围之内，以社会理性来指导技术理性，比如为了获取犯罪证据、口供，能否采取窃取隐私、刑讯方式？在社会理性要求下，这种方法就不会被采用。归根结底，检察机关还是要在法律制度的要求下，依法履行其职责，其所采取的手段、方法，也要与法律原则、法律理念的精神相一致，要以法律原则、理念为指导，才有助于检察

机关与代表、委员的相互沟通，也有助于检察机关以"两会"为平台展现自身形象，提高司法的公信力。

[记　者]　"两会"中，检察机关可以接受广大代表和委员对检察工作的审议和评价，也是一次实现自我评价的有利良机。长期以来，检察工作备受社会关注的基本点集中在反腐和打击犯罪的职能上，"两会"上检察机关应该如何进一步明确宪法定位，充分行使宪法和法律赋予的权力，根据法定程序提出有关司法体制改革的议案，以推动刑法、刑事诉讼法修改等相关工作？

[韩大元]　依据宪法第129条的规定，检察机关是国家的法律监督机关。至于检察机关如何履行法律监督的职责，具体的依据就是人民检察院组织法、刑事诉讼法等相关法律，包括侦查职务犯罪、提起公诉、监督诉讼和执行等职责。这些法律赋予的职责都是以宪法第129条为根据和目的的。如果检察机关认为应当通过修改法律的方式更好地履行其法律监督的宪法职责，就应当根据全国人大常委会议事规则第12条、全国人民代表大会议事规则第21条的规定，提出有关司法体制改革的议案。但是检察机关和代表不同，检察机关是国家法律监督机关，提出议案是履行法定职责的一种表现，而人大代表提出议案是行使代表的权利，二者在权利来源、性质上是不一样的，所提议案的范围也就有所不同。检察机关所提的议案应当与人民检察院的职责相关，属于法律监督的职权范围。

[记　者]　司法直接影响着社会生活的方方面面，检察工作作为司法活动的重要组成部分也时刻与百姓的生活紧密相连。各级检察机关应该如何进一步将"两会"代表和委员所关注的与检察工作相关的问题深化、细化、实化？经过多年的探

索和实践，最高人民检察院已经形成了由检察长领导、办公厅统筹协调、各部门按照工作职责分工负责、相互配合、具体组织落实的办理建议工作机制。您认为，检察机关还需要怎样进一步增加工作实效性，以更加有利于实现执法为民和保障司法公正？

[韩大元]　代表与委员一般都会对有疑问的报告进行询问和质询，这些都是检察机关和代表、委员交换意见的好时机，不但可以解释疑问，还可以吸收代表、委员们关注的意见，在实际工作中重视"两会"中的与检察工作有关的焦点问题，从而使其工作贴近人民、增强法律监督能力。

检察机关作为国家的法律监督机关，其工作的开展、效率的提高，都应当以宪法的规定为原则。宪法第129条的法律监督权、第131条规定的独立行使检察权以及第135条的法检公分工负责、互相制约，是检察机关履行职责的最基本依据。检察机关担负法律监督的职责，履行这种职责的方式就是独立行使检察权，并且与法院、公安机关分工负责、互相制约。另外，就检察机关内部的组织工作而言，其改革和完善应当与人民检察院组织法的规定保持一致。这些是改革工作方式所必须遵循的宪法、法律框架。

就检察队伍建设而言，增强工作实效，就需要不断加强检察官的法律监督能力。首先要强化检察官的宪法意识，宪法是根本法，是检察机关的活动准则。宪法规定的公民基本权利需要得到切实的保障，离不开检察机关的法律监督，要把尊重和保障公民的宪法权利作为法律监督的核心和重点，因为尊重和保障公民宪法权利，也是宪法的核心，是所有国家机关的义务。其次要贯彻检察权独立行使的原则，从宪法第131条来看，可以在遵循人民检察院组织法的前提下，向检察官独立行使职权方向进行拓展，但这种独立行使是相对的，因为向人大负责并受其监督以及检察长领导原则，是人民检察院组织法的基本原则。此外，对法院和公安机关的审判和侦查行为，检察机关行使权力要合法、有力，在分工明确的基础上，强化对公安机关的制约，而不能片面强调配合。近年来出现的多起重大冤假错案，都与法院、检察院和公安机关之间没有贯彻好宪法第135条规定的"分工负责，互相配合，互相制约"原则有关。就检察机关而言，由于它办理的案件大都涉及公民权利，因此更应当强调检察机关依法、有力的监督和制约职能，切实保障公民权利不受侵害，以实现司法公正。

九、通过修改刑事诉讼法，解决刑事诉讼法与律师法的冲突 *

不久前，修改三大诉讼法再次列入本届全国人大常委会立法规划。与上一届的立法规划相比，三大诉讼法这次同时进入了一类立法项目。回顾历史，刑事诉讼法修改虽进入了上一届立法规划，但修改草案一直未能提请审议。《法制日报》近日报道称，面对2007年修改的律师法，刑事诉讼法的修改工作有望加快步伐。显然，如何厘清二者之间内容上的冲突，又重新具有了现实意义。

关于刑事诉讼法与律师法之间的关系有不同的观点。有观点认为：从本质上来说，两法均属最高立法机关制定的法律，处于同一法律位阶，具有相同的法律效力。按照立法法规定，同一机关制定的法律，新法优于旧法，优先适用律师法。另有观点认为：我国宪法文本中，将立法机关制定的法律分为"基本法律"和"非基本法律"两类，全国人大制定的是基本法

---

　*　本部分内容根据2011年3月笔者就"刑事诉讼法与律师法冲突"接受《检察日报》记者采访整理而成。

律，全国人大常委会只能制定基本法律以外的其他法律。在二者之间出现效力冲突而发生争议时，应当遵循"上位法优于下位法原则"，优先适用刑事诉讼法。

针对学术界的争论，笔者从宪法历史与宪法文本的角度进行了重新考量，笔者认为，在宪法关系上，全国人大与全国人大常委会并不是同一机关，当全国人大制定的基本法律与全国人大常委会制定的非基本法律的效力发生冲突时，不能简单适用"新法优于旧法"原则，应通过合理的立法政策，建立有利于保障基本法律效力的机制。

（一）追溯宪法历史：新法优于旧法原则能否适用

在制定 1954 年宪法时，立法者就非常重视最高权力机关的宪法定位问题。《宪法草案（初稿）》第 22 条曾规定：中华人民共和国最高权力机关是全国人民代表大会。在宪法草案座谈会各组召集人联席会议上讨论的时候曾建议修改为"中华人民共和国全国人民代表大会是国家权力的最高机关"。从有关条款的制定和修改的过程看，制宪者和参与讨论者十分关注全国人民代表大会在宪政体制中的崇高地位，试图从宪法上明确全国人民代表大会和常务委员会性质和功能上的界限，从体制上预防可能出现的常务委员会对全国人民代表大会职权的侵犯。

1982 年宪法草案曾规定，"人民行使国家权力的机关是全国人民代表大会和地方各级人民代表大会。"全国人大是最高国家权力机关，统一行使国家最高权力。这个草案中并没有将全国人大常委会作为我国的最高权力机关，也没有将全国人大常委会作为一个独立的机关加以规定。后来之所以把全国人大常委会规定为全国人大的常设机关，主要是源于一些现实的考虑。

　　对此，彭真同志于 1982 年 11 月 26 日在第五届全国人民代表大会第五次会议上所做的《关于中华人民共和国宪法修改草案的报告》中有详细说明：我国国大人多，全国人大的代表的人数不宜太少；但是人数多了，又不便于进行经常性的工作。全国人大常委会是人大的常设机关，它的组成人员也可以说是人大的常务代表，人数少，可以经常开会，进行繁重的立法工作和其他工作。所以适当扩大全国人大常委会的职权是加强人民代表大会制度的有效办法。全民讨论中，有人提出，在扩大全国人大常委会的职权时，应当充分保证全国人大作为最高权力机关的地位。彭真同志说，这个意见是对的，并以宪法草案第 67 条、第 62 条来说明对常委会立法权的限制。

　　在 1954 年的宪法中，全国人民代表大会是唯一的立法机关，全国人大常委会只能制定法令。后来常委会职权虽然稍加扩充，也仅止于制定具有部分法律性质的单行法规。到了 1982 年宪法中，才赋予了全国人大常委会的立法职能。因而，1982 年宪法的新规定，显然扩大了全国人大常委会的职权。

　　但是，在全国人大常委会的职权扩大之后，尤其是全国人大与全国人大常委会都具有了国家立法权之后，全国人大常委会是否具有了等同于或并列于全国人大的宪法地位？答案显然是否定的。一个有力的佐证是，1982 年 4 月 12 日下午，中华人民共和国宪法修改委员会第三次全体会议上，秘书长胡乔木指出，本次修改宪法"加强了全国人民代表大会常务委员会的地位和作用，但全国人大常委会不能完全同全国人大并列起来。"因此，在宪法地位上，全国人大是最高国家权力机关，行使国家最高权力，而全国人大常委会只是常设机关，性质是不同的，不能独立地称之为最高国家权力机关。宪法地位的不同决定了全国人大与全国人大常委会是不同性质的机关，不是同一个机关。"新法优于旧法"原则难于合理地解决诸如新律师法与刑事诉讼法的效力冲突问题。

（二）分析宪法文本：上位法优于下位法原则能否适用

根据"上位法（基本法律）优于下位法（非基本法律）"原则，能否解决诸如新律师法与刑事诉讼法的效力冲突？我们首先需要回归宪法和法律文本的规定。

基本法律是我国 1982 年宪法中明确规定的一个法律概念，其文本依据是宪法第 62 条第（三）项的规定，根据该规定，全国人民代表大会行使的职权包括制定和修改刑事、民事、国家机构的和其他的基本法律。由于宪法文本对基本法律的概念规定得过于简约，对于其内涵和外延法学界也一直争论不休。

笔者认为，一部法律是否属于"基本法律"从形式上看取决于它的制定主体，从内容上看取决于它所规范的社会关系的重要性和全局性。据此，"基本法律"应当是指国家法律体系中那些位次于宪法的主要的带有根本性的法律。根据对全国人大制定法律的分类和分析，"基本法律"规范的事项应当是国家政治、经济和社会生活某个领域的重大和全局性事项。因此，"基本法律"是指由全国人民代表大会制定的仅次于宪法而高于其他法律的对国家政治、经济和社会生活某个领域的重大和全局性事项作出规范的法律。

"基本法律"的重大性和全局性等特点，决定了它应当是国家法律体系中地位仅次于宪法又高于其他法律的一个十分重要的层次。应当说，这种理解对于更好地维护全国人大的最高权力机关地位、保障基本法律的效力及维护宪法权威是十分必要的。

尽管我国宪法对全国人大的基本法律制定权作了明确规

定，但是，在实践中，对于应当属于全国人大制定的基本法律而由全国人大常委会予以制定的情况却也屡见不鲜。从立法的情况看，有的时候应该由全国人民代表大会制定的法律由常务委员会制定，在一定程度上造成了法律体系逻辑的混乱。特别是在确定具体法律的制定主体时，立法者存在着一定的随意性。因此，在立法实践中，必须界定清楚基本法律制定权的内涵和外延，坚持由全国人大行使基本法律制定权的宪法原则，防止基本法律制定权的形式化。

（三）建议：通过立法政策，确立保障基本法律效力机制

全国人大与全国人大常委会不是同一个机关，宪法文本明确区分了基本法律与非基本法律的不同主体，因此如何正确处理基本法律与非基本法律之间的关系就成为需要解决的重大课题。

在现有的制度框架内，解决新律师法与刑事诉讼法的效力冲突问题，可以选择不同的途径。如司法部法制司副司长张毅曾提出了四种解决办法：第一种办法，推动全国人民代表大会修改刑事诉讼法，尽快推出刑事诉讼法修正案，最近修法已列入五年立法规划；第二种办法，由全国人大常委会为新律师法出台制定相关立法解释；第三种办法，仿照 1996 年新刑事诉讼法修订时对适用第 48 条的有关规定，由六部委联合发文，出具相关解释；第四种办法，有关部门向全国人大常委会法工委提出书面询问，由全国人大常委会法工委以询问答复的形式解决新律师法执行中的问题。

除了第四种解决方法在效力层次上尚有疑问之外，应当说，前三种解决办法都是切实可行的。那么除了这几种解决办法之外，还有没有其他的解决方案呢？笔者认为，可以根据基本法律与非基本法律效力关系中的"不抵触原则"和"特别效

力原则"来加以解决。首先，根据"不抵触原则"，全国人大常委会制定的新律师法不能在内容上修改全国人大制定的刑事诉讼法的内容，更不能与作为基本法律的刑事诉讼法的内容规定不一致；其次，在实践中确实出现了新律师法与刑事诉讼法规定不一致、相互冲突的情形下，最有效的方法是，尽快修改刑事诉讼法的相关内容，这是解决学术争议和新律师法实施难题的最有效的方式，也是保障基本法律效力的主要形式之一。尽管刑事诉讼法修改涉及一些复杂的难题，但从维护国家法制统一与法律权威的根本价值趋向看，及时修改刑事诉讼法相关条文是最合理的立法政策。当修改刑事诉讼法在立法政策上遇到一些难题时，也可通过宪法解释或法律解释的方式明确基本法律的性质与效力，以解决人们对两部法律内容的不同认识，为执法的统一提供明确的依据。如果立法机关放任客观上存在的法律之间的冲突现象，有可能在实践中遇到越来越复杂的难题，其结果必然损害国家法制的统一与权威。

十、公民意识教育与宪法实施*

在党的十七大报告中，胡锦涛同志强调："加强公民意识教育，树立社会主义民主法治、自由平等、公平正义理念。"公民意识教育是党的十七大提出的"新表述、新亮点"之一，是当代中国社会主义法治建设中的一个重大课题，直接关系到宪法实施的社会基础和效果。

公民意识既体现人们对社会共同体价值体系的认同，同时体现着宪法价值与社会实践的相互关系。在现代社会中，公民意识教育实质上是公民的宪法意识教育，它体现了公民对宪法

---

* 本部分内容刊载于中国宪政网，http：//www. calaw. cn/article/default. asp? id = 946。

精神与内容的理解、认同与情感，表现为人们的一种观念、感觉和心理状态，它深植于公民的社会意识之中，又作用于宪法实践，是宪法实践的内在推动力，而宪法精神是宪法意识的最高层次和理想境界，尊重宪法、维护宪法、自觉遵守和实施宪法的风气和习惯，可以说是尊重民主、维护民主、实施民主的风气和习惯。它是宪法实施不可缺少的环节，否则，宪法的最高法律地位是难以得到保障的。宪法应该成为一种实现人权和社会共同体核心价值的目标，应该被人们所信仰。

现行宪法颁布实施 25 年，在推进依法治国和社会进步方面发挥了重要作用，这是大家有目共睹的。但同时必须看到，宪法在运行过程中仍面临着许多新的挑战和问题，如宪法原则与社会现实之间存在着冲突，宪法权威还没有真正树立起来，仍存在不同形式的违宪现象等。树立宪法权威，采取有效措施保障宪法实施是实现依法治国方略的基本途径。为了达到这一目的，我们必须高度重视公民意识与宪法意识的教育功能，树立"坚持党的事业至上、人民利益至上、宪法法律至上"观念，不断扩大和巩固宪法实施的社会基础。

在培养公民的宪法意识时，还应该高度重视国家机关和公务员的宪法意识。宪法意识是各种宪法主体对宪法的体认和感悟。仅仅公民有宪法意识是不够的，还需要国家机关在其立法和执法过程中树立宪法意识，切实履行宪法所赋予的职责。宪法要得以顺利实施，主要取决于民众对宪法的信仰程度。公民的宪法意识可以说是宪法得以实施和实现的根本保障，是宪法力量的源泉。没有宪法主体对宪法的诉求，就不会有宪法意识的产生。没有对宪法切实的保障，宪法意识纵然产生了，也会渐渐归于寂灭。

要培养宪法意识，就必须普及宪法价值和基本理念，让所有的公民对宪法都有所了解。宪法知识是建立宪法理念的基础，没有基本的宪法知识，就不可能形成宪法意识，就不可能按照宪法的基本原则和基本精神来办事。当然，宪法知识只是形成宪法意识的一个基础，稳定的宪法意识是在社会实践中逐步形成的。宪法应该成为人们日常生活的行为规范，让人们在日常生活中能够感受宪法规范的存在与实际利益。为此，宪法需要走进公民的生活之中，为民众所熟悉、掌握和运用。让人们充分认识到宪法到底能为他们带来什么，给他们多大的实惠，这样人们才会对宪法有所诉求，才会在追求宪法理想的过程中实现宪法的精义。

在培养公务员的宪法意识方面，国家权力机关是首当其冲的。国家权力机关一方面要加强立法工作，以切实保障公民的基本权利，不能侵犯公民的基本权利；另一方面也需要加强自身宪法意识的培养，在立法过程中坚持宪法原则，努力把握自身权力的宪法界限而不可逾越。宪法意识的形成和发展，还需要司法机关在宪法实施过程中积极发挥作用。一方面司法机关要为保障宪法的实施提供司法保障，另一方面法官、检察官要树立宪法意识，在审判活动中真正贯彻宪法规范和精神的要求。宪法要通过一定的形式进入司法领域，成为司法活动的基础，不仅宪法原则可以制约司法活动，而且宪法具体条文也要成为司法判断的基本准则。法官、检察官有了良好的宪法意识，在诉讼中具体实现着宪法的规定，体现着宪法的精神，公民也会从中获益，感受到宪法对他们自身利益的影响，感受到宪法存在的真正价值。

宪法贵在实践，宪法的生命力在于社会生活的各个领域充分实现其价值，使宪法成为国家政治生活的最高准则，成为人们日常生活中实际感受到的生活规范和行为准则。有了尊重宪法的文明而有序的政治环境，有了体现宪法精神的健康而自由的社会生活，有了对宪法的共同信仰，宪法实施才能获得更广泛的社会基础。

十一、弘扬法治精神与培养人权文化*

法治精神既表现为人们的法律意识、法律思维与心理状态，同时也表现为在法治环境下形成的社会活力。从法制到法治的演变、从法治理念到法治现实、从法治的特殊性到法治价值普识性的转换，反映了中国法治发展的过程与特点。胡锦涛同志有关"弘扬法治精神"的论述深刻地阐述了社会主义法治的价值内涵，是对我国社会主义法治发展经验的高度概括。制定法律、建立法律体系是相对容易的，但把法律的原则与精神真正在社会生活中加以落实是比较难的。当法律制度发展到一定程度后，需要以法治精神为纽带，形成社会的凝聚力，建设人人有尊严、人人享受平等的和谐社会。法治的力量不仅仅表现在制度体系的建立，更重要的是社会成员对法律的普遍信任，以及以这种信任为基础形成的法律的文化共同体。在笔者看来，弘扬法治精神的内涵是非常丰富的，如平等精神、宽容精神、民主精神、自由精神与人权精神等。但其中构成法治精神的核心是人权精神，具体表现为维护每个人作为人的尊严，普及人权文化，使生活在共和国土地上的每个人都感受到做人的尊严。只有在人的尊严得到保障的前提下，才会出现公平、正义与宽容的社会。

众所周知，法治社会中最宝贵的存在是人的生命与价值，法治发展的动力并不是来自于外在的力量，而是来自于人的主体性的确认与推动。满足社会主体的需求与尊重个性是法治精神的必然要求。而要弘扬法治精神，需要形成维护人的尊严的

---

* 本部分内容刊载于《法制日报》2007 年 8 月 24 日。

共同体的价值体系，需要培育具有普识性价值的人权文化，需要建立完整的人权教育体系。在人权文化的培育过程中，人们就会逐步感受到法治精神的价值，从内心里期待法治发展的未来，并形成法治的普遍信仰。

近年来，在社会主义法治国家的建设过程中，公民权利的宪法保护有了一定的发展，包括生命权在内的各种宪法上的基本权利保障成为法治发展的基本价值趋向。人权文化产生了越来越大的影响力。如道路交通安全法以崭新的理念合理地确立了通行权与生命权价值的关系，凸显了生命权的价值，否定了"撞了白撞"的违背生命权价值的规定，使人们感受到了立法对生命权的关怀；对"同命不同价"规定的质疑，引发了人们对人的尊严的深刻反思；收容遣送条例的废除，使人们重新认识到人的尊严的价值等；户籍制度改革，使人们感受到平等权价值等。法治实践的发展告诉我们，弘扬法治精神就是普遍尊重人的主体性，建立成熟的人权文化。

弘扬法治精神不是一句口号，也不仅仅是一种价值目标，而是一个具体的实践过程。我们应当承认，目前我国法治发展面临的环境是非常严峻的，虽然制定了很多法律，但法治精神还没有成为社会共同体的基本价值观，维护人的尊严仍然是一个长期的任务。在现实生活中，漠视人的尊严，尤其是生命权价值的现象是比较严重的。由于缺乏成熟的人权文化，生命的个体承受着太多的重负，如塌桥事件、令人揪心的煤矿等安全事故、对假药的恐惧等使人们有时候缺乏安全感。前不久，媒体报道，由于有关国家机关没有履行及时救助的法律义务，一位重病的流浪汉就死在救助站门口。政府以"重典"治理各种社会危机与安全事故，但为什么这类事故仍层出不穷呢？面对因没有得到救助而死亡的流浪汉、因安全事故而断送的一个个鲜活生命，再多的辩解都是苍白无力的，我们需要认真反思，如何防止类似的悲剧再次发生？毫无疑问，法治精神的缺乏、人权文化的薄弱是出现各种事故的重要原因之一。

弘扬法治精神首先要从理念、制度和具体机制上落实"国家尊重和保障人权"的宪法原则，真正使人权文化像血液一样融入我们的身躯，体现在每一项公共政策的制定上，反映在国家的立法活动之中。其实，法治精神的力量是巨大的，它会为制度的完善提供社会道德的基础，它会不断完善国家的价值体系。如果我们加强生命权文化教育，真正尊重和珍惜矿工做人的尊严的话，因"人祸"而导致的矿难是可以避免的；如果我们真正以老百姓生命的保障为最高价值，提倡"生命优先"理念的话，很多安全事故以及社会危机是可以预防的。因此，法治精神的弘扬对公务员提出了更高的政治道德要求，特别是对于执法者来说，放在第一位的理念就是对公民基本权利的尊重，而生命权是最高的价值和不可逾越的底线。现实中的案例告诉我们，我们需要在全社会广泛地普及生命权价值，培育尊重生命的文化。在进入 21 世纪的中国，在宪法上庄严地写着"国家尊重和保障人权"原则的今天，发生多起漠视生命的事件实在是令人痛心的。如果我们的公职人员多一点点对生命的关怀，尊重包括矿工、流浪汉等在内的所有人的尊严，那么，有些悲剧是可以避免的。因此，始终以人为出发点，维护人的尊严，普及人权文化是弘扬法治精神的基础与核心命题。

十二、宪法与公民：制度与意识的相互影响*

在现行宪法颁布 25 周年之际，笔者继 2002 年后又组织了一次公民宪法意识调查，希望通过这次调查进一步分析公民宪法意识在法治建设中潜移默化的作用，以及宪法发展与公民宪法意识之间的互动关系。

"公民的宪法意识是推动宪法实施和国家民主、法治进程的重要精神力量，是衡量国家法治成就的重要标准，也是宪法学实证研究的重要课题。"基于公民宪法意识在宪法学研究、宪政建设中的重要性，笔者在 2002 年为纪念宪法颁布实施 20 周年，曾组织过一次中国公民宪法意识调查，希望通过对公民宪法意识的实证研究来推动中国宪法学研究的深化和中国宪政建设的发展。五年之间，中国的法律体系基本建成，法治建设也逐渐步入正轨，与此相应，公民的宪法意识也随之发生或多或少的变化。那么中国法律体系的建成和法治建设的进步以及公民的宪法意识之间究竟存在着什么样的关系？如何在公民宪法意识的发展中管窥中国法治建设的进程和宪政发展的软肋？

本次调查从 2007 年 4 月开始着手准备，调查区域主要集中于北京、河北、湖北、重庆、浙江、江苏、山东等地，同时在中国宪政网、中国公法评论、中华法律文化网发布调查问卷，进行网络调查。截至 2007 年 9 月中旬，共收到问卷回复 414 份。

限于调查对象的特定性和调查范围的有限性，以及问卷设计本身的不完善性和调查方式的局限性，本次调查结论本身自然也带有相对性的特点。它仅仅是从一个侧面展现了近年来在

---

* 本部分内容刊载于《检察日报》2007 年 12 月 4 日，系与秦强合作撰写。

民主化、城市化、现代化进程中，公民宪法意识的基本特点及其变迁情况，而不是中国公民宪法意识的整体表述和全面反映，但是这种调查本身仍然具有一定的参考价值。提高公民宪法意识的意义在于为宪法变迁和社会变革奠定良好的理念基础，从而尽可能减少宪政进程中的观念阻力。从整体上来看，近五年来我国公民的宪法意识及其变化呈现出以下几个明显的特点：

（一）宪法意识的二元化倾向更加突出

宪法意识作为一种观念形态，是对宪法制度的心理认知。但是公民对于宪法的认知有两种途径，一种是对现实中的既有制度的直观认知，另一种是对理念中的宪法图景的美好期许。这两种认知途径集中在一起就造成了宪法意识中的二元化倾向，即一方面对理念中的宪法有着美好的憧憬，另一方面又对现实中的宪法颇为不满。这种二元化倾向在我国公民的宪法意识中表现得尤为明显。一方面，在我们的法治宣传中对宪法的赞誉总是不吝其词，"宪法是权利保障书"、"宪法是最高法"等理念已经伴随着我们的普法活动深入人心。但是另一方面，由于违宪审查制度的缺失，宪法中规定的基本权利得不到切实有效的保障，违宪事件时有发生而又无从纠正，以至于在公民的现实生活中，宪法被讽之为"闲法"，成为法治建设中的看客。这种应然和实然或者规范和现实之间的巨大差距对于我们的法治建设是一把双刃剑，一方面它可以以应然价值为指导，指引现实向应然方向靠拢，努力缩小应然和实然之间的差距；另一方面它又会消磨公民的法治信心，让公民沉迷于现实的无奈从而丧失法治建设的信念。所以，在今后的法治建设中，需要全面认识和分析公民的宪法意识和法律意识，将二元结合起来加以全面的考察。

（二）宪法意识受社会共同体的价值观和利益观影响加剧

宪法意识是法律意识的重要组成部分，而法律意识是社会意识的一个重要组成部分，因此，社会共同体的价值观和利益观的影响，对于公民宪法意识的形成有着决定性的影响。我国是社会主义法治国家，人民是国家权力的享有者，是国家的主人，因此，当问及国家机关行使的权力是谁授予时，有74％的公民选择了"人民"。本题的高正确率实际上就受到我们国家的社会主义基本政治理念。除了社会价值观以外，社会利益观对于公民宪法的形成变化也有着重要的影响，这个影响就体现在我国公民宪法意识的利益取向上。公民对于能给自己带来利益，或者与自己利益密切有关的权利和规定总是给予较多的关注，而对于那些尽管很重要但是与自己的切身利益没有直接关系的宪法规定总是关注较少。比如，在对我国1982年宪法修改次数的调查中，仅有47％的公民选择了四次修改这个正确答案，有一多半的公民不知道或者不清楚我国宪法的修改次数。公民宪法意识的利益取向提示我们，在今后的法治建设中必须把公民法律意识的提高和公民的权利保护和利益保护结合起来，如果法治建设不能保护公民的现实利益和权利，那么公民对法治建设就缺乏内在的热情，公民的法律意识也就无从提高。由于公民宪法意识的形成和变化受社会共同体的价值观和利益观的影响，在公民宪法意识的塑造过程中，首先要形成正确的社会价值观、法律观和利益观，在其基础上再来推动公民宪法意识的提高。

（三）宪法意识的整体落后性与个别先进性相混杂的差序格局渐具雏形

宪法意识受制于法律意识，而法律意识的形成与法律体系的建立和完善、法治建设的落实密切相关。由于当前我国法律体系仍处于完善过程中，法治建设也正在步入正轨，因此，从整体上看，法律的权威还没有在社会上完全树立，再加上传统法律文化中的人治传统和清官情结的影响，"法律之治"的法治理念还没有真正形成，公民的法律意识从整体上看还处于一个较低的水准。公民法律意识的落后自然决定或者影响了公民宪法意识的提高，因为在整体法治环境没有得到根本改善的前提下，宪法尽管是最高法，也很难发挥其应有的作用。从调查结果可以看出，很多公民对于基本的宪法常识回答错误或者不知道，对于基本的宪政理念也知之甚少，对于中国的宪政进程关注很少甚至根本就漠不关心。与这种整体落后性形成鲜明对比的是，公民对于某些特定的宪法知识的熟悉，体现了较高的宪法意识。例如，调查结果显示，87%的公民知道我国的最高国家权力机关是全国人大，84%的公民知道我国国家主席由全国人大来选举，92%的公民知道行使选举权的法定年龄为18周岁，这些数据表明，公民对于我国宪法中的某些规定是非常熟悉的，尽管公民熟悉这些规定的背后推动因素各有不同，但都反映了公民宪法意识得到提高的现实。这样一来，公民宪法意识的整体落后性与个别意识的较高性就颇有些不协调地混杂在一起，构成了极具社会转型时期特色的公民宪法意识的差序格局。

（四）宪法事件（事例）对宪法意识的推动作用日益明显

尽管我国还没有建立起来行之有效的违宪审查制度，也没有可供参考的宪法判例，但是，在社会实践中，与宪法有关的事件仍时有发生。这些事件往往是社会普遍关注的热点事件，在其背后潜含着深刻的宪法原理和宪政理念。通过对这些热点事件的关注，公民的宪法知识得到潜移默化式的增长，这就无形中提高了公民的宪法意识。前些时候，社会各界普遍关注

"物权法违宪事件"，尽管物权法最终还是得以通过，但是在物权法制定过程中所涉及的公民财产权的保护问题仍然作为一个热点问题而为人们所关注。根据调查显示，74%的公民对于物权法违宪事件给予关注，这种关注本身就是公民宪法意识的一种体现。因此，通过宪法事例推动和提高公民宪法意识成为一条颇为有效的捷径。此外，在社会上有着重要影响的宪法事件，如孙志刚事件、高考招生平等案、乙肝歧视案等，社会各界都给予了普遍的关注，这对于提高公民宪法意识必然有着促进作用，而最终事件的解决又会或多或少地推动中国宪法制度的发展。这样一来，宪法事件、公民宪法意识和宪法制度创新之间就具有一种内在的逻辑关联，如何把握宪法事件、公民宪法意识和宪法制度之间的互动关系就成为今后宪法学研究中一项颇具挑战性的实证性课题。

十三、强化宪法理念 促进社会和谐[*]

党的十六届六中全会审议通过了《中共中央关于构建社会主义和谐社会若干重大问题的决定》（以下简称《决定》），这是全面建设小康社会，体现中国特色社会主义制度本质的纲领性文件。社会和谐符合最广大人民的根本利益，现代化的中国应当是以富强、民主、文明、和谐为主要特征。从宪法的视角看，构建和谐社会的目标与我国宪法的基本精神与核心价值是相一致的，宪法所规定的"依法治国、建设社会主义法治国家"和"国家尊重和保障人权"是对和谐社会目标的法的诠释。它们在不同层面反映了科学发展观的本质要求。和谐社会的指导思想为促进我国宪法的实施、丰富中国特色的社会主义宪法学理论提出了新的课题、注入了新的活力。

---

[*] 本部分内容刊载于《法制日报》2006年10月17日，原题目为"和谐社会要强化宪法理念"。

民主法治是现代文明国家的标识，这是人类社会发展到今天在世界范围内形成的共识。和谐社会是"民主法治、公平正义、诚信友爱、充满活力、安定有序、人与自然和谐相处的社会"。法治不仅是和谐的内涵之一，也是和谐的秩序的基础和保障。而法治的实现离不开宪法的有效实施，宪法是一国的根本大法，是人民意志的集中体现，理应得到社会成员的广泛认同。宪法的核心价值就是尊重和保障人权。它体现为国家法律、政策的决定、执行过程要充分考虑公民基本权利的实现，在权利受到不法侵害时，要有有效的救济途径，这是"和谐"的社会状态的应有之义。尤其对行使公权力的各类国家机关及其工作人员而言，树立和强化宪法理念是构建和谐社会的必备元素。宪法理念是宪法意识的升华，它体现为权力行使者对宪法精神、内容的系统化的理解与把握，是一种理性的自觉，是能动地指导自身行为的认识工具，是切实实施宪法、实现宪法核心价值的先导。

宪法理念首先是权利保障的理念。2004年3月，"国家尊重和保障人权"写入宪法修正案，这不仅是一种宣示，更是党的执政理念的转变；同年9月，党的十六届四中全会首次明确提出"构建社会主义和谐社会"，表明了中国共产党立党为公、执政为民的决心。《决定》的出台标志着权利保障理念从确立走向成熟。在权利保障的对象上，现代宪法不仅强调保障多数公民的基本权利，还特别强调保障少数弱视群体的基本权利；在权利保障的内容上，不仅强调对传统的政治权利、人身自由等自由权的保障，还强调对劳动权、受教育权、获得物质帮助权等社会经济权利的保障。它要求国家公职人员要学会用宪法的视角分析问题，用人权保障的理念警示自己的言行，在平时工作中切实体现以人为本，尊重权利，认真履行好职权，做到

"权为民所用，利为民所谋，情为民所系"。从社会发展需求看，在人民温饱问题基本解决之后，国家对公民社会经济权利的保障将进入一个快速拓展时期，保障的深度、广度及其实效性将越来越受到重视，社会成员分享经济发展成果的机制正在通过宪法的实施稳步改善。同时，人与自然的和谐相处也被提到相当的高度，公民的生活质量、幸福指数将得到大幅度提升。

宪法理念是规范和制约公权力行使的理念。规范和控制公权力的行使，防止权力滥用，提高国家机关的管理效率，也是宪法的固有价值之一，其根本目的是更好地保障公民的基本权利。在人民代表大会制度下，国家的一切权力属于人民，人民通过全国人民代表大会统一行使最高国家权力。行政机关、审判机关、检察机关、军事机关等都由人大产生，向人大负责。这种权力配置方式有利于解决民主和集中问题，中央和地方关系问题，促进社会和谐，实践证明符合中国国情。有权就有责，责权相统一，权力受监督。在这一理念下，近年来行政机关大力倡导"依法行政"，司法机关大力倡导"司法为民"，权力机关自身也强调要依法监督，规范各类立法行为和监督行为，一些腐败分子相继受到了严肃查处，这是民心所向，法治力量和法律权威的体现，显示了党领导人民迈向法治国家、构建和谐社会的坚定信念。规制公权力行使的理念既讲求权力行使者自身行为的自觉性，还讲求权力配置的科学性、合理性，使两者获得很好的契合。

宪法理念是体现社会公平的理念。和谐社会、法治国家的建设过程中社会公众普遍关注社会公平、公正问题，特别是社会公平受到前所未有的重视。公平意味着不同社会成员的权利得到平等保护。尤其对在社会分配体系中处于劣势的群体，要保障他们获得国家必要帮助的权利；公平还体现为对于公有财产、私有财产要平等保护，以增强和保持市场经济的活力；公平还意味着在战略部署、产业政策调整方面要重视城乡均衡发展、提高广大中等收入者的比重，保持良性的基尼系数。在公平的理念下，要加快政治文明建设的步伐，保障公民有序的政治参与和参政权，畅通民意诉求和沟通渠道，及时化解社会矛盾。这些在我国宪法的条文中都有所体现。近年来，国家针对建设社会主义新农村、就业、医疗、教育、养老保险、社会救助、农民工权益保障等一系列重大举措，无不体现着社会公平。公平的理念要求国家公职人员要以平等的观念对待社会成员，不以身份、性别、地域、财产等差异将公民划成三六九等，歧视社会弱者。当然，公平的理念不排斥为促进社会成员共同发展的实质平等而允许的合理差别，这也是宪法的本质要求。

宪法理念是强调宪法至上、法制统一的理念。本次全会把"社会主义民主法制更加完善，依法治国基本方略得到全面落实，人民的权益得到切实尊重和保障"作为构建和谐社会的九大目标和任务之首，对宪法的全面落实提出了迫切而现实的要求。建设法治国家必须突出宪法的最高法律权威，维护法制的统一，这是构建和谐社会的根本保障。宪法是党的主张和人民意志的统一，提高宪法权威符合广大人民的根本利益。要促进国家权力、公民权利各自、相互之间的彼此和谐，就要致力于在制度创设、实施层面大力弘扬宪法权威，各项法律、法规等规范性文件不得与宪法相抵触。国家权力机关要严格依据宪法履行监督职能，规范立法过程；行政体制改革要在宪法的框架内稳妥进行，各项行政措施要便于应对复杂的社会形势；司法机关要在办案中善于发挥宪法问题，及时向有关机关反馈和纠正；宪法保障机制要尽早完善；法学教育要突出宪法的统率作用，招录公职人员和法律执业资格的考试应加大宪法知识的比重。

毋庸置疑，我国目前正面临着新中国历史上发展最好的阶段，经济繁荣，政治安定。音律和谐，令人身心愉悦；社会和谐，成就千秋伟业。我们应当抓住这个机遇，强化宪法理念，维护宪法权威，促进社会和谐，在党的领导下，把我国的民主法治建设不断推向前进。

附录 1
论中国特色社会
主义检察制度[*]

　　"中国特色社会主义检察制度研究"是最高人民检察院的重大科研项目，最高人民检察院于 2004 年委托中国人民大学宪法与行政法治研究中心负责该项目。现对该课题所涉及的检察机关的宪法地位，检察机关与行政机关及人民法院的关系作些讲解，对调查问卷的情况作些说明。

一、课题基本情况介绍

　　中国的检察制度，是一项有着鲜明的本国特色的制度。它在保障人权，维护国家长治久安，构建和谐社会的进程中发挥着越来越重要的作用，同时自身也面临着许多亟待解决的问题。2004 年，最高人民检察院把"中国特色社会主义检察制度研究"确定为重大科研项目之一，这是十分迫切和重要的。研究该课题的目的，就是要探讨在我国宪法所确立的国家体制

---

　　* 本部分内容根据 2005 年 4 月 22 日笔者在南京召开的"全国检察理论研究工作会议暨第六届年会"上的发言整理而成。

中，检察制度产生、发展与演变的规律与模式；就是要探讨在复杂多变的国际、国内形势下，检察机关应当如何树立科学发展观、在创建和谐社会进程中发挥部门优势和特色；就是要探讨如何通过内外协调与改革，促进"依法治国、建设社会主义法治国家"宏伟目标与宪法价值的最终实现。

根据上述目标，我们从宏观的制度层面出发，确定了 13 个具体的研究论题，主要的框架是：（1）各个时期我国历史文献中有关检察机关地位的分析；（2）现行宪法文本中有关检察机关地位的规范分析；（3）国外检察机关宪法地位的比较研究；（4）检察机关与权力机关关系研究；（5）检察机关与行政机关关系研究；（6）检察机关与人民法院关系研究；（7）检察机关领导体制研究；（8）检察机关在宪法实施中的宏观功能研究；（9）检察机关在刑事法律实施中的功能研究；（10）检察机关在保障被羁押人宪法权利中的作用研究；（11）检察机关在民事法律实施中的功能研究；（12）检察机关在行政诉讼制度中的功能研究；（13）人民监督员制度的宪法基础问题研究。

围绕上述问题，我们组织了来自各高校、科研单位、检察院、法院等不同领域的 10 多名学者分工负责，具体研究。课题组成员采取了多种研究方法（如历史研究方法、规范分析方法、比较分析方法、实证调查方法等），查阅、收集了大量资料，并召开过几次专题研讨会，近期还计划到几个基层人民检察院作实地调研。同时设计了"公众心目中的检察机关"调查问卷，在工人、农民、学生、机关工作人员中发放了 500 多份，并将该问卷公布在因特网上，扩大了调查对象的范围，目前已收到了不少反馈信息。

通过多种研究方法的运用，我们得出的总体结论是：目前我国的人民检察制度，是一定历史条件下的产物，也是被实践证明了的行之有效的制度。它经过我国宪法的确认，到今天已经具有了坚实的宪法基础，成为有中国特色的宪政体制的重要组成部分。但目前迫切需要不断改进和完善。针对来自国外以及国内学术界主张中国的检察制度要进行根本性变革的观点，我们需要旗帜鲜明地坚持自己的特色，同时不回避现实中存在的一些问题，在借鉴各方面经验的基础上，在现有宪法框架内稳妥地进行改革。

二、检察机关的宪法地位

宪法确立了我国的国体是人民民主专政的社会主义国家，人民代表大会制度是我国的根本政治制度，在人民代表大会制度下，一切国家权力统归人民代表大会行使，一切国家机关都由人民代表大会产生，向人民代表大会及其常委会负责。这同多数西方国家所实行的三权分立体制有着根本区别。

检察机关的宪法地位是指人民检察院在国家权力体系中所处的位置，在人民依据宪法治理国家过程中所扮演的角色。从我国的宪法文本出发，检察机关的宪法地位突出体现在两处规定上，一处是宪法第 129 条规定："中华人民共和国人民检察院是国家的法律监督机关。"另一处是宪法第 131 条规定："人民检察院依照法律规定独立行使检察权，不受行政机关、社会团体和个人的干涉。"

（一）如何理解检察机关是"国家的法律监督机关"

1. 宪法强调人民检察院是"国家"的机关。它表明检察机关行使权力代表了国家，是以国家的名义履行职责的。我国是单一制的国家结构形式，明显有别于实行联邦制的国家分权形式，检察院是国家的检察院，而非地方的检察院，检察机关行使权力代表了国家的意志，而非任何地方、团体或个人的意志。虽然宪法中规定了地方各级人民检察院检察长由地方各级人大选举产生，地方各级检察院对产生它的权力机关负责，但这并不意味着检察院行使职权就代表了地方的意志，检察权不能理解为地方固有的权力。在宪法上，地方检察院向地方人大及其常委会负责可以理解为这是制宪者（人民）通过宪法将组织地方各级人民检察院的权力委托给地方各级人大具体行使。而在1954年宪法中，则明确规定了地方各级人民检察院一律在最高人民检察院的统一领导下进行工作，不受地方国家机关的干涉。现行宪法也确立了上下级检察机关之间的领导关系，并规定了地方各级人民检察院检察长的产生除同级人大选举外，必须经过上级人民检察院批准的特殊程序。这一程序的设置显然旨在强化和保障检察权的国家性。此外，检察权的国家性还体现在检察机关行使职权应以是否损害国家利益为标准，只有发生了侵害国家利益的行为，检察机关才会介入。

2. 宪法强调检察机关是从事"法律监督"的国家机关。它表明检察权的本质属性就是法律监督权。也就是说人民检察院是专司法律监督职能的国家机关。理解"法律监督机关"的涵义，重点要把握以下几点：

（1）这个表象上的全称判断概念并不意味着检察机关是一个全面监督国家法律实施的机关，检察机关不能统揽法律监督权，全国人大才有这种监督权。检察机关的法律监督权是由权力机关授予并受其领导和监督的。

（2）检察机关的法律监督具有专门性和具体性，主要是针对具体案件的监督，是个案监督，是对有关机关和公民个人执行和遵守法律情况的监督。其职权总的可以概括为职务犯罪侦查权、公诉权、诉讼监督权和执行监督权，这些权力跨度大，各自特色明显，不加区别地放在一起综合分析时很容易让人在认识上产生疑惑。

（3）检察机关的法律监督具有突出的程序性特点。一方面检察权的行使必须严格依照法定的程序进行，另一方面检察权的构成本身往往具有很强的程序色彩，不具有实体性和终局性，这一点在公诉权、诉讼监督权和执行监督权的构成上表现最为突出。

3. 检察机关的法律监督权在国家权力配置体系中是第二层面的范畴。我国国家权力体系第一个层面是权力机关统一行使国家权力。第二个层面是权力机关之下的行政机关、审判机关、检察机关、军事机关分别行使国家的行政权、审判权、检察权和军事权。第三层面则是行政、审判、检察、军事机关下属的各部门为落实行政权、审判权、检察权和军事权而分别去履行各项具体的行政、审判、检察和军事的职能。因此，全国人民代表大会及其常务委员会居于最高国家权力机关和立法机关的双重角色，立法权包含在更高意义上的监督权之中，客观上处于优位，属于第一层面的范畴，而审判权与行政权、检察权等处于第二层面。各级人民检察院必须接受同级人大的监督，对同级人大负责。

另外，在理解检察机关是法律监督机关的命题时，有两个问题值得大家进一步思考：第一，检察机关是不是只监督各类具体的社会主体遵守和执行法律的情况？如果检察机关认为行政法规、地方性法规、自治条例和单行条例等抽象性文件可能存在违宪、违法情形，依照立法法第92条的规定，检察机关有权向全国人大常委会提出书面审查要求，这是不是行使监督权的又一种表现？第二，法律在我国有无可能违宪，如果可能，在目前的宪法框架下检察机关可以采取哪些措施？宪法确立了一切国家机关具有保障宪法实施的职责，我们认为，检察机关自身的特点决定了它发挥上述作用具有独特的重要价值，但目前在这方面作用发挥的状况还很不理想。

总体上看，宪法关于检察机关是法律监督机关的定性是准确的，是符合我国实际的，如果仅仅定位于国家公诉机关或司法监督机关，会使一部分重要的国家法律监督权失去权威和适当的承担者，导致国家权力运行的缺位和失衡。

（二）如何看待检察机关依法独立行使职权

1. 检察独立不等于司法独立。宪法第131条的规定确立了检察权由检察机关依法独立行使的地位，并对行政机关、社会团体和个人等几类社会主体不得干预检察机关依法独立行使职权作了列举。笔者认为，在权力划分上，我们有必要打破西方传统意义上对"三权"划分的固有认识，回归到我国的宪法文本中来，检察权是不同于立法权、行政权和审判权的具有自身独立特性的法律监督权。此外，由于世界各国普通法院存在的共性较多，应当认可司法权就是指法院的审判权这一国际上通行的惯例，把司法权划分为广义和狭义是不尽合理的，甚至在一定程度上造成了中国检察制度理论研究的障碍与混乱。审判权与检察权在我国应当是泾渭分明的两种国家权力。至于把检察机关也称为司法机关，在现实中约定俗成意义上也未尝不可，但在学术研究意义上有必要将检察院与法院乃至司法行政机关职权的称谓严格区分开来。基于此，检察权不能混同于司法权，检察权独立原则也不同于西方的司法权独立原则，也不同于中国主张的审判权独立原则。

2. 检察权独立原则主要强调检察权行使的专属性和相对性。检察权行使的专属性主要指检察权职权主体身份是独立的，宪法条文所体现的主要是检察院的独立，即在国家权力分工中，检察权只能由检察机关行使，其他任何机关不得行使；

检察权不受行政机关的干预,更不受社会团体和个人的干涉,此处的"个人的干涉"尤其指担负着重要职权的领导及其他具有社会影响力的个人,以各种名义对检察机关办案过程的种种干预。从条文所蕴含的价值来看,笔者认为还应当包括检察官的独立。检察官的独立,指检察官办理案件,仅依照法律规定自主地进行,不受其他外在因素的干扰而独立作出判断。当然,实现检察官独立的前提是社会法治文明发展到相对发达的阶段。而最高检近年来在系统内部进行主诉(主办)检察官的改革方式也是在这方面的有益尝试。

检察权行使的相对性是指检察机关在行使职权过程中,除了接受上级检察机关的领导外,还受到来自外部的多方面的监督:

(1)权力机关的监督。宪法规定"国家行政机关、审判机关、检察机关都由人民代表大会产生,对它负责,受它监督";"最高人民检察院对全国人民代表大会和全国人民代表大会常务委员会负责,地方各级人民检察院对产生它的国家权力机关负责";全国人大有权选举和罢免最高检察院检察长,全国人大常委会有权监督最高检察院的工作,有权根据最高人民检察院检察长的提请,任免最高人民检察院副检察长、检察员、检察委员会委员和军事检察院检察长等。可见权力机关通过行使选举权、任免权和听取报告并进行表决的方式可以对检察机关作出监督。

(2)党的监督。根据《中国共产党党章》的有关规定,党可以通过将自己的意志法律化,制定司法工作的路线、方针、政策,考察推荐司法干部,对违法违纪的党员干部进行查处等手段对检察机关的工作产生实质性影响。此外,各民主党派也可以对人民检察院实施民主监督。

（3）公安机关、人民法院与人民检察院之间的相互制约关系。根据宪法的规定，在上述三机关办理刑事案件时，要分工负责，互相配合，互相制约。也就是说检察机关在具体的诉讼过程中要受到来自公安机关和人民法院的监督。

（4）社会的监督。除了宪法明确规定的公民个人直接行使宪法上的批评、建议、控告、申诉等监督权外，新闻舆论对检察机关行使职权也具有一定的监督作用。从 2003 年起，人民检察院还创设并实施了人民监督员制度。对检察机关承办职务犯罪中犯罪嫌疑人不服逮捕决定的、拟撤销案件的、拟不起诉等情形实施监督。这是一种带有一定"刚性"的程序，对检察机关独立行使职权产生一定的影响。它体现了检察权行使的民主化，是顺应时代潮流的。

考虑到上述因素，宪法明确规定检察机关独立行使检察权不受行政机关、社会团体和个人的干涉更为准确。深刻认识检察权独立原则的相对性对于检察机关坚持正确的政治方向具有重要的意义。

同时也要看到，由于存在着国家权力的分工，虽然宪法规定了各级人民检察院对各级人大及其常委会负责，但这并不表示人大及其常委会可以任意干预检察机关的办案过程。检察机关在具体案件的办理过程中，即使对国家权力机关来说，也具有一定的独立性。党对检察工作的领导也同样如此。这是理解检察权独立原则的另一层重要含义。

三、检察机关与行政机关的关系

（一）宪法中关于检察机关与行政机关关系的规定

宪法第 62 条规定，全国人大有权根据国家主席提名，决定国务院总理人选、选举最高人民检察院检察长；第 101 条规定，地方各级人民代表大会分别选举本级政府的行政首长以及本级人民检察院检察长。此外，宪法中还有检察机关独立行使职权，不受行政机关干涉的规定，这些规定反映出的检察机关与行政机关的关系如下：

1. 检察机关与以政府为表现形式的行政机关在法律地位上是并列的。从前面的规定可以看出，检察机关与各级政府均由国家权力机关产生。只是中央政府与地方政府的行政首长在产生方式上略有不同。检察机关与各级政府是各自独立，互不隶属的。这就是在人民代表大会制度下"一府两院"关系的本质体现。

2. 检察机关与行政机关之间存在着单向的监督和被监督关系。虽然在宪法上，检察机关与行政机关的地位是并列的，但在职权方面，二者的监督和被监督关系却是单向的。这是由检察机关的法律监督机关的性质所决定的。检察机关对行政机关的监督具体表现在对政府职能部门的监督。具体可以划分为以下三种形式：

（1）对公安（安全）机关的监督。主要表现为对公安机关在刑事诉讼中侦查活动的监督以及对公安机关在行政执法活动中行为合法性的监督。这两种监督形式对于保障公民的人身自由和其他基本权利都是至关重要的。而对前一种监督在宪法第 135 条和人民检察院组织法第 5 条中还专门作出了规定。另外，对公安机关所属的看守所的监督也是此类监督的重要组成部分。

（2）对司法行政机关的监督。司法行政机关主要是指政府系列的司法行政部门。由于其下属的监狱承担着刑罚的执行功能，因此也就成为检察机关实施法律监督的重要对象，人民检察院组织法第 5 条中专门对此作了规定。监狱的管理状况在人权保障领域一向是世界各国关注的敏感问题，是评价一国法治文明程度的重要指标，检察机关在此方面担负的责任重大。此外，由于劳动教养作为一种直接限制人身自由的行政措施，对各级劳教机关的监督也是检察监督的重要方面。

（3）对其他行政机关的监督。以上的监督由于法律有专门的规定，我们可以称之为"特别监督"，它是由法律明确的针对某个机关履行职权状况的整体监督，当然也包含了针对上述机关公务员个人职务行为的监督。而对于其他行政机关的监督，由于主要是通过对个人违法履行职务行为是否构成渎职犯罪实施侦查的方式进行的，因而我们可以称之为"一般监督"。近年来，行政公益诉讼的案件在一些地方时有出现，检察权在民事、行政诉讼领域有寻求扩展的趋势，但在缺乏对宪法上的"公共利益"具体化、明确化的背景下，这种扩展应当受到必要的限制。

在理解上述监督的单向性时，我们不否认宪法规定的公安机关与人民检察院也存在着相互制约关系，这主要体现在刑事诉讼环节中，公安机关可以针对检察机关公诉权的行使依法向检察机关提出异议，这从广义上可以理解为一种反向监督。就行政机关而言，这种制约仅限于公安机关，可视为一种例外。

（二）检察机关与行政机关关系的现实问题

总体而言，在人民代表大会体制下，宪法所确立的检察机关与行政机关的关系，在实践当中的运行是良性的，在各自职权范围内为社会的发展发挥了积极作用。但在实际运作过程中也出现了不少问题，突出表现在以下三个方面：

1. 检察机关与公安机关不正常冲突时有发生。从宪法本身的规定精神看，由于检察机关与行政机关之一的公安机关存在着分工负责、互相制约的关系，两者在办理刑事案件中出现一定冲突在所难免。但实践中由于一些部门领导从本部门甚至个人利益出发，常常把相互制约变质成不正常的相互斗气，影响了案件的正常办理。在一些地方出现了出入人罪的现象，弱化了对犯罪嫌疑人基本权利的保护。有的地方表现为检察机关将侦查结束本已符合起诉条件的案件以非正当的理由一次次退回公安机关补充侦查，有的地方表现为公安局长作为县委常委，从部门利益出发向检察机关不正常施压。据统计，仅在 2004 年，全国检察机关就对应当立案而不立案的，依法监督侦查机关立案 20742 件；对不应当立案而立案的，监督撤案 2699 件。另外，有些地方以片面追求办案效率为由，动辄号令公检法提前介入，联合办案，混淆了各自的职权，这是不应提倡的。

2. 检察监督的缺位。这是近来被国内媒体热炒的两起刑事案件折射出来的问题，一起是发生在湖北省京山县佘祥林杀妻案，一起是发生在河北省广平县聂树斌强奸杀人案。佘祥林案近日已被法院再审宣告无罪，聂树斌案近日也正在进行复查。这两起案件之所以引起关注都是因为偶然因素。佘祥林错案的昭雪是因为他"被害"的妻子意外"复活"，聂树斌案之所以复查是因为一名犯罪嫌疑人落入法网并供认不讳。这两起案件值得我们深刻反思。我们在制度建设上应当如何防止此类现象的发生，并且能够及时发现，尽早纠正呢？从检察机关角度讲，对行政机关的监督存在缺位的问题。

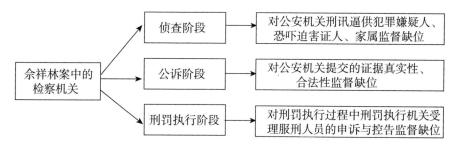

　　这里我们要注意的是，在佘祥林案件中，直接受害者不仅仅是佘祥林本人蒙冤 11 年，先后还有证人聂麦青、倪新海被公安机关限制了人身自由，佘祥林的母亲杨玉香在上访时被公安机关关押长达 9 个月，保释不到 3 个月即去世，对这些检察机关都没有及时予以监督并纠正。在监狱服刑期间，佘祥林的申诉也未得到驻地检察机关的应有重视。检察机关在批捕、公诉、执行监督等环节都未能发挥好对行政机关的法律监督职能。这些问题值得引起我们的高度重视。在进一步联系前些年发生在云南昆明的杜培武杀人案，杜培武作为一名警察，最后都被屈打成招，其他公民可能受到人身侵害的危险就更可想而知了。检察机关在这方面的监督无疑存在漏洞。

　　3. 行政干预导致的地方保护主义严重。检察权在行使过程中受到行政权的干预和影响，存在地方化倾向。众所周知，目前地方保护主义已成为一种社会顽疾，检察权的地方化已构成对国家法治建设的重大障碍之一。一些地方政府及其所属部门凭借对检察机关的经费、土地、建设立项等多项事务具有实际的控制权，对检察机关的办案产生实际影响，检察权在一定程度上被曲解和利用，贯彻的是地方政府的意志，保护的是地方的利益，个别检察机关已经偏离了宪法所规定的"国家的法律监督机关"的本意。

　　4. 对行政机关制定的行政法规、规章等规范性文件的监督乏力。如前所言，人民检察院是国家的法律监督机关，负有保障宪法和法律实施的当然职责。现实生活中，行政法规与各种行政规章可能违法甚至违宪的情形并不鲜见，这些都有可能成为检察机关办案时所适用的重要依据。但现实中对行政法规与行政规章的监督没有很好地开展起来。

（三）改进的建议

改进人民检察院与行政机关的关系是一个全方位、多角度的复杂的系统工程。针对上述问题，我们提出一些大致的改进建议。

1. 在制度构造方面强化检察权对公安机关侦查权的优势比重，通过增进检察机关的控制力和制约力减少检察权和公安机关侦查权之间的不正常的冲突。

2. 健全和完善各种办案人员责任追究制，切实强化对公安机关和刑罚执行机关的监督。

3. 实现检察机关的在财政、人事方面的垂直领导，减少外部行政因素对检察机关独立行使职权产生的不当影响。

4. 检察机关要注重自身在对行政机关的抽象性文件合宪性与合法性辨别中的特殊价值，根据立法法的规定积极发挥作用。

四、检察机关与人民法院的关系

（一）宪法和法律规定的分析

我国宪法在"国家机构"一章中专门一节对人民检察院和人民法院作了规定。在人民检察院组织法和人民法院组织法以及三大诉讼法和多部实体法中，都对人民法院与人民检察院的关系作出了规定，从这些规定精神看，理解人民检察院与人民法院的关系主要应当把握好以下三点：

1. 检察机关与人民法院是各自平行、相互独立的国家机关。检察机关与人民法院都是由国家权力机关产生，都要对人民代表大会负责。在国家权力的位阶上，二者的宪法地位是平等的，共同构成了受权力机关监督之下的"一府两院"中两院的组成部分。两个机关是相互平等、各自独立的，都具有各自范围内法定的强制力。

2. 检察机关对人民法院审判活动的合法性实施全方位的监督。根据人民检察院组织法第 5 条的规定，人民检察院对人民法院的审判活动是否合法，实行监督。检察机关对人民法院的监督首先体现为一种程序性监督。这种监督体现在审判活动的各个方面，从起诉到庭审，再到判决之后的抗诉、上诉、再审甚至执行阶段，检察机关都可以行使自己的法定职权。检察机关对人民法院的监督主要是通过行使诉讼监督权和对法官职务犯罪调查权而实现的，前者是针对法院整体行为的，后者是针对法官具体的职务行为的。

3. 人民法院对检察权的行使产生了实质上的制约力。在诉讼活动中，检察机关所提出的证据的真实性、合法性如何，能否被采信要经过庭审过程的检验；检察机关指控被告人构成犯罪，构成此罪而非彼罪的主张是否成立，都要经过人民法院的最终认定才能最终定案。可见，检察权中的公诉权的行使受到了审判权的实质性制约。人民法院通过审判活动也可以对检察机关职权的行使产生从程序到实体的多重影响。从特定角度讲，这种相互影响和制约也可以理解为一种相互监督。在此意义上，两类机关的监督是双向的。

现实中，检法两机关之间的制约也好，监督也好，虽然不少观点主张这种制约关系干预和影响了各自的独立性。但这种监督在本质上是以促进宪法和法律的有效实施、促进人权保障价值的实现为目的的。司法权和检察权最大的区别在于司法权具有中立性和被动性，而检察权则具有鲜明的国家倾向性和主动性。

（二）检察机关与人民法院关系的现实问题

1. 刑事诉讼中"检法冲突"的存在，弱化了对被告人、犯罪嫌疑人基本权利的保护。由于检察机关在诉讼过程中既是公诉机关，又是诉讼监督机关，这种角色的双重性使得检察机关的公诉权与诉讼监督权可以交叉行使，这在一定程度上引发了"检法冲突"现象，在一些地方还变得较为激烈，影响到诉讼的公正性和科学性，对两机关的形象都产生了负面的影响。近来在民事和行政诉讼领域两机关之间的不正常冲突也有所表现。

另外，没有正常的冲突也非益事。由于检察机关所处的特殊地位，公诉权与诉讼监督权交由一个承办部门或人员行使时，会带来了一些弊端，像佘祥林案件确定交由基层检察院对这样重大的案件提起公诉，这本身就反映了当时"疑罪从有"的司法理念。而几级检察机关之前既未提出撤诉，之后也未对15 年的判决结果提出抗诉，这一点值得人们反思。

2. 公诉权的不当行使和诉讼监督的缺位，导致司法权对公民基本权利侵害的现象时有发生。这是目前引起社会广泛关注的大问题。具体到佘祥林案件中，我们可以看到检察机关和人民法院关系中的两大环节的漏洞：

在佘祥林案中，第一层面的监督（法院对检察院行使公诉权的制约）先后经过了中级法院—高级法院—基层法院—中级法院四轮的审核，最后佘祥林还是被判处了有期徒刑 15 年；而第二层面的监督（检察院对法院审理活动的监督）先后经过了地区检察分院对中级法院审理活动的监督—京山县检察院对京山县法院审理活动的监督两次具体的过程，也未能有效发现并纠正错误。而聂树斌案还经过了高级法院的死刑复核程序，最后还是被执行了死刑。这一连串的过程中，检察机关与人民法院之间相互监督、相互制约环节的虚置，是摧人肺腑，发人深省的，监督环节的漏洞直接导致了对公民人身自由甚至生命权的侵害，这种悲剧实在不应当再次重演。

3. 检察机关对司法领域职务犯罪的查处不尽人意。公权力行使中的腐败现象已是千夫所指，而司法领域的腐败现象更是令人深恶痛绝。如果说法院的判决结果是一个生产过程的最后产品，那么，在所有阶段中，产品的最后一道工序，也就是法院的审理裁判过程无疑是至关重要的。检察机关行使诉讼监督权好比是对生产操作规程和工艺的监督，而行使职务犯罪侦查权好比对生产人员个人品行的监督。前者是防范"好人做恶事"，后者则是防范"恶人做恶事"。这种侦查权的运用对防止审判权的滥用无疑会产生很强的制约作用，对促进法院公正司法是至关重要的。而现实中，由于多种因素的影响，这项职权在一些地方的检察机关，要么被长期搁置不用，要么被个别人出于部门甚至个人利益加以滥用，成为威吓的干扰法院正常审判的工具；甚至在一些地方，个别检察官与法官沆瀣一气，损害当事人利益，亵渎法律的尊严，这种状况亟待改变。近几年来，全国各地仅高级法院院长就有不少于 5 人因涉嫌职务犯罪而落马，而检察机关对此类案件的查处应当有更大的空间。据不完全统计，目前我国尚有外逃的经济犯罪嫌疑人 500 多人，涉案金额 700 多亿元人民币。这在一定程度上与法律监督的乏力和司法的疲软是相联系的。

4. 司法解释方面的冲突，影响到司法活动的统一性和严肃性。按照全国人大常委会 1981 年通过的《关于加强法律解释工作的决议》，最高人民法院和最高人民检察院可以就审判、检察工作中"具体应用法律、法令的问题"进行解释，通常称为"司法解释"。时至今日，这种司法解释还在不断制定和发挥效力，其数量已远远超出了法律条文本身，且具有系统内的普遍约束力。这些司法解释已经成为检察官、法官和律师办案的重要依据，而实践中，不仅这些解释与法律有冲突现象，这些司法解释之间也出现了对同一类问题冲突不一致的现象。如"两高"对于刑法罪名的具体就各有不同。虽然立法法第 43 条规定了最高人民法院、最高人民检察院可以向全国人大常委会提出法律解释要求，但两院很少通过此途径解决问题，一些冲突目前依然存在，这对于司法活动的权威性产生了一定的负面影响。

（三）改进的建议

要积极推进我国检察制度的改革，这是整个司法体制改革的重要组成部分。这一改革需要多方面的协调和共同努力。

1. 要切实落实人民代表大会制度，强化人大对两院的有效监督，减少非因正常的法律争议而引起的不必要的摩擦。

2. 要根据现实需要，对检察权的范围作出适当调整，强化诉讼监督的力量。完善有关规定，先从内部着力解决公诉权和诉讼监督权角色重叠的问题，保证诉讼监督的严肃性和实效性。

3. 加大对司法机关工作人员职务犯罪的查处力度，减少司法过程中的腐败行为。

4. 促进检察机关与人民法院针对司法解释工作的协调和沟通，尽可能由人民法院直接作出司法解释，检察机关应慎用司法解释权，用好对人民法院司法解释的法律监督权。

此外，关于人民检察院、人民法院和公安机关三者之间的关系。宪法第 135 条确立了人民法院、人民检察院和公安机关办理刑事案件要"分工负责，互相配合，互相制约"的十二字原则，刑事诉讼法第 7 条对此也作了规定。对此，我们遇到了以下几个疑问：

首先，这一原则在规范层面应当如何理解，是不是只适用于三个机关在办理刑事案件过程之中？我想我们的认识不能局限于此，应当作更广泛意义上的理解。尤其在涉及检察机关与人民法院之间的关系的时候。例如民事诉讼法第 14 条规定了

"人民检察院有权对民事审判活动实行法律监督",行政诉讼法第10条规定了"人民检察院有权对行政诉讼实行监督"。这些都是对检察机关作为国家法律监督机关的宪法地位的落实。检察院与法院的关系在民事诉讼和行政诉讼中与刑事诉讼中大致相同,十二字的原则适用于民事诉讼和行政诉讼也有其合理性,也具有合宪性。

其次,既然宪法对三个机关的关系作了规定,那么,这一原则在实际运行层面的状况又如何呢?从前面的分析可以看出,实践中的运行中宪法规定十二字原则没有落到实处,出现的问题很多。突出表现于两个极端:一是片面地强调配合,淡化了分工负责和相互制约。许多地方进行的公检法联合办案,出现的是权力混同情况,公权力共同指向打击犯罪、维护社会治安时,对公民个体权利的保护就会出现纰漏。二是不正常的冲突现象的存在,如前述的检警冲突、检法冲突等。造成这些冲突的原因有立法方面的疏漏所致,有检察机关本身的多重角色变化所致,还有各自部门利益和人员观念、素质及体制方面地方领导介入和干预等问题。

最后,如何协调三个机关之间的合理关系,促进宪法规范的真正落实?首要的是在认识上要回归到宪法精神上来。虽然不同部门法研究此类问题时角度多样,但由于宪法上对三类机关的关系已经作出了专门规定,此问题还是应当从宪法上寻找直接意义上的依据。我们认为,宪法的主要价值就在于通过限制公权力的行使,保障公民基本权利的实现。而宪法第135条规定的核心意义也在于此,主要是为了体现公权力之间的相互制约。基于此,我们认为,要贯彻好十二字原则,协调好三种机关之间的冲突,最重要的是要构建以制约为核心的权力关系。具体可以归纳为以下三点:

第一,"分工负责"是前提。只有各自职责明确,各个机关才能够在相对独立的环境中发挥各自的功能。检察院和法院以及行政机关的性质是由宪法所规定的，也是由宪法所保障的。如就检察机关而言，它的法律监督是有限度的，它要以尊重法院的宪法地位为前提，而不能剥夺了法院的独立性，同样，检察机关也不应直接介入公安机关的侦查活动中去。宪法之所以要设立法院、检察院和公安机关，其目的在于发挥各自的功能，而不是要一个机关取代另一个机关，各个机关之间不得越位缺位，不得越俎代庖。在以前的刑事诉讼法中，法院和检察院的管辖范围、立案分工不够明确，存在管辖范围交叉，职责不明的现象。当时的免予起诉制度实际上也使得检察院行使部分刑事审判权，这是对审判权的分割和侵犯。实践中法院单方面限制检察院抗诉权或者法律监督权的范围的做法也是不妥当的。这些都是不符合宪法原则的。总之，"分工负责"重在反映三种公权力行使的有限性。

第二，"互相配合"是基础。三种机关之间只有相互配合，而不是互设障碍故意刁难，才能实现国家权力运转的有效性。这种相互配合不是说检察院起诉什么，法院就判决什么，更不是一些人所认为的公检法三家流水作业，而主要体现在三种机关之间办案过程中针对一系列程序性问题的衔接。就检察机关而言，法律监督必须强调一种程序性，即不能对法院的实体性行为进行实体性监督，不能就法院审判中的问题作出实体的决定，否则就会与分工负责和相互制约原则发生冲突。当然，一般而言，检察院的法律监督不仅仅是程序性监督，也包括实体性监督，例如，人民检察院组织法第19条规定，"人民检察院发现刑事判决、裁定的执行有违法情况时，应当通知执行机关予以纠正"，"人民检察院发现监狱、看守所、劳动改造机关的活动有违法情况时，应当通知主管机关予以纠正"。在诉讼中，检察院对法院的监督则存在着严格的界限。检察院有权监督审判活动是否合法，但是其监督方式则是程序性的，它不能作出实体决定，然后交由法院执行。有人认为，相互配合的原则扭曲了现代刑事诉讼结构下正当的检法关系，违背了审判中心主义，破坏了法院的司法权威。这种观点强调诉讼的基本原理，但忽视了中国司法制度的背景。在我国，人大制度下权力关系的重要特点之一就是强调权力之间的协调。这是对那种相互掣肘横加干涉做法的否定。总之，"互相配合"重在强调三种公权力的行使的程序性。

第三，"互相制约"是核心。互相制约是公检法三机关关系的核心。正确把握这一原则将有助于从根本上协调三者的关系。权力制约的原理中外是共通的，只是我国国家权力之间的制约是以人大制度为背景，以相互配合为基础的。为避免人们产生认识上的混淆，通常我们更多讲的是权力的分工。而在宪法中专门对公检法三机关的关系规定了"互相制约"，这是有其特别重要意义的，我理解为要在更直接的意义上体现对公民基本权利保障的宪法价值。要防止权力的滥用，为了确保审判权、检察权、侦查权行使规范和公正，权力的制约是必不可少的。这种制约是"互相"制约，也就是说是双向制约关系而不是单向制约。如在刑事诉讼中，根据法律规定，对于被害人有证据证明被告人侵犯自己人身、财产权利的行为应当依法追究刑事责任，而公安机关或者检察院不予追究的案件，被害人可以直接向法院起诉。相互制约之所以成为核心问题，是由于没有这种制约，所谓的分工负责就失去了意义，相互配合也会严重变质，法律适用的公正性亦将无从保障。制约本身不是目的，而在于通过制约来保障法律适用的公正性，也就是最终体现保障公民权利的宪法价值。这也是宪法设置检察院的法律监督权目的所在。强调相互制约的目的性有助于解决制约过程中所产生的矛盾，回到宪法来看问题是现代法治文明的必然要求。总之，"互相制约"重在强调三种公权力行使的目的性。

分工负责、互相配合、互相制约的原则是一个完整体系，不能孤立地加以理解。既突出三机关各自职权的特性，又强调相互之间的合理协调和平衡，防止出现失序和混乱。这一原则与目前党中央提出的创建和谐社会的本意是相吻合的。

五、问卷调查情况的说明

为丰富我们的理论研究，了解社会公众对检察机关的基本评价，我们设计了"公众心目中的检察机关"调查问卷，在北京市的工人、农民、学生、机关工作人员中发放近 500 多份，共收回 496 份；在因特网上进行的问卷调查，迄今已有 157 人次选择性地做了回答（网上未列出性别、职业选项），尽管上述调查数据的形成受到了多种因素的影响，但也从一个侧面反映出一些共性问题。

部分参考数据如下：

序号	问　题	答　案
1	性别	男（387）女（109）网上未明确性别者（157）
2	职业	党政机关工作人员（90）事业单位工作人员（91）企业职员（121）在校大学生（98）农民（96）网上未明确职业者（157）
3	对人民检察院的整体印象如何	好（67）一般（400）不好（77）
4	认为地方各级人民代表大会和地方各级人民检察院的关系是	监督与被监督关系（427）领导与被领导关系（91）指导与被指导关系（1）
5	认为检察院在工作中是否应该独立行使职权	应该（399）不应该（119）

序号	问 题	答 案
6	认为检察院在实际工作中是否能够独立行使职权	不能（509）能（15）
7	认为不能独立行使职权的主要原因是	受地方政府干涉（312）受某些领导人的干涉（455）受地方党委的干涉（494）受地方人大的干涉（216） 受一些有钱人的干涉（396）
8	认为检察院在反腐败方面	发挥了很大作用（209） 没有发挥多大作用（313）
9	认为没有发挥多大作用主要原因	检察院行使职权受外部干扰太大（188）检察院不积极行使职权（31）检察院自身腐败现象严重（108）
10	对目前我国检察机关在促进宪法实施中发挥的作用的满意度	满意（2）基本满意（275）不满意（211）不清楚（33）

　　总之，检察制度的改革是当前与今后我国法律实践面临的复杂课题，各种改革的举措必须在合宪性的大背景下展开，不能以突破宪法秩序为代价。维护宪法权威，是真正落实依法治国，从而最终保证检察体制改革成功的关键。21 世纪是中国法治走向现代化的世纪，相信在宪政发展的道路上，人民检察院应当有所作为，也必会有所作为。

附录2
宪法实施与社会稳定[*]

当代社会面临的最大问题是如何维护社会的稳定。社会稳定是从国家领导人到一般百姓都要关注的问题。什么样的制度才能真正为社会稳定提供有效的保障？我们经常讲社会稳定，什么才叫社会稳定？以及什么叫法学意义上的社会稳定？毫无疑问，法院、检察院、公安机关都是维护社会稳定的重要力量。

怎样从宪法角度来维护社会稳定，就是说如何通过宪法的实施来保障社会的稳定。中国社会的稳定不能离开中国宪法。换句话说，宪法不能实施的国家就不会形成稳定的社会环境。社会稳定来自法治的力量，法治的力量来自于宪法，所以说宪法实施是社会稳定的底线，也是基本的出发点。

一、为什么要提出社会稳定问题

2011 年 2 月 19 日，胡锦涛同志在中央党校举行的"省部级主要领导干部社会管理及其创新专题研讨班"开班式上发表

---

* 本部分内容根据 2012 年 6 月笔者在上海市第一中级人民法院演讲整理而成。

重要讲话。他指出，加强和创新社会管理，根本目的是维护社会秩序、促进社会和谐、保障人民安居乐业，为党和国家事业发展营造良好社会环境。

无论你生活在什么地方，都要安居乐业。所以，我们谈到社会管理创新时，应该把创新和管理提高到如何让人民安居乐业上来。我们应该建立什么样的社会秩序？我们维护社会稳定的理念是否符合法治？我们为什么要提出社会稳定的问题？2011年，据不完全统计，我国第一次在社会稳定、公共安全方面的支出有超过军费支出的势头，这在国际上产生了很大的影响。我们不能简单地得出维护社会稳定的经费已经超出军费的结论，但是通过这个数据可以肯定的是，2010年、2011年、2012年我们花在维护社会稳定方面的钱越来越多，这是不可否认的事实。

目前，社会稳定问题成为最大的问题，需要在不同层面进行分析：

（一）制度层面

目前，城乡差距、地区差距、贫富差距扩大，官民关系、劳资关系等社会阶层关系矛盾凸显，有关住房、教育、医疗、养老等民生问题日益突出，土地征用、房屋拆迁、企事业改制等引发的社会不稳定问题增多，贪污腐败等大案要案频发，一些地方杀人、绑架等暴力犯罪增加，诈骗、抢劫、盗窃等刑事犯罪案件上升，特别是各种群体性事件居高不下，使得经济社会稳定问题日益突出，社会管理面临重大挑战，而这些挑战实质上是宪法实施的核心问题，是公权力和私权利之间的深刻冲突。

对于个案引发群体性的事件，有观点认为，这是因为我们处于转型时期，发展不平衡、不协调，中国社会达到中等收入的状态，社会出现一些不稳定，或者说中等收入的群体还没有达到发达国家城市化所需要的程度时，社会不稳定的因素会越来越多。中国经济建设越来越快，但是社会建设缓慢，这是立法上的不平衡还是我们投入到社保基金上的不合理？比如，社保支出是 3000 多个亿，一般发达国家的社保基金占国家财政收入的 40%，最低的国家是占 36%，但我们目前达不到这个数额。经济建设与社会建设的不平衡、收入分配的不平衡、贫富差距的拉大、城市发展贵族化等形成了城乡新二元结构的问题。例如，现在中国一流大学来自农村普通家庭的学生越来越少，教育资源越来越不平衡。法律规定孩子受义务教育平等，但是现在城市居民会花更多的精力、经费为孩子做一些课外的支出。农村的学生很聪明，但是教育资源有限，经济上不允许。十年以前还有农村学生考上一流大学的例子，但是十年以后呢？现在我们强调平衡发展的同时，教育上的贵族化现象已经成为严重的事实。你在一个班里找不到几个真正来自农村的孩子。广大农村的孩子也是平等受教育权的主体，但是由于国家政策的不平衡，城乡的差别导致出现新的二元化的结构，这是不符合法制理念的。我提出东部、西部法制发展的不平衡已经严重地影响到共和国法制的整体形象。我们很多的法制以东部的需要为主，没有考虑到西部。我们共和国目前还有 200 多个县没有一个专职的律师，这些县的人民打官司找不到律师。多少县法院里还没有一名正规的大学毕业生？我们社会阶层的不平衡导致的社会问题也越来越多，最多的问题就是公权与私权的冲突。例如，最牛的钉子户、乌坎事件等。这些问题包含着中国社会很深刻的问题。一个村的村委会主任的选举为什么会引起几千人的不满，引起国际社会的关注。公权与私权的冲突也会带来社会的不稳定。当然我们考虑中国社会稳定问题时不能仅限于中国这个环境。中国是世界的成员，国际社会正在出现的不稳定因素影响到中国的稳定。近两三年以来，国际社会出现宪政的危机，以及非西方国家出现的不稳定。为什么一个已统治40多年的国家在几天内政权崩溃？为什么在突尼斯，一个类似我们城管执法不规范的事件会导致突尼斯政权的崩溃？为什么突尼斯事件给阿拉伯国家带来这么深刻的宪政危机？这些情况虽然发生在国外，但我们也需要反思。在埃及，40多年的政权表面很稳定，但因为受到突尼斯的影响，整个法制、政权出现了很大的危机和不稳定。这些国家都有宪法，但是我们发现一个共同的现象，很多国家的宪法没有起到作用。他们大多通过宗教、人治来治理国家，没有用宪法治理国家。通过人治的国家，表面上看社会有凝聚力，但实际上是很脆弱的。一旦发生动乱，很容易崩溃。我们要通过宪法的力量凝聚民心、凝聚社会最核心的制度。当然，光有宪法还不行，还要真正落实宪法。所以，所有的社会问题都集中在宪法上。宪政危机一旦发生，整个社会也要发生深刻的变化。面对社会危机，国家治理者不能在宪法统治之下运用法律来处理社会危机，最终将会失信于民。其实，西方国家也面临深刻的宪法问题。宪法价值与现实的冲突、个人自由与国家价值观的矛盾，民族、种族问题引发的社会冲突，宪法价值与外交政策的背离等。可以说，现在是自宪法治理产生以来，世界范围内宪法问题最普遍、最深刻的时期。英国的窃听丑闻、"9·11"以后美国为了国家的安全利益对个人自由的限制都是客观的现实。我们需要从中国实际出发，思考如何更有效地利用宪法维护共同体的价值观，如何通过宪法来重新塑造中国社会的共识，如何在社会共识中合理平衡国家的利益与个人的利益。

（二）法律层面

我们已经宣布了社会主义法律体系的形成，但是我们面临的法制建设的任务、立法的任务更繁重。法律体系的形成只是过渡性的，仅仅是一个开始，并不能说明我们国家的法律够用了。我们只是完成了一个阶段性的任务。中国的法治正在发生怎样的转型？我们如何更好地适用法律？怎样更好地解释法律？民众期待法律的实施，而法律的实施需要系统化的解释法律的技术。笔者认为，目前我们面对社会稳定，包括面对信访，我们的一些理念、我们采取的一些措施，并不是法治的理念。有时候我们用法制的理念推动的是人治。比如，关于信访如何定位问题。笔者曾经参加过一个会议，当时讨论要不要把信访局提升为信访部。参加会议的三位法学教授都表示反对。理由很简单，信访不能成为权利救济的主渠道，像我们现在这样过分强调信访，某种意义上说就是牺牲法律的公信力及司法的权威。如果我们成立一个国家信访部就是在向社会传递一个信息，法院的判决你都可以挑战，国家权利救济的主渠道是信访而不是司法。这完全违背了我们国家法制建设的基本理念，违背法治的原则。怎样坚持法治的立场，怎样减少非法制的因素，这是一个非常重要的问题。笔者认为，信访在现阶段是需要的，但是只能是补充性的、阶段性的，随着法治的发展它的功能性应该越来越削弱。一个成熟的法制国家应该是司法有权威、法官受重视、法院判决有公信力。即使在某些个案中，当事人所期待的与法院判决有距离，我们也应该推定在法律之内是公平合理的，不能让民众觉得追求公平公正是可以超出法律的、无限制的，这既浪费了国家的司法资源，也给当事人的生活带来许多不确定的因素。我们现在过分地注重信访，可能暂时解决问题，但不应成为制度性的安排。

我们目前花大量精力面对社会稳定，效果并不理想。因为我们缺乏社会共识及共同的价值观。我们投入大量人、财、物来解决社会稳定问题，但是效果并不理想，除了我们前面所说的制度问题及法律问题之外，缺乏国家共同的价值观是一个主要原因。美国是非常强调国家价值观的国家，美国是从小进行爱国主义教育的典型国家。它通过宪法灌输社会价值观，共同体的观念，让美国的公民都以自己国家的价值观自豪。美国人经常说的是我们美利坚共和国的宪法是如何规定的，他们对宪法非常熟悉。我们尊重每个个人的价值观和自由，但是前提是社会有一个最低限度的共同的价值观，我们可以把它称为宪法共识。而我们社会在转型时期，缺乏基本的共识。我们在社会共识上应该有一个基本的判断，由于社会发展出现严重的不平衡，社会发展需要的社会共识越来越脆弱。德国的商店广告上写着宪法第 1 条，他们把这个作为社会共识来宣传、普及。德国"二战"以后经济与社会发展基础等都非常脆弱，但是就是靠着共同的价值观，重新塑造了社会共识，让民众有信心，所以现在成为欧洲最强大的国家。我们不能说宪法起到决定性作用，但宪法提供的社会共识、社会价值观起到了非常重要的作用。我国宪法虽然规定了社会价值观，但是还没有通过宪法来普及、塑造价值观。从国外的经验来看，在建立社会共识方面我们可以拥有共同的经验与价值，那就是我国宪法第 33 条规定的"国家尊重和保障人权"原则。国家与政府的存在就是保护每个公民的人权及自由。就是要尊重生命、尊重生命权，以尊重人权来建立我们新的社会价值观。

二、社会稳定的维护为什么通过宪法来实现

宪法是社会稳定的基础。社会稳定是否需要依靠宪法？有人认为不需要，认为社会稳定是需要政治的稳定、政治的决策；也有人认为，中国宪法缺乏法律属性，解决不了实际问题，不能带来真正的保障；还有人认为，中国的社会稳定主要是靠一般的法律，宪法能够提供的保障是有限的。笔者认为，这三种观点都是不正确的。社会稳定的前提是社会共同体形成基本的价值观，宪法就是其体现，维护宪法就是维护社会共识。重新发现和寻找社会共识，就必须回到宪法问题。宪法是国家根本法，它为国家提供了基本的价值共识。宪法的制定、修订程序不同于一般法律。宪法的修改为什么会引起这么大反响，是因为它引领社会价值观。国内外宪法的修改都会引起社会高度的关注是因为它引领社会价值观的改变。在国外，最高法院的一个宪法判决会引起社会价值观的变化。笔者在去德国访问时，在德国宪法法院问及法官是否有人对宪法的判决不服气？他说不可能。德国宪法是德国人民根据自由程序选举出来的，既然你投票，就认定宪法代表德国的基本价值观。这是宪法所作的判决、不是法官作的判决，德国人民认为这是符合德国基本价值观的。会有些当事人对宪法判决不服气，但是判决作出后他会绝对尊重判决的结果。在德国人的宪法教育中，用宪法名义作的判决就是公平的、公正的。这就是社会基本的价值观。虽然德国也有个案，也有游行示威，但是大家对宪法的最高地位是予以认同的。

社会稳定的关键是依宪治国。邓小平同志说过：要做到有法可依，有法必依，执法必严，违法必究。江泽民同志说过：要依法治国，建设社会主义法治国家。胡锦涛同志说：要依法治国首先要依宪治国，依法执政首先要依宪执政。依宪治国这个理念是共产党成立 80 多年来第一次把宪法问题提高到国家治理的高度，看到了靠法律治国的前提是宪法有权威、有尊严。如果宪法没有权威、没有尊严，制定再多的法律也发挥不了作用。为什么2004年中央作这样一个判断？笔者认为，所谓的依法治国，在有些地方是扭曲了它本质的内涵的。依法治国是指什么法，是否考虑到宪法意义上的依法治国？我们要研究的就是从法律上规范、监督公权力，保护公民的权利，而不是把它简单解释为依法治省、依法治路、依法治水等。在层层具体化的过程中，我们容易丢失依法治国的核心，即保障人权的基本价值。所以从一般的依法治国转向依宪治国这是国家治理模式的重大变化。我们可以看一下，依法治国与依法执政的关系，在党与宪法的关系上的变化。笔者认为，依宪执政是依法执政的前提与基础，执政党不能光靠一般的法律、党章，首先还是要依靠宪法。在依宪执政与依法执政统一时，依宪执政具有核心的地位，包括党章也明确规定，党的任何一种法规都不得违背宪法。党章规定的"党必须在宪法和法律范围内活动原则"是作为党内最高法规的党章的基本原则，同时也是宪法最高法律效力在党内法规体系中的具体表现。

尊重和保障人权是社会稳定的基础。人权是法治的真谛，是法治所要维护的核心价值。我国社会是不是公平正义的，人民是否感觉到公平正义的阳光。公平正义是社会稳定的基础。人民感受到一种尊重、公正公平、安全感、幸福感，那么这个社会就是稳定的。公平正义的维护让每个公民感受到法律的阳光，得到尊重、得到保障的前提下，才会有社会稳定。

三、如何处理宪法与社会稳定的关系

（一）宪法是社会管理创新的基础

不管是什么样的社会管理创新，都明确人民群众是社会管理主体。所有的社会管理创新都应当以人权的保护为出发点。社会管理是一个复杂的系统，既要保护社会共同体的需求，也要保护不同个体的利益主张。我们应当在公权力与私权利的冲

突、融合中维护社会的公平及社会管理的创新。

（二）宪法是社会共同体基本价值的体现

如何让社会群众信仰宪法、维护宪法是我们面临的重要问题。"和谐社会"的提出就是因为社会矛盾太多、太突出。如何通过法律来建立和谐社会，既要保障利益的多样性，同时也要保障利益的共同性。

（三）社会稳定需要创新，任何一个创新都不能突破宪法、法律的界限

例如，审判工作需要创新，法律是否允许？什么范围内需要创新？有些地方法院很看重调解率，为了追求片面的调解率，有一些突破宪法法律界限的措施，名义上是为了社会管理的创新，但是我们要问，违背现行法律规定的创新有没有合法性？这是一个法制的基本原理。宪法明确规定了法院的工作就是审判，如果法院都追求零判决率，追求高的调解比例，审判机关的宪法功能就无法体现。判决的效力与调解的效力是一样的，对社会的价值观的作用是一样的。从某种意义上讲，一个具有典型意义的判决对社会的价值、社会的文化起到引领作用。笔者认为调解是必要的，但是人为地追求调解率是有违法制原则的。马锡武的审判方式我们应该学习的是精神，而不是形式。

（四）维护社会稳定的工作中，正确看待民众的利益要求和他们维权的行为

一方面是群众维权的需求，另一方面是要维护社会稳定、维护社会秩序、维护法律权威。法院、法官在平衡这两方面关系时，如何寻求合理的平衡，既不能简单地站在国家立场上，也不能认为群众提出的要求都是合理的。司法面对民意时，也需要把司法专业的技术理性与司法大众化理念结合起来，如果

过分地追求司法的大众化，也会失去司法专业理性的这个特点。民意具有理性的一面，也具有非理性的一面。如果我们仅仅为维护社会的稳定而放弃法制原则，表面上看是解决了问题，实际上是损害了国家法治的权威性。我们必须有责任感，要有这个问题意识，不能放弃法治原则，尽管有些地方政府、党委的压力，但是作为法律职业者，需要具有职业精神。所以，笔者认为，从法治的立场来看，民众的需求、利益维权需要我们理性分析，在法治的框架下寻求合理的平衡。

民众合法的利益诉求应当得到认真对待和切实维护。宪法有权威时，社会的经济发展、社会稳定、民众期待相对来说比较高。但必须肯定的是，近30年来，整个中国经济发展、政治相对稳定，文化的发展，民众的相互协调越来越提高，中国成为世界大国时，背后就是有一个开始得到尊重、开始发挥作用的宪法。虽然我们对现行的宪法有些不同的评价，也有批评，但必须肯定的是，近30年的社会，特别是经济的繁荣，如果没有宪法的权威做前提是不可能实现的。如果说，这30年来我们有应该取得的成绩没有取得，原因也是我们的宪法没有发挥充分的作用。宪法是一个国家经济、文化、社会稳定的根本基础。

四、坚持法治原则，树立宪法权威，是维护社会稳定的根本途径

（一）处理社会现实问题也应该有宪法意识

笔者认为，解决问题还是要回到法治的轨道，要用法治思维思考发生问题时如何应对。要善用宪法的思维，科学民主决策。从国外经验来看，特别是出现社会危机时，应当回到法律、宪法上解决问题。叙利亚面对政权危机时，通过宪法的修改草案，凝聚社会共识。我们需要一个综合、宏观、宽容、开放的思维方式。公权、私权冲突时寻找到一个合理的界限，把矛盾纠纷控制在合理的范围内，不要把矛盾扩大。在公权力与私权利发生冲突时，如何平衡？需要思考真正对法院判决不服而上访的有多少？真正司法不公的有多少？法律上已经作出公平的判决，个人不服时上访的有多少？公平正义是社会的一般理念，个人需要学会认同社会基本公平理念，不能只追求强调个人的公平。公众无限制追求公平现象、社会缺乏规则意识、信权不信法都是社会的不正常现象。如果信访不信法的观念成为社会普遍的观念，那我们再制定法律、再强调法律的作用也是不能取得良好效果的。要让我们的公民相信法律不相信领导，相信法律不相信信访，要树立规则意识。

（二）完善宪法实施机制，树立宪法理念下的维稳观问题

在法治理念中，要突出宪法理念，切实维护宪法至上的地位。从我国宪法的规定来看，宪法至上包括两方面的含义：一方面，在法律体系中，宪法高于一切法律和法规，宪法具有最高的法律效力，一切法律、行政法规和地方性法规以及其他规范性文件都不得同宪法相抵触；另一方面，在国家生活和社会生活中，宪法高于一切组织和个人，全国各族人民、一切国家机关和武装力量、各政党和各社会团体、各企业事业组织都必须以宪法为根本的活动准则，必须遵守宪法，不得违反宪法。

从一国法律体系的效力位阶而言，宪法在一国法律体系中位阶最高、效力最强，是所有法律的立法依据和基础。从宪法蕴含的民主、人权、法治、和谐等价值而言，民主是执政的基础，人权是执政的目的，法治是执政的保障。依法治国首先要依宪治国，依法执政首先要依宪执政。所谓依宪治国、依宪执政，是指执政党依据宪法的规定、宪法的精神和原则治国理政，按照宪法的逻辑思考解决各种社会问题，汇集利益，表达

要求，制定政策。从宪法的角度而言，依宪执政是依法执政的本质要求，依法执政的法首先是宪法，依法执政的核心与前提是宪法。依宪治国、依宪执政，不能反其道而行之，不能把宪法作为一种治理国家、管理社会的工具或武器，而应在日常工作中树立宪法权威，自觉地遵守宪法，严格按照宪法设定的权力范围、确立的原则行使权力。

宪法体现了尊严、规则、法治等社会共同体的基本价值，是实现科学决策、民主决策的规范基础。在现代社会中，宪法一方面是国家基本法律秩序的基础，而另一方面又是公民的基本生活规范。宪法的核心精神是规范公共权力运行以保障公民基本权利的实现。宪法确认的公民基本权利是一种客观的价值体系，是整个法律秩序的价值判断的原则性规范，是公共权力所应追求的基本目标。

30 年来尽管我们形成了尊重宪法、依宪执政的基本共识，但是我们的社会还没有形成自觉尊重宪法文本、宪法规则的文化与意识。社会上不按照宪法办事的现象仍然大量存在。宪法自身的实践性及审查机制还需要加强。宪法第 126 条规定了宪法与法院的关系。法官是否能依照宪法来判案？法官在审理案件中发现了适用的法律有可能违背宪法应该有什么样的选择？法官审理案子时发现宪法与法律冲突时的可能性最大，所有的法官的首要任务就是拒绝适用违宪法律，法官首先要把有争议的冲突提交给有解释权的机关。这是法官的一般法律、道德的义务。德国、韩国的一半的违宪程序是法官来启动的。法官认为没有违宪，当事人、律师认为某法律违宪时，要求法官向宪法法院提交问题。中国的制度既不同于宪法法院国家，也不同于实行司法审查制度的美国。我国的违宪审查也是有明确规定的。朱素明诉昆明市公安局交通警察支队一大队公安交通行政处罚案。这是法官在面对法律与宪法存在冲突时所作的判断，当事人主张适用行政处罚法，法院认为后法优于前法驳回了当事人的起诉。如果你是法官是否也会作出这样的判断？法官应该知道这是一个宪法上的问题，在最高权力机关宪法地位的问题上法官有没有权力作出判断？这个案例从宪法上看是错误的案例，我们应该提倡审理案件中发现问题，但是法官无权在判决书中对人大常委会的地位作出解释，这已经超出职权范围，正确的做法应当是提出宪法解释的请求，由人大常委会作出解释。法官发现宪法与法律存在冲突时，应当先提交问题，然后根据人大常委会的解释作出判决。法院不能作宪法解释工作。

刑事诉讼法与律师法也存在冲突，律师会见被告人可以不经过检察机关的批准，这个是2013年1月1日施行的刑事诉讼法规定的。原来刑事诉讼法的相关规定与律师法的规定发生冲突，这个问题如何解决？立法法第90条明确规定，最高人民法院、最高人民检察院、国务院等发现行政法规以下的法律违宪，有权提出违宪的审查要求。但是，这个权力至今一次也没有提交过。各个省人大常委会、国务院、军事委员会均不可能启动违宪程序，最高人民法院是最有可能启动违宪审查程序的机关，但迄今也没有行使过。我们要充分利用立法法第90条的启动程序，可以缓解社会矛盾，有些社会问题可以通过违宪审查予以解决。我们怎么解释法律，法官怎么发现法律的冲突，要很好地启动法律审查程序。我们不能在法律之外搞创新，要发挥法律规定的机制，要落实法律规定的公民权利。法律是社会稳定、成本最低的社会资源。

（三）依据宪法，尊重和保障人权

宪法第126条明确规定："人民法院依照法律规定独立行使审判权，不受行政机关、社会团体和个人的干涉。"第131

条规定："人民检察院依照法律规定独立行使检察权，不受行政机关、社会团体和个人的干涉。"这两条宪法原则强调司法机关依法独立行使职权，体现了司法的本质和规律。司法是一种判断，独立行使司法权是由宪法和法律思维的逻辑决定的。司法机关要遵循司法原则和原理，如法律不溯及既往、罪刑法定、非法证据排除、无罪推定、当事人不得自证其罪等。法官不应该回避宪法，我们应该对最高人民法院 1955 年的批复有准确的理解。天津市的一个案例，1986 年某区法院适用宪法、劳动法条文结合作出判决，这个案例是很好的示范。立法法第 50 条有很好的法规审查制度。婚姻登记条例、母婴保健法与婚姻法围绕婚检发生的冲突是我们需要关注的。宪法第 135 条是中国宪政体制下非常重要的体制安排，核心是制约，不是分工。冤假错案一般都是公检法流水作业，对于证据的认定，公检法放弃其法定职责，过分强调配合，放弃了制约。从宪法第 135 条规定出发，需要强化法官的审判权。我国宪法把法院院长的任命委任给地方人大，不代表这是地方固有的权力，不代表它不是国家的法院。我们要从制度上、理念上排除对法院的干预。

（四）树立尊重规则意识，坚持法治原则

严格遵守宪法和法律，是政法机关在社会管理创新的根本方式。通过司法机关的个案裁判，公正地化解当事人纠纷，实现个案正义的法律效果，进而实现社会正义的社会效果。推进社会矛盾化解、社会管理创新、公正廉洁执法三项重点工作，其前提是严格公正执法，树立社会主义司法的权威。在化解社会矛盾的路径上，目前全社会还没有完全形成"法制轨道内解决矛盾冲突"的共识，要做到让民众"信法不信权"、"信法不信访"、"信法不信闹"，还需深化司法改革，以宪法为根本，约束公权力，一方面将政府所有权力行使都纳入宪法的轨道，保障人民的基本权利，并由此赋予政治权力的正当性；另一方面要尊重和维护司法权威，保障司法机关依法独立行使司法权。

当然，尊重司法的独立，并不是不对其进行监督。根据宪法的规定，国家行政机关、审判机关、检察机关都由人民代表大会产生，对它负责，受它监督。因此，要理清和完善人民代表大会与行政机关及司法机关之间的制约关系。

司法还具有消极性。尽管我们强调"能动司法"，但是能动不是盲动，必须在遵守社会主义司法的基本规律的前提下进行。比如，"大调解"工作体系是在党委和政府的统一领导下，以人民调解为基础，以行政调解和司法调解为纽带，运用多元化的、相互衔接的、创新的工作方法，以实现化解社会矛盾为目的的新型工作体系。它有助于推进多元化的纠纷解决，但法院不能片面追求"零判决率"，检察院不能片面追求"零无罪判决"或者"低无罪判决率"，它会束缚审判和公诉工作的正常开展。再比如，虽然"送法下乡"的司法方式一定程度上满足了民众的司法要求，具有合理性，但是法院、检察院却不能承担诸如招商引资之类的职责，更不能与政府机关联合组成拆迁执法队，这都违背了司法权的属性和定位。

（五）在社会稳定中维护国家核心利益

2011 年 9 月 6 日，国务院新闻办公室发表《中国的和平发展》白皮书，首次界定了六大核心利益，包括："国家主权，国家安全，领土完整，国家统一，中国宪法确立的国家政治制度和社会大局稳定，经济社会可持续发展的基本保障。"

这六大利益都与宪法相关。比如，主权独立和完整是一个国家的基础，体现在制度层面上就是一部得到普遍认可的宪法。同时，宪法反过来保护主权、领土、国家安全和统一。这六大利益中，尤其需要注意"中国宪法确立的国家政治制度和社会大局稳定"这一点。当前，我国正处在深化改革的进程之中，包括社会、经济、法律等各个方面的改革都是深刻和全方位的。在这种情况下，如何能够自主地推动改革进程，并且避免外部的冲击和动荡？通过宪法确立的制度和方法，可以维护稳定的局面，要旗帜鲜明地坚持对外自主的外交方略，有助于避免外界干扰，同时对内调整新的复杂社会关系，整合社会利益。

在建设社会主义法治国家的进程中，宪法能否得到实施直接关系到国家核心利益的实现，需要从实现国家核心利益的高度重视宪法实施，通过宪法重新塑造社会共识。

附录3
"公众检察知识"
问卷调查情况分析*

　　检察机关是我国宪法所规定的重要国家机关，在以人民代表大会制度为标志所形成的权力机关之下的"一府两院"体系中居于重要的地位。随着法治文明的进步和社会主义市场经济的迅速发展，人民检察院在保障人权、打击犯罪，维护国家和社会的安宁，保卫人民生命财产安全，促进经济活动健康运行方面越来越凸显出其独特的重要性。作为宪法所确立的法律监督机关，社会公众对检察机关的了解程度如何，直接关系到人民群众对社会正义实现程度的理解，关系到检察机关今后改进工作，体现"司法为民"，提高自身权威，切实保障公民和法人合法权益等诸多问题。当前，社会治安形势还很严峻，而公权力在行使过程中，尤其在各类执法活动中滥用权力、侵犯公

---

　　* 本部分内容摘自《中国检察制度宪法基础研究》，中国检察出版社 2007 年版，第 444 ~ 454 页。

民基本权利的现象还时有发生。同时，在理论界也有一些主张弱化检察机关职权的观点。针对当前的形势和理论研究工作的需要，我们认为，有必要从实证调查的角度了解一下目前社会公众对检察知识的了解情况和对当前检察制度的基本态度。结合我们所承担的最高人民检察院的"中国特色社会主义检察制度"重大课题的研究，为联系实际，获取丰富的理论研究素材，给有关部门提供实证性的参考，我们设计了"公众检察知识"调查问卷。

该问卷所涉及的问题，主要集中在社会公众对检察知识的了解程度，如对检察机关功能的认识，对我国目前的检察制度的大体评价，对自身权利的认识，对检察制度改进的建议等方面。考虑到被调查者文化程度、职业状况的参差不齐，为尽可能真实客观地反映被调查者的意见，我们将全部问题设计为简洁清晰的选择题，使被调查者易于理解，并注明可自由选择填答，没有唯一的正确答案，整个问卷的完成时间控制在 10 分钟以内，以方便被调查者。

调查的方式采取发放书面调查问卷和在因特网上公布调查问卷相结合的形式进行。自 2005 年 3 月起至 2005 年 6 月止，先后在北京市的工人、农民、学生、机关工作人员中发放了书面调查问卷 600 多份，共收回 496 份；在因特网上所进行的问卷调查，共有 157 人（为尽量简单，网上未列出性别、职业、学历问题）通过点击做了回答。在问卷所涉及的共计 10 个问题中，多数被调查者悉数回答，有的则作了选择性的回答。在填写书面调查的 496 人当中，男女的比例为 387：109。从职业分布情况看，机关工作人员占到 18.1%，事业单位工作人员占到 18.3%，企业职员占到 24.4%，在校大学生占到 19.8%，农民占到19.4%。除在校大学生和农民的数据是在北京市的大学校园和外来民工驻地通过集中发放问卷所获取外,其他数据均为零散发放问卷所得。上述人员的学历构成情况为:小学及以下占到6.7%,中学占到39.3%,中专及大专占到14.3%,本科及本科以上占到39.7%。可见,本科及以上学历和中学学历占到被调查对象的大多数,中学及其以下学历主要分布在外来农民工当中。这种性别、职业和学历分布的不同差异在一定程度上可以体现调查对象的广泛性,从而使调查结果具有一定代表性。

尽管此次调查数据的形成受到如地域、阶层、职业等方面多种因素的影响,具有不少局限性,反映的信息不够全面,但仍可从一个侧面反映出某些共性的问题。以下结合问卷结构,分别对有关问题作出分析。

一、对检察机关的基本性质和工作职能的认识

问卷第1~3题是考察社会公众对有关检察机关基本性质、工作职能的了解程度。宪法第129条规定:"中华人民共和国人民检察院是国家的法律监督机关。"至于检察机关是不是司法机关,目前学术界存在着不同的看法,一种观点认为,司法权在学理上有广义和狭义之分,广义上的司法权包括审判权和检察权,狭义的司法权仅指审判权或裁判权。同样,广义的司法机关包括法院、检察院,甚至司法行政机关,狭义的司法机关专指法院。另一种观点认为,中国实行的是人民代表大会制度,全国人民代表大会是最高国家权力机关,统一行使国家权力,由它选举产生国家行政机关、审判机关、检察机关和军事机关分别行使行政权、审判权、检察权和军事权,因此,检察机关是行使检察权的法律监督机关,而人民法院是行使审判权的司法机关。以下问题即是围绕检察机关的性质、职能与工作目的展开:

序号	问 题	回答结果统计
1	您认为人民检察院是	立法机关（0）；行政机关（17）；司法机关（330）；法律监督机关（293）；不知道（12）
2	您认为人民检察院的主要职能是	查办职务犯罪案件（471）；对刑事犯罪嫌疑人、被告人提起公诉（518）；监督人民法院的审判活动是否合法（215）；监督监狱、看守所、劳动改造机关的活动是否合法（139）
3	您认为人民检察院开展工作的主要目的是	打击犯罪，维护社会秩序（431）；保护公民的合法权利和利益（177）；维护国家的法制统一（73）；保护地方政府的利益（39）；说不清楚（15）

从上述第 1 个问题的调查结果看，答案相对比较集中，共有 330 人次选择了检察机关是"司法机关"，293 人次选择了检察机关是"法律监督机关"，只有 17 人选择了是"行政机关"，12 人选择了"不知道"。虽然本题存在多选情况，但上述数字仍可说明多数社会公众对检察机关性质的理解是比较准确的。值得注意的是，既然宪法明确规定了检察机关是"国家法律监督机关"，并未规定是"司法机关"，但选择后者的人数仍然多于前者，可见，多数社会公众对宪法文本的熟悉程度是不够的。由于"司法机关"的提法在包括党的文件等各类宣传载体中较多提及，因而选择此选项的人也相对较多，对此，今后应大力强化宪法文本在广大社会公众中的普及和宣传工作是十分迫切和必要的。

上述第 2 个问题是有关检察机关基本职能的。对法律所确立的人民检察院的四项基本职能（职务犯罪调查、公诉、监督法院的审判活动、监督监狱和看守所等），回答人次比例为471∶518∶215∶139。这说明对检察机关的公诉和查办职务犯罪的职能已广为社会所知，相比较而言，对监督法院审判活动和监督监所活动的了解程度低一些，这与人们平时对这方面的直接感触少，接触这方面的信息少有关。

第 3 个问题的统计结果值得思考。它的分布情况如下图：

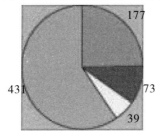

- 保护公民的合法权利和利益
- 维护国家的法制统一
- 保护地方政府的利益
- 打击犯罪，维护社会秩序

由于上述问题为多重选择项，因此难以划分出人数的百分比。但在所有的可供选择答案中，有三个问题值得注意：一是选择"以保护公民合法权利和利益为目的"的为 177 人次，远远低于选择"以打击犯罪为目的"的 431 人次，这在一定程度上反映了社会公众在强调打击犯罪之呼声要求强烈的同时，权利意识还比较淡薄，还没有把通过公权力的行使保障公民的基本权利，以及通过基本权利的行使遏制公权力作为对检察机关的根本要求和参照指标，人权意识亟待加强；二是选择"以维护国家法制统一为目的"的只有 73 人次，这反映出公众对检察机关在行使国家法律监督权，维护法制统一方面的特有职能重视程度还不够，宪法意识需要加强，同时对从事宪法学研究的理论工作者也提出了新的要求；三是仍有 39 人把保护地方政府的利益作为检察机关的工作目的，反映出一些人心态中的固有错误认识。虽然不排除其中也许有个别对现实生活中的地方保护主义不满而刻意选择者，但该结果本身体现了地方保护主义能够大行其道的认识层面的渊源。

宪法强调人民检察院是"国家的"法律监督机关。它表明检察机关行使权力代表了国家，是以国家的名义履行职责的。检察院是国家的检察院，而非地方的检察院，检察机关行使权力代表了国家的意志，而非任何地方、团体或个人的意志。虽然宪法中规定了地方各级人民检察院检察长由地方各级人大选举产生，地方各级检察院对产生它的权力机关负责，但这并不意味着检察院行使职权就代表了地方的意志，检察权不能理解为地方固有的权力。回顾1954年宪法，曾明确规定地方各级人民检察院一律在最高人民检察院的统一领导下进行工作，不受地方国家机关的干涉。现行宪法也确立了上下级检察机关之间的领导关系，并规定了地方各级人民检察院检察长的产生除同级人大选举外，必须经过上级人民检察院批准的特殊程序。这一程序的设置显然旨在强化和保障检察权的国家性。

二、对检察机关领导体制的认识

问卷第4～6题主要是为了了解社会公众对检察机关领导体制的认识程度，也属于基本知识测试型的问题，主要设计模式及统计结果如下：

序号	问　题	回答结果统计
4	下面几种说法，哪一种反映了您平时的认识	地方党委是地方人民检察院的领导机关（215）；地方各级人民代表大会是地方各级人民检察院的领导机关（90）；地方各级人民政府是地方各级人民检察院的领导机关（67）；上一级检察院是下级检察院的领导机关（243）
5	您认为地方各级人民代表大会和地方各级人民检察院之间是	监督与被监督关系（427）；领导与被领导关系（91）；指导与被指导关系（1）
6	您认为检察官是如何产生的	党的组织部门任命（115）；检察长提请县级人民代表大会常务委员会任命（401）；政府人事部门任命（68）；检察长直接任命（30）

上述第4题考察了公众对谁是检察机关的上级机关的了解程度。在"地方党委"、"地方人大"、"地方政府"以及"上一级检察机关"四个选择项中，所选人次比例为215∶90∶67∶243。这一结果所反映的问题是：首先，认为"地方党委"是检察机关的领导机关的高达215人次，这在公众的意识当中已成为理所当然的认识范畴之一，而从宪法和法律规定的层面显然是没有依据的。宪法所体现的党的领导是中国共产党作为一个整体对国家机关在政治上、思想上、组织上的领导，而非地方党委对检察机关的全面领导，党也要在宪法和法律的范围内开展活动。而现实生活中，常会看到地方检察机关的报告言必称"在……党委的领导下"，这在认识层面上造成了人们对检察院的领导机关理解上的混乱。其次，选择"地方人大"的有90人次，这是人们对监督和领导关系的认识存在误区所致。至于有67人选择"地方人民政府"是检察机关的领导机关，反映了一些公众对政府职能泛化的理解，也揭示了一些地方政府行使权力的任意性对公众认识所产生的负面影响。

第5题是对地方检察机关与地方人大关系的测试。认为是"监督与被监督关系"的占了绝大多数（427人次），而认为是"领导与被领导关系"的也有91人次，如上所述，这种情形反映了一部分人对监督与领导关系的混淆。

第6题是关于检察官是如何产生的问题，在由"党组织任命"、"检察长提请人大常委会任命"、"政府人事部门任命"和"检察长直接任命"四个选项中，比例为115∶401∶68∶30。上述数字所反映出的几种情况是：一是存在对党领导检察工作方式上的误解和对法律规定的陌生，有115人认为检察官是党组织任命的；二是认为由人大常委会任命的数字高达401人次，说明近些年来各级人大行使权力的公开性、宣传的广泛性，在广大人民群众当中产生了积极的影响；三是认为检察官由政府任命的人也不少，这与第8题中所体现出的对政府职权的扩大化认识的原因是一致的；四是认为由检察长直接任命的数字仅为30人次，这说明公众对检察官的具体范围（包括由各级人大任命的检察员与检察长任命的助理检察员）的认识存在较大的偏差，对检察官法对检察官的界定更是知之甚少，这些都需要检察机关下大力气做广泛宣传。

三、对检察机关依法独立行使职权的认识

以上问题是考察社会公众对检察机关基本知识的了解程度。第7题是调查公众对检察机关是否应当独立行使职权的态度。

序号	问　　题	回答结果统计
7	您认为检察院在工作中是否应该独立行使职权	应该（399）；不应该（119）

我国宪法第131条规定了"人民检察院依照法律规定独立行使检察权，不受行政机关、社会团体和个人的干涉。"这一规定是否落到了实处，对于这一规定的认识，从第7个问题的统计结果看，认为检察机关"应该独立行使职权"的选择达到了399人，这说明多数的群众还是希望检察机关能够通过独立行使职权，有效发挥自身职能，促进社会秩序的安定，使宪法的规定落到实处。同时也要看到，仍有为数不少的公众（119人次）认为检察机关"不应当独立行使职权"。分析其原因，我们认为，一方面可能由于一些公民认为检察权不同于审判权，不主张强调检察权的独立行使；另一方面可能是一些公民对宪法中关于检察机关"依法独立行使职权"规定的认识有偏差，以为是一种绝对独立，不受任何外来干涉。事实上，地方党委和各级人大能够对检察机关的工作进行监督。而眼下要能

够真正落实宪法中"不受行政机关、社会团体和个人的干涉"的规定，使检察机关能够在宪法的精神下有效行使职权，应是当务之急。

不可否认，人民检察院在行使法律监督权的过程中，可能会受到来自一些方面的干预，这些干预有时表现为地方党委或政府中的个别领导出于非正当理由的非法干预，有时则表现为一些有实力的个人通过各种渠道"打招呼"、"递条子"等，检察机关要真正能够实现宪法规定的"独立行使职权"，既需要全社会的努力，给检察创造良好的执法外部环境，也需要检察机关内部加强对干警的教育，增强检察官的抗干扰性和抗腐蚀性。应当看到，在检察机关的执法实践当中，地方上的各种权力在检察机关行使检察权的过程中的确扮演了重要的角色。这里，首先有必要澄清的是，不能将地方党委对于非检察业务工作的领导理解为一种干预，只有那些以施加自身权力或影响的组织或领导者个人，对检察机关具体的办案环节非法产生实质性影响的情形，才可以被理解为"非法干涉"。其次，也不能把地方人大依照法定程度对检察机关实施的监督理解为"干涉"，因为宪法明确规定了检察机关要对同级人大负责。而目前在一些地方存在的人大对法院和检察院实施的"个案监督"，是颇具争议的一种监督形式，从长远角度看，笔者认为此举不可取。目前，最不可忽视的突出问题是少数地方出现的检察权的地方化和行政化倾向。

实际生活中，一些地方人民检察院行使检察权常常以地方利益为出发点，背离了宪法的精神。地方保护主义已经成为一种社会顽疾，检察权的地方化会对国家法治建设产生严重障碍。由于地方人民检察院的人、财、物皆受制于地方，检察权的行使难免受到限制，在个别地方检察权甚至被曲解和利用。

一些案件在执行法律的外形下，真正贯彻的是地方党委、政府个别领导者的意志，保护的是地方的利益；另外，检察机关内外的行政化色彩严重，在正常程序之外的领导批示、层层汇报的状况尚未从根本上得到改变。除少数地方党委及其负责人对检察机关办案直接作出不当干预外，地方国家权力机关、行政机关对检察机关独立行使检察权也有不同程度的不当干预。上述现象的存在不仅削弱了检察机关独立行使检察权的宪法地位，也对宪法本身的权威产生了消极影响。人民检察院是人民的检察院，不是维护地方利益的检察院，检察机关执行的是国家的法律，而不是地方个别领导的意志。

四、对检察机关开展的人民监督员工作的认识

人民监督员制度是最高人民检察院在全国检察系统陆续推行的一项重大改革举措，其出发点是通过引入有组织性的外部监督力量，解决检察机关自侦案件长期缺乏有效外部监督的问题。其运行途径是通过民主推荐程序产生人民监督员，对检察机关查办职务犯罪案件过程中的侦查、逮捕和起诉环节实施社会监督。从 2003 年 10 月起，该制度在全国的 10 个省率先试点，2004 年 10 月 1 日起，在全国大多数检察机关中展开试点工作。调查问卷第 8～9 题就是考察社会公众对该制度的了解程度以及基本评价。

序号	问 题	回答结果统计
8	您听说过检察机关实行的人民监督员制度吗	听说过（179）；没听说过（411）
9	目前，一些检察院在具体办案过程中，让普通公民以人民监督员身份对检察院办案过程进行监督，您对此的看法是	很有必要（339）；有必要，但实施起来很难（153）；根本没必要，是"形象工程"（89）；说不清楚（11）

在第8题中,有179人选择了"听说过"人民监督员制度,但有411人选择了"没听说过",这其中,既有由于检察机关的工作面相对较窄,不少群众对检察机关工作进展状况的不了解、不关注等原因,也有一些地方的检察机关和社会新闻媒体对此方面的宣传还不到位的原因。此外,人民监督员制度本身在人民监督员的遴选方式的社会公开性方面有待进一步改进。人民监督员制度是一个新生事物,在实施两年多来,实践证明已经发挥了非常积极的影响,是"司法为民"原则的直接体现。由于人民监督员制度实施的主要依据目前还只是最高人民检察院制定的规则,实施过程中,在有关的物质条件保障、权利的实现程度方面各地存在着一定的差异,因此,这一制度有必要尽早上升为国家法律,以便在物质条件和监督员权利实现方面取得长足的进步,进而对犯罪嫌疑人、被告人的权利保障发挥全面的、积极的作用,真正促进宪法所规定的人民群众的参政权和公民其他基本权利的切实实现。

从第9题就该制度开展的必要性选项分布上看,我们可以进一步理解不断落实和深化人民监督员制度的意义。如下图:

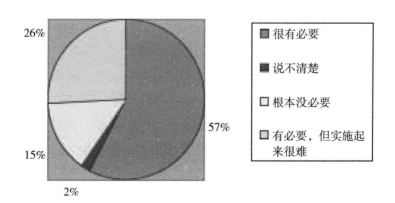

26%　57%　15%　2%

很有必要
说不清楚
根本没必要
有必要,但实施起来很难

认为人民监督员制度"很有必要"的社会公众有339人，占到调查对象的57%；认为"有必要，但实施起来很难"的有153人，占到调查对象的26%。两项合计占到83%。可见，社会公众呼唤扩大人民监督的愿望是强烈的。这项制度值得进一步大力宣传，不断改进，并最终付诸于立法。同时也要看到，仍有89人认为此项制度是"形象工程，根本没有必要"。我们认为，这是对此项制度缺乏深入的了解所致，是带有一定偏见的。况且，这一结果是在2005年6月进行的调查结果，在过去的一年当中，随着这一制度发挥着越来越积极的作用，为越来越多的人所知，相信认为"很有必要"的社会公众的比例会有所增加。调查中曾听到有人这样认为：这种制度是隔靴搔痒，根本不应成为检察制度改革的重点，检察制度应当进行"全面彻底的改革"。殊不知，"全面彻底"的改革首先是对宪法秩序的破坏。检察制度的进步应当是循序渐进的过程，不能一蹴而就。随着"依法治国"、"国家尊重和保障人权"等重要内容相继被写进宪法，如何体现人民直接参与国家事务管理的广泛性，如何有效地制约和监督各种公共权力，保障公民的基本权利，受到了人们越来越多的重视。党的十六大召开后，就如何进一步推进和深化司法体制改革，实现观念创新、制度创新，给检察机关的工作提出了新的要求。作为一项新生事物，人民监督员制度是通过引入外部监督方式，增强整体监督效能的新举措。最高人民检察院审时度势，提出建立人民监督员制度是增强权力行使民主性的一种有益探索。实践证明，这项制度的实施是行之有效的，是顺应时代潮流的。

五、对检察制度改进方面的建议

第10题是社会公众认为对检察机关今后应当在哪些方面改进工作的一些建议选项的选择。宪法规定了一切国家机关都有维护宪法实施的职责，检察机关作为国家法律监督机关，更是责无旁贷。在宪法实施过程中，检察机关的作用主要体现在保障公民基本权利方面和规范国家权力运行方面。前者主要表现为在普遍意义上的对广大公民人身权利、财产权利、民主权利和其他权利的保障以及对作为被告人、犯罪嫌疑人等特殊群体基本权利的保障，后者主要表现为打击犯罪，保障国家安全，维护宪法秩序；监督和制约公权力的行使，防止权力的滥用、产生腐败；维护宪法和法律的尊严，保障法制的统一；以及发挥对公共决策的导向作用等方面。此外，对公民宪法意识、权利意识的培养也具有积极作用。为真正落实宪法规定的"人民检察院依法独立行使检察权"等规定，我们粗线条地列举了四个方面改进我国检察制度的重点。

序号	问　题	回答结果统计
10	您认为检察机关今后应着重从哪些方面进行改革	改进外部领导体制，确保检察院独立办案（261）；改进内部管理机制，确保检察官独立办案（77）；加强党的机关对检察院的领导和监督力度（210）；完善人民监督员制度，加强对检察机关的监督（66）

　　第10题所列的四个选项，是检察机关今后改革的几个着眼点，其中，有261人次选择了"改进检察机关的外部领导体制，以确保检察院独立办案"，有77人次选择了"改进检察机关内部管理体制，以确保检察官独立办案"。从宪法第131条规定的精神看，检察权独立行使职权原则主要是针对检察院而言的，而非针对作为个体的检察官而言的，因此，多数的公众选择了改进外部领导体制，反映了社会大众希望促进宪法价值和宪法精神回归的要求。而从长远角度看，检察官的独立办案也应当成为今后追求的目标之一。同时要看到，有210人选择

了"要加强党的领导机关对检察院的监督领导力度",我们认为,这反映了一部分社会公众对个别检察人员不能秉公办案,甚至以权谋私现象的不满,希望党的纪检部门在监督方面发挥更大的作用,当然,这同检察机关应当依法独立办案在操作环节上应当是并行不悖的。而在实际中应当防止的两个错误倾向是:一是借口加强地方党委的领导而大搞地方保护主义;二是漠视宪法和法律的价值,"以党代法",干预检察机关办案的独立性。至于66人次选择了"完善人民监督员制度",则反映了群众对司法民主化改革的要求,随着这一制度的逐渐深化和作用的有效发挥,将会被越来越多的群众所知,人民监督员制度的建立构成了通过引入外部监督机制而实施检察制度改革的重要标志性途径之一,对检察机关改善形象、保障公民基本权利、强化法律监督职能起到催化剂的作用。

总之,此次问卷调查是我们为了解社会公众对检察机关的认识程度而作的一次尝试。我们认为,立足实践进行社会调查,面向社会公众从实证的角度对一些法律问题做出认真分析,应当成为法学研究的重要方法之一。虽然此次问卷调查活动的问卷设计比较简单,调查投入有限,掌握的信息也不够全面,统计数字反映社会公众总体认识的科学性、准确性还有待斟酌,但作为一次详细、客观的抽样调查活动,所收集的信息还是在一定程度上对我们的研究工作具有重要的参考价值,在很多方面更新了我们的观念,强化了我们的认识。虽然当前针对检察制度的改革有种种说法,但我们认为,中国检察制度的总体发展情况是乐观的。检察机关作为宪法所确立的国家的法律监督机关的地位和作用不但不应削弱,更应当加强。检察制度的改革是当前与今后我国法治建设所面临的重大课题,各种改革的举措必须在合宪性的大背景下展开,不能以突破宪法秩序为代价。维护宪法权威，是落实依法治国，最终保证检察体制改革成功的关键，是检察机关能够更好地发挥法律监督职能，真正做到取信于民的基础。

附录 4
通过宪法塑造社会共识[*]

　　30 年前的 1982 年 12 月 4 日，第五届全国人民代表大会第五次会议通过了现行宪法——1982 年宪法（以下简称 82 宪法）。30 年来，在中国社会的改革开放进程中，82 宪法成为国家与社会生活的重要内容，它奠定了国家治理的正当性基础，确立了国家与社会的价值观与目标，推动了中国社会的发展与进步。可以说，30 年中国社会治理模式的转型是通过宪法实现的。如何评价 30 年来宪法在中国社会治理中的作用？中国社会变迁与宪法治理具有何种内在机制？宪法"后 30 年发展"将面临哪些新挑战？宪法实施 30 年的主要教训是什么？在纪念 82 宪法颁布实施 30 周年的时候，我们需要认真思考这些问题。

　　一、宪法是社会共识的最高体现

　　30 年来，82 宪法为中国社会发展做出的贡献是多方面的，但笔者认为其中最重要的贡献之一是通过宪法治理初步形成并

---

　　[*] 本部分内容根据 2012 年 8 月笔者在中国法学会召开的"纪念 1982 年宪法颁布实施 30 周年纪念大会"上的发言整理而成。

维护了社会共识，为凝聚民心、维护社会共同体价值奠定了基础。

（一）宪法是人类文明的伟大发明

在人类的各种发明中，宪法是最伟大的发明。一切发明的价值与社会基础是宪法的制定与实施。历史上，17、18世纪宪法的产生与发展注入了人类社会新的理念与智慧。人类通过宪法赋予国家理性与人性，防止公权力执掌者的肆意、任性，以保护个人的自由与权利。同时，宪法通过其国家权力的合理分配机制，为公共权力与个人权利之间的平衡提供法律基础与依据。在宪法基础上形成的政治权威，遵循着一种理性的原则，使宪法的存在体现了国家权力的人民性和社会性，反映稳定和谐的政治秩序，从而在根本上使人的个性得到张扬，使人类生活更加幸福和多样化。

当今世界，宪法已经成为最受关注的社会治理模式，也是各国社会生活的热点、焦点与难点所在。无论国家制度之间有什么样的差异、国家发展水平如何不同，宪法都是人类寻求共性与追求和谐的"共同语言"。

（二）通过制宪将人类社会公认的价值规定在宪法中，使之成为社会共识

人类在治理国家进程中，根据不同国家的实际，通过制宪、修宪等方式将具有一定共识的思想、理念与原则写入宪法，使之成为宪法治理的根据。所谓"宪法治理"，就是将一切经济、政治、社会、文化生活，逐步纳入以宪法为核心的法治轨道，以"限制国家权力"和"保障人权"的核心价值精神建构国家体制，通过实施宪法为国家与社会的和谐、稳定发展提供法律基础。在宪法治理中，稳定、繁荣、和平、自由、平等、和谐——这些人类社会追求的理想状态得以展开。历史

的经验表明，当人类社会背离宪法价值、背离宪法治理的基本规则的时候，社会就会陷入灾难与无序之中。

（三）进入 21 世纪后，国际社会出现了新一轮宪法治理模式的转换，宪法问题还出现了"国际化"的新趋势

在世界范围内，宪法对人类文明价值的维护与发展发挥着越来越重要的作用，深刻地改变着世界发展格局与走向。历史发展证明，任何一种文明形态都无法脱离宪法的调整与保障。中国宪法是在世界宪法发展的总体背景中存在与发展的，无法脱离世界性的背景。"世界"与"中国"构成了中国宪法迈向现代治理模式的背景和框架，其蕴含的价值、内容与变化成为社会管理活动不可缺少的要素。

二、82 宪法奠定了社会共识的基础

30 年来我们见证了经济高速发展、法治不断进步的过程，中国的发展经验开始引起世界的瞩目。是什么因素使中国获得了高速发展？中国社会发展的动力来源是什么？无论对 82 宪法如何评价，只要我们站在客观的立场上，就可以发现，中国社会发展的背后有人们选择的共和国宪法，我们的社会共识来源于宪法，并通过宪法实施得到确认，同时也依靠宪法的力量扩大社会共识，使之成为真正的"宪法共识"。

（一）通过 82 宪法的修改权重新确立社会共识

新中国的宪法发展经历了既符合宪法逻辑，但同时凸显一定政治逻辑的过程。1980 年 8 月，中共中央向五届全国人大三次会议主席团提出修改宪法的建议，以之作为新的社会治理体系的基础。当社会治理经过"动荡"而寻求稳定的机制时，宪法的重要性就凸显出来，因而人们对即将"诞生"的宪法抱有极高的期待。但是，我们首先需要明确的是，82 宪法是运用修宪权的产物，并不是"制定宪法"的产物。

但是，82 宪法的文本基础并不是作为前一部宪法的 78 宪法，而是 54 宪法。对此，参加修宪工作的王汉斌回忆指出："在通常情况下，修宪应以前一部宪法即 1978 年宪法为基础。但 1978 年宪法没有完全摆脱'文化大革命'的影响，有不少'文革'遗留的内容，难以作为修改的基础。而且这部宪法比较粗，只有 60 条，许多应该作出规定的没有作出规定。当时，研究了 1954 年宪法，认为这部宪法虽然有的条文已经过时，但它所规定的基本原则是比较适宜的。而且，这部宪法有 106 条，比较完善。经过'文化大革命'，人们还是比较怀念 1954 年宪法。"〔1〕 以 54 宪法作为修改的文本基础在客观上是适宜的，因为 78 宪法中的社会共识已经出现断裂，无法用自身的修改程序来弥合，只能借助于 54 宪法的修改程序。

当时，宪法修改委员会曾面临采用何种修改程序的难题。因为 78 宪法只规定由全国人大修改宪法，而没有具体规定宪法的修改程序。75 宪法也没有具体规定宪法修改程序问题，如修宪提案权主体、修宪具体表决方式等。而 54 宪法第 29 条规定，宪法的修改由全国人大以全体代表的 2/3 的多数通过。因此，82 宪法的全面修改只能以具有统一修改程序的 54 宪法所规定的程序为基础进行，这也进一步明确了 82 宪法修改权的性质。

选择 54 宪法作为修宪的文本基础，在权力基础上体现了修宪权服从于制宪权的价值判断，同时在文本内容上则体现了 54 宪法所凝聚的社会共识，并且结合新的时代需要而进一步丰富凝练。在宪法内容上，如何回应民众的心声，使之成为社会

---

〔1〕 王汉斌：《王汉斌访谈录——亲历新时期社会主义民主法制建设》，中国民主法制出版社 2012 年版，第 65 页。

共识的基础？通过修宪来确认共识，赋予国家发展以新的规范与正当性基础是此时社会成员的普遍诉求。因此，82宪法的修改体现了让社会治理回归制度理性、弘扬人性旗帜的目的，体现了对民众的权利保护诉求的积极回应和满足，是对人的尊严、制度理性的恢复与塑造。

（二）通过社会、国家与个人的关系，重新调整社会共识

在围绕修宪形成共识的基础上，82宪法的修改在内容与规范内涵方面，力求通过宪法规范承载社会共同体价值，为刚刚起步的国家改革开放国策获得正当性与合法性基础。为此，82宪法一方面调整了整体的篇章结构，另一方面完善了基本权利的内容体系，力图理顺国家、社会与个人的关系，以建立有效的社会治理体系。

在篇章结构上，54宪法和75宪法、78宪法的顺序都是一致的，即除"序言"外，正文的四章分别为"总纲"、"国家机构"、"公民的基本权利和义务"以及"国旗、国徽、首都"。82宪法改变了以往把"公民的基本权利和义务"放在"国家机构"之后的做法，篇章结构的调整体现了对人文精神的追求，凸显了宪法尊重和保障人权的核心价值，理顺了国家与公民存在的历史事实，体现了"没有人民的授权，国家机构就失去了权力的基础和来源"[1]的建国逻辑，也反映了国家的一切权力属于人民的宪法原则。在基本权利的规定上，重新调整基本权利体系，并增加新的基本权利类型，如退休人员生活受保障、残疾公民受帮助等权利，进一步明确了基本权利的内涵，特别强调了人格尊严。

---

〔1〕 王汉斌：《王汉斌访谈录——亲历新时期社会主义民主法制建设》，中国民主法制出版社2012年版，第69~70页。

"文化大革命"使得个人的人格和尊严遭到严重侵害，从普通公民到国家主席均无幸免，因此，对该时期的国家政治生活和法律生活进行反思并在制度上保障个人的人格尊严成为现行宪法修改时的重要共识。82 宪法对人格尊严的保障给予了高度重视，第 38 条规定："中华人民共和国公民的人格尊严不受侵犯。禁止用任何方法对公民进行侮辱、诽谤和诬告陷害。"[1] 宪法还明确禁止非法拘禁和以其他方法非法剥夺或者限制公民的人身自由、禁止非法搜查公民的身体、禁止非法搜查或者非法侵入公民的住宅，这些规定都是在总结历史教训、出于对人的主体性尊重的基础上作出的。从基本权利和义务条文的数量来看，54 宪法有 19 条，75 宪法有 4 条，78 宪法有 16 条，而 82 宪法有 24 条。

（三）通过确立宪法指导思想，为社会共识奠定基础

82 宪法是根据党的十一届三中全会以来的路线、方针、政策，适应新时期政治、经济、文化、社会发展的需要而修改的。1980 年 8 月 18 日，邓小平同志在中央政治局扩大会议上发表讲话，全面、系统地阐述了党和国家领导制度改革的问题。他说："要使我们的宪法更加完备、周密、准确，能够切实保证人民真正享有管理国家各级组织和各项企业事业的权力，享有充分的公民权利，要使各少数民族聚居的地方真正实行民族区域自治，要改善人民代表大会制度，等等。关于不允许权力过分集中的原则，也将在宪法上表现出来。"[2] 邓小平同志的这个讲话实际上为起草 82 宪法确定了重要的指导思想。

---

〔1〕 82 宪法草案的报告特别强调"人格尊严不受侵犯"条款的意义，并为扩大"人的尊严"解释空间提供了基础。参见韩大元主编：《公法的制度变迁》，北京大学出版社 2009 年版，第 352 页。

〔2〕《邓小平文选》（第 2 卷），人民出版社 1994 年版，第 339 页。

在宪法文本中，指导思想"是指导宪法制定和实施的思想理论基础"，"是宪法实践和宪法解释的基本依据"，"是整个宪法文本的思想灵魂"。[1] 82 宪法把四项基本原则写进宪法，根据不同时期的历史发展要求，通过修宪的方式不断丰富和发展宪法的指导思想体系，使宪法的发展与时俱进。经过马克思主义中国化的两次历史性飞跃，形成了毛泽东思想和包括邓小平理论、"三个代表"重要思想、科学发展观等在内的中国特色社会主义理论体系两大理论成果。宪法及时地丰富和发展指导思想体系，将执政党的基本路线与宪法规范相结合，使宪法指导思想成为与时俱进的思想体系，保证了社会主义核心价值观的统一。

三、通过宪法实施，维护宪法中凝聚的社会共识

82 宪法既为社会共识提供基础，同时通过宪法实施维护社会共识，为国家和社会稳定、持续的发展奠定合法性、合宪性基础。

（一）通过宪法实施确立国家的核心价值观

在 30 年的社会治理中，我们努力坚持宪法的人性基础，尊重人的个性、尊严和权利，在国家生活中力求体现人文精神。科学发展观和以人为本的提出，更是将宪法与社会发展在尊重和保障人的尊严与权利这一最大共识下统一起来。无疑，宪法的逻辑与精神将越来越广泛地进入社会生活的各个领域。

2004 年"人权入宪"是这一阶段社会治理转型的重要标志。我国宪法专章规定了公民基本权利，但是依然将"人权"概念正式写入宪法，这表明了人权与宪法的特殊关系，以及国

---

〔1〕《宪法学》编写组：《宪法学》（马克思主义理论研究与建设工程重点教材），高等教育出版社、人民出版社 2011 年版，第 82~86 页。

家价值观的变化。毫无疑问,"人权条款"确立为宪法原则后,它将成为评价一切公权力的一项重要尺度。尊重和保障人权,就必须坚决摒弃怀疑、抵触、反对人权的形形色色的错误思潮,牢固确立以人的尊严和价值、权利和自由为本位的现代宪法观。保障人权,就必须完善和发展宪法实施机制,将宪法规范具体落实在实际社会生活中,使之成为真正意义上的最高法。

(二)通过宪法实施,推进从"依法治国"到"依宪治国"的转型

2002年12月4日,胡锦涛同志在首都各界纪念中华人民共和国宪法公布施行20周年大会上发表讲话,对宪法颁行20年来取得成就给予充分肯定,提出"实行依法治国的基本方略,首先要全面贯彻实施宪法"。2004年9月15日,胡锦涛同志在首都各界纪念全国人民代表大会成立50周年大会上发表讲话,进一步指出:"依法治国首先要依宪治国,依法执政首先要依宪执政。"这一表述深刻总结了中国共产党"依宪治国"、"依宪执政"的思想,将中国社会治理发展到新的阶段。这也表明,在社会治理方式的探讨中,中国共产党积极将法治的理念引入执政活动,高度重视并要求充分发挥宪法的地位。不仅从政策和法律调整转向以法治为主导的社会治理,同时从法律调整逐步转向宪法为主导的社会治理模式。

依宪治国和依宪执政理论的提出是中国共产党作为执政党不断探索执政规律的历史经验的总结,同时标志着执政党执政理念与执政方式的转变。对依宪治国和依宪执政的强调,就是对宪法的强调,是对宪法实施的强调,要求立法、执法、司法等所有公权力行为都必须依照宪法、符合宪法,认真落实"党必须在宪法和法律范围内活动"的原则。

（三）通过宪法实施确立"政府权力有限"机制，保证政治权力更替的和平

82 宪法在理念和内容中，体现"权力制约"与"权力有限"原理，将党的"废除领导职务终身制"的价值转化为宪法规范，实行最高领导职务的任期制，倡导良好的政治文化，保证政治权力交接的有序与和平，避免了权力交接而引发的政治动荡，为 30 年来的社会稳定发展创造了良好的环境。

四、30 年宪法实施教训：缺乏宪法权威，社会治理中缺失社会共识

宪法实施是将宪法文本落实到社会生活、国家政治生活中的一套观念和制度，它不是简单的技术与程序，应该成为一种公共理性的生活。宪法获得生命力的基础是持续而稳定的宪法共识。可以说，30 年来中国社会取得的成就是在宪法共识下取得的，同样在 30 年社会治理中遇到的问题或者挑战实际上也是我们在宪法共识上面临的课题。

（一）如何对待宪法文本

法治是规则之治，不尊重规则就不可能有法治。但在现实生活中处理问题，包括决策的时候，人们会不自觉地回避规则，不按照宪法规定办事，试图通过"潜规则"解决问题。

社会上不按照宪法办事的现象的存在是宪法共识未能发挥作用的客观原因。概括起来，现实生活中对待宪法文本的不正确态度有四种：一是公然地违背宪法条文；二是经常性地批评宪法，把改革发展中存在的问题归结到宪法文本上；三是不认真看待宪法文本，遇到问题撇开宪法；四是对宪法表面尊重实际疏远，刻意与宪法保持"距离"等。

对宪法的不信任、不尊重已经成为我国社会缺乏信任、缺乏诚信的重要原因之一。由于宪法文本没有成为国家生活的基

本规范，在化解社会矛盾的方式上，目前全社会还没有完全形成"在法制轨道内解决矛盾冲突"的共识。不尊重宪法规则，无视宪法文本，就是不尊重我们的制宪历史，就是无视中国的宪政传统与道路。要做到让民众"信法不信权"、"信法不信访"、"信法不信闹"，还需要进一步普及宪法价值，以宪法为基础，约束公权力，一方面将政府行为纳入宪法的轨道，保障人民的基本权利，并由此赋予政治权力的正当性；另一方面要尊重和维护司法权威，保障司法机关依法独立行使审判权、检察权。

（二）公职人员宪法意识薄弱

与不尊重宪法文本密切相关的，是一些领导干部、公务员的宪法意识比较淡薄。宪法实施不仅需要制度的支撑，更需要宪法意识深入人心，在民众与国家权力执掌者之中树立牢固的宪法理念。宪法实施的最终目的是构建一种公共生活，或者说是为一种群体的生活方式提供一种合理性与期待性，因而宪法意识对于宪法实施具有极为重要的意义。

为了解国家公务员的宪法意识和法律意识，2008 年我们曾对 1300 多名中高级公务员进行了问卷调查。[1] 在"您认为依法治国首要的任务是什么"的问题中，26.7% 的人认为是依法治官，68.1% 的人认为是依法治理社会事务，3.1% 的人认为是依法治民，还有 2.1% 的人不清楚。该结果显示，对于依法治国首要任务的理解，仍然存在不小的偏差。只有 26.7% 的公务员选择了依法治官，而大部分选择为依法治理社会事务。尽管这样的回答并没错，但是，在二者比较中选择后者而不是前

---

〔1〕　参见韩大元、洪英、张宇飞：《中国社会变革与公务员法律意识——以公务员法律意识问卷调查的分析为中心》，载《河南省政法管理干部学院学报》2009 年第 2 期。

者，可以看出回答者在理解依法治国这个问题上的价值立场。而且仍然有 3.1% 的公务员选择的答案为依法治民，这种理解实际上与依法治国的本质含义相悖。"依法治国，建设社会主义法治国家"尽管写入了宪法，但是它的含义却并未因为入宪而得到确定和普及。在"依法治国"提出之初，"依法治省"、"依法治县"、"依法治村"、"依法治水"、"依法治路"等话语大量出现，其背后的逻辑还是用法律治理某方面的事务、管理人民，等于回到了"以法治国"的旧观念之中："'以'字跟'依'字有所不同，'以'是你用法律来管理人家，'依'是老百姓和官员都得依法办事。"[1] 依法治官或者说将公权力纳入法律的框架，使得权力服从于法律，是依法治国的本质所在。如果没有执政党的依法执政，没有立法机关的依法立法，没有政府及其部门的依法行政，没有司法机关的司法公正，缺少上述任何环节，"依法治国，建立社会主义法治国家"的命题都无法成立。

近年来，还有一种现象是依法治国理念的"地方化"趋势，如一些地方政府自己制定行政程序方面的规则，不通过"民意代表机关"，理由包括通过代表机关效率低等。还有，热衷于口号式的法制，如"法治 + 某省"，"某市精神"等，把统一的法治理念层层具体化为"地方性事务"后，依法治国的"国"容易被架空。

（三）公众宪法期待的分化与社会主流价值的断裂

宪法实施状况与人民群众的要求还有差距，距离落实宪法本身的规定还有差距。宪法在社会生活中的调整功能并没有得

---

〔1〕 王汉斌：《王汉斌访谈录——亲历新时期社会主义民主法制建设》，中国民主法制出版社 2012 年版，第 129 页。

到有效的发挥，宪法没有很好地约束公权力。

近年来，越来越多有关基本权利的事例涌现，人们开始更多地感知到宪法的存在及其与人们生活的密切关系。但是我们毫无理由乐观。近年来，公民因批评政府和官员而受到公权力"依法"处罚的事例表明，我们对于基本权利的认知、对公民权利的保护还处于较低水平。在宪法治理模式还没有完全形成的情况下，公民实现表达自由的渠道是不通畅的，一些官员面对问题不是疏导，而是采取围追堵截、打压的方式。这种工作方式严重伤害了民众的正当权利，也是对宪法权威的挑战。

（四）宪法实施中的重大宪法问题未能通过有效机制解决，带来宪法问题上的价值与事实对立

如在立法权的设置方面，宪法规定的"基本法律"与"非基本法律"的效力关系是实践中争议比较大的问题，这进一步涉及全国人大与常委会宪法地位。自 54 宪法以来，我国逐渐形成了一院制下设置常设委员会的人大构造，大会相对于常委会的最高性一直是其重要的一环。但在 82 宪法加强全国人大常委会的职权之后，全国人大与常委会的关系及现实运作面临一些新课题。就立法权而言，常委会不仅享有立法权，而且其立法不仅在数量上，甚至重要性有时超出大会的立法，常委会修改大会立法的宪法界限也被悄然打破。在决定权、人事权、监督权方面，大会的最高性地位也面临挑战。

以行政处罚法和道路交通安全法的冲突为例。2005 年 1 月 5 日，朱素明交通违章，昆明市公安局交通警察支队依简易程序作出 100 元罚款的行政处罚。朱素明认为行政处罚决定程序违法，且适用法律错误，提起行政诉讼。一审法院判决维持行政处罚。朱素明不服，认为行政处罚法是全国人大制定和通过的基本法律，而道路交通安全法是全国人大常委会制定的其他

543

法律，两部法律既不是同一立法机关制定，又不是同一级别的法律（前者高于后者），不存在"特别法优于一般法"适用的基础，故而应适用行政处罚法，适用其中的一般程序而非简易程序，提起上诉。二审法院认为："在我国的立法体系中，全国人大与全国人大常委会都是法律的制定主体，均为行使最高立法权的国家立法机关，全国人大常委会是全国人大的常设机关，在全国人大闭会期间，其可以经常性地行使国家最高层次的立法权，两个国家最高立法机构所制定的法律不应存在位阶上的'层级冲突'，即不会产生'上位法'与'下位法'之间冲突问题，故上诉人在该案中认为全国人大制定的行政处罚法系'上位法'全国人大常委会制定的道路交通安全法系'下位法'的诉讼理由是不成立的。"〔1〕2007 年，《最高人民法院公报》也公布了一个类似案例，法院同样认定行政处罚法和道路交通安全法及其下位规定属于一般法和特别法的关系，进而认可了适用简易程序进行道路交通处罚。〔2〕

此外，2008 年修改颁布的律师法、刑事诉讼法、2012 年新修改的刑事诉讼法之间的效力冲突也涉及全国人大与全国人大常委会的宪法地位以及两者的关系问题。在宪法关系上，全国人大与全国人大常委会并不是同一机关，当全国人大制定的基本法律与全国人大常委会制定的非基本法律的效力发生冲突时，不能简单适用"新法优于旧法"原则，应通过合理的立法政策，建立有利于保障基本法律效力的机制。〔3〕

---

〔1〕"朱素明诉昆明市交通警察支队行政处罚案"，云南省昆明市中级人民法院（2005）昆行终字第 124 号行政判决书，2005 年 9 月 8 日。

〔2〕"廖宗荣诉重庆市公安局交通管理局第二支队道路交通管理行政处罚决定案"，载《最高人民法院公报》2007 年第 1 期。

〔3〕参见韩大元：《全国人大常委会新法能否优于全国人大旧法》，载《法学》2008 年第 10 期。

（五）宪法实施中国家与社会关系的"博弈"

在学术逻辑上，我们通常都强调宪法的"国家根本法"属性，但是宪法与国家之间究竟是何种关系？对此，我们仍缺乏在国家核心价值观层面上挖掘宪法的功能。无论是国家基本制度的建立与运行，还是国家价值观问题上，我们似乎有一种"轻国家"的观念，未能从国家视角深入把握宪法对国家生活的意义。宪法与国家关系的"疏远"是 30 年宪法发展中值得反思的问题。

实现和维护民族团结、国家统一是整个社会共同体存在和发展的基础，也是以宪法为基础的整个法律制度存在的基础。我国是统一的多民族国家，民族区域自治制度也是我国宪法规定的一项基本政治制度。目前，我国已经建立起以宪法为基础、以民族区域自治法为核心的民族自治地方立法体系。这既是宪法最高性的要求，也是统一的社会主义法律体系的要求。在民族区域自治制度的运行中，我们不能只考虑宪法中规定的自治权的因素，同时也要强调对其前提——国家意识、国家观念、国家利益等核心价值，加强国家体意识，充分发挥宪法在国家统一与稳定方面的功能。

就国家统一而言，香港、澳门回归祖国后，依据各自的基本法实现了平稳过渡。两部基本法都是在宪法指引下制定的。在宪法与基本法的关系上，一方面，宪法将"一国两制"的政治构想法律化，确立特别行政区制度为宪法上的国家制度；另一方面，港澳基本法是宪法精神和"一国两制"的体现，是对宪法的具体化，藉由宪法协调国家主权与高度自治之间的合理关系。但值得反思的是，宪法管辖权当然适用于整个特别行政区，那么如何坚持"一国"的宪法权威？在公民教育、国家意识的教育都遇到阻力的今天，是否需要反思我们的政策？是否需要重视"一国"所具有的宪法效力和正当性基础？如何实现"人心回归"？

五、宪法实施是塑造社会共识的保障

（一）通过宪法实施实现国家发展战略

经过30年的宪法实践，人们越来越认识到宪法对国家发展的重要性，更加关注宪法发展的未来，期待通过宪法实现并维护美好和谐的生活。我们需要让全社会认真对待宪法，让宪法中蕴含的一个国家、一个民族的价值与共识重新回到社会生活，以宪法的力量建立、捍卫并发展社会共识。没有共识的社会是零散的、冷漠的、可怕的，也是没有前途的，而宪法实施是解决这一问题的基本途径。

只有认真贯彻实施宪法，坚持和完善宪法确立的各项基本制度和体制，才能保证改革开放和社会主义现代化建设不断向前发展，保证最广大人民的根本利益不断得到实现，保证国家统一、民族团结、经济发展、社会进步和长治久安。

（二）通过宪法实施维护人的尊严和主体性

82宪法实施30年来的重要成就和经验是，人们对宪法的功能、意义有了更为明确的认识，逐步形成立宪主义价值立场上的宪法理念。30年来的宪法发展表明，逐步实现从人治向法治的转变，实现由依法治国到依宪治国的发展，其基础和方向都是围绕人的尊严和主体性而展开的。合理配置并有效约束国家公权力、切实维护和实现公民的基本权利，已经成为全社会的基本共识。宪法的理念集中体现在国家、社会和个人的关系上，正确处理这一关系必然要树立"权为民所赋，权为民所

用"[1] 的权力观，逐步提升个人面对国家的主体地位，凸显人权价值，使保障"以人为本"的立法、制度调整与改革呈现扩大趋势。

（三）确实提高公职人员的宪法意识

通过 30 年来的宪法治理，社会各界对宪法的重要性毫无疑问已经取得了共识，对树立宪法权威也形成了基本一致的看法。民众的权利观念已经达到较高的水平，"护宪"意识不断提高，尝试通过宪法来维护自身合法权益。不过，由于一些制度的不完善，具有宪法价值的事例未能取得更好的治理效果。实际上，对于民众的参与、表达等维权行为，应当站在宪法的高度认真对待，通过合宪的程序解决。通过宪法治理，既可以彰显宪法的权威和效力，又可以以此作为凝聚共识、维护根本价值观的基础和依据。

在 82 宪法实施之初，人们就提出了提高公职人员宪法意识的要求，要求解决"轻视法制，以党代政，以言代法，有法不依"的错误行为。经过 30 年的宪法实施，宪法权威在逻辑上已经得到了基本一致的看法。但客观来说，逻辑上的结论究竟是否与现实保持了一致还值得反思。未来的宪法发展，必然要解决国家机关及其工作人员，尤其是领导干部的宪法意识问题，改变以政策、具体办法或领导指示来变通执行法律、法规的倾向。在执行和遵守宪法方面，公职人员基本明确了两方面观念：一是人本观念，即尊重和保障人权、维护公民基本权利，在制定和执行政策、作出重要决策时必须考虑民众的权利诉求，尊重人的生命价值；二是规则观念，按照宪法和法律、

---

〔1〕《习近平：领导干部要牢固树立正确世界观权力观事业观》，载新华网 2010 年 9 月 1 日。

法规规定的程序和标准处理问题，做到公平、公正、公开，经得起公众的质疑和批评。将观念进一步落实成自觉的行为，突出公权力行为的人本性与规范性，是未来宪法发展的重点领域，也将成为国家和社会长期发展、和谐发展的保障。

（四）通过宪法实施，实现依宪执政的制度化、法律化

30年来宪法发展史告诉我们，什么时候执政党确立了正确的政治路线，尊重宪法，那么宪政的实施就会取得良好的社会效果；什么时候执政党脱离了正确的政治路线，不重视宪法权威，其结果必然导致宪政理想与现实的冲突。

实现由依法执政到依宪执政的升华，宪法是执政的目标、方向和根本保障，宪法是执政正当性、稳定性和持续性的基础。执政的根本依据是宪法，这一点已经成为执政党和全社会的共识。未来的宪法发展要从落实依宪执政着手，理顺宪法与执政党活动的关系，认真落实"党在宪法和法律范围内活动"原则。能否完整地体现宪法在执政活动中的支配地位，能否使"依宪执政"成为自觉行动，将决定着社会价值观的统一和执政基础的稳定。

（五）宪法实施中高度重视宪法运行机制的科学性

随着社会的变革，宪法需要确立完善的适应社会变化的应变机制，灵活地运用宪法修改、宪法解释等手段，进一步强化宪法的社会适应性，强化宪法的社会调整功能。从宪政发展的经验看，并不是所有的问题都必须经过宪法修改才能弥合宪法规范与社会现实之间的缝隙，宪法解释是基本的途径之一。对于规范与现实生活的冲突，应当逐步实现从"修宪型"模式转向"解释型"模式，积极发挥宪法解释功能。从某种意义上讲，宪法解释比宪法修改更为灵活，更有利于节约立法成本、维护宪法的稳定性和权威性。宪法解释则既包含着发展宪法、

适应社会发展的功能，也包含着实施宪法、使宪法发挥调控社会的功能。从长远来看，有必要建立宪法解释的程序，扩大宪法解释的运用范围，使宪法解释成为调整宪法规范与社会现实关系的基本形式。

（六）强化宪法监督机制，建立"违宪问题有人管"的制度

宪法实施保障制度的完善与否直接关系到宪法的权威，而宪法权威又关系到政治的安定、社会稳定和国家的命运。根据法治国家发展的实际，未来宪法发展的一个基本趋势是逐步完善宪法监督机构，强化宪法实施监督的实效性，及时有效地纠正违宪行为。但由于理念问题没有解决，尽管 30 年来，大家都关注宪法监督程序与制度问题，甚至 10 年前总书记明确提出"要抓紧研究和健全宪法监督机制，进一步明确宪法监督程序，使一切违反宪法的行为都能及时得到纠正"，同时要求全国人大及其常委会"切实担负起监督宪法实施的职责，切实履行解释宪法的职能"，[1] 但 10 年来，宪法监督机制并没有实质性的变化，宪法解释机关没有作出一次解释，我们仍然面临着大量的违反宪法的现象，这需要我们认真反思。宪法得不到尊重，说明宪法中凝聚的共识得不到尊重，于是出现不遵守规则，没有底线的现象，让人们感到不安全。82 宪法修改颁行以来，一直有成立专门的宪法实施监督机构的建议，如建议在全国人民代表大会设立宪法委员会，方式是多样化的，但这个问题没有得到认真的对待。在 82 宪法修改审议过程中，曾有诸多设立宪法委员会的意见和建议。1993 年对宪法部分内容进行

---

〔1〕《在首都各界纪念中华人民共和国宪法公布施行二十周年大会上的讲话》，2012 年 12 月 4 日。

修改时，也有代表建议在全国人大设立专门委员会性质的宪法监督委员会。设立专门的宪法委员会有助于提高全国人大监督宪法实施的主动性、积极性和实效性，改善全国人大及其常委会职权的行使。全面贯彻实施宪法，必然要健全宪法保障制度和宪法监督体制，明确宪法保障机构运作的原则、程序与职权。

（七）坚持法治原则，建立宪法理念下的社会稳定观

未来几年，我国社会转型将面临新的问题和挑战，对社会治理提出了更为严峻的挑战。当前和今后一段时期，利益主体日益多元化，利益关系错综复杂，社会诉求机制不畅造成社会协调断裂，社会建设相对滞后造成社会控制整合相对不力，社会关系紧张导致矛盾的突发，甚至群体性事件多发高发。如何预防和降低社会风险？如何维护社会稳定、创造社会和谐？最基本的途径是建立公众广泛参与的多维度的利益表达机制，使"维稳"的思路从"保稳定"转变为"创稳定"，因为宪法是社会稳定的基础、保障与目标，不尊重宪法的任何"维稳"只能走向人治，其实质是破坏法治，造成更大范围的冲突与矛盾。

社会和谐与社会稳定应当是一种正比例关系。从宪法层面来说，维护稳定的价值取向是保障人权，基本方式是通过宪法和法律的实施，保障民众的知情权、参与权、表达权和监督权，全体社会成员共享发展成果。面对社会现实与宪法价值的冲突，符合法治精神的做法是，在通过法定途径作出调整之前，决策者不能以现实的合理性为由随意突破现行宪法体制的框架，否则会破坏既有的宪法秩序，损害宪法的权威，最终不利于维护人民的根本利益。对于传统上形成的"国家—个人"的直接关系，应当依据宪法的宽容、尊严、自主理念适当作出

调整，突出社会和个体的功能，建立"国家—社会—个人"的三维关系结构，扩大社会自治、公民自治的空间和方式。在宪法层面上推动社会管理创新，必然要充分发挥社会协同、公民参与的作用，强调社会、公民、社会组织的共同参与。宪法发展要确立适应时代要求的宪法观念和宪法文化，实现传统的实用主义、工具主义的宪法观到价值主义、民主主义宪法观的转变，保障宪法的规范效力，突出宪法的调整功能与社会问题的宪法化，在宪法与社会的互动中实现社会治理方式的法治化。

六、思考82宪法的"后30年发展"

82宪法的发展是在中国社会改革开放的背景下实现的，时代特征不断赋予宪法发展新的意义。回顾30年来的宪法治理历程，我们既感到宪法作为根本法和最高法所带来的凝聚社会共识的功能，也感受到社会快速发展对宪法治理提出的新的要求。

面对中国社会转型的现实，今后一段时期，宪法发展的总体趋势是继续凝聚社会共识，重建社会信任，"推进公共性，提升不同利益群体参与社会建设的积极性，需要增进公共权力部门与民众之间的相互信任"[1]，重视宪法运行机制，回应社会发展。中国宪法的发展必然要立足中国、具有国际视野，以中国问题的解决为使命，运用宪法原理解释宪法现象，阐释现实事件或制度运行过程，探索宪法规范和制度的良性化途径。未来的宪法发展，应当以宪法理念为本，以宪法意识处理国家和社会事务，通过宪法治理推动国家与社会的平衡发展，维护并推进人类和平事业的发展。

---

〔1〕 李友海等：《当代中国社会建设的公共性困境及其超越》，载《中国社会科学》2012年第4期。

作者主要著作及论文索引
（1985—2013）

一、著作类

1. 《亚洲立宪主义研究》（第 2 版）（专著），中国人民公安大学出版社 2008 年版。

2. 《1954 年宪法与新中国宪政》（第 2 版）（专著），武汉大学出版社 2008 年版。

3. 《宪法学基础理论》（专著），中国政法大学出版社 2009 年版。

4. 《感悟宪法精神：讲演自选集》（专著），法律出版社 2008 年版。

5. 《生命权的宪法逻辑》（专著），译林出版社 2012 年版。

6. 《东亚法治的历史与理念》（专著），法律出版社 2000 年版。

7. 《当代人权保障制度》（合著），中国政法大学出版社 1993 年版。

8. 《中国宪法学》（第 2 版）（合著），法律出版社 2007 年版。

9. 《宪法学专题研究》（第 2 版）（合著），中国人民大学出版社 2006 年版。

10. 《基本权利与宪法判例》（合著），中国人民大学出版社 2013 年版。

11. 《中国检察制度宪法基础研究》（主编），中国检察出版社 2007 年版。

12. 《外国宪法》（第 4 版）（主编），中国人民大学出版社 2013 年版。

13. 《中国审判制度的宪法基础》（主编），中国人民大学出版社 2013 年版。

14. 《世界各国宪法》（四卷本）（主编之一），中国检察出版社 2012 年版。

15. 《中国宪法学说史研究》（上下卷）（主编），中国人民大学出版社 2012 年版。

16. 《宪法》（第 5 版）（主编之一），中国人民大学出版社 2011 年版。

17. 《中国宪法学基本范畴与方法（2004—2009）》（主编之一），法律出版社 2010 年版。

18. 《共和国六十年法学论争实录：宪法卷》（主编），厦门大学出版社 2009 年版。

19. 《新中国宪法发展 60 年》（主编），广东省出版集团、广东人民出版社 2009 年版。

20. 《公法的制度变迁》（主编），北京大学出版社 2009 年版。

21. 《比较宪法学》（第 2 版）（主编），高等教育出版社 2008 年版。

22. 《中国宪法事例研究》（第一至第五卷）（主编），法律出版社 2007、2008、2009、2010 年 1 月、2010 年 12 月版。

23. 《宪法学》（主编），高等教育出版社 2006 年版。

24. 《现代宪法解释基本理论》（主编），中国民主法制出版社 2006 年版。

25. 《外国宪法判例》（主编之一），中国人民大学出版社 2005 年版。

二、论文类

1. 《论全国人民代表大会之宪法地位》，载《法学评论》2013 年第 6 期。

2. 《简论法治中国与法治国家的关系》，载《法制与社会发展》2013 年第 5 期。

3. 《论宪法权威》，载《法学》2013 年第 5 期。

4. 《中国宪法对私有财产权的保护（英文）》，载《中国法学（英文版）》（China Legal Science）2013 年第 1 期。

5. 《近 30 年我国宪法学方法论的演变》，载《法学论坛》2013 年第 1 期。

6. 《死刑冤错案的宪法控制》，载《中国人民大学学报》2013 年第 6 期。

7. 《认真对待我国宪法文本》，载《清华法学》2012 年第 6 期。

8. 《宪法实施与中国社会治理模式的转型》，载《中国法学》2012 年第 4 期。

9. 《1982 年宪法的人文精神》，载《法商研究》2012 年第 3 期。

10. 《中国宪法学研究与学术共同体的使命——纪念 1982 宪法颁行 30 周年》（合作），载《四川大学学报（哲学社会科学版)》2012 年第 6 期。

11. 《宪法与社会共识：从宪法统治到宪法治理》，载《交大法学》2012 年第 1 期。

12. 《论检察制度在宪法实施中的作用——纪念 1982 年宪法颁布 30 周年》（合作），载《人民检察》2012 年第 21 期。

13. 《坚持检察机关的宪法定位》，载《人民检察》2012 年第 23 期。

14. 《略论社会主义宪政的正当性》，载《法学》2011 年第 12 期。

15. 《论安乐死立法的宪法界限》，载《清华法学》2011 年第 5 期。

16. 《辛亥革命与宪法学知识谱系的转型》，载《中国法学》2011 年第 4 期。

17. 《法院、检察院和公安机关的宪法关系》（合作），载《法学研究》2011 年第 3 期。

18. 《论人体器官移植中的自我决定权与国家义务》（合作），载《法学评论》2011 年第 3 期。

19. 《全球化背景下中国法学教育面临的挑战》，载《法学杂志》2011 年第 3 期。

20. 《坚持宪法定位 谋划检察工作创新》，载《人民检察》2011 年第 3 期。

21. 《地方人大监督检察机关的合理界限》，载《国家检察官学院学报》2011 年第 1 期。

22. 《中国宪法学说史的概念与学术传统》，载《求是学刊》2011 年第 1 期。

23. 《中国法学需要关注学说史研究》，载《法学研究》2011 年第 6 期。

24. 《论中国陪审制度的宪法基础——以合宪论和违宪论的争论为中心》，载《法学杂志》2010 年第 10 期。

25. 《关于提高立法质量的宪法学思考》，载《河南社会科学》2010 年第 5 期。

26. 《论 1949 年〈共同纲领〉的制定权》，载《中国法学》2010 年第 5 期。

27. 《中国法学的"人大学派"》，载《法学家》2010 年第 4 期。

28. 《"城乡按相同人口比例选举人大代表"的规范分析及影响》，载《国家行政学院学报》2010 年第 2 期。

29. 《"全国人大修改选举法"与基本法律的修改权》，载《法学杂志》2010 年第 7 期。

30. 《美浓部达吉立宪主义思想研究》，载《比较法研究》2010 年第 4 期。

31. 《基本权利概念在中国的起源与演变》，载《中国法学》2009 年第 6 期。

32. 《论日本明治宪法对〈钦定宪法大纲〉的影响》，载《政法论坛》2009 年第 3 期。

33. 《以〈宪法〉第 126 条为基础寻求宪法适用的共识》，载《法学》2009 年第 3 期。

34. 《中国司法制度的宪法构造》，载《中国人民大学学报》2009 年第 6 期。

35. 《〈宪法解释程序法〉的意义、思路与框架》，载《浙江社会科学》2009 年第 9 期。

36. 《中国宪法学的学术使命与功能的演变——中国宪法学 30 年发展

的反思》，载《北方法学》2009 年第 2 期。

37. 《地方人大监督权与人民检察院法律监督权的合理界限——兼评北京市人大常委会〈决议〉》，载《国家检察官学院学报》2009 年第 3 期。

38. 《论宪法在法律体系建构中的地位与作用》，载《学习与探索》2009 年第 5 期。

39. 《亚洲文化多样性与人权发展》，载《人权》2009 年第 2 期。

40. 《新中国宪法学 60 年发展的学术脉络与主题》，载《法学家》2009 年第 5 期。

41. 《检察机关如何服务大局》（合作），载《人民检察》2009 年第 3 期。

42. 《中国宪法学说史的学术背景与研究意义》，载《法制与社会发展》2009 年第 4 期。

43. 《中国宪法学上的基本权利体系》，载《江汉大学学报（社会科学版）》2008 年第 1 期。

44. 《中国宪法学研究三十年：1978—2008》，载《湖南社会科学》2008 年第 5 期。

45. 《社会转型中的公民宪法意识及其变迁——纪念现行宪法颁布 25 周年》（合作），载《河南省政法管理干部学院学报》2008 年第 1 期。

46. 《中国宪法文本中纳税义务条款的规范分析》（合作），载《兰州大学学报（社会科学版）》2008 年第 6 期。

47. 《论克隆人技术的宪法界限》，载《学习与探索》2008 年第 2 期。

48. 《宪政概念的宪法学说史意义》，载《法学》2008 年第 3 期。

49. 《中国宪法学研究三十年：历史脉络与学术自主性》，载《中国法学》2008 年第 5 期。

50. 《全国人大常委会新法能否优于全国人大旧法》，载《法学》2008 年第 10 期。

51. 《中国宪法学方法论的学术倾向和问题意识》，载《中国法学》2008 年第 1 期。

52. 《迈向专业化的中国宪法学——以 2006 年发表的部分宪法学学术论文的分析为例》，载《中国法学》2007 年第 1 期。

53. 《中国宪法文本上"农民"条款的规范分析——以农民报考国家公务员权利为例》，载《北方法学》2007 年第 1 期。

54. 《宪法文本与检察机关的宪法地位》，载《法学》2007 年第 9 期。

55. 《论宪法诉愿程序的价值》，载《学习与探索》2007 年第 1 期。

56. 《简论"权利救济程序穷尽"原则的功能与界限》，载《南阳师范学院学报》2007 年第 5 期。

57. 《有必要设立 1954 年宪法纪念馆》，载《法学》2007 年第 4 期。

58. 《回应与挑战：中国宪法学研究新进展》，载《法学家》2007 年第 1 期。

59. 《由〈物权法（草案）〉的争论想到的若干宪法问题》，载《法学》2006 年第 3 期。

60. 《宪法文本中"人权条款"的规范分析》，载《人权》2006 年第 1 期。

61. 《强化检察机关监督死刑复核程序的宪法学思考》（合作），载《人民检察》2006 年第 11 期。

62. 《公私权冲突重在协调》，载《人民论坛》2006 年第 17 期。

63. 《宪法文本中"公共利益"的规范分析》，载《法学论坛》2005 年第 1 期。

64. 《国家人权保护义务与国家人权机构的功能》，载《法学论坛》2005 年第 6 期。

65. 《中国宪法文本中"法律"的涵义》（合作），载《法学》2005 年第 2 期。

66. 《试论政教分离原则的宪法价值》，载《法学》2005 年第 10 期。

67. 《论紧急状态下公民基本权利的限制与保障》，载《学习与探索》

2005 年第 4 期。

68. 《关于检察机关性质的宪法文本解读》，载《人民检察》2005 年第 13 期。

69. 《试论宪法解释的效力》，载《山东社会科学》2005 年第 6 期。

70. 《宪法条文援引技术研究——围绕宪法修正案的援引问题展开》（合作），载《政法论坛》2005 年第 4 期。

71. 《对 20 世纪 50 年代中国宪法学基本范畴的分析与反思》，载《当代法学》2005 年第 3 期。

72. 《试论宪法社会学的基本框架与方法》，载《浙江学刊》2005 年第 2 期。

73. 《人民监督员制度的宪法学思考》（合作），载《国家检察官学院学报》2005 年第 1 期。

74. 《非公有制经济的宪法地位》，载《法学家》2005 年第 3 期。

75. 《试论我国政府信息公开法治化》，载《国家行政学院学报》2004 年第 2 期。

76. 《私有财产权入宪的宪法学思考》，载《法学》2004 年第 4 期。

77. 《宪法文本中"人权条款"的规范分析》，载《法学家》2004 年第 4 期。

78. 《中国宪法学应当关注生命权问题的研究》，载《深圳大学学报（人文社会科学版）》2004 年第 1 期。

79. 《论合宪性推定原则》，载《山西大学学报（哲学社会科学版）》2004 年第 3 期。

80. 《谈现代科技的发展与宪法（学）的关系》（合作），载《法学论坛》2004 年第 1 期。

81. 《关于新中国 1954 年宪法制定过程若干问题探讨——纪念 1954 年宪法颁布五十周年》，载《河南省政法管理干部学院学报》2004 年第 4 期。

82. 《东亚国家司法改革的宪政基础与意义——以韩国司法改革的经

验为中心》，载《浙江社会科学》2004 年第 3 期。

83. 《1954 年宪法的历史命运与人民代表大会制度》，载《法律科学》2004 年第 5 期。

84. 《宪法文本中"基本法律"的实证分析》，载《法学》2003 年第 4 期。

85. 《论宪法解释程序中的合宪性推定原则》，载《政法论坛》2003 年第 2 期。

86. 《"十六大"后须强化宪法解释制度的功能》，载《法学》2003 年第 1 期。

87. 《试论宪法修改权的性质与界限》，载《法学家》2003 年第 5 期。

88. 《宪法学研究范式与宪法学中国化》，载《法律科学》2003 年第 5 期。

89. 《当代比较宪法学基本问题探讨》，载《河南省政法管理干部学院学报》2003 年第 4 期。

90. 《中国公民宪法意识调查报告》（合作），载《政法论坛》2002 年第 6 期。

91. 《论我国检察机关的宪法地位》（合作），载《中国人民大学学报》2002 年第 5 期。

92. 《论社会变革时期的基本权利效力问题》，载《中国法学》2002 年第 6 期。

93. 《论社会转型时期的中国宪法学研究（1982—2002）》，载《法学家》2002 年第 6 期。

94. 《中国宪法（学）的动向与课题》，载《河南省政法管理干部学院学报》2002 年第 5 期。

95. 《"两个人权公约"与我国人权宪政体制的整合》（合作），载《法律科学》2001 年第 2 期。

96. 《试论宪法解释的界限》（合作），载《法学评论》2001 年第 1 期。

97.《因特网时代的宪法学研究新课题》，载《环球法律评论》2001年第1期。

98.《论宪法规范与社会现实的冲突》，载《中国法学》2000年第5期。

99.《依法治国与完善监督机制的基本思路》，载《法学论坛》2000年第5期。

100.《简论现代科学技术价值与宪法价值的冲突》，载《法学家》2000年第3期。

101.《试论宪法解释的客观性与主观性》（合作），载《法律科学》1999年第6期。

102.《论宪法规范的至上性》，载《法学评论》1999年第4期。

103.《面向21世纪的中国宪法学》，载《法学家》1999年第5期。

104.《修宪价值与完善宪法保障体制》，载《法学家》1999年第3期。

105.《当代中国宪法学的发展趋势》，载《中国法学》1998年第1期。

106.《试论当代宪法诉讼制度的基本功能》（合作），载《法学家》1998年第2期。

107.《社会变革与宪法的社会适应性——评郝、童两先生关于"良性违宪"的争论》，载《法学》1997年第5期。

108.《宪法变迁理论评析》，载《法学评论》1997年第4期。

109.《传统文化与亚洲立宪主义的产生——以明治宪法制定过程的文化分析为中心》，载《比较法研究》1997年第1期。

110.《韩国宪法学理论的发展》，载《中外法学》1997年第3期。

111.《关于完善候选人介绍制度的几点设想》，载《法学》1997年第8期。

112.《论自治条例的若干问题》，载《中央民族大学学报》1996年第6期。

113. 《论现代科学技术对宪法学的影响》，载《科技与法律》1996年第1期。

114. 《试论国会议员的言论免责权》，载《外国法译评》1996年第1期。

115. 《21世纪宪法学：宪法文化的冲突与融合》，载《长白论丛》1996年第6期。

116. 《略论宪法正当性》，载《法学》1995年第2期。

117. 《立宪主义与经济发展——亚洲的经验》，载《法制与社会发展》1995年第1期。

118. 《亚洲立宪主义概念初探》，载《法律科学》1995年第4期。

119. 《略论立宪主义社会效果的评价》，载《法学评论》1995年第6期。

120. 《试论亚洲法的概念分类与基本特点》，载《中外法学》1995年第1期。

121. 《市场经济与中国特色立宪主义走向》，载《法学家》1994年第6期。

122. 《亚洲立宪主义：发展与源流》，载《法学家》1993年第1期。

123. 《市场经济与宪法学的繁荣》，载《法学家》1993年第3期。

124. 《亚洲立宪主义：形成、源流及基本特点》，载《环球法律评论》1993年第1期。

125. 《日本近代立宪主义产生的源流——以明治宪法制定过程中的文化冲突为中心》，载《比较法研究》1992年第1期。

126. 《当代宪法学主要趋势》，载《法律学习与研究》1992年第3期。

127. 《论扩大与限制行政权的合理界限》，载《行政法制》1992年第4期。

128. 《论权力与权利的基本区别点》，载《福建法学》1992年第5期。

129. 《对议行合一原则的几点认识》，载《法学研究动态》1989 年第 4 期。

130. 《试论行政权的基本特征》，载《人事》1988 年第 11 期。

131. 《研究违宪和建立违宪学的建议》，载《学术界动态》1988 年第 7 期。

132. 《美国司法审查制度研究》，载《外国法研究》1988 年第 4 期。

133. 《宪法规范与社会现实冲突》，载《青年法学》1986 年第 4 期。

134. 《美国司法审查制度在政治生活中的作用》，载《法学评论》1985 年第 3 期。

作者后记

我从1987年开始从事宪法学的教学与研究。在近25年的教学与研究过程中，一直追求宪政的理想，探寻宪法学发展逻辑，根据宪法实践的发展，思考实践中提出的法律问题，不断拓展自己的研究领域，努力探索宪法学"中国化"的路径。在我国传统的宪法学研究中，检察制度与审判制度并没有成为学术研究的主要对象，制度背后的宪法学原理还没有被挖掘出来，也没有形成宪法学与诉讼法学进行自由交流的学术平台。

20世纪90年代初在日本留学期间，我重点研究非西方宪政与宪法文化问题。通过阅读大量的宪法学著作，开始注意宪政价值中蕴含的文化传统，力求从文化相对主义角度审视宪法世界。虽然当时的重点研究领域是非西方宪政理论，但在阅读各种判例中认识到司法机关在宪法实践中发挥的重要作用，开始关注司法机关的宪法地位问题。但由于研究重点与专业知识领域的限制，当时未能从学理角度将研究视角拓展到国家机构，也没有系统考虑宪法与检察机关的关系问题。

2000年，我在法律出版社出版了《东亚法治的历史与理念》一书，其中涉及东亚国家的检察机关功能问题。为了论述东亚司法体制的特点，我在书中介绍了日本、新加坡和韩国检察制度体系，开始思考文化多样性与检察制度功能问题，并关注检察制度所具有的特殊功能以及对宪政发展产生的影响。

2002 年我和刘松山教授合作发表了《论我国检察机关的宪法地位》一文。我记得，当时写这篇论文的背景是一些学者对检察机关的宪法地位提出质疑，批评宪法文本对检察机关的规定。这篇论文对检察制度的宪法地位进行了较系统的思考，回应了当时学术界的不同争论，其核心观点是坚持检察机关的宪法地位，挖掘其背后的宪政价值。当时我的重点研究领域是宪法文本、宪法解释问题，主张宪法问题应回到宪法文本上寻找答案，不能脱离宪法文本谈所谓的宪法问题。基于维护宪法文本的基本学术立场，我开始关注检察制度的相关研究成果，发表了一些检察制度相关的研究成果。

2004 年我主持了最高人民检察院"中国特色社会主义检察制度"重大课题。在两年多的课题讨论和研究过程中，进一步认识到检察制度所蕴含的丰富的宪法原理，试图从不同视角研究检察制度结构与功能问题。课题完成后，我主编出版了《中国检察制度宪法基础研究》（中国检察出版社 2007 年）一书，初步提出了宪法学体系中检察制度地位与功能。本书的基本结论是：我国检察制度是人民代表大会制度的必然产物，是整个宪法体制的重要组成部分，具有坚实的宪法基础。检察制度的改革应在现有的宪法框架内稳妥进行，检察机关应转变执法观念，在构建社会主义和谐社会过程中发挥重要功能。同时，通过课题的研究我认识到，宪法学需要从宪政角度研究检察制度，并使之成为宪法学理论体系的一部分。

本书收录了我近十年来发表的与检察制度相关的论文、演讲与部分文章、书评等。论集分四个部分：第一部分为"检察制度的宪法基础"。该部分收集的文章主要探讨了检察机关在我国宪法上的性质与地位、检察机关法律监督职权的宪法界限、检察机关在我国宪政体制中的作用等问题。第二部分为

"检察制度与人权保障"。该部分收集的文章主要探讨了检察机关预防死刑冤错案、保护公民生命权的宪法职责、检察机关在运用公权力的过程中如何维护与私权利之间的价值平衡、检察机关在行使职权过程中应当如何落实"国家尊重和保障人权"的宪法义务等问题。第三部分为"检察制度与宪法实施"。该部分收集的文章主要探讨了法检公之间的宪法关系、检察官的宪法意识、刑事诉讼法修改对检察制度的影响等问题。第四部分为"检察时评",主要是与检察制度相关的记者采访、报刊上的评论文章等。

奉献给读者的这本文集反映了我对宪法与检察制度关系的一些理论思考,在一定程度上记载了研究宪法学的轨迹。因我不是研究检察制度的专家,一些论证过程和结论有可能缺乏专业性,论述之间也缺乏体系性。另外,因本书是论文集,有些论文的表述缺乏连贯性,不同论文之间也可能存在重复的部分。但考虑到论文发表的背景,为了客观地保留当时的思考,除明显有误和重复性内容外,其他内容没有进行修改,但做了一些技术性的修饰,希望读者在阅读时给予谅解。

这本书是我的第一本论文集。感谢中国检察出版社诚挚的约请。2012年年初,检察出版社联系我,告诉出版社策划"专家论检察"丛书。因当时忙于组织《世界各国宪法》的翻译,没有时间整理文稿。感谢编辑们的耐心与督促。感谢协助我整理论文集的孟凡壮同学,他协助我做了大量的文字整理工作。由于论文集选录的论文时间跨度十多年,加上我的研究能力的限制,本书难免有一些缺点或不尽如人意的地方,诚恳地希望广大读者批评指正。

韩大元

二〇一三年十一月于明德法学楼研究室

图书在版编目（CIP）数据

论检察/韩大元著．—北京：中国检察出版社，2014.3
（专家论检察丛书）
ISBN 978 - 7 - 5102 - 1138 - 6

Ⅰ.①论…　Ⅱ.①韩…　Ⅲ.①检察机关 - 工作 - 中国 - 文集
Ⅳ.①D926.3 - 53

中国版本图书馆 CIP 数据核字（2014）第 024396 号

论 检 察

韩大元/著

出版发行：中国检察出版社
社　　址：北京市石景山区香山南路 111 号（100144）
网　　址：中国检察出版社（www.zgjccbs.com）
电　　话：(010)68658769(编辑)　68650015(发行)　68636518(门市)
经　　销：新华书店
印　　刷：北京嘉实印刷有限公司
装　　订：北京鑫艺佳装订有限公司
开　　本：720 mm×960 mm　16 开
印　　张：36.25 印张
字　　数：418 千字
版　　次：2014 年 3 月第一版　　2014 年 3 月第一次印刷
书　　号：ISBN 978 - 7 - 5102 - 1138 - 6
定　　价：76.00 元
